« A JEU DÉCOUVERT »
Collection dirigée par André Coutin

GUY BÉART

L'ESPÉRANCE FOLLE

ÉDITIONS ROBERT LAFFONT
PARIS

ISBN 2-221-04866-0

Un livre, une chanson, une musique, une lettre, quoi qu'on écrive on écrit toujours à quelqu'un. La tour d'ivoire n'existe pas, ou bien elle est peuplée de visions, de souvenirs, qui pour moi sont des images bien réelles.

Je vis presque toujours seul dans ma maison de Garches, et je m'adresse souvent le matin à un arbre qui pousse tout près de ma fenêtre et qui s'appelle Fernand. Il a cinq branches principales, comme cinq doigts de la main. Je lui parle au lever du soleil quand tout va bien et que la journée s'annonce calme.

Lorsque je suis furieux, je n'ose pas m'adresser à lui, de peur de le heurter, ou de me heurter. Alors, je parle plutôt avec le mur nord. Ou plutôt non, je ne lui parle pas, je l'engueule carrément. Il tient très bien le coup et, jusqu'à ce jour, n'a jamais répondu. Je le remercie pour sa patience. Ma colère une fois déchargée, je peux tranquillement boire ma tasse de café et appeler mes chats.

1.

Quand mon père m'apprenait les étoiles

Un jour d'avril 1952, par un beau soleil, je me promenais sur les quais rive gauche de la Seine à la hauteur de la rue des Saints-Pères, avec mon camarade de classe Jean-Pierre Grézaud, quand brusquement je lui dis : « Mon père vient de mourir. » L'idée, sombre et vive comme une hirondelle brune trouant le ciel bleu, m'avait traversé l'esprit.

— Tu déconnes ou quoi ? me répondit Jean-Pierre. Ton père est malade ?

— Non, mais je sens qu'il vient de mourir.

Il faut dire que j'adorais littéralement mon père et que, l'ayant quitté à dix-sept ans pour faire mes études à Paris, les études mêmes qu'il souhaitait, les mathématiques puis une école d'ingénieurs, je ne le retrouvais qu'une année sur trois pour un mois ou deux de vacances, quand il n'y avait pas de stage en France ou dans quelque pays étranger.

J'affirmais être resté en contact mental avec lui. Je lui parlais souvent à distance, et il me répondait.

Jean-Pierre aimait aussi beaucoup son père qui, lui, vivait à Paris à ses côtés. Mon père et moi étions deux amis indissociables. Il avait souhaité mes études qui m'éloignaient de lui, mais il souffrait beaucoup de notre séparation. Je pense que c'est de cela qu'il est mort.

Pensionnaire à la Maison des Mines et des Ponts et Chaussées, rue Saint-Jacques, je partageais une chambre étroite avec un Français d'Algérie, Georges Rendu, mais tout me rapprochait de Jean-Pierre Grézaud : la fantaisie, le jeu permanent, l'imagination et surtout cet amour que nous portions chacun à notre père.

Cet après-midi-là, nous nous étions échappés de l'Ecole Nationale des Ponts et Chaussées, 28, rue des Saints-Pères, pour nous promener le long de la Seine en conversant.

Et c'est là que la certitude m'atteignit : mon père devait être mort. Cela paraissait incroyable.

Le lendemain, le directeur de l'école, M. Louis Grelot, me convoquait et, avec les ménagements d'usage, m'apprit qu'un télégramme était arrivé. Ma mère lui annonçait la mauvaise nouvelle et ajoutait de me la transmettre avec d'autant plus de précaution que mon père était mort brusquement d'un souffle au cœur la veille en dormant. Elle lui demandait aussi de veiller à ne pas créer un choc en moi puisque j'étais, comme Jean-Pierre, en fin de troisième année, en pleine période de préparation des examens pour obtenir le diplôme d'ingénieur.

Je le remerciai de la délicatesse qu'il avait prise à me communiquer graduellement cette nouvelle..., que je connaissais déjà.

Depuis la veille, je m'efforçais de m'accoutumer à la pensée de ne plus voir mon père vivant. Par la pensée, j'avais déjà longuement bavardé avec lui. Je ne jugeai pas utile de raconter ce fait qui aurait paru étrange au directeur de l'école et l'aurait même inquiété, ni de lui dire que mon père m'avait transmis de ne pas quitter Paris et de travailler comme si de rien n'était pour réussir mon examen. Aussi, quand M. Grelot m'apprit qu'il m'accordait une permission de huit jours pour rejoindre ma mère et ma sœur qui se trouvaient à Beyrouth auprès de mon père mort, assister à l'enterrement et m'occuper de ce qui était nécessaire, je lui répondis que ce n'était pas la peine, que je me devais de rester à Paris, que telle aurait été la décision de mon père en de pareilles circonstances.

A la maison, nous n'avions pas le téléphone, faute de moyens. Aussi, j'adressai un long télégramme à ma mère et à ma sœur que j'aimais — nous étions une famille très unie, toujours ensemble, un cocon familial très tendre, doux et chaud — en leur demandant de m'appeler par téléphone à la Maison des Mines entre telle et telle heure. Je doublai mon télégramme d'une longue lettre. J'écrivais énormément, et l'on me répondait de même : on avait le goût épistolaire chez les Béart.

Dans les jours qui suivirent, il n'est rien paru de ma profonde douleur, et mes copains, tant à la maison des Mines qu'à l'Ecole des Ponts et Chaussées ou dans les bars du Quartier latin, devaient s'en étonner. Mais la déchirure profonde que provoqua la disparition « physique » de mon père était là et elle n'a cessé de s'aggraver. Jusqu'à ce jour, mon père me manque.

C'était un personnage extraordinaire. Autodidacte, sans aucun diplôme, mon père avait dû s'expatrier sans cesse en travaillant dans des compagnies établies à l'étranger, afin de pouvoir gagner sa vie et la nôtre. Il s'était cultivé tout seul pour finalement devenir expert-comptable. Après avoir travaillé à la ligne de chemins de fer DHP (trois lettres magiques pour moi, qui signifiaient tout simplement Damas-Homs-et prolongement), il tenait les comptes par exemple d'une fabrique d'huile, d'une autre de bière, à Beyrouth même, dans les années d'après-guerre, en ces temps radieux où le Liban était le pays de la fraternité et de l'hospitalité.

C'est lui qui m'a tout appris, dès ma petite enfance, par un enseignement direct, au départ sans livre ni instituteur. Notre famille a souvent dû voyager, et cela entraînait une instabilité scolaire à laquelle il sut remarquablement remédier. La musique, l'astronomie, le calcul, l'algèbre, l'écriture, il m'a tout enseigné doucement avec son langage imagé.

Commençons par ce qui pourrait paraître le plus compliqué : l'algèbre. Il installait une balance et me disait : « Tu vois, les plateaux qui sont face à face au même niveau, ce sont les deux parties d'une équation ; au milieu, le fléau vertical indique le zéro, signe d'égalité entre les deux plateaux de la balance : les deux côtés, gauche et droit, de l'équation. » Alors, il posait des tomates, des pommes de terre, des oignons sur le plateau de gauche, et des poids sur l'autre. Puis il me montrait comment, quand on retire tel légume du plateau de gauche, il faut enlever des poids de l'autre plateau. J'avais compris ce qu'était une équation et j'avais compris le sens de l'égalité.

La musique. Mon père chantait, comme presque tout le monde en ce temps-là, et il jouait de la mandoline. J'ai commencé à l'âge de trois, quatre ans, par la mandoline, mais je crois bien que j'ai chanté depuis mes premiers vagissements.

Cela s'est passé au Caire. On m'a raconté que, lorsque je suis né « à la maison », à 3 heures du matin, au terme de sept, huit heures de douleurs pour ma mère, mon père et mon oncle veillaient en s'enivrant effroyablement.

Mon père buvait beaucoup, presque tous les soirs. Je pense qu'il compensait la froide rigueur des chiffres par la chaleur imaginative et rayonnante que l'alcool diffuse dans les cœurs purs.

Après cette longue attente, je suis sorti du ventre de ma mère, bleu, inanimé, muet, sans respiration. Mon père s'est précipité avec sa bouteille, et la sage-femme m'a frotté vigoureusement avec du cognac. Il paraît que mon premier cri a été une sorte de psalmodie douce et riante.

J'ai fini par croire cette histoire car on me l'a répétée souvent, en particulier chaque fois que nous chantions en chœur, mon père, ma sœur et moi. Ma mère chantait faux, mais elle participait aussi.

Et des dizaines d'années plus tard, l'enregistrement du disque *Chansons gaies des Belles Années* avec *Viens Poupoule, Caroline, Je connais une blonde,* était un clin d'œil à mon père, avec toutes les chansons que je connaissais par cœur grâce à lui depuis mes premiers jours.

Mon père diffusait sans cesse de l'espérance. C'était justement un homme de l'époque de ces chansons de la fin du XIXe siècle, époque d'espérance, de France optimiste et rayonnante. Il adorait la France et me transmettait, avec cet amour, sa culture, ses idéaux de liberté, d'égalité, de fraternité, d'instruction pour tous, de progrès de l'humanité.

Il avait été marqué par de nombreux livres, mais ses deux auteurs préférés étaient Elisée Reclus et Ernest Renan.

Elisée Reclus, géographe et philosophe, le conduisait à m'enseigner la Terre, la géographie et surtout les étoiles. Par les nuits piquetées d'astres, il me montrait la Grande Ourse, la Petite Ourse, et comment, en prolongeant tel bras de cinq fois telle distance, on trouvait l'étoile Polaire, cette étoile qui guidait les marins quand il n'y avait pas de boussole. Quand j'ai pu rencontrer puis lire l'astrophysicien Hubert Reeves, le terrain était mûr de longue date.

A cinq ans, je connaissais les éléments de la carte du ciel. Mon père m'avait appris les certitudes grâce à Reclus, et le doute grâce à Renan.

C'est lui qui souhaitait que je perfectionne mes dons mathématiques, mais il m'enseignait aussi la poésie, connaissant par cœur beaucoup de poèmes, surtout ceux de Lamartine. Tous les dimanches, ma sœur Doris, plus âgée que moi d'un an et demi, et moi-même, devions chacun réciter quelques vers lors du déjeuner qui nous réunissait immanquablement autour des plats soigneusement mijotés par ma mère.

Car, de son côté, ma mère, beaucoup plus quotidienne, terre à terre dans le bon sens du terme, m'apprenait la cuisine, la couture... Je recousais moi-même les boutons que j'avais arrachés, comme ma mère me le recommandait en laissant deux brins de fil de part et d'autre du chas de l'aiguille, en faisant un nœud à l'extrémité et en mouillant ces deux fils pour qu'ils se trouvent bien réunis après les avoir torsadés : le secret des boutons admirablement cousus. Elle m'enseignait aussi la préparation des aliments et, jusqu'à ce jour, j'aime cuisiner pour mes amis. Quand il m'est arrivé d'engager des collaborateurs, la première question que je posais était : « Savez-vous faire la cuisine ? » L'art culinaire mérite d'être célébré comme un art majeur, de communication vraiment universelle.

Après le choc de la mort de mon père, je passai très convenablement mes examens. Plus tard, ma mère et ma sœur me rejoignirent à Paris. Elles avaient tout bazardé sauf quelques souvenirs personnels. Les meubles, je m'en fichais éperdument, mais je leur en ai voulu d'avoir vendu les livres de la petite bibliothèque qu'au fil des années nous avions soigneusement rangés par catégories et numérotés pour nous y retrouver. J'en détiens encore une dizaine, miraculeusement échappés à ce naufrage. Entre autres, *L'Homme et la Terre* d'Elisée Reclus, *Les Robinsons de terre ferme* de Captain Mayne Reid, *Au secours du Français enchaîné* de Stéphane Lauzanne, *L'Etonnant Voyage de Hareton Ironcastle* de Rosny aîné, quelques numéros de *L'Illustration,* un dictionnaire et une vieille Bible.

Je leur en ai voulu aussi d'avoir jeté les « grands livres » de comptabilité que mon père tenait de sa belle écriture ronde, à la plume et à l'encre violette.

Moi-même, dès l'âge de sept ans, je lui donnais de sacrés coups de main lors de la période des bilans, pour rechercher la petite erreur, au cours de longues nuits passées à refaire des additions pour, tout à coup, dénicher le nombre inexact qui déséquilibrait la balance. C'est alors que mon père grattait le chiffre faux avec une lame Gillette et appuyait avec l'ongle de son index pour aplanir la feuille de papier ainsi blessée, afin de pouvoir réécrire à l'encre le chiffre exact sans que le papier devienne absorbant comme du papier buvard.

Tout ceci représente des détails de la vie quotidienne qui m'avaient marqué à jamais et donné le goût de faire bien les choses quand on les fait. Mon père me répétait la phrase de Jaurès : « Fais ce que tu fais. »

Mon imagination vadrouillant aux quatre pôles de l'esprit, j'avais toujours tendance à faire dix choses à la fois, mais il m'enseignait la concentration. C'est pourquoi d'ailleurs il m'a initié au jeu d'échecs, où j'ai progressé très vite. Ce jeu demande une telle concentration qu'il élimine toute autre pensée, tant est puissante et accaparante la jalousie exclusive de l'échiquier aux figurines blanches et noires.

L'été 1953 a vu débarquer à Paris ma mère et ma sœur Doris. J'avais loué pour nous deux pièces meublées à l'intérieur d'un appartement occupé par une certaine Mlle Gonneau, au 160, boulevard du Montparnasse. A trois, nous partagions la cuisine. Ma sœur, après un mois passé à nos côtés, était partie chez une tante qui habitait New York.

Immédiatement, je m'étais mis en chasse pour trouver du travail. Il faut dire que j'avais été un étudiant contrarié : j'avais suivi cette formation d'ingénieur pour satisfaire et tranquilliser mon père qui voulait, comme il disait, que j'aie un « bagage intellectuel » pour traverser la vie. Lui, n'avait jamais eu de diplômes, en avait souffert, c'est pourquoi il en souhaitait pour moi.

Mon père m'avait souvent raconté comment il avait appris à fond la langue française qu'il maniait admirablement. Enfant, on lui avait offert un petit dictionnaire Larousse. Tous les matins, pour avoir le sentiment de l'inéluctable, il en déchirait une page et la lisait complètement durant la séance des cabinets. Il devait en apprendre par cœur tous les mots et leur définition puisque, à la fin de cette séance, il s'en servait tout naturellement pour redevenir propre. Cette histoire un peu scabreuse me ravissait, parce qu'en même temps mon père m'enseignait comment on doit s'acculer à la recherche d'une solution pour terminer les choses, et qu'en plus cette liaison de l'esprit avec les matières m'a toujours paru satisfaisante.

J'ai moi-même conservé un *Nouveau petit Larousse illustré,* complet celui-ci, datant de 1937, quand j'avais sept ans. Les noms communs étaient en première partie avec presque exclusivement des dessins. Après les pages roses des locutions latines et étrangères venait la seconde partie des noms propres, avec des photos et quelques dessins pour les cartes géographiques. Je me souviens qu'en famille on jouait avec chaque première page correspondant à une lettre des noms communs, à désigner les animaux ou objets qui y étaient dessinés.

Ma mère aurait préféré, comme beaucoup de mamans, que je sois médecin. Mais le hasard a voulu que je m'oriente vers les mathématiques et le métier d'ingénieur souhaité par mon père, alors que je voulais faire uniquement de la musique et de la physique, lesquelles me semblaient se conjuguer depuis fort longtemps, depuis l'harmonie des sphères célestes de Pythagore.

Mon plan avait été de terminer mes études, obtenir mon diplôme et de dire : « Tu vois, papa, tu as eu ce que tu voulais. Maintenant, je veux faire de la musique et de la recherche en physique. Ce sera un travail plus aléatoire pour faire bouillir la marmite, mais c'est ce que j'aime. »

La mort de mon père et l'arrivée de ma mère à Paris avaient chambardé encore une fois tous mes plans. Nous n'avions aucune fortune, et il fallait gagner sa vie.

En consultant les annonces et le bureau de placement de

l'école, je visitai plusieurs sociétés de travaux publics et fus engagé par la société Sainrapt et Brice dans le XIIIe arrondissement. Je veux croire que j'ai choisi Sainrapt et Brice parce qu'ils étaient situés place Paul-Verlaine à Paris et que j'ai toujours aimé Verlaine. Mais peut-être que la réalité a été plus prosaïque. Je n'avais pas de voiture et, avec un seul changement d'autobus, j'étais à vingt minutes de mon lieu de travail à partir de mon domicile, boulevard du Montparnasse.

Par quel nouveau chambardement en suis-je venu à la chanson ? Je sens que vous voulez le savoir tout de suite C'est pourquoi, pour le moment, j'abrège les quelques années où je suis resté dans la même boîte, chez Sainrapt, pour enfin devenir auteur, compositeur, interprète. Il a fallu pour cela un nouveau coup du sort.

En France, presque tout le monde écrit des chansons Je n'échappais pas à cette règle. J'ai encore dans mes papiers mes chansons d'enfant, dont une qui était un jeu de notes et de mots à partir des syllabes du mot « fantasia ». Après la mandoline enseignée par mon père, je m'étais attaqué au violon. Je me précipitais chez ma tante Marie qui avait une radio, alors que nous n'en n'avions pas, pour écouter de la musique classique et des chansons. Nous avions un phonographe où défilaient les Tino Rossi, Charles Trenet et Maurice Chevalier.

Tout m'était prétexte à composer des refrains bébêtes ou émouvants. J'ai eu jusqu'à l'âge de treize, quatorze ans, une très jolie voix et, en passant les disques de Tino Rossi dont le timbre m'enchantait, je chantais en me superposant à lui, ce qui me permet aujourd'hui de seriner la plupart de ses chansons connues, et même les oubliées.

Mais, à quatorze ans, j'ai commencé la mue qui a assombri ma voix et l'a cassée, et cette mue, je dois l'avouer, ne s'est jamais terminée. C'est ce qui me donne ce timbre étrange, cette voix mal faite, qui pourtant sait bien ce qu'il faut faire. Jamais, au grand jamais, je n'aurais pensé devenir chanteur ; j'écrivais des poèmes, des pièces, des saynètes, et me suis mis à composer, pour commencer... une symphonie ! J'ai continué par un concerto pour violon, des sonates, pour terminer... par des chansonnettes, faisant à l'envers le chemin de la difficulté.

La chanson était très à la mode et me semblait plus accessible — ô combien je me trompais ! — que les univers théâtraux, littéraires ou de la grande musique. J'espérais que certaines de mes chansons, interprétées bien entendu par d'autres, de préférence des vedettes, me permettraient de faire bouillir encore mieux la marmite, cette marmite que j'alimentais avec les 52 000 anciens francs que je touchais mensuellement à mes débuts chez Sainrapt et Brice.

C'était pour moi une affaire de loisir. Enfant, j'écrivais des chansons, j'en écrivais quand j'étais au lycée Henri-IV, puis à l'Ecole des Ponts et je continuais ingénieur. En attendant, avec la vogue des auteurs-compositeurs à la guitare implantée par Félix Leclerc que j'aimais, puis Georges Brassens qui était mon idole, je m'étais mis à la guitare comme beaucoup de jeunes gens de mon âge. J'avais commencé par prendre des leçons chez un professeur et je caressais assez bien cet instrument. J'avais abandonné le violon alors que j'étais en classe de mathématiques au lycée Henri-IV et je ne sais même plus ce que ce violon est devenu. Je crois que je l'ai laissé tout en haut de ces casiers en fer que nous avions dans la salle d'études, où nous rangions des colis que nous envoyaient nos parents, des boîtes de fromage, du corned-beef ou du beurre salé. Il faut dire que c'était la Libération et le rationnement.

Jeune ingénieur, j'avais vingt-trois ans, je ponctuais mes croquis de notes et de textes. Le soir, à trois ou quatre, nous allions au Port du Salut, tenu par une dame brune d'allure mexicaine ou gitane qui s'appelait Mamita. On descendait la rue Monsieur-le-Prince, où je m'imprégnais de folklore à l'Escale, dans ces merveilleuses boîtes avec des chanteurs de tous les pays, étudiants ou peintres, qui existaient et qui existent peut-être encore... On finissait toujours par se retrouver en face de la Coupole, au Sélect où, sifflant bière sur bière, je jouais aux échecs avec des gens connus ou inconnus.

J'étais tombé amoureux d'une « Belle du Seigneur », une jeune femme brune à la peau blanche qui s'appelait Micheline. Elle était étudiante en lettres, venait de Tunis et habitait une chambre meublée dans une pension de famille rue Laromiguière, derrière le Panthéon.

Mes chansons, évidemment toutes inédites, la séduisaient plus que mes plans d'ingénieur. Je les essayais devant mes copains, et je crois qu'ils aimaient ça. Nous étions toute une bande. Il y avait Kostia Sotnikoff, Bernard Thomas, Kenneth Koch, un poète américain qui devint célèbre, Gigi, un sculpteur italien, Ivry Gitlis, Beni Duvshani et quelques autres dont mes camarades des Ponts, Jo Darzel et sa sœur Marie-Jo.

Mais j'étais bien loin des arcanes du show-biz en cette année 1954, et je comptais consacrer toute ma vie au métier d'ingénieur, convoler en justes noces avec Micheline, avoir des enfants et des congés payés... Quoique un peu farfelu, j'étais très apprécié dans mon bureau, travaillant peu mais très vite.

Louis-Pierre Brice, le patron, m'avait pris sous son aile : il prétendait que j'avais de l'étoffe. Je travaillais dans son laboratoire personnel de Boulogne à ses théories sur la fissuration du béton armé. J'appliquais le béton précontraint, inventé en France par Freyssinet, procédé moderne et révolutionnaire, et je préparais une thèse de physique sur la dislocation des cristaux, que j'expérimentais au laboratoire de physique de la rue Vauquelin. Je prenais tous les jours l'autobus avec un changement, bref, employé modèle, fiancé modèle, fils modèle.

Nous sommes très loin du chambardement. Et là, dans un ciel limpide, deux coups du sort me bouleversent à nouveau.

Micheline part en vacances chez ses parents en juin 1954, et nous nous étions promis de nous écrire poste restante, car nos amours étaient secrètes comme pour beaucoup de jeunes en ce temps. Mais un malentendu tragique, alors que nous nous aimions profondément, fit que ses lettres ne me parvenaient pas. Séparation, désespoir d'amour. J'écris : *Poste Restante.*

Ce premier coup me bouleversa. Je maigrissais à vue d'œil, j'étais en dépression rentrée, cachée, muette. Au bureau, on me proposait de prendre des vacances mais je voulais me noyer dans le travail quand, second coup, ma mère tombe dans l'escalier, frappée d'hémiplégie. Mon chef de bureau, alerté par téléphone, me prévient. Je fonce à la maison, la soulève dans mes bras (c'est moi seul qu'elle voulait), et appelle une ambulance.

Un mois après, alors qu'elle se rétablissait à l'hôpital, elle meurt dans la salle commune, pour une fenêtre mal fermée, dans l'air glacé d'une nuit de Noël. J'en ai fait un poème, puis une chanson qui s'appelle *Hôtel-Dieu* *, que je n'ai publiée que treize ans plus tard. La jeunesse est pudique. Tous mes textes de l'époque masquaient sous des arabesques, des pirouettes, que j'avais du cœur, que j'aimais, que je souffrais. Je me présentais comme une épure désincarnée. Ce n'est que beaucoup plus tard, vingt ans après, vers l'âge de quarante-cinq ans, que j'ai pu comme on

---

* Annexe, p. 386.

dit, « aller à l'os », dénuder mes sentiments avec des mots simples, ne plus craindre comme une obscénité « les grands principes et les grands sentiments ».

Quand ma sœur Doris, en larmes, a débarqué d'Amérique pour l'enterrement, le soir même je l'emmenai de force faire la « tournée des grands ducs » et nous saouler la gueule. Souvent j'ai pensé que c'était comme un bain, un lavage de cerveau, de faire la fête quand on est très malheureux. Elle m'en a voulu sur le coup, mais des années après elle m'en a été reconnaissante.

La séparation d'avec Micheline est comme liée à la mort de ma mère. Un jour peut-être j'oserai le chanter.

Quoi qu'il en soit, après la première épreuve d'amour survenait la seconde épreuve, celle de la perte d'une mère Ma sœur vivant loin de Paris, le seul lien qui me restait avec le passé disparaissait. Et là, j'ai vérifié la parole de Montaigne qui a écrit à peu près ceci : une épreuve vous abat, deux épreuves vous tiennent debout, comme deux étais.

Très attaché à ma mère et peut-être plus encore sur le moment à Micheline (car c'était un amour nouveau), sans doute me serais-je effondré si je n'avais eu à vivre que l'une de ces deux épreuves.

Mais, miraculeusement, après le second choc, je renaissais. Quelques mois après la mort de ma mère, j'ai fait le point : après des années d'études et de « travail sérieux », plus personne ne dépendait de moi. Mon père était mort, ma mère aussi ; ma sœur s'était mariée à New York.

Je me suis laissé pousser la barbe et je me suis dit : « Maintenant, tu peux faire toutes les conneries, c'est toi seul qui en pâtiras et non quelqu'un de tes proches. » J'étais alors à quelques semaines de signer un contrat d'ingénieur au port de Dakar en francs CFA, c'est-à-dire le double des francs français. J'ai décidé de rejeter cette offre et, tout en conservant mon boulot qui était devenu plus pépère chez Sainrapt, je plongeai dans la bohème du Quartier latin, ses folies, ses joies et ses peines.

2.

Un ingénieur des Ponts et Chansons

Quand j'étais ingénieur, ma bête noire, c'était la pointeuse qui se trouvait à l'entrée du bâtiment Sainrapt et Brice. Déjà au lycée Henri-IV, où pourtant j'étais interne, j'avais beaucoup de difficultés à être à l'heure, et j'arrivais souvent en retard, rarement en avance. Il faisait froid dans les classes du lycée, et parfois les élèves gardaient leurs manteaux. Je n'avais que quelques mètres à faire pour accéder à ma place, une voie pas toujours triomphale. Je me souviens d'un jour où le professeur de physique a tenu à ce que j'enlève mon manteau pour passer au tableau. Sensation : j'étais encore en pyjama.

Chez mon employeur, je devais justifier d'un certain nombre d'heures de présence afin de pouvoir être décemment payé. Au début, cela se passait plutôt bien, mais sitôt que je me suis mis à travailler beaucoup plus vite et terminer rapidement mes dossiers, l'incohérence de mes horaires a commencé.

J'aimais beaucoup la vie, et je l'aime toujours, et, rentrant très tard à la maison après ma bohème nocturne, j'arrivais presque toujours en retard et endormi au bureau. Un jour, le directeur du service m'a découvert en train de dormir dans le placard à manteaux alors que l'heure tournait.

Quelles que soient mes frasques, l'ambiance était excellente chez Sainrapt. C'est pourquoi d'ailleurs, étant entré dans cette boîte au sortir de l'Ecole des Ponts, je n'en ai pas bougé malgré les propositions alléchantes que n'a pas tardé à me faire un concurrent. Nous étions tous dans une grande pièce à verrières, ingénieurs, dessinateurs ; seuls les deux ingénieurs directeurs étaient dans des bureaux séparés, cloisonnés. L'esprit d'équipe était chaleureux avec des personnages hauts en couleur, tous différents avec leurs manies et même leurs tics. On y entendait tous les accents, la société Sainrapt et Brice construisant beaucoup à l'étranger. La moitié des ingénieurs étaient français, l'autre moitié composée d'immigrés ou d'étrangers. Il y en avait de toutes les nationalités, de toutes les origines.

Par exemple, un ingénieur bulgare, Stoïcheff, qui avait comme particularité de savoir le temps qu'il allait faire. Quand il en avait marre de travailler sur un dossier ardu et qu'il commençait à être « polarisé » — comme on dit —, il ouvrait grande la fenêtre, montait sur son bureau qui se trouvait tout contre et gueulait dans la rue quand il sentait venir la pluie : « Il va tomber dé l'eau, il va tomber dé l'eau ! ». Ou bien, dans le cas contraire : « Beau ! Beau ! Beau ! Beau ! ». Et ses prédictions se réalisaient toujours. C'était un peu un bureau de fous... D'ailleurs, tous les bureaux sont fous, toute administration schizophrène, et toute direction paranoïaque.

Mes amis ingénieurs étaient de convictions politiques différentes, ou même sans conviction ou sans appartenance. Moi-même à l'époque, comme aujourd'hui, comme lors de mon adolescence et de mes discussions avec les copains du lycée, je ne m'intéressais pas du tout à la politique. Ce qui m'intéressait, c'était la recherche de solutions nouvelles pour réaliser les projets techniques proposés, d'un petit canal à un château d'eau, d'un pont en béton précontraint à un pylône, un barrage, plus simplement un immeuble ou même un caniveau.

Très vite, tout en me faisant travailler sur des projets à exécuter, on m'a plutôt orienté vers les projets à concevoir de façon moderne. Sur telle construction étudiée, je pondais six ou sept topos, quatre à sept variantes avec croquis, calculs et devis approximatifs. Et le directeur du bureau, M. Congy, comme bientôt le grand patron de Sainrapt et Brice, Louis-Pierre Brice, à la fois constructeur et savant, me démontraient pourquoi cinq de mes projets ne tenaient pas debout, pourquoi il fallait n'en retenir que deux, eux-mêmes critiquables, comment ils étaient perfectibles et pouvaient donner l'avant-projet puis éventuellement le projet définitif. Cette lente montée vers l'objet final m'a influencé pour la vie, en tous mes travaux.

J'ai participé ainsi à la construction du pont du Risban dans le Nord, à celle du pont du Bou Regreg au Maroc, qui ont très bien fonctionné, et à divers ponts en béton précontraint. Etant jeune, on me mettait d'office sur les techniques nouvelles d'avant-garde, puisque, paraît-il, j'avais l'esprit très souple. J'ai même calculé et dessiné des plans parfaits pour un château d'eau en Vendée, un vrai château de cartes, qui s'est écroulé purement et simplement la nuit même du jour où il a été mis en eau, heureusement sans causer le moindre accident humain.

Le problème, c'est que ce château d'eau avait été entièrement conçu par moi, suivi, dessiné, calculé en toutes ses dispositions et particulièrement les fers nécessaires pour le béton armé. Bien entendu il s'en est suivi une enquête. Du point de vue de la responsabilité, j'étais « couvert » par le directeur du bureau d'études qui était mon supérieur, mais je me sentais à juste titre personnellement en cause et m'en trouvais très affecté. Je ne comprenais pas cet effondrement et refaisais sans cesse mes calculs de dimensions et de résistance des matériaux. Ils étaient bons !

A la fin de la semaine, je pris sur moi d'aller sur place examiner les débris informes, mais dans lesquels un œil exercé pouvait tout distinguer. Brusquement, un poids énorme se déchargea de mon cœur : au lieu des quatre petites portes que j'avais prévues pour entrer dans le château d'eau et accéder par un escalier interne à son sommet, le chantier avait jugé bon de placer une seule grande porte et de mettre tous les fers (que je prévoyais de répartir autour des quatre petites portes et qui avaient été livrés en conséquence) autour de la seule grande entrée aménagée dans la façade. A l'évidence, c'était cette modification qui avait entraîné l'affaiblissement et la rupture de la construction. Il aurait fallu, en changeant mes plans, modifier les fers, en commander d'un nouveau format, et les recevoir à temps pour l'inauguration du château d'eau..., dont la date impérative de mise en service était fixée.

Mon directeur vérifia tout ce que j'avais trouvé et qui me blanchissait définitivement. Je me souviens que personne n'a encouru de sanction. Vous ne pouvez pas savoir ce que c'est que la vie de chantier et comment on doit faire sur place au mieux avec ce que l'on a reçu, alors que tout le monde est devenu négligent.

Dans mon château d'eau en Vendée, personne n'était mort, et c'était l'essentiel. Mais notre temps est devenu celui de l'erreur régnant sur tout. J'ai vécu la mort de ma mère provoquée par une infirmière qui ouvrit une fenêtre et lui fit prendre froid alors qu'elle se rétablissait de sa paralysie. J'ai vécu plusieurs fois, par la suite, par personnes interposées, la mort de voyageurs écrasés dans des trains en collision pour une erreur d'aiguillage, dans des autos pour une erreur de passage à niveau ou de signalisation d'autoroute, ou dans une benne de téléphérique pour un pylône mal ancré ; la mort d'une enseignante américaine dans l'explosion d'une navette spatiale, sous les yeux de ses élèves, toute l'Europe polluée par Tchernobyl, tout le Rhin par Sandoz à Bâle, la mort soudaine, qui me bouleversa, de mon ami René Goscinny, le créateur d'*Astérix,* tué par une machine dans une clinique...

Tout cela je l'ai résumé dans une chanson, *T'en fais pas*

Totole, publiée en 1969 *. Elle n'a eu aucun succès parce que nous étions, paraît-il, dans un monde en expansion où les erreurs de la main-d'œuvre ne pouvaient que développer le travail et donc, entre autres, maintenir le chômage dans des proportions raisonnables.

L'optimiste est celui qui considère l'erreur comme source de création. Le pessimiste est celui qui considère l'erreur comme destruction. Un monde en expansion se sert de ses erreurs. En régression, toute erreur lui est fatale. Pour rendre ces défaillances positives et éliminer les bavures mortelles, je prétends aujourd'hui qu'avec toutes ces machines surmultipliées, qui soit-disant nous aident, il ne faut plus parler de « main-d'œuvre » ; il faut désormais parler « d'esprit d'œuvre ». Plus il y a de machines et plus l'esprit humain doit être « vigilant » pour bien les tenir et ne pas être détruit par elles.

Il fut un temps où les erreurs étaient rentables, où acheter pour jeter et acheter encore autre chose, était participer au progrès. En Occident, le système aberrant continue et s'amplifie, comme pris de panique. Il contribue peut-être au progrès technologique, mais tue le progrès des esprits. Pour réduire le chômage, développons l' « esprit d'œuvre ». La main suivra forcément.

J'affirme que les dernières catastrophes sur les centrales nucléaires proviennent du fait que les plombiers, si éloignés de l'énergie nucléaire, ne savent plus travailler. Vous en savez quelque chose quand vous en appelez un et que vous en trouvez par hasard un qui veuille bien venir vous détruire ce qui reste de votre plomberie. J'affirme que les dernières catastrophes de fusées, y compris celles de la NASA, proviennent du fait que les riveurs qui serrent les boulons, ne savent plus le faire comme on le savait au temps de Gustave Eiffel et de sa tour. Si les plombiers et riveurs de boulons étaient aussi considérés que les petits dieux qui règnent sur

* Annexe, p. 394.

les ordinateurs et la technologie de l'industrie nucléaire ou spatiale, à nouveau ces rouages humains tellement essentiels, aussi importants que les techniciens de haut niveau, redeviendraient aussi bons et contribueraient à sauver une Terre qui « perd la boule ».

J'ai toujours tenu à ce que mes enfants restent des manuels, même quand ils avaient des professions dites intellectuelles. Notre époque folle a voulu abolir la main, alors que d'après certains anthropologues, c'est à partir de l'utilisation de la main, en liaison avec notre cerveau, que l'être humain est devenu ce qu'il est. Nous sommes maintenant arrivés à l'époque du doigt. D'un seul doigt, quelqu'un appuiera un jour sur un bouton, et tout sautera.

En tant qu'ingénieur, voici ce que j'ajouterai : des erreurs et des catastrophes survenaient aussi il y a trente ans, mais les catastrophes étaient moins catastrophiques et l'on pouvait plus aisément tourner la page ou même en rire. C'est à cette époque que Wedinsky, l'ingénieur d'origine russe, m'expliqua sa théorie de l'emmerdement maximum qu'il illustrait d'une histoire.

Un jour, dans une compagnie aéronautique anglaise, on poursuivait la mise au point d'un nouveau modèle d'avion. Le problème provenait des ailes qui se cassaient toujours à la liaison des ailes et du fuselage. Cela est assez compréhensible, puisqu'il s'agit d'une zone où se concentrent tous les efforts de la résistance au vent, où il y a rupture de continuité, etc.

Alors, continuait Wedinsky, on s'est mis à renforcer par des tôles supplémentaires les extrémités des ailes fixées au corps de l'avion. On installe l'appareil en modèle réduit sur le vibrateur destiné à lui faire vivre en accéléré un vrai voyage dans le ciel. Et on laisse cette vibration s'exercer pendant des heures.

Au bout d'un jour ou deux, l'appareil se brise à nouveau à la base des ailes, même renforcées.

Nouveaux essais, nouvelles mises au point, nouveaux renforcements. On remet le modèle réduit ainsi ragaillardi sur le banc d'essais de vibrations. Même résultat : l'appareil casse au même endroit.

Après de nombreux essais infructueux arrive un jeune ingénieur qui dit : « J'ai étudié la question. Au lieu de renforcer, je vous recommande de percer des trous le long de cette zone dangereuse, des trous régulièrement espacés.

— Vous voulez rire ? lui répondent les ingénieurs chevronnés. Des trous ne pourraient que rendre cette zone encore plus fragile !

— Essayez », insiste l'ingénieur, flegmatique et sibyllin.

Comme on n'avait pas trouvé d'autre solution, pourquoi ne pas essayer cette tentative farfelue ? On perça des trous le long de cette ligne de fracture, sur les deux ailes du modèle réduit et on reposa l'appareil sur le banc d'essai.

Un jour d'épreuve, deux jours, trois jours, une semaine... Plus rien ne flanchait, les ailes restaient toujours à leur place.

Emerveillés et en même temps sidérés, tout le monde se précipite chez le jeune ingénieur qui avait proposé cette solution :

— Ça marche ! ça marche ! Maintenant racontez-nous expliquez-nous votre théorie. Où sont vos calculs ?

— J'ai appliqué la théorie de l'emmerdement maximum, répond simplement le jeune blanc-bec.

— Que dites-vous ?

L'ingénieur se leva.

— Suivez-moi, leur dit-il.

Couloir après couloir, le voici qui les emmène jusqu'aux toilettes de l'atelier ; et même, qui pousse la porte de ces lieux à peine technologiques. C'est alors que, près d'une tinette, il déroule le papier rouleau de nécessité et leur dit :

— N'avez-vous pas remarqué que, lorsqu'on veut détacher un morceau de papier toilette sur lequel des trous espacés existent afin qu'il se sépare le long des perforations, jamais, au grand jamais, ce papier ne se fend sur cette zone ? Il se fend toujours ailleurs. C'est ça, la loi de l'emmerdement maximum : le papier se démerde toujours pour ne remplir sa fonction qu'à côté. J'ai appliqué cette constatation aux ailes de l'avion. Sans avoir procédé à des calculs savants, je ne suis pas étonné qu'elles ne veuillent plus se casser, justement parce que nous avons mis des trous pour qu'elles se cassent. »

L'histoire, vraie ou fausse, est intéressante, philosophiquement et scientifiquement. Elle est vraie bien entendu en ce qui concerne le papier toilette, mais je ne vous garantis pas qu'elle le soit pour l'avion britannique, bien que les Anglais soient de sacrés emmerdeurs.

Elle est à rapprocher de l'histoire de la tartine qui tombe toujours sur le côté beurré, de la situation qui se présente toujours de la pire façon qui soit. Si l'on prévoit que l'emmerdement maximum va toujours se produire, on peut espérer échapper à bien des déboires.

Les jours où l'emmerdement maximum ambiant est très grand, où tout arrive comme prévu, donc pis que prévu, je m'arrange toujours pour me dire : « Tant mieux : ainsi j'ai certainement échappé à un emmerdement supérieur, puisque j'étais occupé par cet emmerdement dans lequel j'ai pu justement développer mes trous momentanés, de mémoire, de trésorerie, de poches ou de chaussettes. »

Et les choses finissent par s'arranger. Parce que le temps passe, parce que demain est un autre jour, avec un autre emmerdement maximum, et beaucoup de petites joies que je tente de transformer en jubilations réelles. C'est ce que me raconte mon arbre Fernand qui en a vu bien d'autres et m'a inspiré *La vie va* :

J'ai passé ma vie
A des théories
Et la vie va.

C'est de mon bureau d'ingénieur que j'ai compris comment chaque rouage d'une entreprise était absolument nécessaire, vital, indispensable au fonctionnement de l'ensemble : de l'ouvrier ferrailleur au chef suprême, le patron de l'entreprise, à titre égal, et sans priorité ou même hiérarchie de la responsabilité. Je l'ai constaté depuis dans le domaine de la télévision, comme dans celui du disque, comme dans une maison, dans une famille. Je prétends que chacun est irremplaçable.

Comme j'étais très jeune et que Louis-Pierre Brice, le patron, voulait que j'embrasse tous les éléments du métier, de la conception à l'exécution, il me changeait souvent de secteur, et je constatais avec étonnement les petits partis pris d'intolérance qui existent dans toutes les entreprises, chaque rayon se croyant plus indispensable que les autres.

Ainsi, les ingénieurs du bureau d'études se considéraient comme le fin du fin. Travaillant tranquillement tout près de leur famille, dans un lieu déterminé, fignolant des plans dits parfaits, toujours convenablement habillés, ils concevaient les plans de l'ouvrage et se considéraient comme la tête par rapport aux ingénieurs de chantier.

Ceux-ci vivaient dans des baraquements, dans la boue, le sable, sous la pluie, la neige. Ils travaillaient la matière même et n'étaient pour l'ingénieur d'études que des bras qui ne faisaient qu'exécuter grossièrement les ordres : pratiquement des déménageurs, des saltimbanques, voire des malfrats.

Mais quand j'ai été amené, un an plus tard, à vivre sur

un chantier, j'ai compris l'importance essentielle de l'ingénieur de chantier qui, en plus d'exécuter les plans, devait les modifier en fonction de ce qu'il trouvait sur place, parfois de l'argile au lieu du roc, ou même de la vase. A tout ce que n'avaient pas prévu les ingénieurs « parfaits » du bureau d'études, s'ajoutaient les conditions météorologiques qui varient sans cesse et qui, quels que soient les progrès, ne permettent pas au béton de durcir de la même façon sous la pluie ou au sec.

La première fois que j'ai mis les pieds sur un chantier, c'était pour un pont en béton précontraint, et l'ingénieur du chantier m'a dit :

« C'est toi le petit con qui nous a calculé les espacements entre les cônes d'ancrage ?

J'ai répondu oui.

— C'est ton écriture sur le plan ?

— Oui.

— C'est donc toi qui as mis 20,5433 centimètres ! Tu crois vraiment que l'on peut caler des cônes au millième de millimètre ? Nous les mettons à la paluche à 2 centimètres près. Ta précision de pharmacien nous a drôlement fait rigoler ! »

En vivant avec eux, je me suis rendu compte pourquoi les ingénieurs du bureau d'études se considéraient comme le sel de la terre et regardaient de très haut les ingénieurs de chantier qui, d'après eux, faisaient n'importe quoi n'importe comment, en cachant ce qu'ils avaient fait dans les parements, de telle sorte qu'on ne se rendait plus compte du tout de l'exécution. J'ai compris aussi pourquoi les hommes de terrain nous considéraient comme des ronds-de-cuir, bureaucrates à manchettes de lustrine en train de faire des plans fignolés d'horlogerie, ne correspondant pas à la réalité, et qu'ils se devaient de modifier pour que la construction puisse exister.

Pourtant, la perfection apparente du plan, avec la blancheur immaculée de l'épure, est nécessaire pour amener toute exécution, quitte à ce qu'il y ait des modifications convenables. Mais chacun fait semblant d'être celui qui détient la vérité suprême et considère l'autre de très haut.

Quand, par la suite, j'ai été amené à voyager avec des ingénieurs « commerciaux », le climat de travail était tout à fait différent des deux premiers climats, de l'étude ou du chantier. Costume impeccable, nœud papillon, petit attaché-case, vols internationaux, grands hôtels, déjeuners d'affaires. L'ingénieur commercial regardait les deux autres catégories de ses confrères d'un œil amusé, pensant en son for intérieur : « C'est nous qui, discutant des contrats et amenant le fric, sommes l'élément moteur de l'entreprise. L'ingénieur du bureau d'études, dans sa cage de verre, sa tour d'ivoire, voit ça d'un regard de myope, comme un théoricien qu'il est ; de son côté, l'ingénieur de chantier est un exécutant grossier. Mais c'est nous, les ingénieurs commerciaux, qui, par notre intelligence et notre bagou, faisons tourner la baraque. Et même, nous apportons parfois des solutions sur place, au goût du client, que les ingénieurs du bureau d'études doivent suivre, comme bien entendu les ingénieurs de chantier exécuter ! »

Mais j'étais loin de ces considérations, quand je subissais le double choc de la mort de ma mère et de mon immense chagrin d'amour, les deux malheurs étant presque simultanés. Un soir, pour me changer les idées, deux camarades d'école, Jean-Pierre Grézaud et Guy Giraudat — ces deux amis sont restés ingénieurs — m'entraînent dans une petite boîte qu'ils avaient découverte près de Notre-Dame-de-Paris, sur le Quai aux Fleurs, une sorte de taverne où l'on parle, boit, dîne, où récitent des comédiens et jouent et chantent des musiciens à la guitare : la Colombe.

Je découvrais avec émerveillement ce refuge moyenâgeux — la légende dit que Villon autrefois y était passé — qui avait conservé son caractère, avec ses vieux pavés cabossés, son entrée avec judas, quasi confidentielle, car il fallait montrer patte blanche, sa petite tonnelle où l'on s'attablait par les nuits d'été, et surtout son minuscule restaurant où tout était de guingois, avec un bar en bois que le temps avait complètement incliné, avec ses toilettes à l'ancienne, où les guitaristes accordaient leurs guitares avant d'entrer sur une scène inexistante, et son escalier en colimaçon qui ne cessait de grimper dans la petite tour que préservait cette relique du temps passé.

A l'époque, mon domaine, c'était le Quartier Latin et surtout son fameux triangle Flore-Coupole-Capoulade. Le Flore à Saint-Germain-des-Prés, la Coupole à Montparnasse et le Capoulade place Edmond-Rostand, au bas de la rue Soufflot. En deçà de ce triangle sacré, je ne voulais rien connaître de Paris, rien de la rive droite. Je n'étais jamais monté sur la tour Eiffel. Aller à La Colombe, c'était m'excentrer à peine.

Pour les mouvements d'avant-garde et des idées, presque tout se passait sur la rive gauche. Quand on disait « intellectuel de gauche », on entendait surtout « intellectuel rive gauche ». Le patron de La Colombe, Michel Valette, un jeune homme de notre âge, à la fois comédien et bistrotier, avait le goût des chansons à texte. Il faisait défiler chez lui, à son choix, beaucoup d'inconnus dont certains devinrent célèbres. Perret, Ferrat, Anne Sylvestre, Hélène Martin et moi-même qui par hasard fus le premier connu.

Je m'attable avec mes deux amis et trois demoiselles. Nous dînons. La femme du patron, Beleine, tenait les fourneaux. Mes copains me présentent à Valette comme un ingénieur, mais qui écrit des chansons bizarres. En voici un exemple :

Sur la montagne des vautours
La montagne des veaux...
Tournent les « a priori ».

Et un autre :

Les cure-dents s'en vont gaiement
L'un derrière et l'autre devant.

Toujours à l'affût du nouveau, Valette me tend une guitare. Je m'installe dans le trou bizarre entre les deux minuscules pièces de La Colombe. Est-ce ma voix étrange, encore plus détimbrée qu'aujourd'hui, est-ce le climat merveilleux d'intimité ou la chaleur de Michel Valette ? Je commence une chanson, et le silence se fait. J'enchaîne avec une deuxième, une troisième, puis quatre, cinq, dix ; toutes provoquaient l'attention. La plupart d'entre elles étaient, dirons-nous, surréalistes, bien que sous le mot « surréaliste », on range souvent, à tort, ce qui n'est pas construit, ce qui part dans tous les sens, mais crée des formes un peu fantastiques, une impression de rêve éclaté.

En fait, je ne sais pas si mes chansons étaient surréalistes, mais elles étaient étranges comme toutes les premières œuvres d'un auteur qui veut faire du nouveau.

Au fur et à mesure que l'on sait construire et qu'on fait de mieux en mieux son travail, que ce soit dans le roman, le théâtre, le cinéma, la musique ou la chanson, la rationalité et la technique que l'on acquiert, enlèvent une part de rêve et d'étonnement. Les mots se suivent trop bien quand on sait trop bien faire. Mais tout ce que l'on a trouvé quand on ne « savait » pas est utile plus tard, quand on « sait ». Il faudra être vigilant pour que le « savoir » ne tue pas la vie qui, en tout cas, le dépasse.

Les premières amours sont pareilles aux premières œuvres : il n'y a pas de stratégie, il y a une rencontre de cœurs et de corps qui se frôlent, se cherchent. Tout est dans le désordre et tout marche. Par la suite, les habitudes, les mises au point, parfois les mariages, les enfants donnent de la structure qui renforce ou déforme, ou bien détruit.

Chaque fois que j'ai commencé quelque chose de

nouveau, pour moi, ça a toujours été le désordre effarant, le jaillissement bordélique et luxuriant. Ensuite, l'ordre est venu pour mettre tout en place, l'ordre qui sclérose les mots, les idées, l'action. Finalement, quand j'accède au troisième stade, le désordre revient dans l'ordre pour créer l'étonnement et la surprise, que rien ne semble préparé et, pourtant, que tout le soit. C'est la même chose pour un dîner : un dîner trop bien ordonnancé n'a pas de chaleur humaine, c'est toujours la pointe de fantaisie et d'inattendu qui lui donne sa vérité et son charme. Les vers de La Fontaine sont en général des modèles du genre. Pas étonnant qu'il ait défendu son ami Fouquet le Rayonnant contre la machine de Colbert le Sec.

J'avoue que j'ai commencé ce livre également dans le même système, par la force des choses. Des notes, des écrits éparpillés au fil d'une trentaine d'années, que j'avais laissés sous le coude. Puis une recréation de premier jet qui s'est déroulée selon l'humeur du moment. Enfin, j'ai tenté d'y mettre de l'ordre pour que vous puissiez me suivre comme je le souhaite. J'espère que le peu d'ordre que j'ai pu rajouter n'a pas détruit la vie.

Le soir où j'ai chanté à La Colombe pour la première fois, j'obtins le silence et le succès, dans ce lieu insolite où les gens applaudissaient quand ils le voulaient, parlaient à leur guise, se taisaient de même. Il n'y avait pas de rideau, pas de projecteur, rien. Michel Valette me rejoint à la table, nous bavardons, et il me propose de venir chanter tous les soirs. Je lui réponds que j'étais avant tout un auteur. Cependant, j'avais besoin de « roder », comme on dit, mes chansons en public et ne pourrais venir qu'une ou deux fois par semaine, puisque je travaillais tous les jours dans un bureau.

Je n'avais chanté en public qu'une seule fois auparavant, si on peut appeler ça « en public ». C'était dans une boîte qui s'appelait Le Village, près de la place Saint-Germain-des-Prés. Il y passait Jean-Claude Darnal, dont j'aime beaucoup le talent et la présence, à ses débuts avec une chanson — *Toi qui disais* — qui a eu beaucoup de succès, et les Frères Ennemis dont j'adorais la loufoquerie imperturbable et les coq-à-l'âne : leur langage ressemblait aux dialogues de sourds à la langue fourchue qui sont la règle aujourd'hui. Mais je n'étais passé au Village qu'en audition, traîné par un poète qui s'appelait Bataille. Mes vrais débuts se sont situés à La Colombe, Quai aux Fleurs, et au Port du Salut, rue Saint-Jacques.

C'est au Port du Salut que j'ai écrit ma première chanson à succès, *Qu'on est bien,* « chastement » dans les bras de Françoise. Massebœuf, l'un des patrons du Port avec René et Françoise, me payait d'une excellente bouffe pour mes amis et moi. Il a conservé une relique, le papier où je signais que, étant ingénieur, ma sécurité sociale était payée par ma société.

Je continuais sérieusement mon métier d'ingénieur qui était ma force, mon gagne-pain et ma sécurité, et je chantais de temps en temps à La Colombe ou au Port du Salut. Mon cœur est attaché à ces deux lieux privilégiés.

Après la mort de ma mère, je devins beaucoup plus irrégulier au bureau, beaucoup plus régulier au bistrot. Au début, mes camarades de bureau ne se doutaient de rien, alors que je paraissais toujours fatigué et endormi le matin. Mais comme je faisais, semble-t-il, convenablement mon boulot, ils ne disaient rien. Par la suite, je les ai soupçonnés d'avoir su mon secret sans en souffler mot. Ils ne se sont décidés à m'avouer qu'ils étaient au parfum qu'après que mon premier disque fut sorti, alors que *Bal chez Temporel, Qu'on est bien, Chandernagor,* chantés par d'autres, étaient déjà sur les ondes et que je n'avais averti personne chez Sainrapt du fait que je menais une carrière parallèle.

Ma vraie décision d'entrer en chanson, activité qui ne me rapportait à l'époque que des clopinettes, est intervenue après à un petit incident de la vie quotidienne. J'avais conservé momentanément le meublé du boulevard du Montparnasse, souvenir du temps où ma mère était encore de ce monde. Tous les matins, je mettais la main dans ma poche intérieure, en sortais mon portefeuille, en extirpais trois petits tickets et les tendais machinalement au contrôleur de l'autobus, pour descendre place Paul-Verlaine. A midi, je déjeunais dans les restaurants du coin les moins chers possible, et en fin d'après-midi je rentrais comme toujours avec le même rituel en présentant automatiquement les tickets à la RATP.

Un soir, après avoir grimpé les deux étages, je suis arrivé devant ma porte, j'ai mis la main dans ma poche pour en retirer mes clés, et machinalement j'en ai sorti le portefeuille dont j'extrayai trois tickets d'autobus.

Je me suis retrouvé comme un imbécile devant la porte close, à tendre mes billets à une serrure. Et je suis resté un instant, stupide, ahuri. J'ai enfin ouvert la porte et j'ai pris conscience, en m'asseyant effondré à ma table, que j'avais désormais en moi les automatismes de celui qui fait la navette domicile-travail. Je me sentais complètement mécanisé, avec des réflexes conditionnés. Pour paraphraser le poète Pierre Béarn et sa trouvaille « métro-boulot-dodo », moi j'étais dans le système « bus-boulot-bistrot-dodo ».

Ce jour-là, j'ai pris deux décisions : la première, de travailler plus au bureau comme au bistrot, et la seconde, d'acheter enfin une voiture. J'avais vingt-six ans.

Depuis, quelles que soient les personnes que j'ai engagées, une des conditions que je leur posais était, outre de savoir faire la cuisine, car la cuisine me semblait le test majeur de leur capacité, qu'elles aient leur voiture individuelle afin qu'elles puissent arriver, en avance ou en retard, mais en se sentant toujours libres sur le parcours.

De plus, je cherchais toujours des gens qui n'habitaient pas très loin de mon lieu de travail. Je ne savais pas à l'époque que chaque instrument de liberté (je considérais donc la voiture comme un instrument de liberté), amène un asservissement différent : démarrage par temps froid, garage, pièces de rechange, mécanicien, parking, etc. J'aurais pu très bien m'accommoder de l'autobus ou du métro. L'essentiel, c'est de rester libre dans sa tête. Mais l'hypnose où je me suis trouvé, devant ma porte, dans un autobus fictif, m'a fait tomber d'un esclavage dans un autre esclavage. Cependant, de tous les modes de locomotion, il me semble que la voiture est le moins asservissant, et je l'ai toujours préféré à tout autre, train ou avion, à cause de la liberté dans les horaires, et du degré d'incertitude personnelle que comporte le voyage en automobile.

Les grandes inventions du XIXe siècle, automobile, phonographe, il y en a des milliers, ont contribué à libérer les humains. Ce sont les gadgétisations du XXe siècle de ces mêmes inventions, qui les ont asservis.

Mais où est la vérité sur la liberté dans le transport Pascal Berhault, un de mes collaborateurs, m'affirmait, en 1972, qu'en passant une heure qu'il avait planifiée, dans des transports en commun successifs (autobus, train de banlieue, métro), il avait le temps de lire un livre ou les journaux ; qu'il s'y sentait plus libre qu'en écoutant la radio et les concerts d'avertisseurs dans un œuf à roulettes. Trois ans après, il achetait une voiture.

Chez les êtres humains, la vérité est le mensonge le plus stable.

3.

Le jeu du Ciel et de la Terre

J'ai voulu trop vite en venir à mon entrée en chansons, à l'âge de vingt-quatre ans. Pourtant, j'ai bien des choses encore à dire sur mon père et ma mère. Sur ma sœur aussi. Ils ont tant compté pour moi que je ne peux les quitter ainsi.

Mon père était un personnage intransigeant et passionné qui a frappé les imaginations de ceux qui l'ont rencontré, y compris la mienne. Enfant puis adolescent, j'ai un peu « oublié » ma mère qui faisait doucement, tranquillement sa tâche quotidienne et qui m'a été, je le sais maintenant, aussi bénéfique que mon père. C'est pourquoi je l'embrasse en écrivant ces quelques lignes. Je l'avais déjà fait dans *Hôtel-Dieu :*

Elle a couru, souffert, élevé deux petits

et dans *Chanson pour ma vieille* qui lui est aussi entièrement dédiée. Mais je crois que cela ne suffit pas, c'est pourquoi je lui parle aujourd'hui, plus de trente ans après qu'elle fut partie.

Je la salue comme une « héroïne de la vie quotidienne ». Elle était de celles et de ceux qui s'occupent des leurs, de leurs proches, de leur village, de leur équipe, en voulant faire bien, simplement, et non de ceux qui délèguent à l'on ne sait quel système lointain une bonté grandiose et diffuse ; de ceux qui, lorsqu'une femme tombe dans la rue ou dans un couloir de métro, se penchent vers elle au lieu de passer à toute vitesse, indifférents, pour aller donner 100 francs pour la lutte contre les tremblements de terre dans telle région du monde. Le sauvetage de la Terre doit passer par le sauvetage individuel, manifesté par nous de façon évidente pour ceux qui vivent à nos côtés. Qu'à l'extrême opposé nous devions aussi aider l'humanité entière, n'est évidemment pas exclu, au contraire. Mais c'est dans les extrêmes que se trouve la vérité : dans les petits actes de tous les jours à l'égard d'individus, comme dans les grands actes à l'égard de systèmes ou de groupes lointains :

Et l'eau d'une larme
Et tout l'océan
Qui gronde.

(Les Couleurs du temps)

Mon père s'occupait de l'infini et des siens proches. Ma mère s'occupait des siens seulement, et je me demande si souvent elle n'était pas plus forte que lui, dans son inculture intellectuelle et son sens pratique.

Je devais avoir huit ans quand je l'ai accompagnée à l'hôpital. Elle avait un cancer, un cancer à l'hypophyse ; je ne savais pas ce que voulait dire ce mot, mais il m'a marqué.

A l'époque, les séances se faisaient à la bombe au radium, et je lui tenais la main quand un professeur barbu lui dit : « Maintenant, madame, rentrez chez vous. Revenez me voir dans six mois. » Six mois après, j'étais assis à ses côtés lorsque le professeur regardait, le visage illuminé, les récentes radiographies.

« Qu'avez-vous fait pendant ces six mois ? demanda-t-il à ma mère.

— Eh bien, le matin, je me levais avant tout le monde pour préparer le petit déjeuner, puis je conduisais les enfants à l'école. En revenant à la maison, je faisais mes courses ; l'après-midi, la couture... »

La litanie des gestes quotidiens de cette femme admirable était claire :

« Vous avez continué à vivre comme si de rien n'était, comme si vous n'étiez pas très malade. » Alors, serrant ma mère dans ses bras, le professeur ajouta : « Vous vous êtes sauvée vous-même ! »

En continuant à servir les siens, elle avait aidé la nature et les traitements médicaux à produire leurs effets. La vision de ma mère m'a accompagné lorsque à mon tour je me suis battu contre un autre cancer, et je suis certain que le fait de continuer à m'occuper des petites choses de la vie, utiles même petitement aux autres et à moi, a été très important.

Loin de m'enfermer dans ce combat, je m'obstinais à prendre soin de ma maison, de mes chats et de quelques autres, même du fin fond de ma solitude.

Déjà, dès mon enfance, j'étais plutôt solitaire et n'aimais pas les groupes*. Je pouvais faire partie momentanément d'une « bande » qui voulait bien adopter le marginal doux que j'étais, mais je me retrouvais très vite dans le nid familial. Mon père, c'était pour moi, et c'est toujours pour moi, le Ciel. Ma mère, c'était la Terre. Tout me portait vers le ciel, et pourtant ce que j'ai appris par ma mère qui était beaucoup plus terre à terre, m'a été, ô combien, utile. Je crois que, sans le vouloir, j'ai réuni en moi les deux.

Un détail par exemple : ma mère, que j'accompagnais souvent au marché, savait marchander, choisir, palper les fruits et légumes, et j'ai toujours eu honte de la voir discuter de tout. Mais quand, dès l'âge de trente-trois ans, j'ai dû

---

* Annexe, p. 400.

fréquenter les marchands, tout ce qu'elle savait faire m'est revenu et m'a servi.

J'avais une préférence avouée pour mon père qui affirmait : « Le bon marché coûte cher » — comme il rirait aujourd'hui où vraiment tout coûte cher, même la camelote — et qui m'enseignait les règles d'une vie d'idéal.

J'ai parlé ailleurs des chiffres, des étoiles, de la poésie, mais il m'a surtout enseigné une chose importante et que tout contribue à effilocher en nous aujourd'hui, la concentration. C'est pourquoi il m'a mis très tôt au jeu d'échecs. Ce jeu m'a accompagné toute ma vie et quand je veux échapper aux soucis des combats imbéciles, je me réfugie dans une partie d'échecs. J'ai pu pratiquer ce sport mental avec un partenaire ou seul, en reproduisant les parties de maîtres ou en étudiant telle ouverture ou telle finale, ou encore, depuis quelques années, en jouant contre un ordinateur.

L'ordinateur ne laisse rien passer. Il a moins d'imagination que nous, bien qu'il ait engrangé plusieurs variantes qu'il vérifie à toute vitesse. Mais l'ordinateur n'admet pas la moindre gaffe de l'adversaire, gaffe que même les plus grands champions commettent sous la pression du temps ou la pression psychologique, c'est-à-dire l'emprise mentale qu'un adversaire utilise quand il nous engage dans des chemins inhabituels, des sentiers tortueux, complexes, qui nous perturbent. L'ordinateur, lui, est un esprit froid qui attrape systématiquement le moindre pion qui traîne. Sa gourmandise lui joue parfois des tours, alors que l'imagination des êtres humains les conduit à laisser souvent des pièces en prise, à faire des sacrifices au bénéfice d'une combinaison gagnante que n'a pas vue l'adversaire, lequel s'est imaginé, en se jetant sur telle pièce ou tel pion, profiter d'une gaffe momentanée du joueur.

Mais les nouveaux ordinateurs sont programmés pour échapper à la gourmandise et à d'autres défauts de jeunesse.

Peut-on imaginer qu'ils dépassent un jour les humains qui les ont créés ? C'est possible, étant donné leur infatigabilité et le fait que pour eux le temps est immobile. Tant qu'ils sont branchés, ils sont toujours éveillés.

Tous les jeux sont merveilleux, et j'ai toujours aimé jouer à tout, mais le jeu d'échecs est un jeu si extraordinaire, qu'on le surnomme « le roi des jeux » ou « le jeu royal ». La chance ne semble pas intervenir dans son déroulement, ses combinaisons sont illimitées, chaque pièce a sa personnalité : il demande une résistance mentale et physique immenses. On ne doit la victoire qu'à soi-même, et la défaite affecte terriblement. On se sent littéralement humilié face à l'adversaire vainqueur. Et puis, comme tout jeu, il transmet des règles de vie, ou plutôt des règles du combat pour la vie.

Par exemple, cette anecdote sur le maître Nimzowitsch qui écrivit un livre intitulé *Mon système*, et inventa des stratégies et tactiques nouvelles dans les années vingt. Un jour, en tournoi, son adversaire avait délicatement sorti un cigare de sa poche et n'arrêtait pas de le tripoter pendant que Nimzowitsch réfléchissait sur un coup. Nimzowitsch se dirigea vers l'arbitre du tournoi — il est interdit aux adversaires de se parler — et se plaignit en ces termes : « Regardez. Il n'a pas le droit de fumer. Cela me gêne, et c'est contre le règlement. » L'arbitre, après un bref aller et retour vers le joueur au cigare, fit remarquer à Nimzowitsch : « Voyons, il a bien un cigare à la main, mais il ne l'a pas allumé. » C'est alors que Nimzowitsch lui répondit : « Vous vous dites arbitre international et vous ignorez qu'aux échecs la menace est plus forte que son exécution ? »

Les échecs enseignent à affirmer une stratégie dans telle position, puis à l'assouplir d'une tactique nécessaire. Mais ils ont un grave défaut à mes yeux : le joueur qui combine doit essayer d'imaginer les plans machiavéliques, diaboliques, de son adversaire, pour tenter de les déjouer avant qu'ils se concrétisent. En conséquence, le jeu d'échecs communique en général à tout joueur la manie de la persécution, chère à

Jean-Jacques Rousseau qui, d'ailleurs, était un fervent du jeu royal. C'est-à-dire que, dans la vie, on a tendance, si l'on est un bon joueur d'échecs, à s'imaginer que l'autre, quel qu'il soit, dans les sociétés, au bureau, dans la rue, à la maison, en amour, imagine un plan destiné à vous combattre, à vous faire baisser la tête ou courber l'échine. Et l'on en est à composer des parades, des défenses, des contre-attaques, contre ce qui, souvent, n'existe pas. Les grands joueurs d'échecs sont de grands persécutés. On l'a vu avec l'Américain Fischer, le dissident russe Kortchnoï, et même le prodige américain Morphy qui plongea dans la folie. A ce sujet, le livre de Stefan Zweig, *Le Joueur d'échecs*, est très profond.

Je me demande si les Russes, qui sont les meilleurs joueurs du monde aux échecs et les plus nombreux, ne sont pas, pour beaucoup d'entre eux, ce que j'appelle les « PPP », les « persécuteurs persécutés permanents ». Je me demande si, quel que soit leur régime, tsarisme ou stalinisme, ils ne sont pas devenus persécuteurs persécutés parce qu'ils aimaient jouer aux échecs durant les longues nuits d'hiver où l'on doit rester bien au chaud dans les isbas isolées. Ou bien, à l'inverse, sont-ils devenus de très bons joueurs d'échecs parce qu'ils étaient par système politique nécessaire pour la gestion des grands espaces, sous les tsars d'autrefois comme les tsars des soviets d'aujourd'hui, des persécuteurs persécutés permanents ? L'œuf est-il venu avant la poule ou est-ce le contraire ? Il y a des deux. Gorbatchev va-t-il réussir à inverser ce courant profond ?

En tout cas, j'aime autant les échecs que le poker, mais les échecs sont plus propices à la solitude, et le poker demande plusieurs partenaires..., chacun défendant individuellement, en solitaire, son sort, sa survie, face à la meute des autres. J'ai souvent joué au poker à deux, c'est également un combat pour le sang.

C'est ma mère qui m'enseigna le poker auquel j'ai joué, pour commencer, en famille. Elle avait un frère étonnant, une sorte d'aventurier qui me fascinait, pas autant que mon père mais quand même, parce qu'il avait une vie d'affaires étranges qui l'amenait à voyager beaucoup ; et qu'il jouait très bien au poker.

Au poker, les cartes sont un prétexte ; ce qui compte, c'est l'intimidation et la ruse. Des décisions doivent être prises sans cesse et vite. La chance joue, peut-être pas sur un très grand nombre de parties, mais elle joue quand même. Il faut savoir jouer avec elle, admettre les mauvaises passes, limiter la casse, profiter de sa chance au maximum pour extorquer un maximum d'argent à l'adversaire que l'on doit berner ou éberluer. Et l'argent, le dieu dollar, est le maître. J'ai toujours les fiches en bakélite de différentes couleurs de mon enfance et, quand je les retrouve dans leur vieille boîte, je les caresse. Alors, les parties épiques si souvent disputées avec ma sœur, ma mère ou mon oncle, étincellent dans ma mémoire.

Ma sœur Doris perdait presque toujours : trop émotive. Je l'avais rattrapée scolairement, et nous étions presque toujours dans la même classe.

J'ai toujours été le plus jeune de ma classe ; et, comme toute règle comporte des exceptions, en classe de mathématiques supérieures, un jeune homme brillant était plus jeune que moi, Jean Durup, qui a fait Normale Sup puis a travaillé au centre d'études nucléaires, à Saclay. Avec lui, je jouais au bridge, comme avec un autre camarade du lycée Henri-IV, un certain Schwartz, qui était très fort et qui est d'ailleurs devenu champion du monde. Moi, j'en ai toujours été très loin. Le bridge n'est pas suffisamment solitaire pour moi, comme l'est certainement le jeu d'échecs silencieux et peut l'être parfois le poker, aux annonces lapidaires et menaçantes. Il demande des parlotes continuelles, ouvertes ou masquées. La scène de manille où Pagnol fait dire à Raimu : « Tu me fends le cœur », est à peine caricaturale pour les bridgeurs invétérés.

Cela dit, le bridge est un jeu amusant et formateur, et je m'y suis beaucoup diverti, parfois même avec fièvre, mais avec moins de passion que lorsque je jouais avec son frère populaire, la belote. Nous disputions en tournée des parties joyeuses avec les musiciens, dont Roger Damin, mon accordéoniste préféré et mon ami.

L'intérêt principal du bridge, c'est qu'on doit se donner un objectif, un « contrat » comme on dit, et tenter de le tenir, de le réaliser. Cela demande à la fois un esprit prévisionnel et une compétence d'exécution, quelles que soient les surprises que les cartes des adversaires amènent. Le principal adversaire est d'ailleurs son partenaire quand il se met à jouer mal. Il faut gagner pour tenir sa parole, son « contrat ». Si on ne gagne pas, on chute, et c'est fort déplaisant. On doit tenir compte non seulement des annonces de son adversaire, mais aussi des annonces de son partenaire, qui est l'ennemi intime par excellence. Le bridge est le jeu des couples qui sont obligés de vivre ensemble, qui s'aiment mais se déchirent souvent.

Ma sœur et moi, étions deux enfants qui s'adoraient. Elle me protégeait, petit, et je l'ai protégée très vite, elle toujours meurtrie avec un cœur d'or et sur la main. Et quel frémissement ! Elle pleurait pour un rien, elle riait pour trois fois rien. Tout la conduisait à devenir l'institutrice qu'elle est devenue et demeure même aujourd'hui. Elle ne jouait pas aux échecs, mais tous les autres jeux nous réunissaient. Au poker, elle n'était pas très brillante parce que, mis à part son émotivité, l'argent est, je pense, resté pour elle un mystère ; bien que vivant aux Etats-Unis, entendant parler vingt fois par jour de fric, elle s'imagine être devenue compétente en la matière. Pour ma part, j'ai vite analysé sa puissance et j'ai même dû apprendre à m'en servir quand, à partir de trente-cinq ans, j'ai pu en avoir ; j'ai constaté la fascination qu'il exerce sur tant d'humains, lorsqu'il m'a fallu, à cet âge, devenir celui qui « commande » et celui qui « paie ». Tourment infini que j'ai sans cesse voulu éviter !

Entre les humains, l'argent « mesure » les échanges, comme les rapports de forces. Le frère de l'argent, c'est l'arme de guerre, de combat. Si votre voisin ne veut pas vous vendre son blé au prix que vous souhaitez, vous pouvez toujours lui faire la guerre et occuper ses terres. Comme ça, vous aurez le blé pour rien, juste ce qu'il faut pour laisser votre voisin subsister et devenir votre vassal. Ça, c'est du Clausewitz en résumé.

Comme l'argent a voulu tout dominer, il a voulu tout transformer en rapport de forces, y compris les rapports d'affection que je préfère, de même que je préfère aussi les rapports de compétence. En fait, il y a trois formes de rapports : ceux de l'argent, qui sont de force et de guerre, ceux de la compétence, qui sont de savoir, et ceux de l'affection, qui sont de vie.

L'argent n'est qu'un des pieds de ce tabouret, mais c'est un pied qui veut dominer les deux autres et devenir un pied d'éléphant. Il y réussit souvent, ce qui cause bien des malheurs. En ce moment, le monde sautille à cloche-pied, uniquement sur le pied d'argent, qui est lourd, écrasant. Un couple divorce, mais il continue à se battre pour des questions d'argent : l'un d'eux n'a pas cessé d'aimer et tente ainsi de conserver des rapports, quels qu'ils soient. L'argent est alors le prétexte ignoble au maintien de leurs relations. Ils remplacent par l'argent l'affection qui, en fait, subsiste en eux. Une quantité d'affection, ce n'est pas mesurable ; une quantité de compétence, c'est un peu plus mesurable ; mais une quantité d'argent, c'est tout à fait mesurable. C'est sa précision qui, dans notre monde de chiffres, donne à l'argent cette prééminence exagérée.

Dialogue d'amoureux : « Je t'aime. — Tu m'aimes

comment ? — Je t'aime beaucoup. — Plus que tu n'as aimé personne ? — Oui, je t'aime plus que tout au monde. » Ce sont des mots de la vie de tous les jours, et nous voyons que « beaucoup », « plus que tout au monde », tout cela ne fait pas très sérieux devant la constatation que 1 000 dollars sont clairement supérieurs à 100 dollars.

Mais dans l'échelle des valeurs, même pour la seule efficacité, en fait l'amour est en premier, la compétence en deuxième et l'argent en troisième. Toute puissance qu'il essaie de s'arroger est une puissance d'usurpation.

Toute revendication, surtout sauvage, parfois syndicale, utilise désormais ces deux forces dans un mouvement de cisaille : l'amélioration des conditions de travail (l'humain) et l'augmentation des salaires (l'argent). Quand l'une est satisfaite, l'autre continue à protester, et vice versa. Jusqu'à obtenir tout, et plus encore. L'argent est mortel, la puissance qu'il donne est tout à fait illusoire.

La force réelle dans la vie, c'est la paix intime, la paix à l'intérieur de soi et parmi ceux qui vous entourent. L'argent fait du bien, mais, tout compte fait, compte bancaire compris, il fait plus de mal que de bien. Notre époque, qui l'a pris comme dieu, est franchement détestable. D'ailleurs, de moins en moins de gens sont heureux. Aux Etats-Unis, où le dieu dollar est affublé de la puissance maximale, les plus grands succombent à cette fièvre, occupés qu'ils sont à se battre contre d'autres plus riches qu'eux qui veulent cependant annexer leur fortune. Quant aux pauvres, quelle que soit la richesse générale du pays, ils sont finalement plus pauvres qu'ailleurs parce que la solidarité et la fraternité existent en fait moins qu'ailleurs. Le pauvre est vraiment pauvre, et celui qui n'a pas d'argent est vraiment un paria. Et pourtant, les Américains sont au monde les gens les plus gentils que j'aie jamais rencontrés. Chaque fois que j'ai eu le bonheur d'aller chez eux, je m'y suis senti comme un poisson dans l'eau. Quelle fatalité les conduit-elle à laisser barboter dans leurs eaux tant de requins et à les faire proliférer dans le monde ?

En gros, on a souvent schématisé l'Union soviétique par le jeu d'échecs, et les Etats-Unis par le jeu de poker. C'est peut-être vrai. Il y a déjà un demi-siècle que l'école soviétique du jeu d'échecs est de loin la plus forte du monde et presque tous les Soviétiques s'y exercent. Alors que les jeux de hasard, dont le fief est les Etats-Unis, sont très bien symbolisés par le jeu de poker qui y est pratiqué de façon remarquable.

Mais comme l'Union soviétique et les Etats-Unis finissent par se ressembler, il y a beaucoup de coups de poker chez les Russes et beaucoup de stratégies d'échecs chez les Américains, leur but commun étant de dominer à deux le monde, en une sorte d'empire russo-américain qui semble s'opposer mais qui est complémentaire et lié de l'intérieur.

On m'a dit la famille
Le dollar les autos
On m'a dit la faucille
On m'a dit le marteau
On m'a dit on m'a dit on m'a dit
Et puis on s'est contredit.

(Qui suis-je)

Dans notre monde occidental, à l'affrontement et à la complémentarité du poker et des échecs, est venu s'ajouter depuis quelques années, venu d'Extrême-Orient, le jeu de go. Dans ce jeu, il s'agit beaucoup moins de dévorer les pièces de l'adversaire ou de vaincre immédiatement son adversaire par une combinaison mentale (comme le disait Gide, le poker est un jeu de pur esprit où les cartes ne sont qu'un prétexte), que de l'envelopper, d'occuper du territoire par des masses de populations judicieusement conduites.

Comme aussi dans le judo, il s'agit de se servir des plans mêmes et de la force de l'adversaire pour le dévorer ou l'encercler encore plus. Les feintes sont nombreuses. Se trouve acculé qui croyait acculer l'autre, se trouve piégé celui qui voulait piéger l'autre. Le combat y est incessant, et la victoire, toujours problématique. Dans la conduite du monde d'aujourd'hui, qui est une sorte de maoïsme dénaturé (après le « capitalisme populaire », nous en sommes au « communisme élitiste »), ce schéma se retrouve sans cesse. Qui va englober tout le monde en n'en étant seulement qu'un des éléments ? La partie mondiale se joue à plusieurs partenaires.

Que de fois j'ai dû affronter et même finalement m'entendre avec ceux qui, venant chez moi pour me donner un coup, de main, se gonflaient de la puissance que je leur transmettais momentanément afin qu'ils puissent m'aider..., pour tenter de me dévorer ensuite ! Cela se fait naturellement, gentiment, comme par la force des choses, et souvent j'y contribue parce que je veux bien me laisser dévorer dans tel ou tel secteur si, de cette façon-là, ce que j'ai fait se prolonge.

Un bienfait n'est jamais perdu :
Il vous retombe toujours sur la gueule.
(Le Bienfait Perdu)

Et notre gueule c'est souvent celles des autres.

4.

Le premier qui dit la vérité

Mon père, toujours mon père, m'avait éduqué dans le culte absolu de la vérité. Lui-même la disait toujours, avec passion et, aussi loin que mes souvenirs me portent, je l'ai toujours vu se cogner contre les murs avec cette sacrée vérité.

Ma mère, une femme toute simple, obtenait beaucoup des autres en utilisant le mensonge ou l'ambiguïté. Je me souviens que mon père l'envoyait toujours en ambassadrice pour discuter avec les administrations et les gens, boutiquiers ou plus grands personnages. Et elle obtenait gain de cause. Elle avait beaucoup de douceur apparente et vraie, avec ses cheveux châtains et ses yeux bleu ciel, avec ses gestes fermes, généreux et lents. Mon père lui reprochait de mentir, lui, le poète aux cheveux noirs, aux yeux noirs brillants de colère, superbement intelligent, buveur, combatif, conscient de tout, amoureux de l'idéal, je pourrais même dire idéaliste forcené. Entre ces deux modèles, j'ai préféré mon père, ce qui jusqu'à l'âge de trente-trois ans, m'a fait réussir certaines choses mais en rater beaucoup plus.

Pourquoi trente-trois ans ? Parce que à cet âge j'avais décidé, avec la rigueur que m'avait enseignée mon père, de créer la première maison d'autoproduction de disques en France.

Au départ, je l'ai intitulée de facon anonyme APAM, Autoproduction des Artistes du Micro. Mon objectif était de concerter tous ces chemins vicinaux ou départementaux que sont les créateurs parisiens ou régionaux, pour qu'ils travaillent dans la paix de la nature, en laissant les grandes autoroutes ou routes nationales que sont les grosses boîtes de disques à leur fonction distributrice et marchande. Mais le « système » a fini en poésie, et APAM est devenue *Temporel.*

En fait, bien que je les comprenne, je ne suis pas fait pour les « montages financiers », ou ce qu'on appelle « les affaires ». Je sais les calculer, les gérer, les construire, mais, pour les mener à bien, il faut de la ruse et même de la fourberie. Or, je suis demeuré un amoureux de la « vérité ».

Mon père, qui n'était quand même pas buté comme un soliveau, m'avait bien fait lire dans la *Vie de Jésus* qu'il existait ce que Renan appelait des « mensonges pieux » : c'est-à-dire des mensonges qui préservent une jolie image et le bien sans faire de mal à personne. Je ne comprenais pas bien tout ça, à l'époque où j'ai démarré dans le métier de la chanson. Plus tard, en pratiquant la télévision avec « Bienvenue », j'avoue que, délibérément, j'ai justifié certaines ambiguïtés en disant qu'il s'agissait de « mensonges pieux » ! Je pense, par exemple, aux tournages avec Georges Brassens ou Yves Montand qui, de ce fait, furent réussis.

Quand j'étais enfant et même adolescent, j'ai l'impression que la vérité régnait beaucoup plus dans le monde, mais qu'au fil des années, il nous est arrivé quelque chose d'inquiétant, comme si, dans la règle du jeu, le mensonge avait pris la place de la vérité. Avant, on disait la vérité par système et le mensonge par exception. Maintenant, c'est le mensonge qui est le système, et la vérité, l'exception. Pourquoi ? Je me suis ingénié à chercher des explications. En voici quelques-unes.

D'abord, dans notre univers occidental, l'écrit a été supplanté par l'oral, le son et de plus en plus par l'image. Le développement du phonographe puis de la radio, les discours portés par les ondes, par les images, transmettent des mimiques ou des inflexions différentes sur n'importe quelle phrase et permettent à cette phrase d'être interprétée de diverses façons. Comment, sur des bandes magnétiques, détecter, grâce à l'intonation, quand quelqu'un a menti ou quand il a dit la vérité ? C'était déjà assez difficile dans les écrits, puisque l'on pouvait retirer telle phrase de son contexte. Cela devient quasiment impossible avec le son et l'image.

Par-dessus le marché, la télévision est devenue l'école du mensonge. Quand je faisais le montage des « Bienvenue » avec mon amie et monteuse Dominique Galliéni, nous nous amusions à voir comment on pouvait monter une émission de différentes manières et faire dire presque n'importe quoi à n'importe qui, jusqu'au contraire même de ce qu'il avait dit, ou mettre un plan de coupe faisant réagir à contresens, à l'image, tel participant. A partir d'un même tournage, je voyais bien que l'on pouvait monter, au lieu de « Bienvenue »..., « Malvenue ».

Ailleurs, on a vu et entendu certaines émissions, dites éducatives ou culturelles, tenues par des professionnels valeureux qui invitaient des vedettes, lesquelles devaient dire une fois sur trois la vérité ; dans ce jeu, le public ou tel invité devait discerner le vrai du faux. Des personnalités se prêtent à cette dérision et, les yeux grands ouverts d'innocence, disent des mensonges. Le téléspectateur regarde et apprend comment il faut mentir et faire croire que ce mensonge est vrai.

Et pourtant, l'on affirme, grâce à ces jeux, vouloir dans des émissions populaires élever le niveau des masses. Et nous voici, imprudents, enseignant au public qui nous écoute et nous regarde, la façon de mentir en étant crédible, avec l'exemple vécu offert par les personnalités invitées !

Que de difficultés j'ai affrontées quand, quittant mon métier d'ingénieur employé pour mon métier d'artiste bohème, et apprenant en même temps le métier de directeur d'équipe, je fus amené à préparer des contrats de disques et de télévision avec ceux qui devaient travailler avec moi ou bien ceux qui m'engageaient avec mon équipe. Je disais toujours : un contrat, c'est un mode d'emploi pour tout travail, un dossier d'ingénieur qui doit commander l'exécution. Il préfigure et engage l'avenir, il faut donc qu'il soit clair et précis. Les administratifs préféraient toujours des contrats amphigouriques qui bloquaient tout le monde.

Après le mensonge individuel, il y a aussi le mensonge de groupe. Dans la chanson *Proverbes d'aujourd'hui,* j'écris :

Deux et deux font cinq ou trois,
Pour le penser on est quatre.

Quand on est nombreux et qu'on tient à quelque chose de faux, ce faux finit aussi par paraître exister, parce qu'on a la force de groupe pour le faire croire. Mais ce n'est qu'apparence.

Il y a maintenant des mensonges de groupe où tout le monde ment en disant : « C'est parce que je suis solidaire. » Mais ce n'est qu'apparence.

Je supporte peu le mot « solidarité », j'aime le mot « fraternité ». « Solidarité » sous-entend qu'on peut être de l'avis contraire à celui de la personne avec qui on se trouve solidaire par combat mutuel. Cependant on va faire comme elle et dire comme elle, même si l'on n'est pas d'accord. Mais ce n'est qu'apparence.

D'ailleurs, je n'aime pas non plus la consonance qu'a pris le mot « charité », impliquant à l'extrême le don d'un supérieur à un inférieur. Alors que le mot « fraternité » rassemble ceux qui construisent et qui avancent dans la même direction parce qu'ils ont la même pensée. Le mouvement sans la pensée n'est qu'apparence.

On peut être solidaire malgré soi, on peut être charitable par pitié. Etre fraternel, demande la conviction et l'adhésion profondes.

Le mensonge de groupe, qui complète le mensonge individuel, se développe tout naturellement très tôt dans les familles, où l'on va mentir, en niant, les yeux clairs et le ton ferme, ce qu'a fait son frère ou sa sœur ou ce qu'il en a dit face aux parents. Mais comment ne pas apprendre à mentir quand on voit la mère mentir au père, le père à la mère, au voisin et quand, comme dit la Bible, le oui n'est pas un oui, le non n'est pas un non.

On voit le mensonge individuel ou de groupe se prolonger à l'école où, même ceux qui s'opposent en classe individuellement les uns aux autres, se trouvent réunis dans un même mensonge contre le professeur ; où l'on voit les professeurs se mentir entre eux et mentir aux élèves. Cela continue dans les équipes, les bureaux, les entreprises, jusqu'à l'Etat même qui donne l'exemple le plus élevé, le plus grave, et que l'on voit mentir dans ses promesses.

Car, au-delà du mensonge individuel et du mensonge de groupe, il y a les temples mêmes du mensonge que sont la bureaucratie, la technocratie, l'administration.

La bureaucratie est un système qui, par la multiplicité des papiers, installe le mensonge de façon officielle, bénie et protégée par l'Etat. Cela m'a beaucoup amusé de lire, au sujet d'énormes escroqueries aux assurances ou aux allocations familiales, que toute la paperasserie et les règles pour la remplir et la répartir en des secteurs différents, règles imposées par l'administration, entraînaient automatiquement la possibilité d'escroquer l'Etat.

Je l'ai vu également à la télévision où j'essayais toujours d'établir des contrats clairs, nets, pour les émissions « Bienvenue », et où mes interlocuteurs préféraient une succession de contrats faux qui n'étaient extorqués à l'administration que longtemps après que le travail eut commencé, et permettaient d'ailleurs à ceux qui avaient été brimés par la télévision de se venger en manipulant ces papiers pour « traire » indéfiniment le système.

Moi, je m'accrochais obstinément à établir à l'avance des contrats propres. Mais l'administration de la télévision n'en voulait pas, n'en a jamais voulu. Je n'arrivais à les arracher qu'en menaçant de ne pas tourner si le contrat longuement mûri n'était pas enfin signé. La multiplicité des interlocuteurs leur permettait ainsi de se jouer au maximum de la plupart des malheureux qui travaillent pour eux. Mais en noyant les autres, les administrateurs se trouvaient eux-mêmes noyés dans leurs paperasses. Perfection du blocage administratif, naufrage des équipes et naufrage de la maison mère elle-même.

Les gens de TF1 se sont plaints d'être privatisés, et j'ai toujours préféré le service public pour la télévision, mais il y avait belle lurette que la plupart de ses bureaucrates et technocrates au-dessus de tout soupçon, n'étaient plus au service du public mais au service d'eux-mêmes, de leur orgueil et de leur durabilité.

A enseigner le mensonge, on recueille l'erreur. Au sommet de la confusion administrative et bureaucratique, est venu se nicher l'ordinateur qui est une façon élégante de mentir sur des kilomètres de papier blanc avec des chiffres bien alignés. J'ai toujours été « fana », comme on dit, du progrès, et fus l'un des premiers à avoir installé ma petite comptabilité sur ordinateur. Les papiers, qui étaient établis dans un centre de province, nous revenaient tous les mois, souvent avec du retard et souvent avec des erreurs.

Ce n'est qu'après cinq années de mises au point inutiles que j'ai réussi à m'extirper de l'ordinateur pour revenir à la comptabilité de papa, non plus à la main en recopiant indéfiniment sur divers cahiers, mais toujours à la main et par décalque, système beaucoup plus adapté à mes petites sociétés. Entre-temps, j'avais découvert qu'avec l'ordinateur il y avait même un « compte d'erreurs » qui permettait officiellement de faire cadrer les balances en positionnant tout simplement l'erreur sur un compte sibyllin prévu à cet effet.

Quand je pense aux nuits blanches passées avec mon père à détecter quel chiffre avait été mal copié, quel chiffre avait été inversé, pour enfin dénicher la coquille qui avait compromis les plateaux de la balance, je ris quand je vois le mensonge officialisé, sacralisé par les ordinateurs au nom du progrès et du grand nombre.

Ce mensonge a atteint un tel degré de perversité qu'il est certain aujourd'hui que si la prochaine guerre mondiale a lieu, elle ne sera pas provoquée par des individus, si haut placés qu'ils soient, car ils sont très conscients qu'il ne faut pas appuyer sur le bouton fatal, mais par des erreurs administratives surajoutées, par la prolifération bureaucratique des papiers, entraînant ipso facto des machines militaires de plus en plus développées, et sans que plus personne ne sache quelle est la finalité de l'ensemble.

C'est pourquoi j'ai écrit en 1966, dans *Le Grand Chambardement.*

Qui dirige vraiment
Le grand chambardement ?
Ciel, ce sont les machines,
Les machines divines,
Qui nous crient en avant,
En langue de savant.
Que les calculatrices,
Sur les feux d'artifice,
Alignent leurs zéros,
Comme des généraux.
Elles ont fait merveille :
Bravo pour ces abeilles !
Qu'on décore à cette heure
Le grand ordinateur.

J'ai pourtant deux ordinateurs, l'un dans ma chambre et l'autre dans mes bureaux. Je me dis qu'en jouant avec eux comme des enfants mais avec des images fabriquées par nous, nous pourrons lutter contre les images imposées par la télévision et les « grands ordinateurs » planétaires.

Pourtant, le malheur semble inéluctable. Le grand nombre a amené des machines sophistiquées qui, s'étant développées, ont endormi la vigilance de chacun. Alors, on s'est mis à mentir pour cacher ses erreurs et cacher les erreurs de ses collègues et amis, le tout orchestré par la machine qui, tout en étant au service de l'homme, finit par être plus maligne que l'homme, comme si elle était dirigée par Satan, et qui finit par mener la danse de mort dans le tourbillon. Au fond, la machine n'est pas plus maligne que l'homme. C'est l'homme qui, à force d'y faire entrer trop de données parmi lesquelles des données erronées, finit par en perdre le contrôle logique.

Je me souviens qu'en 1970, un dimanche, au cours d'un déjeuner à Orvilliers chez les Pompidou, je racontais au président de la République : « Georges, je connais un très bon jardinier qui gagnait bien sa vie, qui travaillait bien, qui avait un fils qui allait lui succéder. Il a dû, pour s'en sortir avec les règles administratives, créer une petite société. Depuis, il ne s'occupe plus que de chiffres, il est noyé par la paperasse, il travaille très mal, son fils va le quitter pour aller s'engager comme fonctionnaire jardinier au château de Versailles. Mon jardinier est malheureux, c'est un homme honnête. Est-ce que toutes ces paperasses, que nous avons de plus en plus à remplir, sont créées pour habituer les Français au Marché commun, avec les " montants compensatoires ", les TVA, les chiffres divers, pour les dresser à la mécanique de l'Europe à venir ? »

Et Georges Pompidou de répondre : « On n'en sait rien, c'est comme un cancer. La paperasse se développe, entraîne d'autres paperasses, y compris le système paperassier pour réduire la paperasse, et finit par tout occuper. »

Combien de grands patrons dans les hôpitaux me disent : « Nous travaillons douze, treize heures par jour, dont sept pour des papiers à remplir. » Et ces papiers, même quand ils sont bien faits, deviennent un cancer. Ils sont faux, ils ne disent pas la vie, ils sont bien présentés avec des colonnes bien rangées, avec des titres et des sous-titres, mais ils mentent.

Les politiciens d'aujourd'hui ne s'occupent plus d'idéal et d'idéologie, ce sont devenus des « aiguilleurs de budget », c'est ce que j'ai écrit dans un article du journal *Paradoxes*, en 1976.

Partout dans le monde, les patrons, employés, créateurs, artistes, artisans, ne sont plus là pour « faire ». Ils sont là pour justifier par des paperasses ce qu'ils font ou n'ont plus le temps de « faire ». Le langage lui-même en est tout changé. Même celui des braves gens et des servantes au grand cœur. Ils ont perdu leur « vrai dire » pour adopter le « haut langage » du mensonge. Madeleine n'y a pas échappé. Voici son histoire.

Le mois d'août, en général, je vis seul dans ma maison avec jardin, de la banlieue ouest de Paris :

Une maison tranquille
Dans un jardin
Près des bruits de la ville
Et pourtant loin.

(La Maison tranquille)

Tout seul ? Pas tout à fait. Avec les chats, avec les arbres, la pelouse que j'arrose et qui me dit merci quand je lui donne à boire, avec mes cahiers, mes souvenirs et, de temps en temps, des appels sur le répondeur qui m'apprennent que la vie continue ailleurs avec ses drames, avec ses naissances. Au mois d'août, je ne vois presque personne. Je réunis mes notes et j'essaie de tirer le suc de toute une année, par quelques phrases brèves que je vais glisser dans mes chansons. Et j'en profite, surtout parce que je suis seul, pour perdre quelques kilos. A deux, j'aime mieux manger, boire, bouger et faire l'amour. Les rites de l'amour se marient trop bien à ceux de la cuisine.

Un jardinier épisodique vient une ou deux fois par semaine pour passer la tondeuse parce que le jardin est grand. Il vient aussi quelqu'un pour assurer trois heures de ménage par jour.

Pendant de nombreuses années, j'avais la chance d'avoir l'aide d'une femme remarquable qui s'appelait Madeleine. Elle arrivait vers 9 heures et me servait le café accompagné de deux pommes grillées. Quand il fait chaud, je travaille souvent la nuit, entre deux et cinq heures du matin. Je me rendors ou non. En tout cas, je demandais à Madeleine de me réveiller impérativement à neuf heures pour que je puisse continuer à travailler.

J'aime beaucoup les pommes au four qui se caramélisent sans qu'on y ajoute un gramme de sucre. La « mission », comme on dit en haut langage administratif, était de peler les pommes, de vider les pépins du trou central, de les mettre au four où elles se grillaient et se caramélisaient, enfin, de m'apporter le café avec ces fameuses pommes.

Un matin, Madeleine entre, ouvre les rideaux et me tend les deux pommes grillées. Dans mon demi-sommeil, je commence à en mâcher une, quand je sens les pépins dans ma bouche. C'est assez désagréable, les pépins de pomme, ça ressemble à des insectes ; si on les avale, ça a l'air de ne pas vouloir en finir d'être avalé, de se coller aux parois de l'œsophage, c'est la panique.

Quoi qu'il en soit, je lui dis avec le ton pâteux du réveil : « Madeleine, il y a encore des pépins. » Et, là, l'excellente personne, de son regard de myope, considère les pommes, le corps du délit, et me répond en pesant ses mots : « Ah oui, monsieur, il semble qu'on ait oublié d'enlever les pépins à la cuisine. »

J'écarquille les yeux et pars d'un immense éclat de rire que, je crois, elle n'a toujours pas compris. Si elle me lit, qu'elle éclate de rire maintenant.

Je voyais, dans sa phrase lapidaire, l'expression la plus achevée du haut langage diplomatique, transmis par les journaux, la radio, la télévision, les romans en vogue, la solidarité en exercice et la bureaucratie souveraine. Je m'explique :

« Il semble » veut dire que ce n'est pas certain, qu'il n'y a pas de vérité absolue, que, même devant ces pépins bien visibles dans la pomme, on ne peut qu'envoyer le corps du délit à l'Institut médico-légal, nommer un expert puis un contre-expert, afin de savoir enfin la vérité de la vérité vraie. Mais ne nous engageons pas trop vite, n'affirmons pas qu'il y a des pépins : ce n'est qu'une supposition, il n'y a aucune certitude à ce sujet, il faudra que des spécialistes se penchent sur la question. Un énarque ne serait pas plus parfait dans son exposé.

« Qu'on ait oublié ». « On », cela sous-entend : mon cher monsieur, je ne peux pas vous dire « qui » a pu oublier, je serais une mauvaise camarade de le faire, donc je garde le pronom indéfini « on » pour ne mettre personne en cause.

« Ait oublié », cela veut dire : non, mon cher monsieur, ne croyez pas que quelqu'un vous en veuille, il ne s'agit pas d'une manœuvre volontaire, mais du simple « oubli » d'un tiers que je ne veux pas nommer et qui d'ailleurs vous aime bien. Ne vous faites pas de souci.

« D'enlever les pépins à la cuisine », cela met en cause tout un groupe qui travaille « à la cuisine » dans laquelle la responsabilité est en quelque sorte diluée, vous savez ce que c'est...

Or, je vous le répète, pendant tout ce mois d'août, j'étais seul à la maison, et seule Madeleine entrait dans la maison ou « à la cuisine ». Il n'y avait pas d'équipe de cuisiniers, de marmitons, employés divers, valets ou majordomes..., comme il n'y en a pas d'ailleurs le restant de l'année.

La phrase entière était un modèle du genre. On sentait que Madeleine avait vu telle série à la télévision, qu'elle avait écouté telle enquête sur telle affaire judiciaire ou autre. Et cette femme simple utilisait le langage neutre, courtois, réservé, compétent, de la dilution, de la déresponsabilité et de la gentillesse qui, en fait, sous des allures de vérités ambiguës, impalpables, ne transmet que le mensonge.

Depuis, quand j'entends nos ministres, nos directeurs administratifs et financiers, nos hommes politiques, nos lampistes, nos plombiers, nous-mêmes, nos enfants, utiliser avec de multiples variantes ce haut langage du mensonge qui se pare de gentillesse et de solidarité, je frémis.

C'est pourquoi j'ai écrit :

Mon Dieu, garde-moi des gentils,
Ceux qui ne sont que tout sourires,
Leurs dents montrent leur appétit
Qui nous déchire
O Jéhovah.

5.

Un chanteur sans voix

Petit, j'adorais les chansons, j'en écrivais comme je respirais. Etudiant, il m'était arrivé de les chanter pour mes camarades d'école puis, très épisodiquement, dans une ou deux boîtes du Quartier latin. Mais ce n'étaient encore que des péripéties, sans conséquences directes sur ma vie. Ingénieur, je continuais à préparer ma thèse de physique sur la dislocation des cristaux, j'écrivais des pièces de théâtre — en un acte, ça va plus vite —, des poèmes aussi, je refaisais le monde avec quelques copains dans les bistrots du Quartier, au Capoulade, au Sélect, je jouais aux échecs, au billard et, tombant amoureux, perdant mon amour, enterrant ma mère, je griffonnais toujours des chansons.

L'été 1955, je me trouvais chez mon oncle Jacques à Nice, en vacances pour deux semaines, quand les murs de la ville se sont couverts d'affiches : Georges Brassens passait en vedette au Théâtre de Verdure avec, en vedette « américaine », Jacques Grello, le « prince des chansonniers ».

J'avais vingt-cinq ans ; j'étais plus que maigre de ces coups du sort qui m'avaient marqué, solitaire, sans amour, à part une Suédoise étudiante à l'Alliance française, qui était à la surface de ma vie et passait le clair de son temps à voyager. Elle s'appelait Ulla. Dans mon coin de Paris, c'était la grande vogue des Suédoises qui avaient la réputation d'être des femmes libérées. Il y a comme ça des modes féminines qui vont et viennent. A Nice, j'étais venu seul.

Je n'avais pas beaucoup d'argent, et d'ailleurs toutes les places du théâtre étaient prises. C'est pourquoi j'assistai au concert de l'extérieur, sur un des bancs qui entourent le Théâtre de Verdure. J'écoutai la voix rugueuse du maître Georges Brassens, dont les mots martelés se distinguaient nettement malgré la distance et une sono approximative. Il y avait une telle simplicité dans son accompagnement, une telle diction dans sa voix que tout me parvenait.

L'un des premiers à me diriger vers les coulisses avant la ruée, je me tenais debout contre une palissade parmi la masse du public qui, après le spectacle, venait demander des autographes au jeune et déjà illustre Brassens. Il recevait chacun d'un mot gentil, signait les cartes postales où figurait sa photo bien connue avec la guitare, dressé massivement comme le gorille qu'il chantait. Moi, je ne bougeais pas et j'attendais que tout le monde soit parti.

C'est lui qui m'interpella :

« Qu'est-ce que tu veux, toi ? Une photo ?

— Non. J'adore vos chansons. J'en écris moi-même. »

J'étais bien piteux dans mes réponses. Il faut dire que Brassens était impressionnant. Je devais avoir un côté assez ténébreux, mystérieux, qui a dû peut-être le toucher. Après m'avoir dit : « Oh là là ! encore un qui écrit des chansons », il ajouta : « Puisque tu es le dernier, viens dans ma loge, nous allons écouter ça. »

Il me fit asseoir sur une chaise de fortune et me dit : « Vas-y » en me tendant sa guitare. Déjà, derrière la porte, Nicolas, le bassiste, passait une tête : « Georges, on va tous à la pizzeria d'à côté. Tu nous rejoins ? » Brassens répondit : « J'arrive dans quelques minutes. »

Je démarrai timidement de cette voix rauque, voilée, qui, jointe à ma maladresse, créait à l'époque encore plus de silence qu'aujourd'hui. Et puis, ma voix s'affermit au fur et à mesure : j'étais ému de l'attention avec laquelle le grand Brassens écoutait. J'ai commencé par une chanson que personne ne connaît aujourd'hui, à part la famille Grello et les amis de La Colombe ou du Port du Salut, parce qu'elle n'a jamais été publiée : *Ah, les vaches.* Le mot « vache » venait d'être remis à la mode par l' « anarchiste » Brassens. Mais le texte dépassait les clichés habituels, il parlait de la solitude dans la foule.

Dans la pause qui suivit cette première chanson, Brassens ne dit qu'un mot : « Continue. » J'enchaînai avec une autre et encore une autre. On tambourinait à la porte, c'était Jacques Grello : « Georges, je viens te chercher. Tout le monde t'attend.

— Entre, lui dit Georges. Et il ajouta, ce qui me fit très plaisir :

— Depuis le temps qu'on me montre des chansons, voilà un jeune qui sait les faire. »

Tous deux étaient de grands amoureux de la chanson et, cette fois-ci ragaillardi par le compliment qui me bouleversait, j'attaquai *Le Quidam.* Je crois que ce soir-là j'en ai chanté cinq ou six. C'était une sacrée audition.

Brassens commença à analyser : « Oui, tu sais les faire, mais là, il y a deux idées. Une chanson, c'est une idée, une seule.

Je rétorquai faiblement :

— Oui, mais la seconde idée complète et enrichit la première.

— Non, elle l'affaiblit : il faut en faire deux chansons. Une chanson, c'est bref, c'est ramassé, on n'a pas le temps d'être sur deux idées. »

Lui-même, sans guitare, se mit à chanter, en martelant la table de bois de sa main pour donner le rythme, une chanson qu'il avait en préparation et me demanda mon opinion, avec l'humilité des vrais créateurs.

Grello intervenait. Et puis, la demi-heure s'écoulant, Georges me donna une carte postale que j'ai toujours conservée, au verso de laquelle il inscrivit son adresse, 9, impasse Florimont, XIVe. « Et toi, tu habites où ? » J'avais quitté à l'époque le boulevard du Montparnasse et demeurais rue Jonquoy, au 24, dans une chambre minuscule avec un embryon de cuisine encore plus minuscule qui donnait sur une courette. Sur le rebord de ma fenêtre, un pot de géranium caressé par les rayons de soleil.

« C'est à deux pas de chez moi, tu peux venir quand tu veux », dit Brassens. Jacques Grello me donna aussi son adresse, 17, rue des Bleuets, mais en y ajoutant le téléphone que je garde toujours en mémoire trente ans après : OBErkampf 41.31. Puis nous nous séparâmes, et ils allèrent enfin souper.

Le cœur battant, je rentrai chez mon oncle, galvanisé. Brassens et Grello avaient aimé. Je n'avais donc plus à hésiter : j'étais décidé à pondre des chansons, pour les faire chanter par d'autres. Car mon but était de devenir simplement un auteur-compositeur, tout en continuant mon boulot et mes vagabondages parallèles.

Un mois après, à Paris, je débarquai chez Georges sans le prévenir : il n'avait pas plus le téléphone que moi. Chaque fois qu'il était chez lui par hasard — il habitait avec la Jeanne et son mari au fond de l'impasse —, il m'accueillait, m'offrait parfois à manger un bout de saucisson ou une boîte de conserve ouverte que l'on réchauffait ou non, un quignon de pain et une bouteille de rouge. Il trônait dans un désordre et même un laisser-aller assez étonnant à mes yeux, alors que je nettoyais moi-même ma chambrette. Il vivait encore une vie de bohème, bien que le système s'installât autour de lui, avec la célébrité et toutes les contraintes qu'elle entraîne. Parmi ces contraintes, il y avait déjà le fait qu'il était rarement chez lui, en tout cas plus rarement que Jacques Grello que je me mis à fréquenter assidûment.

Jacques Grello a été mon abri spirituel avec sa famille, sa femme Lucienne dite « Lulu », sa fille Catherine, sa nièce Christiane dite « Cricri », sa belle-sœur Danièle dite

« Zaza », sœur du chansonnier Robert Rocca. Je peux dire que la plupart des chansons connues de mes débuts se sont rodées chez lui, tout comme celles de Brassens quand il débuta. C'est Jacques Grello qui, n'ayant pas de piano à son domicile, avait offert à Brassens sa première guitare, le conduisant ainsi vers cet instrument, ce compagnon qui ne l'a plus jamais quitté. Jacques me montrait sur le plancher en bois de sa salle à manger, le creux qui s'était formé petit à petit sous le pied de Georges rythmant ses chansons. Il était content, il avait découvert un deuxième auteur.

Comme si j'étais double — j'avais besoin de prendre un risque mais avec sécurité —, je ressentais également la nécessité de l'approbation d'un maître que j'admirais depuis toujours : je voulais savoir ce que pouvait penser Charles Trenet de mes élucubrations. Alors, je lui ai écrit une assez jolie lettre accompagnée de trois ou quatre textes que je lui envoyai rue Rossini aux Editions Raoul Breton, où régnaient deux grands découvreurs de talents, Raoul Breton et sa femme, dite « la Marquise ». J'aimais la grâce de Trenet, le miracle qui lui faisait découvrir le mot et la note à la fois justes et inattendus. Il représentait pour moi l'extrême opposé du talent, fait de rigueur et de force, de Georges Brassens. Ils étaient les pôles complémentaires qui se ressemblaient et auxquels je voulais ressembler. Tout mûrissement commence par l'imitation. J'ai même plus tard affiché pour mes équipes qui me contredisaient souvent tout en m'écoutant : *Imitation et opposition sont les deux mamelles de la personnalité.*

Nous verrons que, moi aussi, j'ai dû m'opposer, même violemment, à Brassens et Trenet, pour libérer mon caractère propre et posséder ma personnalité. A Georges Brassens, j'avais chanté les chansons qui lui étaient proches : *Ah, les vaches, La Sainte,* (une chanson de ribaude demeurée inédite), en somme des couplets rocailleux où se ressentait son influence. A Charles Trenet, j'envoyai, habilement pensai-je, celles de mes chansons dont l'écriture reflétait son influence, digérée peut-être mais évidente.

J'avais lancé cela comme une bouteille à la mer et ne comptais pas avoir de réponse, mais sait-on jamais. Surprise : Le secrétariat de Mme Breton me téléphona quelques mois après l'envoi de mes textes à Trenet.

A l'époque, il n'y avait pas de cassettes, et je n'avais pas jugé utile d'envoyer la partition musicale : je voulais que Charles Trenet juge sur texte. J'avais volontairement omis de lui écrire que Brassens avait remarqué l'étrangeté de mes mélodies et m'avait dit : « Tu sais, ce qui compte, c'est en fait la musique. » D'ailleurs, vingt ans après, une discussion nous opposa à ce sujet au cours d'une émission radio de Michel Lancelot. Pour moi, c'étaient les deux qui comptaient, autant la mélodie que le texte, de façon indissociable. Mais dans les années cinquante, sur la rive gauche, il était de bon ton que ce soient les textes qui accrochent ; alors que, aujourd'hui, c'est plutôt la musique qui prédomine, ou même encore moins que la musique : dans la formule orchestrale de l'accompagnement, le son, le *sound*.

Ma deuxième bouteille à la mer, je l'ai envoyée à une femme qui contribua le plus avec Jacques Canetti à lancer Brassens, une interprète que j'aime beaucoup pour son naturel, son intelligence, sa gouaille et la musicalité de sa voix qui se marie bien à l'accordéon français, Patachou. J'écrivis une lettre, accompagnée d'un seul texte, *Vieille Misère*. Sa réponse fut très rapide. Je pense que la personne qui dépouillait son courrier avait été touchée. Le texte de *Vieille Misère* était désespéré et cependant radieux. Il disait que l'art et la création naissent de la misère, de la détresse, que je vivais d'ailleurs dans mon cœur et dans ma petite vie.

Chez Sainrapt et Brice, le téléphone sonna. Le copain qui avait pris l'appel me dit : « C'est pour toi. » Ce n'était pas la voix de Patachou ; c'était aussi une jolie voix, toute fruitée, celle de sa secrétaire. Patachou, qui avait été secrétaire chez Breton, pouvait maintenant s'en offrir une .

dans les métiers du spectacle, la chaîne continue, interminable, sauf de nos jours où l'on émiette les gens, abolit la mémoire de groupe et fabrique des vedettes éphémères. La voix au téléphone me dit à peu près ceci : « Patachou a aimé votre texte, mais elle part en tournée, en Suède pour commencer... Voici notre téléphone ; rappelez-nous dans trois, quatre mois. » Elle ajouta : « Ce n'est pas une blague. Patachou a vraiment envie de vous rencontrer dès son retour. »

Entre-temps, Grello, que je fréquentais assidûment, m'emmena chez Léo Noël à l'Ecluse, quai des Grands-Augustins. « Tu comprends », m'expliqua-t-il, « Léo a lancé beaucoup de talents dans sa boîte qui est très courue. Il s'est gouré quand il a refusé Brassens que je lui avais amené ; il ne pourra pas te refuser. » Chez Léo Noël, en audition dans l'après-midi, je chantai *Chandernagor* puis une chanson encore inédite que je publierai un jour, *Bon Dieu des vaches,* où je clamais déjà contre un Dieu qui ne semblait se manifester qu'en simulacre.

Léo Noël ne me laissa pas beaucoup de chance, pourtant il avait du goût. Il me dit que c'était très bien..., mais très difficile, encore plus difficile que Brassens, que mon langage était curieux, qu'il n'y avait pas les quelques ingrédients simples qui pouvaient accrocher le public, que je risquais de me taper bide sur bide, bref, que je n'étais pas ou n'avais pas ce qu'il fallait pour passer à l'Ecluse.

Au sortir de ce rendez-vous, Grello, un peu triste, rigolait quand même. Il me dit : « C'est très bien, ça prouve que ce que tu fais ne ressemble à rien. Mais les gens y viendront, tu verras. Allez, on continue. » C'est d'ailleurs ce que Jacques écrivit plus tard dans sa préface à mon premier disque. Pour la petite histoire, après avoir éconduit Brassens puis Béart, quelques années après, Léo Noël se mit à accepter n'importe quel artiste que lui amenait Grello..., avec des fortunes plutôt diverses

Imperturbable, je continuai à écrire des chansons tout

en gagnant ma croûte. J'en avais accumulé une centaine quand, coup sur coup, et là c'est une règle absolue, les choses m'arrivent toujours en même temps, il survint deux événements qui allaient être majeurs sur mon chemin erratique.

Depuis, j'ai souvent répété cette phrase dont je n'ai jamais fait une chanson et qui pourrait être la méthode pour survivre en attendant des jours meilleurs : « Je ne sais pas où je vais mais je connais le chemin. »

Béatrice Moulin, chanteuse de talent, sœur de Jean-Claude Moulin, journaliste qui avait écrit *Le Danseur de charleston* pour Philippe Clay, était venue à La Colombe. C'est elle qui alerta Jacques Canetti, à la fois directeur des disques Philips, directeur de tournées et du théâtre des Trois-Baudets : une puissance dans la chanson et les variétés. C'est Brassens qui devait prévenir Canetti, mais, contrairement à la légende, c'est Béatrice Moulin qui le fit avant lui. Quand une chose doit arriver, elle arrive de n'importe quelle façon, et surtout pas comme on l'a prévue.

En ce temps-là, et pour longtemps encore, Canetti était le bon génie de la chanson française et du music-hall. Il avait découvert, lancé ou installé plusieurs talents originaux : Félix Leclerc, Brassens, Devos, Brel, et s'occupait ou s'était occupé des Frères Jacques, de Juliette Gréco, Edith Piaf, Francis Blanche, Pierre Dac, Philippe Clay, Mouloudji, Fernand Raynaud, et de beaucoup d'autres artistes au talent singulier. Il aimait l'étrange et avait engagé Boris Vian comme collaborateur. Il avait un goût à la fois littéraire et populaire qui le poussait aux choses qui l'étonnaient. Son secrétariat me fixa rendez-vous dans la semaine qui suivait, en fin d'après-midi.

Presque en même temps, le bureau de Raoul Breton me téléphonait : Charles Trenet avait aimé mes textes et pouvait me recevoir. Ce rendez-vous put être pris... la veille du jour où je devais rencontrer Canetti.

J'avais obtenu de lâcher le bureau après déjeuner, quitte à faire des heures supplémentaires un autre jour. Vous avez compris que cette société que j'aime, avait installé, avant la mode, les horaires variables.

J'ai été immédiatement ébloui par Charles Trenet, son humour, son rayonnement, sa jeunesse déjà immuable. J'aimais ses chansons depuis l'âge de neuf ans, en 1939. En 1952, j'avais assisté à son spectacle au théâtre de l'Etoile où il tenait la scène tout seul — un récital, un « one-man-show » comme on dit aujourd'hui —, avec un piano pour tout accompagnement. C'était beau et c'était bon.

Après quelques mots agréables et brillants, Trenet se mit à discuter d'un de mes textes où j'utilisais « le Bon Dieu » dans une chanson irrévérencieuse. Trenet me dit : « Il faut laisser la chanson telle qu'elle est, mais pour qu'elle soit vraiment populaire, il faut remplacer « le Bon Dieu » par « le printemps ». Vous pouvez rire du printemps sans problème et, après tout, c'est la même chose que le Bon Dieu : c'est la création. »

Trente ans après cette remarque, j'ai enfin publié cette chanson modifiée de fond en comble. Je n'ai pas remplacé « le Bon Dieu » par « le printemps », mais je l'ai remplacé quand même par « le Bon Zeus ». Trenet avait eu raison.

Ce jour-là, il me présenta à son éditeur, Raoul Breton. Je me suis trouvé dans un bureau, face à cet homme grand, imposant, beau, le teint rose et les yeux bleus, comme ceux de Trenet, et qui tenait une bonne partie de la chanson populaire en France. Pour très peu d'années encore, notre chanson allait résonner dans le monde entier et Raoul Breton était l'un de ses promoteurs les plus importants. L'édition française fonctionnait, et c'est elle qui faisait bouger le métier et les maisons de disques.

J'avais amené ma guitare et mon cahier de chansons, et Breton m'invita à chanter, d'un ton bourru. « La Marquise », sa femme, s'était éclipsée dans son bureau avec Charles Trenet. Je commençai par je ne sais plus quoi. Puis, à la demande, se succédèrent deux, trois, dix, quinze chansons. Il y avait très peu de réaction chez Breton. Il me disait d'un ton distingué quoique un peu rogue sur les bords : « Une autre. » Et cela m'énervait de plus en plus, lorsque j'enchaînai avec une chanson que je n'ai jamais publiée, *Le Dépôt d'ordures* :

Un magnifique dépôt d'ordures
Se promenait dans la nature.
Y avait dessus : Défense d'afficher,
Défense de stationner,
Défense d'uriner.

Après son refrain, « *Fluctuat nec mergitur* », j'enchaînai, furieux, avec *Chandernagor,* une chanson d'amour qui décrit une femme à partir des comptoirs français de l'Inde. Raoul Breton devenait de plus en plus rouge, comme congestionné d'effarement. Il se leva brusquement de son bureau en le martelant d'un coup de poing, et s'écria : « Mais Bon Dieu, vous savez les écrire ! Charles m'a dit : c'est le plus grand parolier du siècle. » (Textuel : Trenet avait dû exagérer pour convaincre Breton de me recevoir.) « Mais pourquoi faites-vous des choses aussi compliquées ? C'est pourtant simple, une chanson ! Voyez ! » Et il désigna sur l'un des murs, une affiche d'Aznavour qui venait de publier sa belle chanson, *Sur ma vie.* « Aznavour fait des choses simples. Il n'a pas son certificat d'études, et ça touche tout le monde au cœur. » Puis, se dirigeant vers une affiche de Bécaud dont il était également l'éditeur et qui venait de publier *Quand tu danses* : « Voilà de la chanson ! Où est-ce que vous allez chercher des choses aussi tordues ? Ecrivez donc comme eux ! »

Je répliquai d'une voix blanche, à peine véhémente : « J'aime le talent de Bécaud et d'Aznavour, mais je suis nouveau. Il faut que je fasse autre chose, sinon je n'ai pas de raison d'exister. D'ailleurs, c'est ce que je ressens. »

Breton entrouvrit la porte et, à travers le couloir, appela « la Marquise ». Il lui dit en gros : « Les musiques sont bonnes mais les paroles curieuses. Vous en êtes entichée, mais ce n'est pas pour moi. Si vous voulez le prendre dans votre édition » (elle avait sa propre édition), « allez-y : c'est un peu trop intellectuel à mon goût ».

Avec le sourire charmeur qu'elle a toujours conservé, « la Marquise » me recueillit dans son bureau. J'étais pantelant. Elle me réconforta : « Ça ne fait rien, vous verrez, tout va s'arranger. »

Avec le recul, Breton avait en partie raison. Ce sont mes chansons complexes qui ont fait tache et m'ont fait reconnaître comme un cas dans la chanson (et il faut toujours être un cas), mais ce qui m'a acquis le cœur du public, ce sont des chansons simples comme *L'Eau vive, Qu'on est bien, Il n'y a plus d'après...* Je me souviens aussi que, vers la fin de l'audition, après avoir écouté *Il y a plus d'un an,* Breton me demanda : « Pourquoi cette chute qui renverse la situation, où une femme attend un enfant d'un homme dont elle est séparée, et qui casse tout le charme ? »

C'est la même réaction qu'eut d'ailleurs Maurice Chevalier plus tard, en écoutant *Il y a plus d'un an* et *Chandernagor* : « C'est sacrément bien dit, c'est nouveau, mais mon public n'admettrait pas ça chanté par moi. » En revanche, Chevalier enregistra de moi *Un enfant écrit.*

Le lendemain même de la réunion chez Raoul Breton, qui fut assez épique, mais finalement me servit au moins de rodage, avait lieu mon rendez-vous avec Canetti. Je me retrouvai avec ma guitare dans son bureau directorial, avenue Franklin-Roosevelt, chez Philips. Il me mit à l'aise avec ce charme redoutable dont tout le monde m'avait parlé. Petit, vif, le regard noisette, un sourire adorable d'enfant, la voix gaie, il ressemblait à un docteur qui m'avait guéri, quand j'étais enfant, d'une double pneumonie, et qui s'appelait docteur Soleil. Le petit Canetti, je l'ai appris par la suite, avait une énergie de bronze : c'était un chef, voire un dictateur. Homme cultivé et très ouvert, il régnait avec

Georges Meyerstein sur tout un univers. Une fois qu'il avait choisi (après avoir consulté plusieurs des oreilles privilégiées proches ou lointaines qui faisaient partie de son groupe), il tenait ferme à son goût et réussissait souvent à l'imposer au public malgré les échecs répétés, comme je devais le constater par la suite. Il savait aller à contre-courant.

Encore une fois, timidement puis de plus en plus assuré, j'attaquai mes chansons. Jacques Canetti en entendit encore plus que Raoul Breton, me redemandant sans cesse : « Encore une. » Il m'interrompait souvent, en commentant même des chansons mineures, comme *Dans regrettable* qu'il trouvait très forte. Il aimait ce qui était rare.

En conclusion, il me dit : « Vos chansons m'étonnent ; elles vont donc étonner le public. Commençons dès aujourd'hui. Est-ce que vous voulez passer ce soir en audition publique aux Trois-Baudets pour deux ou trois chansons ? J'ai un programme dont la vedette est Francis Claude, je crois que vous le connaissez. Il y a aussi Jacques Brel. »

On parlait beaucoup de Brel sur la rive gauche. Il chantait depuis quelque temps déjà avec succès, mais sans atteindre encore à la grande popularité qu'il devait acquérir quelques années après. Canetti, volubile, ajouta : « Vous n'avez chanté que dans une petite boîte, et les Trois-Baudets, c'est presque trois cents places. Si vous vous y sentez à l'aise, vous serez engagé pendant plusieurs mois. Quiconque réussit chez moi peut passer n'importe où, ça, je vous le garantis. Vous aurez là un laboratoire d'essai plus grand que celui que vous aviez à La Colombe et au Port du Salut. Et puis, quand vous voudrez, nous ferons un disque, pour commencer, un vingt-cinq centimètres avec huit chansons et non pas un quarante-cinq tours, car vous êtes auteur-compositeur. C'est d'accord ? »

J'étais aux anges, et, bien sûr, j'étais d'accord. Il était déjà près de huit heures du soir, et Canetti conclut cette première rencontre par ces mots : « Allons, je vous emmène aux Trois-Baudets. » Cet homme d'action et de réflexion ne perdait vraiment pas une minute.

A Pigalle, tout contre un cabaret étonnant, piège à touristes, qui s'appelait Le Néant et qui devait son caractère à son côté alcôve macabre, sorte de tombeau organisé avec des squelettes et des lumières phosphorescentes, se tenait le formidable petit théâtre de Jacques Canetti, qui était la pépinière de la plupart des talents de l'époque.

La salle était bourrée à craquer, et j'avais très peur. Canetti rédigea *lui-même* rapidement quelques mots pour l'annonce de la présentatrice, expliquant l'intrusion d'un inconnu qui se produisait pour la première fois, et peut-être la dernière, aux Trois-Baudets. Francis Claude était la vedette de ce spectacle et, avec son humour cultivé, il attirait, disait-on, un public très fin. En tout cas, ce soir-là, j'obtins un succès extravagant. Ce que je présentais ne ressemblait à rien de ce qu'on avait déjà vu sur scène. L'étonnement, le rire, mes chansons étranges et peut-être aussi ma frayeur, même si je jouais la décontraction, avaient créé l'événement.

Je dis cela d'autant plus humblement que, lorsque Canetti m'engagea ferme, quelques semaines après, je me suis « tapé bide sur bide » presque tous les soirs, des mois durant. Mais Canetti avait conservé dans sa mémoire ce succès d'un jour et, disait-il, il ne dépendait que de moi de le reproduire. Il ne s'agissait pas d'un vrai « bide » d'indifférence : le public était intéressé, attentif, mais il ne riait pas, ne participait pas comme au premier soir, et demeurait froid.

Avec le recul, je crois que ma difficulté était simple : je m'étais habitué à chanter au milieu d'amis, pratiquement inséré dans le nid des spectateurs, au Port du Salut où l'artiste était face aux tables, tout près d'elles, et plus encore à La Colombe où il était au milieu d'elles.

Comment recréer ce climat d'intimité, alors que je devais faire une « entrée » sur une scène avec un rideau qui s'ouvre, et une « sortie » avec un rideau qui se referme ? De plus, j'étais ébloui par les projecteurs — il n'y en avait pas à La Colombe ; je ne voyais plus le public, ce public ne connaissait pas mes chansons, ne chantait pas les refrains avec moi. Je me sentais comme tous les interprètes qui passaient aux Trois-Baudets ou dans n'importe quelle salle, changé en un animal de cirque que la lumière éclairait puissamment et qui était décortiqué par l'œil du spectateur. Comment transformer le public du théâtre en une famille de copains ? Je n'avais aucune habitude de la « scène », aucune expérience à l'âge de vingt-six ans, et ne me destinais pas à chanter : je croyais simplement devenir, comme Vincent Scotto ou Mac Nab que j'admirais, un auteur à succès pour des interprètes qui feraient pour moi « le trottoir des music-halls ».

J'avais à mener le même combat que Georges Brassens, Félix Leclerc ou Jacques Brel, avec beaucoup moins de moyens physiques que ces grands prédécesseurs, avec une timidité presque maladive, avec ce regard que je porte sur moi-même depuis toujours, où je m'analyse en train de faire quelque chose, alors qu'il faut vivre tout simplement sur scène, alors que je ne me saoulais pas la gueule, en un mot, que je n'utilisais, et n'utilise toujours pas, les décontractants ou relaxants qui font que l'on s'oublie et qu'on est en quelque sorte à la fois « un autre » sur scène et plus encore « soi-même ».

Brassens avait vécu, je crois, des difficultés semblables, mais lui faisait scandale, ct ce n'était pas mon propos. Il n'y avait chez moi aucun côté provocateur. Je faisais simplement des chansons bonnes et, paraît-il, vraiment nouvelles. Personne n'arrivait à me définir ni à me classer, et cela dure toujours. Pour en finir, j'ai d'ailleurs écrit sur moi :

Je ne suis pas d'ici
Je ne suis pas de Terre
Mais il faudra le taire
Car l'homme est sans merci.

Je n'avais aucune envie de dire « merde » aux spectateurs, ce qui aurait masqué ma timidité et m'aurait donné une contenance. Je voulais être sincère, vrai, rentrer sur scène pour être écouté et non pas pour trimbaler devant le « bourgeois » je ne sais quelle engueulade parodique, selon le système que les boîtes de Montmartre, depuis Rodolphe Salis et le Chat noir, ont utilisé.

Le prolongement le plus évident dans la magnification de ce système fut Georges Brassens, dont on pouvait dire qu'il allait chanter devant les riches bourgeois de la Villa d'Este pour justement délivrer son message contre l'ordre établi, les gendarmes, les curés, pour retourner bien vite dans sa cambrousse. Je n'utilisais aucune des légendes habituelles qui nécessitent que l'on s'invente un personnage. Je n'étais ni un bon chanteur à voix ni un bon comédien, et surtout n'avait aucun geste répétitif, aucun tic vocal pour m'imposer. J'étais glacé et glaçant.

L'ambiance d'équipe était pourtant excellente aux Trois-Baudets, et tout le monde, y compris les adorables présentatrices, venait m'encourager de bon cœur. Même ceux qui se disaient : « Quelle est cette nouvelle lubie du père Canetti ? Ce type ne fera jamais une carrière. »

Enfin, un handicap supplémentaire provenait du fait que Brassens était consacré et en plein essor, et que quiconque se présentait sur scène avec une guitare était, en France, assimilé à lui. Quelques années après, Jacques Brel et Jean Ferrat ont dû abandonner cette guitare qui, pour moi, est une compagne et une bouée.

Pour mes difficultés en scène, j'étais assez semblable à Boris Vian, qui était aussi ingénieur, mais de Centrale. Pardonnez-moi de vous dire que ça me réconfortait que lui également fût comme un martien éjecté de sa soucoupe sur le plateau des Trois-Baudets : quelle que soit la qualité de ses textes comiques ou paraphilosophiques, il ne faisait pas rire, ne « touchait » pas, alors même qu'il alimentait en chansons une bonne partie de notre métier et qu'il avait déjà, chantés par d'autres que lui, de multiples succès, notamment *Le Déserteur*. Le remarquable Vian n'a jamais pu, chanteur, se dépêtrer de son trac et inverser le climat ; il a toujours eu l'allure d'un extraterrestre, grand, beau, mais égaré sur notre planète. C'est pourquoi il a lâché la scène alors qu'il chantait fort bien, pour demeurer, entre autres, directeur artistique chez Philips, écrivain, traducteur, journaliste, musicien, bref, l'un des « poissons pilotes » de notre Seine et d'autres fleuves ou courants.

Lui aussi tentait de m'encourager, et je me souviens du jour où finalement j'ai pu lui rendre visite. C'était dans une ruelle proche des Trois-Baudets, et quand je débarquai dans l'après-midi, je fus surpris de le voir complètement nu, de même que sa femme et son fils, dans son appartement démeublé. Il restait une table, quatre chaises, et c'est tout. Sur le coup, je pris cela pour un gag ou un effet de l'art de vivre — j'étais moi-même naturiste —. Mais, avant d'engager toute conversation, Boris m'expliqua : « Nous nous sommes mis dans la tenue adéquate parce que nous recevons un agent du fisc. Comme ça, il n'aura rien à prendre. »

Je me souviens aussi d'une longue rencontre, après le spectacle, dans le bistrot situé en face des Trois-Baudets, avec Michel Legrand accompagné de Maurice Béjart. Ils voulaient connaître ce « nouveau » qui commençait à faire parler de lui : bien que cumulant bide sur bide avec mon absence totale d'assurance et de voix, il paraît que le public m'appréciait. En fait, après les Trois-Baudets, certains venaient m'écouter à nouveau à minuit au Port du Salut ou à La Colombe. Et là, les mêmes chansons, chantées dans un autre climat, prenaient tout leur relief, moi-même étant détendu et souriant. Ce premier public fut le noyau de ma petite réputation.

Deux journalistes ont beaucoup aidé à ma célébrité

naissante, Jean-François Devay puis Pierre Lazareff. A *Paris-Presse,* Devay pondit, alors que je ne représentais rien, un grand article qui fit dresser l'oreille à tout ce qui comptait, paraît-il, dans le Tout-Paris. Les amis que j'ai pu me créer à cette époque de mes débuts, j'ai la chance et la joie de les avoir conservés aussi longtemps qu'ils ont vécu. On ne peut avancer qu'en restant fidèle à ses racines. Malheureusement, cela a été l'hécatombe.

Presque tous ceux devant qui j'essayais mes nouvelles chansons, qui les comprenaient comme moi, pouvaient les aimer en les critiquant, en un mot, qui les digéraient, sont morts : René Fallet, Roger Rifart, employé à la SNCF, poète, chanteur et comédien, André Hardellet, Georges Brassens, Jacques Grello, Robert Beauvais.

Ma rencontre avec Robert Beauvais s'est faite d'abord par un journal. Il publia à mon sujet un article assez virulent où il me traitait de « génie annuel de la chanson », c'est-à-dire épisodique et périssable. Nous nous sommes rencontrés et nous sommes devenus amis.

Après celles de Brassens, Grello puis Hardellet, la mort de Robert Beauvais a été pour moi quelque chose de grave. Aux côtés de sa femme, Ginette Garcin, je lui présentais toujours mes nouvelles chansons, « au gueuloir », pour les roder avant de les enregistrer. Sa présence, depuis, me manque. Ginette a repris le flambeau, et je sais qu'elle lui parle toujours et qu'il fait toujours partie de sa vie comme de la mienne.

J'avais une deuxième oreille, l'accordéoniste Roger Damin. Je l'avais connu aux Trois-Baudets, juste après mon premier disque. Il n'a cessé depuis d'être avec moi, de près ou de loin, jusqu'au jour où, avec quelques-uns de ceux qu'il a accompagnés, comme Francis Lemarque dont j'aime beaucoup les chansons, à notre tour nous l'avons accompagné au cimetière. Roger était le contraire des « requins » de studio : il ne passait pas son temps à aller de séance en séance, de disque en disque. Il a su préserver les lettres de noblesse de l'accordéon dont il jouait de façon très moderne et avec une sensibilité qui collait très bien à mes mélodies. Quand, au cours même de la maladie qui le rongeait, et alors que nous n'avions pas joué ensemble depuis quelques années, Roger est venu avec sa femme à la fête Arc-en-Ciel que je donnai en 1982 à la maison, tout naturellement, sans avoir répété, il retrouva exactement ce qu'il faisait des années auparavant sur mes vieilles chansons. Après quoi, il se mit à improviser tranquillement avec Laurent Voulzy qui tenait une guitare électrique, passant d'hier à aujourd'hui sans aucune difficulté.

Tous ces amis sont partis, et, pour mon dernier disque, *Demain je recommence,* que j'ai publié après une sacrée épreuve, je n'ai pas disposé de l'une de ces oreilles extérieures avec qui j'avais l'habitude de passer au filtre les mots et les musiques. Le style et l'écriture ayant tellement changé, il me faudra attendre une nouvelle génération d'auteurs-compositeurs qui ressentent et rédigent avec leur sensibilité d'aujourd'hui, comme ceux que j'ai cités et qui étaient mes compagnons de La Colombe.

Tout en passant aux Trois-Baudets et à La Colombe, je continuais à travailler chez Sainrapt et Brice. Plus personne ne faisait semblant d'ignorer que je chantais en public. Mes copains ingénieurs, dessinateurs, secrétaires, tous voyaient ça d'un très bon œil. Et comme, le dimanche, j'allais souvent expérimenter avec Louis-Pierre Brice dans le petit laboratoire qu'il avait installé dans sa maison près de Roland-Garros, et que je bossais toujours convenablement, tout le monde paraissait content.

Je revoyais régulièrement Jacques Grello et les siens. Il m'engageait à plaquer mon métier d'ingénieur, disant que ça allait « marcher » pour moi.

J'habitais toujours ma petite chambre et ma minuscule cuisine, sans salle de bains. J'allais aux douches municipales de la rue d'Alésia ; je faisais, comme souvent aujourd'hui encore chaque fois que je le peux, mon marché, mon ménage et ma cuisine. Je crois d'ailleurs que je continuerai à le faire toute ma vie, chaque fois que je le pourrai.

J'avais surmonté l'immense chagrin de la rupture avec Micheline, et il y avait un petit défilé féminin dans ma chambrette de la rue Jonquoy. A l'époque, je crois que je plaisais aux femmes parce que je dégageais de l'étrangeté, de la « poésie », que j'étais très taciturne et parlais très peu dans un métier où presque tout le monde parle tout le temps. Je n'ai appris à parler que plus tard, grâce aux émissions « Bienvenue », et par obligation face aux nécessités de la vie d'adulte. J'estimais que la parole était superflue, que ce qui comptait c'était l'écrit ou le non-dit.

Vous avez suivi mes difficultés à chanter : alors que j'avais réussi l'écrit de la chanson, j'échouais à son oral. J'étais également très maladroit quand je disais quelque chose que je croyais gentil, mais qui était trop lapidaire : souvent ce que je considérais comme un compliment pouvait passer pour une critique.

C'est ainsi qu'aux Trois-Baudets, j'allai rendre visite dans sa loge à Jacques Brel qui faisait un triomphe, notamment en terminant sur sa chanson *Quand on n'a que l'amour.* Alors que je n'obtenais plus aucun grand succès sur cette scène, Brel « arrachait les tripes », comme on l'a répété depuis. Il savait prendre une voix douce ou gueuler autant qu'il le fallait et comme il le fallait. Il disposait de tous ses moyens physiques et vocaux, qu'il a d'ailleurs perfectionnés par la suite. Quand je crus avoir trouvé la formule qui le résumait, j'entrai dans sa loge. Il me dit quelques mots aimables, et moi je le complimentai par ces mots : « Vous êtes un Piaf en pantalon. » J'espérais lui faire plaisir, mais je vis bien que j'avais gaffé.

En ce temps-là, Piaf n'était pas « considérée » par les

intellectuels, et je crois que Brel se voulait chanteur intellectuel, alors qu'il avait la force d'un chanteur populaire. Piaf n'a été appréciée par les intellectuels que vers sa mort, grâce à son côté baroque, écorché, et à l'admiration de Cocteau, disparu d'ailleurs le même jour qu'elle, la mort de Piaf occultant la sienne. A la différence des chanteurs à textes, dits « rive gauche », Piaf était une grande chanteuse pour un vaste public, avec accordéon, voix puissante, robe de quatre sous...

C'est par la suite, que les multiples facettes de son personnage et de certains de ses textes, lui ont conquis la reconnaissance des écrivains ou plutôt de l'intelligentsia.

La phrase que j'ai dite à Brel ce jour-là le choqua, mais il ne me l'a confirmé que des années plus tard, alors qu'effectivement il était en train de devenir à sa façon un « Piaf en pantalon ».

J'ai eu la même maladresse avec mon ami Jean Ferrat, quelques années après. Il passait à l'Alhambra en première partie de Zizi Jeanmaire, avec souvent de belles chansons d'amour qu'il caressait de sa voix de violoncelle. Cette année-là, la formule des discothèques — qui est née en France — était en train de se répandre, avec ses jolies voix bien enregistrées et ses grands orchestres. Jean était dans sa loge aux côtés, je crois, de Georges Coullonges, quand je lui dis : « Quelle voix magnifique qui se marie bien avec l'orchestre ! Tu devrais enregistrer un disque pour discothèque. » C'était un bon conseil. Par la suite, Ferré lui-même avec *C'est extra* fit un malheur dans ces discothèques où tout se lance aujourd'hui. Or, pour Ferrat, ce qui comptait le plus c'était le message. Sa belle voix, il devait peut-être la considérer comme secondaire. Il n'empêche : il a une belle voix et chante bien les chansons d'amour. Je crois que beaucoup de gens l'aiment profondément à cause de cela, ce qui n'enlève rien au texte dit politique ; mais sa reconnaissance populaire doit beaucoup à la joliesse de sa voix, même s'il ne veut pas « chanter pour passer le temps ».

Avec Ferré, je n'ai pas eu le temps d'être maladroit. Son assistant m'avait introduit dans sa loge à l'Olympia et présenté comme un auteur de chansons, débutant mais intéressant. Avant que j'aie pu ouvrir la bouche, Ferré me cueillit d'une phrase tranchante : « Je n'ai pas de conseils à donner : chacun doit faire ce qu'il veut comme il le veut. »

Il y a beaucoup de vrai dans cette sentence, sauf que l'on met du temps à savoir ce que l'on « veut », et que certains peuvent vous aider à le trouver.

Ce que je ne savais pas, je l'ai appris avec les années et surtout grâce à mes émissions « Bienvenue » où j'ai vu vivre sous mes yeux, pendant leur enregistrement, des chanteurs, vedettes ou inconnus : chaque chanteur se compose un personnage et tient à le préserver quels que soient les aléas. Toute phrase qui va à l'encontre du personnage qu'il a voulu se dessiner, le choque. D'où Brel, se rebiffant alors qu'il ne voulait pas ressembler à Piaf, ou Ferrat, mécontent quoique très maître de lui et souriant, parce qu'il ne voulait pas être aussi un chanteur pour discothèques, ou Ferré, abrupt dans sa révolte tous azimuts.

Celui que j'ai le plus fréquenté, avec qui j'ai eu les plus longues conversations, c'est Georges Brassens.

Paradoxalement, le plus rétif à tout coup de canif dans son image de marque, c'était lui. Jamais je n'ai mieux saisi comment il s'y prenait pour la faire respecter, même quand elle ne correspondait pas à la vérité des choses, que lors du tournage de sa « Bienvenue ». Ma monteuse et compagne, Dominique Gallieni, s'en souvient. Nous en avons bien ri avec Puppchen, la compagne de Georges.

A mes débuts, j'écrivis une chanson, *L'Homme à la guitare,* que je n'ai jamais chantée d'ailleurs pour ne pas le blesser. Quand il la lut, nous fûmes en froid pendant près de six mois. Le texte pourtant est vrai, et sa fin est généreuse *. Pour moi, quels que soient les subterfuges, ce qui compte, c'est l'œuvre. Et l'œuvre de Georges est belle.

Vous avez remarqué que de temps en temps, comme les chats qui jouent, je donne un coup de griffe à tel auteur que pourtant j'aime et dont j'estime beaucoup le travail. Ce n'est pas du tout parce que j'ai envie d'en dire du mal : ça ne sert à rien. Au fond, je préfère dire du bien des œuvres plutôt que des personnages qui cisèlent, de leur vivant, leur statue. Pour moi, ce sont les ouvrages qui comptent :

A l'œuvre on connaît l'ouvrier.
C'est au fruit que l'on connaît l'arbre.
L'oiseau se connaît au chanter,
Le sculpteur au trait sur le marbre.
Au mur on connaît le maçon
Et le chanteur à sa chanson.

C'est pourquoi j'ai une prédilection pour les œuvres anonymes. J'aime que telle phrase me touche parce qu'elle me touche, et non pas parce que j'ai appris qu'elle provient de tel individu. Les grandes chansons d'avant le XVIe siècle, nul ne sait qui les a écrites. Certaines ont été peaufinées par des générations d'hommes après le premier jet d'un inconnu. Ce serait ma fierté que l'une de mes chansons soit transmise plus tard, et que l'on ne puisse la signer que par la formule : « Anonyme du XXe siècle. » Les grandes choses sont anonymes. Elles sont la production de toute une équipe, d'un groupe, ou d'un peuple en marche, avec un promoteur, un catalyseur, dont souvent le nom se perd. Trenet écrit très joliment en parlant des chansons qui demeurent :

* Annexe, p. 396.

La foule les chante un peu distraite
En ignorant le nom de l'auteur.
(L'Ame des poètes.)

Or, notre époque magnifie le personnage plutôt que l'œuvre. Pour vendre, il faut avoir une gueule, s'être forgé une histoire, une légende. Ce n'est pas uniquement de nos jours que ce phénomène a lieu, mais aujourd'hui il a pris une trop grande importance.

On s'ingénie à chercher le « profil » d'une firme, comme s'il s'agissait d'un être humain, et le « visage » d'un produit ou d'une marque.

Un jour, en circulant en voiture, dans la France profonde des campagnes, je me rappelle que, dans un décor assez désolé de l'Ardèche, au détour d'une route défoncée, j'ai aperçu une vieille bâtisse abandonnée avec des murs éventrés et une toiture inexistante. Cependant la maison était toujours belle, et ce qu'elle portait sur elle et qui m'a donné les larmes aux yeux, c'était une très vieille publicité un panneau métallique rouillé représentant le fameux Bébé Cadum. J'étais ému de façon dérisoire, désenchantée, car je me disais : « Un jour tu vas mourir, et Bébé Cadum sera toujours là ». Il en est de même de King Gillette dont je me souviens des moustaches grisonnantes, de Monsieur Lindt, l'homme du chocolat, de Sir Johnnie Walker, le dandy au whisky… Un jour, nos enfants se souviendront plus du *riz de l'Uncle Ben* que de *La Case de l'oncle Tom*.

Quand j'achète, c'est parce que le produit me plaît, et non parce qu'il possède une bonne image de marque. J'espère que vous faites comme moi. J'agis de même en ce qui concerne les chanteurs — je veux de bonnes chansons —, ou pour les écrivains — j'aime les bons livres —.

Je me suis amusé à découvrir une nouvelle constante que j'appelle la constante « O + P ».

O c'est l'Œuvre, P c'est le Personnage. J'ai remarqué

que, lorsqu'un personnage devenait célèbre, son œuvre se vendait mieux, mais qu'elle était souvent moins bien faite, plus bâclée, moins profonde. Parce que le « personnage » est « vendeur », on achète son œuvre de confiance, alors qu'elle est moins bonne. Quand un auteur n'a pas de personnage, qu'il est par exemple inconnu, il est obligé de se défoncer pour que son œuvre soit forte. Si elle touche, c'est par elle-même et non grâce au personnage de l'auteur. En gros, plus le personnage P augmente, plus l'œuvre O diminue, puisque la somme O + P doit rester constante.

Cette règle est aussi valable pour ceux que j'ai admirés. Par exemple, je ne suis pas certain qu'Aragon que j'aimais, ou Malraux que j'appréciais, écrivaient mieux dans leur grand âge que trente ans plus tôt. Mais leur personnage était devenu tellement important que l'œuvre, même amenuisée, était tout aussi attirante et se diffusait convenablement.

Chez les individus peu créateurs, la constante O + P est petite : l'œuvre et le personnage ne peuvent être que faibles.

Il y a, bien sûr, des humains qui ont une constante très élevée, Victor Hugo par exemple. Même quand il avait acquis un personnage d'une grande dimension, il conservait une œuvre dense, passionnante. Cela, grâce, vraisemblablement, à l'exil qui l'avait éloigné des trop grandes popularités vécues, lesquelles l'ont ensuite accompagné jusqu'à ses funérailles nationales.

Chez certains hommes effacés, l'œuvre seule a tout pris de la constante. Shakespeare a une œuvre immense et n'a pas de personnage, au point que certains se sont demandé s'il a vraiment existé. On n'achète pas du Shakespeare parce qu'il a couché avec la Reine.

Quand un personnage dure, qu'il s'amplifie et qu'il est « vendeur », son œuvre a tendance à diminuer, mais il peut y avoir des exceptions : la constante O + P de tel individu pourrait augmenter avec l'âge, mais il semble que, dans la majorité des cas, elle ne varie pas.

Romain Gary était déjà un excellent auteur, quand son

personnage de play-boy, qui s'était imprimé au fil de ses aventures, et qui ne correspondait pas à sa réalité profonde, le gêna. Alors, il a laissé ce personnage établi, continuer à écrire les mêmes romans, excellents d'ailleurs, jusqu'au livre : *Au-delà de cette limite votre ticket n'est plus valable.* Parallèlement, il s'est mis à créer une œuvre sans personnage qu'il a signée Ajar, afin de renaître vierge, et que l'œuvre se défende toute seule. Cette œuvre s'est très bien défendue — prix Goncourt, succès populaire — ...et a malheureusement engendré un nouveau « personnage » qu'il a dû faire assumer par son neveu. Alors, le Gary Romain a tué définitivement le Romain Gary qu'on connaissait, en se suicidant. Extraordinaire histoire d'œuvre et de personnage en concurrence.

En 1982, je me suis amusé à écrire entièrement une nouvelle chanson en l'attribuant à un médecin chansonnier de la fin du XIXe siècle, Victor Paris, que j'avais inventé de toutes pièces. Jean-Claude Carrière et Georges Conchon ont concocté des préfaces savantes pour raconter comment ce personnage avait écrit une chanson qui fut interdite par le préfet de police Louis Lépine vers 1890 : son texte était contraire à la « moralité publique » et antigouvernemental quel que soit le gouvernement, donc pouvant engendrer une succession de crises ministérielles :

Où étions-nous ?
Dans la m...
Où sommes-nous ?
Dans la m...
Où allons-nous ?
Vers la m...
Pourquoi y aller ?
Pour changer de m...
Et puis m... m... m...

Cette chanson, je l'enregistrai soi-disant un siècle après sa prétendue interdiction. Et, pour masquer complètement le canular, je la glissai dans un disque en compagnie d'autres chansons de la Belle Epoque que j'aimais et que mon père m'avait apprises.

J'ai d'abord déposé la chanson à la SACEM en indiquant : « Texte de Victor Paris retrouvé, musique nouvelle de Guy Béart ». Quel pataquès ! Voici que la SACEM se met à me téléphoner en m'informant qu'il y avait des descendants de Victor Paris qui réclamaient des droits, d'un Victor Paris qui n'avait pas existé !

J'avais inventé son personnage avec un luxe de détails, racontant comment sa chanson avait été publiée dans la revue satirique Le *Chat noir*, comment il avait fait ses débuts au club des Hydropathes de la rue Cujas et avait été l'ami d'Alphonse Allais, Charles Cros, etc. La fiction avait pris la place de la réalité.

Pour me sortir des complications, j'ai dû révéler publiquement à la télévision que c'était un canular. Eh bien, même aujourd'hui je reçois des lettres au sujet de Victor Paris. Et je crois que les générations futures, si elles veulent bien conserver cette chanson, *que j'ai écrite complètement,* s'imagineront que je n'en ai fait que la musique.

Pourquoi avais-je éprouvé le besoin de créer ce mensonge pieux ? Nous étions à la fin de 1982, dans les premiers échecs du nouveau gouvernement de la « gauche réunie » dont l'arrivée avait suscité tant d'espérances. Le problème se serait posé de façon identique à la fin de 1986 après les nouvelles désillusions, cette fois-ci de « droite ». La chanson était satirique et même corrosive, et je craignais que les radios et les télévisions ne la passent pas : il y a souvent une autocensure des grands médias sur les grands sujets, surtout quand la joliesse des mots n'est pas là pour masquer la dureté des idées. Or les radios et télévisions ne pouvaient refuser une chanson « déjà interdite un siècle avant », et que Guy Béart ne faisait que relancer. Le premier qui avait dit la vérité crûment était donc Victor Paris, qui avait déjà été exécuté. Guy n'arrivait qu'en un second temps, après Victor. C'est comme ça que la chanson a fonctionné, qu'elle a eu du succès.

Pourquoi ai-je la terreur des personnages ? Parce que aujourd'hui, dans les familles, dans les bureaux, dans la rue, à la télévision, à la radio, il est plus important d'avoir un bon « look » que de bien faire : un grand P plutôt qu'un grand O. Ceux qui ont une bonne gueule, ceux qui vous disent des paroles gentilles ou enthousiasmantes, sont plus « populaires ». Même quand ils vous font du mal, vous leur pardonnez.

Cela est valable dès l'école, et continue dans la vie courante. Un type sympa qui défend les grands idéaux, les grands principes ou les grands sentiments, même si on le voit faire très peu de choses efficaces, fait florès. C'est pourquoi j'ai écrit :

Les grandes gueules s'ouvrent sur le sang
En grimaçant pour jouer la colère.
Et la colère paie à cent pour cent.
Ça fait de l'or, et vogue la galère !

(Parodie.)

Parodiant la Bible, je pourrais dire : « Ils ont des yeux et ils ne voient pas ; ils ont des oreilles et ils n'entendent pas ; ils ont des mains et ils ne font pas ; ils ont une bouche et ils parlent. »

Dans la vie publique, ce sont toujours les mêmes grandes gueules qui réapparaissent périodiquement et, avec tout le tintamarre nécessaire, qui disent s'être trompés, que ce n'est plus comme ça qu'il faut faire maintenant, mais autrement, et qui finalement tiennent en permanence le haut du pavé et du crachoir. Leur « personnage », quels que soient leurs contradictions et leurs retournements, existe prodigieusement. C'est pour eux que j'ai écrit ces vers qui ne sont pas encore publiés :

O grandes gueules, seigneurs du vent,
Vos voix rigolent sur les vivants…

Je préfère les gens simples qui, sans faire de bruit, font ce qu'il y à faire.

Je n'étais pas né dans le métier du spectacle et je ne m'y étais pas épanoui dans ma jeunesse. Plus tard, je n'y fréquentais pas grand monde, à part le petit cercle des Trois-Baudets, de La Colombe et du Port du Salut. Je crois bien que tout le monde s'imaginait que je ne devais être qu'un météore qui allait disparaître sitôt surgi. Il a fallu les aléas et les combats, les commencements et recommencements pour me construire une petite famille recréée dans un univers qui m'était étranger.

Cet univers est en général un univers de « grandes gueules », à la fois par tradition et par obligation. Tradition : les chanteurs sont, depuis toujours, ceux qui par leurs chansons — depuis les chansonniers du Pont-Neuf, de Gaultier-Garguille jusqu'à Renaud en passant par Béranger et beaucoup d'autres, Déroulède, Montéhus ou Montand, Brel ou Brassens — brocardent la puissance usurpée des grands ou les travers des petits, en se fabriquant une image de pureté face à la pourriture. Cela, c'est la tradition.

L'obligation, c'est que, de nos jours, pour vendre des produits — et les individus sont devenus des produits dans tout domaine, du cinéma à la politique, de la chanson à la peinture —, l'image de marque est devenue nécessaire. Or, dès mes débuts, je me voulais anonyme, sans étiquette. J'écrivais :

Es-tu qui ?
Es-tu quoi ?
Etiquette.
T'as lu qui ?
T'as lu quoi ?
Ta liquette.
Ta liquette est en papier
De la tête jusqu'aux pieds.

Je buvais très peu, je ne me saoulais pas la gueule avec des bandes de copains, comme c'est également de tradition, n'allais pas dans les restaurants où il était bon d'être vu, ni dans les boîtes à la mode.

Je me trouvais donc en marge de tout courant. Je tenais un langage qui se voulait juste, précis, dans un pays et un milieu où la déraison est la règle, où la passion est la façon de mener les choses.

J'ai mis des années à pouvoir intégrer cette nécessité que j'avais d'être neutre, sans parade, avec cette nécessité de me fabriquer quand même un cocon parmi les gens de mon métier.

D'ailleurs, ce métier a énormément bougé. Les choses et les êtres sont venus à moi petit à petit, puisque, moi, je ne bougeais pas. Finalement, ce qui était une faiblesse est devenu peut-être une force, d'autant que je n'ai pas varié de mes premières à mes dernières paroles. Je peux chanter sans en changer un mot toutes mes chansons, écrites depuis trente ans, y compris celles de toutes les couleurs, de gauche, de droite et d'ailleurs.

Aujourd'hui, heureusement, la jeunesse est arc-en-ciel.

6.

L'arc-en-ciel de nuit

La Colombe a été le nid public de mes chansons, et l'appartement de Jacques Grello, au dernier étage de la rue des Bleuets, leur nid familial. Avant, je ne connaissais personne à Paris dans le domaine artistique, ayant vécu dans le milieu universitaire, scientifique ou technique. Trenet, dès l'adolescence, Brel et Brassens, un peu plus tard, ont longuement couru boîtes et éditeurs et se sont trouvé, avant d'éclater, des alliés divers dans le métier. J'y ai débarqué à vingt-six ans et n'ai commencé à exister qu'à travers Jacques Canetti qui s'occupait pour moi de tout. Il me tenait, à mon grand soulagement, à l'écart du « showbiz » que j'admirais déjà, mais que j'ai appris tard à aimer.

C'est à La Colombe, dans ce petit bistrot derrière Notre-Dame, lieu de rencontre de gens de divers milieux et professions, que je devais cultiver le terreau humain qui allait être le porteur de presque tout ce que j'ai créé, y compris mes émissions « Bienvenue ».

Parmi les peintres, sculpteurs, écrivains, journalistes et étudiants, les Français et les étrangers qui y venaient, un soir, René Fallet — que m'avait fait connaître Brassens — me présente à son tour André Hardellet, un poète, bel homme, moustaches de Viking, travaillant ou feignant de travailler dans l'atelier de bijoux de son père. Seule l'écriture l'intéressait, à part les bords de Marne, les guinguettes de Nogent et la poursuite des amours de passage. Hardellet me donne un petit recueil de ses vers, *La Cité Montgol,* édité à Paris par le grand animateur de la poésie moderne, le poète Pierre Seghers. Aussitôt, je me mets à le lire. Deux vers me frappent, qui démarrent un poème, sous le titre *Au Tremblay :*

Si tu reviens jamais danser
Chez Temporel, un jour ou l'autre

Le mot « Temporel » rayonnait comme un phare. Tous les poètes sont des voyageurs dans le temps. L'amour permet aussi de voyager dans le temps, pas besoin de machine compliquée. J'étais moi-même, après avoir été « fana » de la bande dessinée, adepte de la science-fiction et des voyages « temporels » chers à George Wells et à Poul Anderson. Immédiatement, une musique jaillit dans ma tête dont la première phrasc musicale s'arrête au mot « Temporel ». Une phrase violonistique à la Fritz Kreisler, à la fois viennoise et tzigane. Je la fredonne à Hardellet enchanté. Et le travail a commencé.

Que de fois, depuis, je me suis acharné sur des poèmes qui n'arrivaient pas à devenir des chansons. Ici, au moins, le poète était vivant, et je pouvais travailler avec lui sur le texte. Ce fut un rude combat pour enfin en arriver à la chanson *Bal chez Temporel,* Hardellet étant très attaché à son titre *Au Tremblay*. Les mots et les vers du poème avaient déjà tous cette musicalité rêveuse qui est la marque admirable d'Hardellet. Mais une chanson c'est une chanson, c'est un objet d'utilisation quotidienne où tout doit converger vers une situation, un personnage, un mot. Le mot, ici, était « Temporel ».

Cette chanson de nostalgie, qui parle de guinguettes, vous paraît aujourd'hui comme représentative de la fin des années cinquante, or il n'y avait pratiquement plus de vraie guinguette sur les bords de Marne. *Temporel* parlait déjà du temps passé, de l'époque des Mac Orlan et Carco d'avant-guerre. Un tel phénomène se reproduit toujours en chanson. Quand certains me disent que *Yesterday,* l'une des belles chansons des Beatles, c'est du rock, je leur fais remarquer que *Yesterday* est un clin d'œil des Beatles au passé avec son orchestration en quatuor à cordes et nous parle justement d'hier, de *yesterday*. Une autre chanson des Beatles, qui est à la fois belle, intemporelle et célèbre, est *Let it be.* Or c'est tout à fait un negro spiritual à l'ancienne.

Il semblerait qu'en chanson populaire les meilleures œuvres faites par les jeunes auteurs-compositeurs, et qui durent, ne sont pas les œuvres où ils innovent sur le thème. Mais dans le contexte où ils croient être à l'avant-garde, la chanson où justement ils imitent nostalgiquement le passé. Cela est une règle que l'on peut vérifier sans cesse, mais comme toutes les règles, elle comporte aussi des exceptions.

Hardellet m'a proposé de cosigner puisque j'avais longuement travaillé avec lui sur les paroles, mais à l'époque je sortais de l'œuf, et il ne m'intéressait pas de prendre quelque pourcentage que ce soit sur les droits d'un ami qui a toujours vécu dans une demi-dèche ; bien qu'à l'époque sa demi-dèche fût de loin beaucoup plus riche que ma demi-pénurie. Et puis cette chanson m'a porté bonheur : après quelques mois aux Trois-Baudets, Canetti, pour occuper le terrain avant de lancer mon premier disque, se mettait à me présenter les interprètes en quête d'auteurs, qu'il produisait chez Philips.

J'acceptai immédiatement d'être chanté par les autres, d'autant que j'étais rétif à tout enregistrement de moi, me considérant comme un auteur et ne voulant pas me jeter dans les feux où je risquais de brûler mes plumes. Tous les soirs, j'allais comme on va à l'échafaud, sur la scène des Trois-Baudets.

Patachou, revenue de son long périple qui avait démarré par la Suède, m'appela. Elle aussi était chez Philips, donc chez Canetti. Nous nous sommes rencontrés chez elle, dans son cabaret de Montmartre où elle avait lancé Brassens. Auprès d'elle, il y avait une admirable rousse, appétissante comme un fruit, aux dents désordonnées de l'amour et du bonheur, qui était sa secrétaire : celle qui m'avait appelé de sa part la première fois. Patachou choisit et enregistra immédiatement quatre titres : *Bal chez Temporel, Le Quidam, Poste restante, L'Agent double.*

Jacques Canetti alerta Roland Petit et Zizi Jeanmaire. Zizi faisait sa rentrée à l'Alhambra-Maurice-Chevalier en février 1957 : elle avait un besoin urgent de chansons nouvelles. Roland Petit avait créé une *Carmen* époustouflante avec Zizi Jeanmaire, et celle-ci, avec sa gouaille de titi parisien à la Mistinguett, avec ses gambettes, son abattage, avait tout pour faire une grande carrière dans la chanson de spectacle. Roland et Zizi débarquèrent un soir à La Colombe pour m'écouter.

Un dîner fut prévu dans l'appartement de l'hôtel des Ambassadeurs de Hollande, rue Vieille-du-Temple, que leur prêtait un grand mécène, le commandant Paul-Louis Weiller, industriel, héros de la guerre, grand aviateur, collectionneur, amateur de ballets. A la fin de notre petit dîner, Paul-Louis Weiller, qui devait financer leur spectacle, arriva en costume noir et cravate. Il fut étonné de voir que moi-même j'étais vêtu de même, en ingénieur sérieux et non pas en artiste, sauf que le noir de mon costume était un bleu marine passé et ma cravate presque un cordon de rideau. Jeune, je le répète, j'étais grave. C'est l'âge qui m'a donné une certaine forme de gaieté. A part *Il y a plus d'un an,* que je chantais déjà à La Colombe et au Port du Salut, et qui plut immédiatement à Roland et Zizi, et *Qu'on est bien* que je venais d'écrire, j'avais terminé pour ce soir-là une chanson que seule une femme pouvait chanter, *La Brave Fille :*

Qu'est-ce que tant tant tant de monde
Viennent faire dans mon lit...

Ce soir-là, la décision fut prise, et je peux dire que si la première personne qui m'ait interprété en disque est Patachou, la première fois que j'ai été chanté en public, c'est par Zizi Jeanmaire, à l'Alhambra-Maurice-Chevalier.

Entre-temps, je rencontrai Cécile. L'amour me fit croire que je brûlais les étapes.

Le chemin qui mène à la popularité est très long, bien que le public s'imagine souvent qu'elle arrive soudainement. Il est vrai qu'aujourd'hui les grandes stratégies mondiales des compagnies de disques — elles appellent ça des logistiques, comme à l'armée — peuvent aussi faire éclater du jour au surlendemain grâce à un seul titre, une nouvelle « personnalité » de la chanson. Mais dans la grande majorité des cas elle disparaît très vite, après avoir été célèbre d'un coup. Alors, on fait des théories justificatives sur notre temps de « l'éphémère », du fugitif ou du tourbillon. Moi, je trouve ça tout simplement dommage. La mémoire est sans cesse groggy, harcelée, molestée de « coups » nouveaux. Du nouveau, toujours du nouveau, comme en lessive.

Parallèlement à Zizi Jeanmaire, *Bal chez Temporel* par Patachou commençait à pénétrer dans le public. Mais ce n'est pas tout : il a fallu trois femmes pour me mettre sur les rails.

Un soir, Juliette Gréco vint, avec Sacha Distel, m'écouter au Port du Salut. Elle choisit aussi quatre chansons, et c'est elle qui a lancé *Chandernagor.* La « muse de Saint-Germain-des-Prés » avait naturellement au plus haut degré le goût de l'insolite. Elle eut le courage de choisir aussi un poème de Raymond Queneau, *La Complainte* ou la « plainte des cons », que j'avais mis en musique : le mot « con » y revenait une vingtaine de fois. Je me suis toujours senti très proche de Queneau, poète, romancier et pataphysicien, et j'avais trouvé des mélodies évidentes sur plusieurs de ses poèmes, de science, de larmes retenues et de rires éclatants.

J'ai bien dit « courage ». Ces trois femmes, Juliette, Zizi et Patachou avaient du courage. Il est dangereux d'aller contre les mouvements de la foule, cette houle, cet océan.

Depuis un an déjà, les directeurs artistiques des maisons de disques concurrençant Canetti, venaient me voir à La Colombe, et me demandaient d'enregistrer moi-même un disque vingt-cinq centimètres, c'est-à-dire huit titres. Mais je résistais, n'estimant pas mes chansons suffisamment au point par rapport à celles des grands que j'admirais. Parfois, à La Colombe, je chantais du Brassens, du Ferré, en vrai ou en parodie. Et je ressentais ainsi, face au public, si mes propres chansons tenaient le coup à côté de celles des autres. Mon expérience des Trois-Baudets n'avait pas été concluante à mes yeux. Quand, enfin, j'écrivis : *Qu'on est bien,* au Port du Salut, et constatai que cette chanson touchait immédiatement tout le monde, j'acceptai la proposition de Canetti, en lui restant fidèle.

Il fallait trouver un studio qui fût libre pendant mes congés payés d'employé. Philips était la plus grosse maison de disques, mais ses studios du boulevard Blanqui n'étaient pas disponibles quand je l'étais, et vice-versa. C'est finalement dans un cinéma désaffecté, l'Apollo, que des machines furent installées pour enregistrer mon premier disque.

Il s'agissait de magnétophones à deux pistes ; depuis, on est allé vers 3 pistes, 4, 6, 8 pistes, 16, 24, maintenant 32 pistes et, en les couplant, 64. Et ça va continuer ! Avec 2 pistes, il y avait très peu de possibilités de rajouts ou de corrections, et l'ingénieur du son devait réussir un enregistrement complet, voix plus orchestre plus chœurs, sans possibilité de modifications, de l'équilibre comme de la puissance, des voix et des instruments. Avec un chanteur à la voix fragile et qui réclamait un certain environnement, le pari semblait impossible.

En effet, je voulais recréer le climat de La Colombe, de nos soirées de copains à la Maison des Mines ou au Quartier Latin. Je m'obstinais à vouloir inviter mes amis pour chanter en direct avec moi. J'avais réclamé l'installation d'un bar avec du beaujolais et du saucisson, qui me semblait la chose essentielle pour cet enregistrement.

De plus, j'avais refusé à Canetti tout arrangeur, tout orchestrateur. Il m'avait pourtant proposé des signatures qui étaient déjà excellentes et le sont toujours : Michel Legrand, André Popp et Jean-Michel Defaye. Non, je voulais œuvrer avec des musiciens qui trouveraient eux-mêmes, naturellement, ce qui est joli, sur place. Je l'ai d'ailleurs presque toujours fait depuis, en choisissant soigneusement des musiciens qui aiment jouer « ensemble », en leur donnant une grille musicale avec les accords, et en chantant autant de fois qu'il est nécessaire la chanson pour que, « ensemble », nous trouvions l'habillage le plus vrai, le plus simple.

A la limite, j'aurais pu enregistrer les chansons avec ma seule guitare, dont je ne jouais pas mal à l'époque. Mais ici, la grande ombre ou plutôt la lumière aveuglante de Brassens occupait la scène : le son « guitare » accompagnant une voix, avec tout le dépouillement que cela comporte, était considéré momentanément comme sa marque de fabrique. Alors que depuis toujours, à Montmartre, à Marseille, en Virginie, au Texas, au Mexique, en Russie, en Italie, en Grèce ou ailleurs, la belle chanson s'accompagne le plus évidemment à la guitare, autrefois au luth. La guitare est l'instrument de la sérénade, qu'on la donne à sa belle ou au public, l'instrument du troubadour errant. Et c'est pareil dans tous les restaurants du monde.

« Mes » musiciens, dont certains ont disparu, étaient aussi jeunes, si ce n'est plus, que moi. Ils s'appelaient : Barthélemy Rosso dit « Mimi » à la guitare, Alphonse Masselier dit « Totole » à la basse, Joss Baselli ou Freddy

Balta à l'accordéon. Nous nous étions déjà rencontrés et les discussions entre nous commençaient. Il me semblait vital de rester « naturel » et que l'enrichissement indéniable qu'apportent les musiciens, soit perçu quand même comme un dépouillement ; qu'à la limite, la voix toute seule ait l'air de se défendre comme si elle était solitaire. Ajouter pour dépouiller et rendre plus pur, a toujours été le travail de l'artiste.

En ce temps-là, je répète que je parlais très peu. Je n'ai commencé à savoir m'exprimer qu'avec « Bienvenue », vers l'âge de trente-cinq ans. De plus, ma voix était fragile. Je me souviens que le responsable technico-artistique, Tavernier, un vieux de la vieille qui avait enregistré les plus grands de la chanson, s'est bien marré quand il m'a vu arriver avec une pancarte sur laquelle j'avais écrit en grosses majuscules : JE NE DIRAI PAS UN MOT. Puis, j'ai sorti une deuxième pancarte sur laquelle j'avais écrit : NI DEUX. Cela était d'autant plus justifié que j'avais convié une quinzaine de mes amis pour chanter avec moi et que, si j'acceptais de blablater avec tout le monde, je n'aurais plus de voix.

C'est Boris Vian que Canetti avait chargé de superviser l'enregistrement. Il arrivait en début de séance puis s'éclipsait. Il encourageait, conseillait, puis laissait faire en allant vers les multiples occupations qu'il était obligé de cumuler pour gagner sa vie.

Avant même les séances, il y eut le choix des chansons à enregistrer. Je tenais particulièrement à une complainte bizarre, une apocalypse graduelle, que j'avais démarrée en 1955, chez Pierre Grimblat aux talents fourmillants, *Les Temps étranges :*

Vinrent cette année-là
Des temps étranges :
Des chaleurs, des frimas,
Des pluies, des fanges...

D'avant-garde, prophétique même, la chanson est toujours actuelle. Elle plaisait beaucoup à Vian, auteur de science-fiction et traducteur du *Monde du non-A* de Van Vogt, mais il me dissuada de l'enregistrer : « Tu as la chance d'écrire des refrains populaires. Ne te mets pas dans un ghetto comme moi... Ce truc, puissant, crée un malaise : tu l'enregistreras plus tard. » Je suivis son conseil. Mais, même enregistrée et chantée des années après, la chanson resta à l'écart. La foule aime les sentiments forts, de gaieté ou de désespoir, et non les tristesses ou les humours trop subtils.

A la fin des séances, Vian et Tavernier s'estimèrent très satisfaits et essayèrent de m'en convaincre : je trouvais tout mauvais, particulièrement ma voix. Mais il était impossible, comme on le fait aujourd'hui, de « refaire » une voix sur la base orchestrale, étant donné qu'il n'y avait que deux pistes. Je voulais sans cesse recommencer des prises de son avec l'ensemble complet, mais mon congé se terminait, et nous étions acculés à nous arrêter. Savoir terminer est un art. Le temps en est le grand maître ; en second lieu, c'est l'argent.

Canetti était resté en retrait, absent des séances, pour garder une oreille fraîche à l'audition du résultat. Quelques jours après, il me téléphona pour me dire qu'il était très content. Je n'en croyais pas mes oreilles. Par la suite, j'appris que beaucoup de gens chez Philips avaient trouvé que le disque était impossible, qu'il ne marcherait jamais, que la dernière lubie de Canetti était une folie.

Il n'empêche que, à la rentrée de septembre 1957, eut lieu la grande inauguration de l'usine Philips à Louviers, avec toutes les vedettes maison, une constellation d'étoiles. Et, moi, j'étais l'un des petits jeunes qui sortait son premier disque. Il y avait des envols de ballons, il y avait de la joie, et j'étais triste. Je sentais que j'étais en train de tourner une lourde page : pour participer au lancement du disque, il fallait que j'arrête un métier que j'avais préparé pendant de longues années et dans lequel j'étais tranquillement installé.

Et puis, dans ma vie était entrée une femme dont j'étais tombé profondément amoureux. Une femme avec qui les petites joies et les petites peines, quelles qu'elles soient, étaient amplifiées à l'extrême. Je l'appelais « Saucisse », déformation de Cécile, parce que j'avais envie de la manger. Je l'appelais « Grenouille » parce que, en pleurant, elle me transformait en étang. Je l'appelais « Sac à malices », parce qu'elle riait d'un rien. Elle était brûlante ou glaciale, et rien d'autre entre ces extrêmes.

Pourtant les extrêmes m'ont toujours effrayé. J'aime la douceur, je déteste les excès. Même les tragédies que j'ai vécues, et Dieu sait si elles m'ont marqué, j'ai toujours essayé de les adoucir momentanément afin de pouvoir les digérer. Sauf la mort de ma mère que j'ai racontée dans *Hôtel-Dieu,* tous les réels désespoirs que j'ai endurés, je les ai inversés en gaieté par l'humour, ou je les ai noyés : je les plonge dans des événements plus graves, français ou mondiaux, comme dans les histoires vraies ou fictives des romans, des mémoires des autres, de la Bible porteuse de la tragédie et de l'espérance universelles... Par rapport à « la misère du monde », mes propres misères deviennent ainsi dérisoires.

Avec Cécile, tout devenait énorme. D'un grain de sable, elle fabriquait une montagne incohérente et extravagante. Mais que de chansons, plus encore que Micheline, m'a-t-elle inspirées !

Quiconque n'a pas vécu une grande passion, a vraiment raté quelque chose. Nous nous sommes même mariés. Que de fois je me suis enfui pour lui revenir ou qu'elle me revienne, jusqu'à la fuite définitive, des années après notre divorce. Bien qu'elle m'ait sacrément perturbé, je lui dis merci pour moi et plus encore pour les chansons qu'elle m'a amené à créer, une trentaine, et pour notre fille Eve, née pendant *L'Eau vive.*

Je peux dire que j'ai été amoureux « à en mourir », comme on dit dans les chansons, une dizaine de fois dans ma vie. La mort était douce, lente, dans les affres solitaires d'un désespoir muet. Elle était suivie d'une résurrection puis, des années après, d'une nouvelle mort. Les poètes ont appelé le grand plaisir de l'amour « la petite mort », comme dans le vers de Ronsard : « Ah je meurs, ah baise-moi ». La science les rejoint maintenant.

J'essaie de dénombrer celles qui m'ont vraiment fait mourir. Les prénoms sont vrais parce que les histoires ont été belles, et elles se reconnaîtront : Irène, Carmen, Anne-Marie, Micheline, Cécile, Geneviève, Marguerite, Dominique, une deuxième Anne-Marie, et un dernier prénom plus récent dans ma vie, que je tais encore.

Comme coule le fleuve en boucles de *Seine va :*

Même en t'en allant, tu sembles t'arrêter.
Dis-moi si tu vas vraiment de ce côté,
Dis-moi si tu vas un jour me revenir,
Dis-moi si déjà tu n'es qu'un souvenir,

les transitions se sont toujours faites très doucement. Sauf en ce qui concerne Cécile, et plus tard Dominique à qui je présentais toujours un visage calme alors même que nous étions torturés. C'est pour elle que j'ai écrit d'une traite : *C'est après que ça se passe.*

J'ai toujours considéré que le temps était immobile, que le passé, le présent, le futur se mélangeaient. La séparation, je la vivais déjà dans la rencontre, la mort dans la plénitude de l'amour partagé, le bonheur jamais pendant, mais dans l'espérance ou le regret de quelque chose qui, lorsqu'il se passe, est déjà passé, le rire alors que le cœur est triste, le visage grave alors que le plaisir ou la joie sont là.

A côté,
Toujours à côté,
En avance ou bien regrettés,
Nos bonheurs
Sont d'hier, d'ailleurs
Ou d'espérance.

(A côté)

Mes histoires d'amour se trouvent complètement contenues dans mes chansons, parfois deux ou trois femmes en composant une.

Voici l'histoire de *Chagrin de gosse* *.

Je devais avoir sept ans, et j'étais amoureux à en mourir de la fille des voisins d'en face, qui devait en avoir treize :

Elle avait douze ans
Et moi neuf.
Je sortais à peine de l'œuf.

J'ai mis neuf ans au lieu de sept pour la rime, et douze au lieu de treize parce que ça sonne mieux. La chanson raconte très bien ce qui s'est passé, sauf que son père ne jouait pas du banjo mais de l'accordéon, qu'elle ne faisait pas des claquettes mais de la danse classique. A part ça, tout le reste est vrai, intégralement.

Un jour, nous nous étions cachés sous la table du salon qui était recouverte d'un tapis de velours vert foncé, retombant jusqu'au sol. Nous ne faisions rien de mal, nous nous taquinions, nous explorions, quand ma mère, ma tante et quelques amies sont venues en fin d'après-midi prendre le thé en faisant du tricot.

Nous sommes restés cachés sous la table ; ces dames se sont mises à papoter. Au début, nous nous sommes tenus muets et immobiles, mais, prenant courage dans ce brouhaha, nous avons recommencé nos petits jeux d'amours enfantines. Moi, je ne ressentais presque rien, sauf le plaisir des manèges et des fruits défendus qu'elle me découvrait. Elle y prenait un certain plaisir et poussait des cris rentrés. A

---

* Annexe, p. 390.

un certain moment, la fillette ne put se retenir, et ces dames ont entendu un léger cri sous la table. Ma tante Marie soulève la nappe et nous découvre. Effarement général. Quelques jours après, mon Iseut était mise en pension, et je vivais mon premier désespoir d'amour.

Un grand amour d'enfant, c'est très pathétique quand ça meurt. J'avais tendance à bégayer, et mon bégaiement s'accrut. Je me suis demandé d'ailleurs si je n'ai pas tant chanté tout jeune, parce qu'en chantant je ne bégayais pas.

Mon désespoir d'enfant dura quelques mois, jusqu'aux grandes vacances où je revis la belle à côté d'un adolescent de son âge. Et, là, il s'arrêta net après le froid brûlant qui me saisit. Depuis, comme je le dis en fin de *chagrin de gosse*, j'ai essayé de paraître « indifférent » en amour.

Ma passion, même quand elle est profonde, n'est pas attisée par la jalousie. Au contraire, chaque fois qu'une femme m'a rendu jaloux en s'exhibant avec un autre, j'ai voulu cesser de l'aimer et, le voulant, j'y ai finalement réussi. Est-ce parce que, étant très émotif, je souffre beaucoup et, ne voulant pas que ces souffrances s'amplifient, je les arrête par anticipation quand elles risquent de devenir mortelles ? Je le crois.

Depuis j'ai des peines de grand
Et je reste indifférent.

Il est amusant de voir comment tous les événements réels de la vie se transforment en ces petites phrases qui disent tout.

Jacqueline Joubert se souvient d'un épisode de ma vie professionnelle qui fut lié à Cécile. C'était ma première grande émission de télévision, en chair, en os et en direct après une seule émission, satirique, de chansonniers, « La Boîte à sel » où Grello, Rocca et Tchernia m'avaient demandé de chanter :

Qu'on est bien dans les bras
D'une personne du sexe opposé,

qui était momentanément interdite à cause du mot « sexe » ! On a été beaucoup plus loin depuis avec les mots et les images.

L'émission de Jacqueline Joubert, « Rendez-vous avec », passait le soir après le journal et une heure entière m'était consacrée. Je suis arrivé avec quatre heures de retard, à quelques minutes du direct, donc sans possibilité de répétition valable, à cause d'une dispute avec Cécile. Jacqueline s'en souvient encore. Heureusement qu'elle et le réalisateur Marcel Bluwal étaient très forts.

Mais que de choses joyeuses je retiens aussi de ces brèves années passées à côté de Cécile. Elevée dans un milieu raffiné, — moi, je vivais en ingénieur bohème —, fille unique d'un baron, « ô saisons, ô châteaux », à dix-huit ans (c'était peu courant à l'époque), elle quitta les siens d'un coup de tête, d'abord pour passer deux semaines de vacances avec moi. A vingt-sept ans, je n'avais toujours pas connu Saint-Tropez la Vénéneuse, vers qui tous les regards se dirigeaient. Et nous voilà partis aux aurores, à bord de ma « quatre chevaux » pourrie. Sur la route, l'eau du radiateur chauffant trop vite, je devais la renouveler tous les cent kilomètres.

Arrivés à Saint-Tropez à huit heures du soir, nous ne trouvâmes pas de chambre libre, et nous voilà errant entre Cogolin et Sainte-Maxime, frappant à la porte des petits hôtels à la hauteur de ma bourse plate, puis d'hôtels plus luxueux, et nous trouvant enfin devant le Grand Hôtel de Saint-Raphaël, pénétrant dans les allées bien tenues, reçus par le personnel impeccablement habillé. Et Cécile de s'écrier : « Il ne faut pas y aller, ça va être le coup de fusil ! » Vaillamment, j'ai répondu : « Ce sera peut-être le coup de fusil, mais nous le recevrons couchés. »

Après une nuit agitée comme toutes les nuits avec

Cécile, le directeur, qui avait entendu parler de moi par des amis, nous fit crédit. Nous retrouvons à Gassin, l'adresse où villégiaturaient Françoise, René et Jacques, du Port du Salut. Je leur ai emprunté de l'argent et n'ai eu qu'à faire un aller et retour pour payer la chambre, hors de mes prix, occupée sans souci la veille. Puis nous allâmes de lit en lit, de dispute fatale en réconciliation radieuse, faisant la tournée des amis entre Gassin, Ramatuelle, Cogolin, jusqu'au retour précipité à Paris. Cette première fois, je n'ai pas vu Saint-Tropez.

A Paris, quelques mois après, je donnai ma démission de mon poste d'ingénieur et déménageai de la rue Jonquoy à la petite « folie » du parc de Montretout, pour m'occuper de ma rentrée « officielle » aux Trois-Baudets. Canetti créait un spectacle qu'il avait intitulé : *Opus 109*. Dans les décors, il y avait des machines de Tinguely, et c'était François Billetdoux, mon voisin du dessus, qui avait conçu l'ensemble du spectacle, écrit quelques sketches et les enchaînements. Il était, déjà, génial et rond : je l'appelais « Bidouillet ».

Louis-Pierre Brice avait très gentiment accepté ma démission. Il m'avait même sécurisé en me proposant d'abord de travailler, si je le souhaitais, en un mi-temps très souple ; en ajoutant que, s'il m'arrivait des déconvenues dans ce métier aléatoire du show-business que je ne connaissais pas du tout — et que je n'ai pas connu vraiment avant 1967, c'est-à-dire une dizaine d'années après mes débuts officiels —, je pourrais revenir dans son entreprise sans problème. Mes camarades de bureau aussi, avaient été fraternels et même contents qu'un ingénieur « fasse l'artiste ».

On ne peut pas dire qu'aux Trois-Baudets c'était le triomphe, mais j'obtenais déjà un certain succès. J'étais toujours mal à l'aise, mais comme mes chansons commençaient à courir les ondes, petit à petit le public s'était mis à chanter naturellement avec moi mes refrains qui étaient populaires. En somme, le climat de La Colombe était recrée grâce aux ondes de la radio, qui multipliaient le petit public de vingt à trente personnes que j'avais dans le vieux bistrot de la rive gauche, en celui plus nombreux qui débarquait, rive droite, aux Trois-Baudets et dans les concerts où je commençais à être demandé.

Cependant, Canetti lui-même eut un moment de doute. Je l'ai ressenti quand, m'invitant dans sa maison de campagne avec Jacques Brel, Georges Brassens et Jean-Pierre Chabrol, il me dit : « Au fond, si ça ne marche pas, vous pourrez redevenir ingénieur. » Cela ne m'a pas fait particulièrement plaisir, mais il avait raison de me le dire. Les premiers mois de ma vie d'artiste ont ainsi été partagés entre l'espérance et le découragement...

Un jour, j'écrirai un hymne aux métiers de la chanson, un chant d'amour, vrai, complet, total, comme ceux que j'aime faire. J'aime la chanson et j'aime les gens qui en exercent les divers métiers, bien que je m'oppose souvent à eux, parce qu'ils sont merveilleux et pathétiques. Tous ceux qui, à tous les niveaux, sont « dans la chanson », recommencent tous les jours. Rien n'est jamais joué. Depuis les premières chansons où l'on doit se battre pour « faire » un titre ou deux ou, par gentillesse, trois, dans tel café miteux devant dix personnes, jusqu'au combat sur les grandes scènes environnées d'éclairs ou de rayons, comme le chante Edith Piaf, on repart chaque fois à zéro. Au Port du Salut, on se changeait dans l'unique toilette ou, plus tard, au premier parmi les masques en plâtre de Jean-Paul Maury ; ou bien on attendait son tour près de la plonge ou des fourneaux. Dans les métiers du spectacle, de haut en bas de l'échelle, de la vedette au débutant, tout le monde se ressemble, aussi différents que puissent être leurs talents, leurs fonctions, leurs aspirations. Tout est miraculeux.

Quelques que soient les circonstances, chacun donne sans cesse le meilleur de lui-même.

Un mot, au cours d'une chanson, peut modifier la

situation. Une chanson, ratée au cours d'un spectacle peut compromettre tout le tour, de mauvaises « ondes » du public peuvent transformer une réussite en échec. Le soir d'une générale triomphale, tel grand artiste, rentrant chez lui sait déjà que ce triomphe est éphémère, que le public de demain n'est pas celui d'aujourd'hui.

L'artiste a vu d'autres étoiles briller de mille feux et disparaître, dépassées par de nouvelles étoiles. Il se souvient des hauts et des bas qu'il a dû vivre depuis ses débuts. Et, dans les bas, il a dû sourire et rayonner plus encore que dans les hauts. Quand il est au fond d'une impasse, au bout du rouleau, il ne doit jamais le manifester. Pour le public, comme pour les gens du métier, on est souriant, tout va, on a toujours du succès, on est demandé partout. Si l'on dit que ça ne va pas, les professionnels se mettent à fuir ; ils vont vers le succès, à part, bien entendu, quelques intimes. Comme disent les Américains, ils veulent respirer *the sweet smell of success*, « la douce senteur du succès ». Si Untel n'est plus à l'affiche, c'est sûr qu'il est parti se régénérer dans la nature, par libre choix, loin des miasmes parisiens...

On apprend par hasard que tel chanteur s'est suicidé, que tel autre a fini dans la misère, mais cela se passe doucement, au fil des années. Le reste du temps, tout va bien, tout va toujours bien. Et l'artiste voit dans sa nuit des arcs-en-ciel s'illuminer.

Dans les séances d'enregistrement, chaque musicien recommence indéfiniment, ne serait-ce qu'une simple phrase d'accompagnement qu'il estime ratée. On le voit s'approcher du directeur de séance, pour lui dire : « J'aimerais bien refaire ce passage. » Même s'il ne signe pas ce qu'il a joué, il a le goût du travail bien fait qui, mené à son extrême, provoque d'ailleurs des drames.

Je me souviens du jour de la mort de Claude François. J'étais à Genève, un samedi, où une émission de variétés était construite autour de moi. Mais la veille, j'étais à Leysin, toujours en Suisse, dans une émission que préparait Claude François. Ensemble, nous avons bu une bonne bouteille qu'il avait amenée avec lui, il aimait beaucoup le vin et avait un goût très fin de collectionneur. Nous avons aussi parlé chanson. Et voilà que, le lendemain même, j'apprenais sa mort brutale. On me demanda de participer au journal télévisé, et le présentateur crut m'être agréable en commençant l'interview par ces mots : « Vous, Guy Béart, qui ne faites pas le même métier que Claude François » Je protestai immédiatement : « Je m'honore de faire le même métier que Claude, qui était un homme que j'estimais. » Et je lui citai des titres de ses chansons qui étaient d'une très bonne facture, d'une force et d'une profondeur de bon niveau. L'acharnement de Claude François au travail était démesuré. On peut dire que, lui, dans le style disco, a su créer, et doit être un exemple pour ceux qui se contentent de copier sans réinventer et sans même adapter au goût français ce qui vient d'ailleurs.

Evidemment, mes sympathies se portent plutôt vers ceux qui font des chansons surtout par nécessité profonde, sans avoir en permanence l'œil sur les sondages, sur ce qui va être « efficace » sur le public. Pourtant, même en eux, il y a la recherche du succès.

Je me souviens du jour où j'avais montré à Brassens *L'Agent double* dont il avait corrigé quelques mots. « Dans le gras double », c'est lui qui l'a trouvé. Je lui disais modestement : « Ce n'est pas la peine que tu fasses attention à cette chanson : ce n'est qu'un tube ». Georges m'avait répondu : « Tu sais, Guy, ce n'est pas facile de faire un tube. C'est très important d'en avoir, et il faut parfaitement le visser. »

J'avais vingt-sept ans et je méprisais alors tout ce qui pouvait être succès facile, c'est-à-dire tube. Des années après, quand Brassens m'a chanté *Marinette :* « J'avais l'air d'un con ma mère », c'était à son tour de me dire : « C'est trop facile. Est-ce que tu crois que je peux la chanter en public ? » Faisait-il semblant de m'interroger, alors que sa décision était, je le parie, déjà prise ? Je lui répondis à mon tour comme lui m'avait répondu autrefois.

Contrairement à son habitude, il avait terminé cette chanson en quelques heures, dans un élan. Et, comme *Une jolie fleur,* ou *Pauvre Martin*, c'est l'une de celles que je préfère de lui. Je la mets souvent au-dessus de certains de ses textes plus recherchés.

La vie avec Cécile, comme on l'a vu, n'était pas de tout repos. Il faut dire que je suis sans doute fait pour la solitude. Je profitais de ses absences, de ses visites chez ses parents — elle s'était réconciliée avec sa famille —, pour écrire les chansons qu'elle m'avait inspirées et que je ne pouvais jamais rédiger tranquillement quand elle était là. Année bénie où nous vivions dans un petit nid au parc de Montretout à Saint-Cloud, où je n'avais ni secrétaire, ni comptable, ni plans, ni horaires. J'étais devenu naturiste sur l'impulsion de mon voisin, propriétaire et ami, le docteur André Durville, des frères Durville, fondateurs du naturisme, notamment à l'île du Levant, et de leur « médecine douce ».

Le vrai chambardement dans ma jeune carrière eut lieu avec *L'Eau vive.* Le metteur en scène François Villiers avait amené Jean Giono aux Trois Baudets. Il lui recommandait de me choisir comme compositeur pour la musique du film qu'il avait tiré de son célèbre roman. Je trouvai le thème presque immédiatement ; ou plutôt je le retrouvai, car je l'avais déjà créé quand j'étais adolescent, pour le plaisir, en lisant le livre. Il me revient toujours des thèmes que j'ai composés des années auparavant et que j'ai notés sur des bouts de papier ou dans des cahiers numérotés. Je les laisse dormir des années durant, jusqu'à ce qu'ils me reviennent d'eux-mêmes, de mémoire. Souvent, écrivant une nouvelle mélodie qui me semble jolie, je me dis : « Ça ressemble à quelque chose d'existant. » J'envoie la mélodie à la SACEM pour qu'ils m'en trouvent éventuellement les réminiscences. Je consulte aussi mon dictionnaire thématique. Quand la réponse est négative et que la mélodie est originale, dans la plupart des cas, je finis par découvrir que je l'avais moi-même écrite autrefois, et rangée. Mais elle réapparaissait, comme si elle venait d'un autre, comme si elle était déjà célèbre, alors qu'elle était inédite. En fait, elle n'était célèbre que dans ma seule mémoire.

J'écrivis les paroles de *L'Eau vive* d'un seul jet, vite après avoir visionné le film. Quand j'ai chanté cette « bluette » à Jacques Grello, il fit la moue. Après *Chandernagor* ou *Dans regrettable,* cette ritournelle aux paroles simplettes ne lui semblait pas de haut niveau. Mais je lui dis, avec cette connaissance des goûts du public que possèdent tous les auteurs de chansons populaires : « Ça va marcher, et de plus c'est bien. »

J'affirme que lorsqu'une chose est bonne, elle trouvera, dix, trente ans, un siècle ou deux siècles plus tard, quelqu'un qui l'aimera et la relancera. Et cela est valable même en notre époque de tourbillon, car le tourbillon un jour cessera.

Si *L'Eau vive* était sortie telle quelle, sans le support du film présenté au festival de Cannes, je ne crois pas qu'elle serait devenue un grand succès alors que je débutais encore. Une chanson, c'est comme une idée. Elle existe, elle est bonne ou mauvaise, mais son succès immédiat dépend beaucoup des circonstances, du climat général, des environnements de toutes sortes, de la saison et de l'attente du public, dont personne, ni lui-même, ne sait ce qu'il veut.

Je n'étais pas particulièrement fier de ma chanson. Je la trouvais pure et mignonne, sans plus. Mais elle cadrait admirablement avec le film, et surtout j'avais insisté pour que la musique soit enregistrée avec une seule guitare, avec en plus parfois une basse. La guitare était joliment jouée par un jeune virtuose espagnol, Ramon Cueto. Quand il fallait changer de climat musical et s'élever vers les hauteurs célestes de la Provence, un seul instrument m'a paru suffisant : un cor anglais tenu par Georges Barboteux.

Je me souviens des discussions amicales que j'ai eues avec Jean Giono qui voulait un grand orchestre. Il ne comprenait pas qu'il suffisait d'un seul musicien pour accompagner la séquence du vaste paysage de montagne. Il ajoutait que le film allait sortir sur le plus grand écran parisien, au Rex, et qu'il fallait une « masse » orchestrale. Je lui répondais qu'il n'y avait qu'à tourner le bouton du potentiomètre pour augmenter le volume et qu'un cor anglais solitaire envahisse tout l'écran et la salle.

Plus tard, j'ai tenu les mêmes propos aux musiciens et responsables de concerts, pour les convaincre que, seul avec une guitare, ou avec deux musiciens, si la sonorisation est bonne, je peux chanter devant cent mille spectateurs, en plein air ou dans divers palais des sports.

J'aime beaucoup le grand orchestre mais, pour moi, il se marie mieux avec la musique dite classique qu'avec la chansonnette. Au-delà de quatre instruments, pour un chanteur, je trouve qu'il y a superflu.

A l'heure actuelle, presque tout me contredit. Mais si l'orchestre est prépondérant, c'est que la plupart des chanteurs ou chanteuses sont devenus ce que nous appelions, à l'époque, des « chanteurs d'orchestre ». Quand nous allions danser le tango au dancing de la Coupole, il y avait un orchestre avec « refrains chantés » par l'un des musiciens. Aujourd'hui, certains groupes se produisent à trois ou quatre, mais avec une telle complexité du système de multiplication du son, qu'en fait le soliste n'est plus ce chanteur à la guitare accompagné par une basse, un accordéon, que j'ai longtemps été et que je tiens à demeurer malgré les fluctuations de la mode. Quand elle est bonne, la chanson se défend même a capella, sans accompagnement.

Giono mit du temps à se rendre à mon avis, puis il l'accepta. Le film, avec sa musique, fut un succès, et la chanson *L'Eau vive* est devenue numéro un dans les classements appelés hit-parades, pendant plus d'un an.

Pour moi, c'est à ce moment-là que la page fut définitivement tournée. Je devenais populaire, avec tout ce que cela comporte comme privilèges et comme obligations. D'ailleurs, Canetti n'était pas très content de ce succès soudain, et il avait raison. Il aurait préféré deux ou trois disques vingt-cinq centimètres de chansons plus confidentielles : cette immense popularité prématurée faussait tous ses plans. Je devenais trop vite vedette, ce qui n'est pas sain. Et je n'étais pas armé professionnellement pour assumer cette position.

La tournée que je fis, d'un seul coup en covedette avec Raymond Devos, montrait bien que le malentendu était en train de s'installer. Devos, en cet été 1958, avait atteint une grande plénitude dans son art et son métier. Il avait déjà ses classiques, dont *La Jota* qui terminait son tour, et il emportait son public de façon implacable. Il valait bien cent Béart, si ce n'est plus. Mais il lui fallait du temps pour chauffer le public, l'installer dans son climat, et finalement obtenir le triomphe qu'il recueillait toujours. Et, moi qui faisais ma *première* tournée, j'étais applaudi dès les premières notes de ma guitare quand le public reconnaissait un tube entendu à la radio, alors que je chantais plutôt mal, que je me mélangais dans les textes, piquais des fous rires, bref, me comportais en parfait amateur.

Tout le monde me donnait des conseils judicieux, mais je ne me corrigeais guère. Je n'ai appris à entrer en scène et à sortir de scène qu'en 1963, avec une amie chorégraphe, Barbara Pearce. Je me posais une question gravissime : « Pourquoi entrer, comment entrer, pourquoi chanter, répéter le refrain, pourquoi et comment sortir ? » Tout cela me semblait complètement faux, mystificateur, parodique, idiot...

Comme, dans ma loge, il y avait le va-et-vient des

copains qui venaient discuter et boire un coup, je n'arrivais jamais à faire la transition de la loge vers cette scène où un être humain, seul, est environné des lumières des projecteurs, tel Moïse, au sommet du Sinaï, face au Buisson Ardent et sous les éclairs célestes.

Je me disais « Il faudrait dire bonsoir, comment ça va », avec une voix naturelle, et non pas se mettre brusquement à pousser le cri qu'est une chanson. J'essayais de dialoguer ainsi avec moi-même plus qu'avec le public, mais je me cassais la gueule. Je considérais toujours le public comme un groupe d'amis, alors que nous étions séparés par la rampe. Il fallait faire sauter cette frontière. Quand j'attaquais *Qu'on est bien,* au premier refrain ça se passait bien. Puis venait le couplet. Au deuxième refrain, ça allait encore, puis débarquait le deuxième couplet. Arrivé au troisième refrain, et un refrain est identiquement répété, je disais : « Maintenant que vous le connaissez, ce n'est pas la peine que je le chante. »

Au début, cela provoqua une certaine stupeur, d'autant que je m'exprimais d'une voix blanche et mal assurée. C'est longtemps après que les spectateurs se sont mis à le chanter à ma place, ce fameux troisième refrain. Et puis, avec les années, ils ont chanté dès les premières notes les chansons qu'ils connaissaient, et m'accompagnaient ainsi tout au long du concert. Au fur et à mesure, j'ai amené la salle à chanter à ma place, comme nos grands-pères de Montmartre. Mais, en 1958, ce n'était plus l'usage. Maintenant, beaucoup de chanteurs le font, et j'aime ça.

J'avais enfin réussi à reproduire ce qui se passait dans le groupe d'amis de La Colombe ou du Port du Salut, et cela à une plus grande échelle, en éliminant la séparation entre le public et l'artiste, comme si dorénavant, même sur scène, je chantais au milieu d'eux.

Je ne faisais que reproduire notre petite tradition familiale quand nous chantions en chœur les chansons de notre temps présent ou de la Belle Epoque, bref la tradition du café-concert de papa avec les moyens modernes de sonorisation.

La communion, réussie sur le très grand nombre, a été la fête populaire de l'Humanité en septembre 1967, où deux cent mille personnes, à Vincennes en plein air, se sont mises à chanter avec moi une trentaine de chansons dont *La Vérité, Les Grands Principes, Qu'on est bien* et *L'Eau vive.* La houle de cette foule à l'unisson avait quelque chose d'impressionnant.

En fin de compte, le travail de l'artiste et le travail du public, consistent à recréer, quelles que soient les situations nouvelles produites par la communication et les moyens techniques, les conditions d'une simple conversation entre amis. Tout développement d'un moyen de transmission sur un plus grand nombre, commence toujours par séparer. La plupart des téléspectateurs sont maintenant isolés les uns des autres, isolés de leur famille, de leurs enfants, de leurs femmes, par la télévision qui crée donc une *nouvelle solitude.* Le travail des années à venir va consister à reformer, à retisser des liens encore plus profonds entre eux, après cette destruction qui règne encore. Et, dans la nuit dérisoire des téléviseurs, l'arc-en-ciel reviendra.

7.

Le génie français c'est le bordel heureux

J'ai retrouvé une interview curieuse où je soutenais qu'entrer en scène pour se mettre brusquement à chanter, était quelque chose de totalement ridicule pour n'importe qui, même pour un grand ténor chanteur de lieder ou d'opéra, et a fortiori pour un malheureux chanteur comme Béart. Mais, comme le public est gentil tout au moins au début, — qu'il est venu pour regarder, écouter, participer au succès d'une soirée pour laquelle il a même payé sa place —, il a envie d'aider le chanteur. A la fin de cette première et ridicule chanson, le spectateur fait un geste encore plus ridicule. Il réunit ses deux mains de façon spasmodique pour faire « clap, clap, clap ». Encouragé par le public qui se manifeste donc de cette façon étrange, le chanteur attaque une deuxième chanson. Suivent d'autres « clap, clap, clap » aussi ridicules que les premiers et que la deuxième chanson. Et le jeu continue… Le chanteur et son public rivalisent de surenchère dans le grotesque puisque, dans certains cas, autrefois surtout vers la fin, mais aujourd'hui presque tout le temps, le public se met à pousser des cris qui vont même jusqu'à noyer la chanson. C'est ce qui m'est arrivé avec mes premiers « fans », lors de ma tournée avec Devos. On peut atteindre au sublime du ridicule à la fin du récital, lors de l'apothéose : ces rappels où l'artiste fait une fausse sortie, se fait prier, revient, salue, repart, etc., pendant que les spectateurs hurlent comme dans l'hôpital psychiatrique d'un film d'horreur.

Aux Trois-Baudets, il y avait un Russe génial, un colosse bon et fort, qui avait la science des rideaux et surtout des « faux rideaux ». Il y a, comme dans une chanson, un rythme des rideaux. C'est parce que j'ai dû les vivre, à ma honte, ces satanés « faux rideaux » que, des années après, même dans de vastes salles, j'exigeais qu'il n'y ait plus du tout de rideaux. C'est alors que l'éclairagiste sauvait la situation en faisant des faux rideaux *lumineux,* avec des « noirs » suivis de « pleins feux ». On n'échappe pas aux faux rideaux.

Par la suite, j'ai trouvé très beau que Brel sorte de scène sans accepter jamais de rappel, malgré les ovations qui le sollicitaient quand bien même on savait qu'il n'allait pas revenir, puisque tel était son système. Je trouvais moins nécessaire qu'il boive un ou deux litres d'eau minérale avant d'entrer en scène, afin justement de « mouiller sa chemise » comme sa mise en scène le réclamait, ou peut-être ses reins. Toute cette eau ingurgitée avant de chanter, ressortait spectaculairement sous forme de sueur. Le public semble exiger ses rituels et ses légendes. L'artiste suit.

Grand professionnel, Brassens, même après des années et des centaines de concerts, entrait toujours en scène comme s'il ne savait pas où il était, comme si, complètement perdu, il découvrait les lieux, comme s'il ne savait pas où se diriger. Et le public trouvait ça pathétique, s'imaginant à chaque fois que l'ours Brassens était désorienté sur scène. Alors qu'il avait répété l'après-midi et savait très bien où se trouvait le micro.

Entre parenthèses, je m'amuse toujours quand des hommes politiques disent qu'ils acceptent la mission qui leur est confiée (pour être député, ministre ou président de la République), à la « demande pressante de leurs amis », et malgré leur désir de rester à l'écart. Il y a, sur les déclarations des hommes politiques, un texte, toujours actuel, d'un des plus grands chansonniers que j'aime entre tous, Gustave Nadaud. Ce texte, intitulé *Profession de foi pouvant servir à plus d'un candidat,* date... de 1869. Je l'ai naguère transmis à Jacques Chirac qui en a beaucoup ri.

Meerson, le remarquable photographe, inventeur et créateur, qui a, entre autres, réussi la pochette immuable du disque *Vive la rose,* me disait : « L'art est une mystification qui réussit. » J'étais contre la mystification, et je le suis toujours : je voulais recréer des climats « naturels » conduisant au mystère ou à la mystique, plutôt qu'à la mystification.

Pour moi, la mise en scène, la préparation, l'organisation, c'est ce qui est nécessaire pour que le naturel puisse exister et s'exprimer au maximum. J'ai réussi à imposer cette conception dans mes concerts où ni mes musiciens, ni le public, ni moi-même ne savons vraiment à l'avance ce qui va se passer, pas plus l'ordre des chansons que les réactions des spectateurs.

Le sommet de la recherche de la spontanéité et de l'improvisation, a été atteint dans les « Bienvenue » où, parmi les invités, les comédiens, les vedettes, les chanteurs, les danseurs, les techniciens, le réalisateur et moi-même, personne ne pouvait prévoir ce qui allait être dit ou fait. Et le public a reçu « Bienvenue » comme une émission où le naturel était à sa perfection.

Je suis loin d'avoir été un ingénieur parfait. D'ailleurs, je pense n'avoir été parfait dans aucun domaine, quelles que soient les activités particulièrement variées que ma vie de chambardement m'a amené à exercer : ni dans le domaine technique, ni du point de vue sentimental ou humain, ni en art, ni en quoi que ce soit. Mais je pense avoir été parfait dans la recherche d'une perfection en toute chose, à tout instant, cette recherche variant d'après les circonstances, l'heure du jour, le jour de l'année, et l'objet même de la chose à accomplir ou à vivre.

C'est ce qui fait que, même en chanson où, paraît-il, j'écris joliment, rares sont les chansons écrites du premier jet comme *Il n'y a plus d'après, Dans regrettable* ou *Qu'on est bien.* La plupart des chansons ont demandé des mois, des années de mûrissement, des recherches au cours de concerts, et même des changements à la dernière minute, le jour de l'enregistrement de la chanson ; et des regrets atroces une fois que la chanson a été enregistrée, des regrets sur tel mot, tel couplet rejeté, tel trait musical, telle inflexion de voix. Pourtant, mon père m'avait prévenu : « Le mieux est l'ennemi du bien. »

C'est cette recherche de la perfection qui m'a conduit, dans notre monde de la vitesse et de l'inertie, à mettre au point des systèmes très souples. L'organisation devait se porter sur les choses que l'on pouvait organiser, c'est-à-dire les équations. L'improvisation permettait à chaque moment de les modifier pour atteindre les émotions.

J'ai écrit, pour simplifier à l'extrême : « Une chanson c'est une équation plus une émotion. » Mais l'émotion et l'équation varient aussi. J'ai fait afficher pour les équipes des formules du style : « Tout préparer pour tout improviser. » Ou encore, pour les équipes de « Bienvenue » : « Rien ne doit arrêter la vie. » Cela veut dire que si un événement se passe en direct et que la caméra est mal placée ou le son imparfait, il ne faut surtout pas arrêter le tournage. Il vaut mieux avoir un événement beau, humoristique ou émouvant, mal enregistré pour des raisons techniques, qu'une banalité parfaitement enregistrée.

C'est ce qui m'a fait aussi rechercher sans cesse l'improvisation avec les musiciens. Dans mes séances comme en concert, chacun joue comme s'il recrée la musique et son accompagnement.

Que l'on me comprenne bien, je tenais, et je tiens toujours, à ce que les bonnes règles, longuement mûries, continuent à s'appliquer. Mais, si les circonstances de la vie font qu'il faut faire une exception, cette exception doit avoir lieu quelle que soit l'excellence de la règle. D'où ma formule affichée :

Il faut des règles absolues...
et des exceptions permanentes.

Je tapissais mes murs, je les tapisse toujours d'ailleurs, de règles de vie, de maximes, de nécessités, d'obligations, de rappels, de plans... qui changeaient avec la vie *. Mais je n'ai pas varié dans mes idées profondes, mes croyances, mes convictions, gravées autant dans mes cellules que sur mes murs.

Je tiens aussi à ce que les choses qui doivent être faites rapidement, s'effectuent d'un seul élan. Le chirurgien qui opère, le chauffeur qui échappe à un accident, le cuisinier qui flambe une omelette, le journaliste qui boucle un quotidien, sont mes modèles ; comme le jeune homme qui traverse hors des clous pour sauver un enfant sur la chaussée. Et au diable les clous et les règlements ! Il y a des choses qui doivent se faire vite et qui ne réussissent que lorsqu'elles se font avec la vitesse nécessaire, souvent hors des sentiers battus, des horaires, des systèmes et des lois.

Plus le groupe qui agit est étendu, plus il faut faire vite pour ne pas perdre la concentration. L'idéal est une équipe de cinq personnes réunies comme les doigts de la main. Dans ma vie privée, autant que dans ma vie professionnelle, j'ai voulu le naturel et l'improvisation.

Quand j'habitais ma chambrette de la rue Jonquoy, nous pouvions, d'une minute à l'autre, nous retrouver à

---

* Annexe : affiches murales, page 409.

quinze ou vingt, empilés comme dans la cabine des Marx Brothers, pour une bouffe improvisée. Je faisais un excellent riz, et j'avais même, comble de l'hérésie culinaire, inventé une recette pour faire mijoter le corned-beef avec une sauce tomate et des oignons. On débouchait quelques bouteilles de gros rouge, et c'était bon pour presque rien.

Plus tard, dans ma petite maison de Montretout, à peine deux fois plus grande, le système était : « spaghetti, bœuf en daube ». Beaucoup d'amis se souviennent, en riant ou parfois avec émotion, de ces moments chaleureux où l'on pouvait tout d'un coup se trouver réunis à cinquante, parler, manger, rire, boire et chanter, dans mon deux-pièces exigu et royal. Il y a ainsi des grandes périodes dans ma vie, des plans quinquennaux de la bouffe. Corned-beef-riz, puis bœuf en daube-spaghetti ; maintenant se termine la période noix de veau aux oignons et au vin blanc.

La cuisine est pour moi un art majeur. Cela n'est qu'une formule, parce qu'à mes yeux il n'y a pas d'art majeur ou mineur. Il y a peut-être des artistes majeurs et des artistes mineurs, mais il y a en tout cas des œuvres majeures et des œuvres mineures. Je prends les mots « majeur » et « mineur » dans leur sens premier. Est « majeur », ce qui est sorti de l'enfance et de l'adolescence, qui agit sur les choses et les êtres parce qu'il a le savoir et le pouvoir. La cuisine m'a toujours semblé majeure, parce qu'elle requiert des connaissances apprises et vécues, une science à la fois technique et fondamentale, un art et une humanité habiles et rayonnants.

A son sujet, je vais vous dire quelques évidences primaires.

D'abord il faut savoir compter. Quand on fait de la cuisine pour quatre personnes, ce n'est pas la même chose que pour dix. Il faut avoir prévu la quantité d'ingrédients nécessaires, de légumes, de viandes, d'huile, d'herbes... Il faut ensuite maîtriser la science du Feu, qui se marie à celle du Temps. L'intensité et la façon de répartir le feu, ne sont pas identiques selon qu'on met quelques minutes ou quelques heures à réaliser son plat. Saisir sur le gril, est le contraire de cuire à la vapeur. Il faut absolument savoir dans quel ordre mettre et traiter les éléments les uns après les autres. Il est clair, et vous en conviendrez, que pour deux œufs au plat, on ne met pas l'huile bouillante sur les œufs, mais le contraire. La cuisine requiert aussi la science de l'espace, comme celle des matériaux et des ustensiles, tant de leur forme que de leur poids, leur matière et leur contenance. Les mets préparés dans une casserole en terre cuite, ne sont pas les mêmes que ceux préparés dans la fonte ou l'aluminium. Je sais que, pour faire cuire mon riz, il y a certaines casseroles dont l'arrondi donne un meilleur riz. Je ne vous apprendrais rien en disant que les saucisses sont plutôt saisies sur une poêle plate, et un ragoût plutôt mijoté dans une cocotte profonde. Tout cela possède son mystère, en plus de ses évidences. J'ai gardé précieusement une casserole que ma mère m'a laissée et dans laquelle le riz est mieux réalisé que dans quelque autre casserole que j'ai achetée plus tard.

Les couverts avec lesquels on va porter les mets à sa bouche, en modifient aussi le goût. Un curry d'agneau au riz, comme un couscous, à mon avis, se mangent mieux à la cuillère qu'avec la fourchette et le couteau, ou les baguettes. Le goût même de ces plats excellents en serait moins bon. Un chocolat s'appréhende naturellement à la main... et en acquiert un meilleur goût.

La cuisine exige un art très personnel : le même plat, préparé avec les mêmes ingrédients, les mêmes ustensiles, les mêmes temps, les mêmes feux, réalisé par des personnes différentes, donne des résultats très éloignés. Il y a chimie et alchimie, avec de plus l'influence de la personnalité de celui qui cuisine.

La présentation des plats est également importante : la couleur, un soupçon vert de persil, une touche rouge de piment de Cayenne. A la fois on suit une tradition et l'on peut sans cesse innover, créer, ajouter son grain de fantaisie, bref personnaliser son œuvre. Celui qui fait la cuisine est un créateur complet qui se donne des joies — on goûte ses plats et on les perfectionne — et donne des joies autour de lui.

Car enfin, au-dessus de tout ce que je viens d'énumérer, il faut aimer pour faire la cuisine. On la fait surtout pour les autres, pour partager. A la fois, il y a amour et fraternité grâce à la communication totale, gustative, visuelle, par le toucher, par l'odeur et par le verbe : « Est-ce que tu as aimé ? Veux-tu en reprendre ? Mais si, prends-en encore un peu... »

Savoir prévoir, savoir compter, cuire, s'arrêter et recommencer, bref savoir faire. Et savoir aimer.

Tout plat bien fait est bon. Mais j'ai une préférence pour les ragoûts longuement mijotés avec adjonction précise à tel moment de tel ingrédient, oignon, estragon, sel, épices, pignons, huile ou vin, etc. J'ai l'impression à chaque fois d'être un alchimiste en train de rechercher la pierre philosophale, ou de préparer un élixir d'amour.

Chaque plat possède son individualité propre qui rappelle son pays d'origine. J'aime les cuisines du monde entier, mais je veux qu'elles soient authentiques. Quand je mange un couscous, il faut qu'il soit comme à Bab el-Oued, Marrakech, Tunis... Quand je déguste une pizza, elle doit me faire penser à Rome, Milan, Naples... La planification des cuisines est une agression à l'identité des peuples. La cuisine, comme la chanson, est l'expression de l'âme populaire.

Au Liban, j'ai appris des plats orientaux que les siècles ont améliorés et amenés à l'état d'achèvement où ils sont aujourd'hui, comme les bonnes chansons qui mûrissent. Quand je mange des kebbés ou du hoummos, j'ai l'impression d'être à Beyrouth. Vouloir que les jeunes mangent partout les mêmes plats rapides, c'est leur enlever leurs racines et les priver d'une richesse. Mais il n'y a pas que les jeunes qui sont touchés. Tout le monde, pour faire « in », se tape des hamburgers.

La France est, avec la Chine millénaire, la grande nation culinaire du monde. Elle a ouvert les bras à toutes les cuisines, autrefois aux pâtes de Chine passant par l'Italie au temps de Marco Polo, et plus récemment au couscous maghrébin généralisé par l'arrivée des Français d'Algérie. En cuisine tout au moins, la France a réussi, à ce jour, à rester elle-même tout en accueillant les autres.

Lors des époques rayonnantes de la France, on élisait des princes de la gastronomie, tel Curnonsky. Il ne faut pas que cette tradition se perde. Avec la technique tout à fait convenable des surgelés — que j'utilise souvent —, la France pourra rayonner à nouveau sur le monde, notamment par ce qui fait le bonheur, la santé et la sagesse de vivre, c'est-à-dire la bonne nourriture.

Ce qu'il y a d'insupportable dans cette cuisine d'emballage qu'est le hamburger, c'est que pour donner une apparence de bon goût on superpose beaucoup d'artifices différents de façon mécanique et chimique. Le résultat est un plat stéréotypé auquel on s'habitue comme à une drogue, et dont l'identité change paraît-il selon les pays, avec de multiples variétés dues aux superpositions, mais qui en fait n'a pas d'identité. De même on veut nous faire croire qu'il existe un rock thaïlandais, coréen, ukrainien ou français.

J'ai toujours marié la cuisine, le vin et la chanson. Pour qu'une fête soit réussie, mis à part le choix des invités, l'essentiel, c'est le vin et la musique. Après, viennent les plats eux-mêmes et puis le reste : les événements, le sujet des conversations, le spectacle s'il y en a un.

La boisson, la cuisine et la musique ont régné dans ma grande maison de Garches, quand j'y donnais des fêtes. La dernière fut la fête « Arc-en-Ciel », du 2 décembre 1982. J'y avais réuni toutes les couleurs, artistiques, techniques, politiques ; de la littérature, du journalisme et de la télévision ; des gens célèbres et des gens inconnus (car je n'ai jamais coupé le fil avec les inconnus que j'ai fréquentés à mes débuts). Nous devions être cent, mais comme tout le monde a répondu à l'appel, nous nous sommes retrouvés sept cents. Sans problème.

Pour la boisson : un beaujolais-villages, qui est le meilleur vin populaire du monde. Pour la cuisine : la noix de veau aux pignons, aux oignons et au vin blanc (cette fois-ci, j'avais pu la préparer moi-même en grande quantité, la congeler et la dégeler à la dernière minute). Pour la musique, elle était offerte par les invités, chanteurs, musiciens, pianistes, professionnels ou non. Car, en France, on l'a un peu oublié, tout le monde chante depuis toujours.

Seulement, comment voulez-vous qu'ils chantent, maintenant qu'ils sont hébétés, abasourdis par des pseudo-musiques assourdissantes autant qu'éphémères sur des rythmes stéréotypés et des absences de mélodies qui au fond ne les touchent pas ? Aujourd'hui, quand les Français se retrouvent, les jeunes comme les vieux ne peuvent reprendre, sauf exception, que de vieilles chansons d'étudiants, d'avant-guerre ou d'il y a plus de trente ans. Tout le reste, même dans la mémoire d'un tout jeune qui aime, est entré par une oreille et sorti par l'autre.

Pour définir notre monde, on parle de désarroi, de résignation, de frilosité, de peur. Je crois que l'absence de « chansons » dans le monde, vécue notamment par les Français, y contribue beaucoup. L'environnement musical, ce qui chante aux oreilles et au cœur, n'existe plus vraiment pour nous, en vacances ou au travail, en croisière ou sur l'échafaudage du maçon.

Et c'est pareil dans d'autres domaines que ceux de la musique de variété. Nous ne vivons plus dans nos sabots. Nous vivons dans des pantoufles sophistiquées en fer, adaptables dit-on, fabriquées pour d'autres, par d'autres. Ces pantoufles existent non seulement à nos pieds, mais aussi dans nos têtes, et elles chaussent tout : la cuisine « fast food », rapide, comme les affaires ou la télévision.

Dans le domaine de l'organisation et de la vente, le fait d'avoir voulu prendre des modèles, tantôt américains, tantôt allemands, soviétiques ou japonais, est également une abomination. Le modèle français, c'est le foutoir heureux, un foutoir que tout le monde a voulu envahir, pénétrer. Les Américains comme les Soviétiques, les Japonais ou les Allemands ne rêvent que d'une chose, c'est de venir en France. Mais s'ils y retrouvent ce qu'ils fuient chez eux, ils n'y viendront plus. Et les Français immigrés ne voudront pas plus être français.

Même ceux de souche très ancienne, les Français se sentent déjà comme des étrangers chez eux. Ils s'expatrient dans la drogue mentale, le dépaysement des images de télévision, ou la drogue physique, palpable, ou encore carrément dans d'autres pays. Bientôt, la France ne sera plus la France, pour les Français comme pour quiconque.

En particulier, en musique, il y a une tentative d'annihilation de notre chanson, remplacée par des musiques tout à fait périssables, périssables chez nous comme en Allemagne, en Belgique, aux Etats-Unis et ailleurs.

Les publics américains, eux-mêmes, en souffrent et se raccrochent souvent à leurs racines. Nous, nous continuons pour vendre — et on vend de moins en moins —, à introduire les mots « in », à consonance anglo-saxonne et à noyer les mots français dans un babillage incompréhensible, qui crée l'hypnose et les habitudes qui nous rendent esclaves. C'est vrai que, dans nos systèmes de vente, systèmes d'accoutumance, quand on écoute un mot à consonance étrangère, et qu'on ne le comprend pas, cela fait beaucoup plus « ameublement musical » que les mots français, susceptibles de nous réveiller parce qu'on les comprend. D'où notre comportement imitatif de sous-développés.

Pourtant, la langue française offre à la fois rêve et précision. Tout l'art des poètes, écoutez la musicalité de

Racine, de Verlaine, d'Apollinaire, consiste à dire des choses claires et cependant qui permettent de rêver. Grâce à la magie des mots, de leurs allitérations ou de leurs répétitions, la poésie préserve la clarté et le mystère, la nuit et la lumière.

Il se trouve que le génie français c'est le naturel, dans un pays enraciné dans de multiples diversités. Tout système qui détruit ce naturel est un système qui va à l'encontre du génie français. Notre pays, qui est le moins cartésien, a dû inventer le cartésianisme, alors que les Allemands, que les rudesses de leur géographie inclinent à la discipline, ont inventé le romantisme. Chaque pays invente ce qui lui manque et puis en souffre ou l'intègre.

Je n'ai jamais eu la chance d'assister sur place à un lancement de fusée. J'en ai regardé quelques-unes voler d'un côté à l'autre de l'écran de télévision, mais ce n'est pas la même chose.

En 1970, nouveau président de la République, au retour d'un voyage qui l'avait conduit des Etats-Unis d'Amérique en Union soviétique, Georges Pompidou avait pu assister au lancement d'une fusée dans chacun de ces pays. Voici ce qu'il nous racontait :

« A cap Canaveral, presque tout le monde pouvait entrer. Il y avait une foule de visiteurs, touristes, étudiants, qui se pressait dans des endroits qui leur avaient été affectés. »

Georges Pompidou, lui, avait pu pénétrer dans la salle même des commandes. Il y avait des panneaux muraux, sur lesquels à toute vitesse défilaient des chiffres. Des personnes allaient et venaient d'un pas tranquille, les ordres étaient donnés d'une voix calme. On se serait cru dans un grand laboratoire suisse, Bayer ou autre, tellement tout était paisible, neutre, propre. Les dernières instructions étant transmises par micro : 5, 4, 3, 2, 1, 0, un doigt appuya sur un bouton, et la fusée environnée de flammes s'éleva dans l'espace.

Puis d'autres chiffres défilèrent sur les écrans des ordinateurs, d'autres ordres toujours calmes furent transmis, un nouveau compte à rebours s'égrena, suivi d'une nouvelle pression sur un bouton : la base combustible de la fusée se détacha, toujours verticalement, et la fusée prit son essor vers les étoiles. Tout cela ne comportait aucun élément de dramatisation, c'était une opération bien organisée et qui se déroulait, sûre d'elle-même.

Quarante-huit heures après, l'avion présidentiel déposait Georges Pompidou sur la base soviétique de Baïkonour. Je dois vous préciser que ni vous ni moi ne pourrions y aller, alors que nous serions admis comme tout un chacun à cap Canaveral. A Baïkonour, même pour le président de la République et son escorte, il y eut de multiples vérifications, traversées de postes et de guérites. Le camp se présentait comme un chantier, avec des barils et des câbles qui traînaient par-ci par-là. Enfin, Georges Pompidou fut admis à pénétrer dans le saint des saints, la salle des commandes.

« Et là », nous dit-il, « j'ai eu l'impression d'entrer dans un atelier de menuiserie ou bien dans le laboratoire du professeur Tournesol ». C'était un désordre du meilleur comique. Les techniciens couraient dans tous les sens, vociférant en diverses langucs, lc russe principalement, mais peut-être aussi en ouzbek ou en kalmouk. Les chiffres commençaient à défiler sur les écrans. Les gens, s'énervant, s'adressaient leurs ordres avec véhémence et se précipitaient d'un tableau à un autre. A la fin de ce tohu-bohu : 5, 4, 3, 2, 1, 0 ! Un doigt fébrile se pose sur le bouton, et, dans sa couronne de feu, la fusée s'élève..., légèrement de guingois. Suite de l'opération, mêmes énervements dans le même foutoir ; nouveau compte, et la fusée gigogne se sépare de son élément inférieur qui bascule tant bien que mal, de travers, en manifestant comme du regret à quitter la fusée qu'il avait poussée et qui désormais s'envolait néanmoins tout droit dans le cosmos.

« C'était le bordel », conclut Georges Pompidou, « mais ça marche ». Je me permis d'ajouter : « Alors, les Russes ont gagné la guerre..., puisqu'ils savent travailler dans le bordel. » Georges Pompidou me regarda de son œil aigu, ne protesta pas, n'approuva pas non plus, et nous passâmes à un autre sujet de conversation, après ce moment d'hilarité.

Ceux qui réussiront dans notre époque troublée sont ceux qui arrivent à « faire », quelles que soient les circonstances, quels que soient les désordres. Cela dit, je ne souhaite à personne de faire la guerre, même dans un bordel heureux, même en la gagnant, car la guerre est en fin de compte toujours perdue par tous, y compris les vainqueurs.

Quand je pense à ce jeune Allemand, qui réussit dix-sept ans après l'histoire de Pompidou à Baïkonour, à poser son petit avion à côté du Kremlin, sans opposition ni encombre, alors qu'un malheureux Boeing qui dévia de quelques kilomètres près des côtes sibériennes fut pris en chasse et abattu, je me dis qu'il peut se passer de plus en plus de choses extraordinaires, surréalistes. En particulier, l'Union soviétique, en ce moment numéro un dans l'espace, vit toujours, fort heureusement, le bordel.

Dieu ! que j'en ai vu et vécu des hôpitaux ! Ce que je peux vous dire, c'est qu'en ce qui concerne le train-train des choses, dans le pullulement des malades, aux admissions, dans les couloirs, dans les chambres, dans les actes quotidiens — ne serait-ce que la prise de température —, je me suis souvent cru à Lambaréné : « Il est minuit docteur Schweitzer. » Et encore ! A Lambaréné, il y avait un regard humain, souverain, qui se portait sur les Noirs arrivant par tribus. Il y avait en plus la magie africaine.

Je ne donnerai pas le nom de l'hôpital privé, un Lambaréné de luxe, où je devais subir une intervention le matin à jeun. Par suite de retards jamais élucidés, j'attendais, en début d'après-midi, toujours à jeun. C'est alors qu'on m'a ordonné enfin de déjeuner, en affirmant que l'intervention se déroulerait le lendemain matin. Mais, c'est au beau milieu de l'après-midi, qu'on arriva pour me « charioter » vers l'intervention ! Celle-ci aurait été mortelle. Je me suis débattu comme un beau diable, allant jusqu'à menacer de quitter l'hôpital. Un infirmier s'apprêtait à me piquer pour m'endormir, croyant que je me rebellais par appréhension de l'intervention, qui était un simple examen, mais spécifié à jeun. Puis, devant ma résistance violente, l'infirmière-chef est venue. Ils ont fini par comprendre et m'ont foutu la paix jusqu'au lendemain matin.

Il faut résister à la désorganisation douce, au risque de passer pour un fou. Il ne faut pas s'amollir dans un Lambaréné généralisé qui massacre involontairement avec gentillesse.

Continuons notre promenade dans l'hôpital. Quand on quitte Lambaréné, le train-train pullulant du quotidien, et qu'on arrive au jour J, à l'heure H, à la salle d'opération, tout est brusquement propre, brillant, nickel, moderne, parfait, immaculé, d'avant-garde, dans un climat de science-fiction pure. Nous voici brusquement à cap Canaveral.

Notre monde est devenu Lambaréné et Canaveral : autre sujet de chanson.

Les gestionnaires planificateurs des hôpitaux ne s'occupent pas vraiment de l'humain. Il est tellement plus facile de pondre des dossiers clairs sur des achats de machines hypermodernes, au sujet desquelles on a pu, par exemple, montrer qu'on a fait des économies de 30 %. Des dossiers de quelques pages suffisent, ils sont propres, ils semblent dire la vérité, mais ils mentent. Et l'on installe ainsi des hôpitaux hypermodernes, clés en mains... Comme Lambaréné va lentement y proliférer, certains hôpitaux ainsi créés dans le tiers monde seront transformés en hôtels dans quelques années et leurs machines tomberont en désuétude.

Je m'en suis ouvert, au cours d'une soirée chez mon ami Jean Wetzel, à Simone Veil, que j'aime et estime. Sans trop le manifester, elle paraissait de mon avis. La première des choses à faire est de former la base, des gardes-malades, des infirmières et infirmiers vigilants, et non pas seulement s'occuper de l'extrême pointe de la sophistication, des grands chirurgiens, des grands médecins et de leurs extraordinaires machines. S'occuper plus de Lambaréné et l'améliorer que de cap Canaveral. Sinon Lambaréné bouffe, dévore implacablement Canaveral. La jungle est plus forte que les temples.

La main-d'œuvre de base, et plus encore « l'esprit d'œuvre » qui anime cette main-d'œuvre, sont vitaux pour la survie de notre humanité. Il y a de plus en plus de techniciens de pointe, mais pas de techniciens de base. Seuls le Japon et peut-être l'Allemagne échappent encore à cette malédiction.

De même, à quoi ça sert d'avoir des universités, des grandes écoles de savants et d'ingénieurs si, au certificat d'études déjà, tout foire ? Les équipes chargées d'appliquer les plans merveilleux des crânes d'œuf les détruiront involontairement, tranquillement, gentiment.

Il faut s'intéresser aux petits. Sans eux, les grands ne servent à rien et deviennent plus petits que les petits. Dans la chanson *Le Bon Zeus,* je décris un monde de l'an 2000, où des bouseux, utilisant des machines extraordinaires, pataugent sous un déluge de pluie et de scories. Les derniers accidents dans les centrales nucléaires, dans le domaine des fusées, des avions, ou même dans le vieux domaine bien pépère des chemins de fer, nous alertent pourtant de plus en plus.

Oui, c'est merveilleux d'aller en Afrique, dans les régions où la famine et la sécheresse tuent, pour enseigner aux gens « à faire » autant que pour leur donner. Il faut continuer. Mais ne laissons pas notre pays, encore à peine préservé, se transformer en pays semblable, par notre laisser-aller total, au milieu d'un confort dont tout annonce qu'il est en train de périr. Sauvons Lambaréné en Afrique et sauvons Lambaréné chez nous. Les deux sont absolument obligatoires, se tiennent, se complètent, sont unis.

Mon père, qui était très bricoleur, cent fois plus que moi, s'échinait un dimanche matin de sueur, à réparer la lourde chaîne qui tenait une porte en bois. Celle-ci clôturait le minuscule jardin de la maison que nous louions l'été à la montagne. J'avais une dizaine d'années. Les cigales chantaient, et mon père finissait de marteler sa chaîne qui était redevenue solide, quand, vers midi, je lui apportai une bière fraîche pour qu'il se désaltère.

Je me souviens de ses mots : « Tu vois, Guy, la chaîne est réparée », et de ses bras nerveux il tirait ses deux extrémités pour me prouver sa robustesse. « Cette chaîne peut durer cent ans maintenant, ajouta-t-il. Mais la porte est complètement vermoulue. Elle pourra tenir encore un an, et je n'ai pas le temps de la réparer. » Et puis, haussant les épaules en éclatant de rire : « Par-dessus le marché, je ne vois pas pourquoi je veux réparer tout cela, puisqu'on peut sauter la porte sans difficulté ! » D'un seul rétablissement, joignant le geste à la parole car c'était un athlète, il passa par-dessus la porte et, de l'extérieur, il conclut : « Nous fabriquons des chaînes éternelles pour des portes déjà mortes. »

C'étaient des paroles simples, de révolutionnaire idéaliste. Je sais aujourd'hui qu'il nous faut « tout » sauver.

8.

La source et le robinet

J'ai vu, de mes yeux vu, l'esprit administratif se développer autour de moi au fil des années. Non seulement dans les métiers dits sérieux, dans mon métier d'ingénieur ou dans l'administration elle-même, mais dans les métiers dits bohèmes comme les métiers de la chanson ou, plus profond encore, dans la vie privée de chaque groupe, de chaque famille et même de chaque individu. A tel point que j'écrivais sur une de mes affiches murales dès 1970 ce qui me semblait être devenu le sommet de l'aberration :

Chaque individu
est devenu
une administration *.

Est-ce le développement de la France en expansion des années soixante avec la pseudo-organisation de tout, y compris les vacances, les loisirs, la jeunesse, la vieillesse, le risque, le bonheur ? Est-ce l'installation du Marché commun ou, plus encore, du grand marché mondial qu'est devenue notre Terre ? Est-ce le poids aggravé des deux grandes administrations du monde, ô combien différentes en appa-

* Annexe, p. 410.

rence mais en fin de compte semblables, l'administration soviétique et l'administration américaine ? Est-ce, en France, le fait que l'Etat donne l'exemple, avec notamment la création de l'Ecole nationale d'administration, l'ENA ? L'Etat est devenu le modèle de tous ; l'exemple qu'il nous donne est souvent malsain alors que tout le monde, même des anarchistes patentés, en sont devenus les imitateurs involontaires. Chaque Français petit à petit s'est modelé selon les systèmes établis par ces administrations d'état, du monde ou de la France.

Est-ce que, comme certains le disent, cet état d'esprit s'est développé parce qu'il n'y avait plus de guerre dans notre monde occidental depuis 1945, que, chacun s'installant dans des systèmes de corporations, d'habitudes sclérosées, sans le bouleversement meurtrier mais éclairant provoqué par une guerre, ce que j'appelle les « pantoufles de fer » ont petit à petit chaussé chaque individu ? Certainement tout cela en même temps et bien autre chose encore.

Moi-même qui avais souhaité échapper à l'administration style Ponts et Chaussées et devenir bohème grâce à la chanson, je me suis trouvé rapidement échaudé : loin de vivre une vie sans frein, je me suis vu contraint d'organiser de plus en plus de choses dans mon métier et d'installer moi-même une bureaucratie dont par la suite j'ai tenté tous efforts pour me libérer. En vain. Le cycle infernal m'a remis toujours dans des rails que je ne désirais ni pour mes équipes ni pour moi.

Il y a quelques années, on décidait vite et bien quand on trouvait à deux une solution convenable. Par la suite, chaque fois que, étant amené à diriger donc à convenir d'une solution avec tel membre de mon équipe musicale ou de production, je proposais une solution, c'était d'abord : « Je vais aller consulter les autres », ce qui peut paraître normal... Mais les autres donnant tous des avis différents et voulant se reconsulter sans cesse, puisque chacun avait ses propres nécessités, sans compter celles des familles, j'étais toujours obligé de prendre la décision finale malgré les avis... contradictoires de tous. Sinon rien n'aurait eu lieu, ni pour le bien d'un seul ni pour le bien de tous tournant en rond.

Tout cela, qui va mal, pourrait se comprendre lorsqu'il s'agit d'un travail en équipe. Mais lorsqu'un célibataire de cinquante-neuf ans, veuf, solitaire, que j'avais engagé en 1975 pour garder la maison, trouvait, à chaque solution proposée pour son bien, la réponse : « Je vais consulter », alors qu'il était tout seul, loin de tout groupe d'amis ou de parents, je me suis mis vraiment à rire.

A force de consulter et de retarder toute décision, quand enfin le « oui » arrive sur une solution proposée, il est trop tard, les circonstances ont changé, et il faut certainement prendre une « autre » décision, tout aussi retardée par une nouvelle « consultation ». Chaque résolution est bonne à un moment donné, mais n'est pas bonne quelques heures, jours ou semaines après. Et cela, l'esprit administratif ne le saisit pas.

Or nous vivons un monde en tourbillon où sans cesse, tous les mois, toutes les semaines, tous les jours, à chaque heure, à chaque minute ou seconde, un parti doit être pris à propos de l'essentiel, sur ce qu'il y a lieu de faire, sinon la situation bouge, le même bon choix peut conduire à la catastrophe, et il faut en changer. Dans son arrogance, l'esprit administratif croit régner sur les pyramides éternelles des quarante siècles qui nous regardent, selon des systèmes immuables, et veut se donner le temps d'examiner profondément chaque question. Or, il y a toujours un enfant à sauver. Et le temps manque.

Que soient bénis les chirurgiens, les accoucheurs, les dépanneurs, surtout quand ils n'arrivent pas en retard ! Ce sont des sauveurs de vie.

En fait les administratifs n'aiment pas la vie, cette vie multiforme, changeante, vivante, dévorante, palpitante : ils veulent disséquer tout projet humain tranquillement. reconsulter, faire, refaire des rapports et les modifier en cours de route. Pendant ce temps, la vie est arrêtée. A la limite, je dirais même que les administratifs n'aiment que les projets morts. C'est alors qu'ils peuvent déployer toute leur énergie et leur intelligence à les disséquer. On dissèque plus facilement un cadavre qu'un être vivant qui bouge.

Les administratifs sont admirables pour justifier qu'une chose n'avance pas et pour expliquer pourquoi et comment une chose n'a pas marché ; leur esprit n'est pas fait pour faire marcher les choses. D'ailleurs, le rôle de l'administration n'est pas de créer mais de durer, de se perpétuer, un maillon quelconque de la chaîne se targuant de pouvoir remplacer un autre, absent ou déficient. Et tout traîne. Quiconque, de l'extérieur comme du cœur de l'administration, s'oppose au tissu conjonctif général, est broyé, digéré, mis au pas ou éliminé.

Il faut ôter de la tête des gens une fiction qui, par dérapages successifs, s'est installée. Le boulot d'une administration n'est pas d'entreprendre ni d'organiser. Il est d'administrer et de répartir équitablement. Pour ce faire, l'administration doit vérifier sans cesse l'honnêteté de tout le monde, y compris de ses propres agents. C'est pourquoi elle multiplie les labyrinthes, les goulets d'étranglement, les parcours du combattant, les guichets, les octrois, lesquels ponctionnent les gens au passage et l'alimentent sans cesse.

Et, pour mieux travailler et se perfectionner, son objectif suprême est de durer dans ses alvéoles, comme un tissu conjonctif peut survivre longtemps dans un bocal. Mais le tissu conjonctif a voulu devenir cerveau.

Car l'administration a voulu amplifier son rôle déjà important et se mettre à créer. Comment ? En devenant la maman universelle, le ventre d'accueil des spermatozoïdes déconnants que sont, pour elle, les administrés. Or, elle ne sait pas créer et, en général, n'arrive à démarrer que des fœtus mal conformés. Elle a trop de problèmes psychologiques.

Schizophrène, écartelée entre sa recherche de la perfection chez les autres et le fait qu'elle se sache elle-même imparfaite, paranoïaque, gonflée comme une outre des richesses spirituelles et matérielles que lui apportent les autres et qu'elle s'imagine au contraire leur octroyer, elle est devenue une pseudo-maman abusive et castratrice. Et rien n'y fait. Elle perpétue sa malédiction à l'antique de génération en génération, quels que soient les efforts de beaucoup de ses propres éléments, qu'elle finit immanquablement par digérer. Tout effort pour simplifier la bureaucratie, en crée une nouvelle qui se superpose à l'ancienne, laquelle continue. Et la pseudo-maman devient énorme, hyperobèse, à l'apparence des reines mères des abeilles ou des fourmis.

Or l'humanité ne veut pas être une ruche d'abeilles ou un nid de fourmis se développant indéfiniment sur le même modèle de siècle en siècle, même pour le bonheur immuable et stéréotypé d'individus parfaits, copies conformes. L'humanité veut progresser vers la création nouvelle, c'est-à-dire vers Dieu.

J'ai écrit en 1978, sur une des personnalités administratives les plus remarquables de la télévision, que j'ai été amené à croiser pendant une vingtaine d'années, un texte qui s'intitule : *Le Bloqueur professionnel* *.

Epaulé par ses semblables, cet homme a mis la télévision sur les genoux, en utilisant son système de blocage, en ne prenant aucune décision malgré le poste qu'il occupait. Petit à petit, il a, sans le vouloir, introduit le privé au sein du service public et fait, tout en montrant, en apparence, une grande prudence financière, que les budgets s'amplifient sans cesse : chaque fois qu'une décision saine pouvait être prise, économique, rapide, avec les hommes qu'il fallait pour la réaliser, ses retards continuels faisaient que les hommes et

---

* Annexe, p. 405.

les femmes compétents s'échappaient dans toutes les directions. Si le projet était finalement admis, il était réalisé à la mauvaise date et pas avec les personnes qu'il fallait.

Il croyait mieux diriger des hommes qui n'avaient rien inventé et ne faisaient que prendre la place des vrais concepteurs. D'ailleurs, l'administratif traite mieux avec le plagiaire qu'avec l'inventeur. Le plagiaire a quelque chose à se faire pardonner. Il est de ce fait plus accommodant. L'administratif a tendance à s'associer à lui pour écarter l'inventeur, le pionnier. Il vieillit son pays. « Le premier qui dit la Vérité, doit être exécuté » ; c'est pareil pour le premier qui trouve, invente ou démarre quelque chose. Le second, qui l'applique, sera préservé. Il réussira avec la complicité des administrations qui ont persécuté le premier. D'où la généralisation du plagiat, lequel devient aujourd'hui l'art suprême de nos sociétés.

Que l'esprit administratif se développe dans les administrations, quoi de plus naturel ? Mais que cet esprit malin se développe dans les familles, dans les écoles, dans les petits groupes, dans chaque individu, cela devient très grave. Les gens ont perdu l'habitude de dire oui à ce qu'ils ressentent comme joli ou beau. Ils sont devenus méfiants pour ne pas contrarier l'autre, ou aller contre ce qu'ils croient être le goût général. D'où l'inanité des sondages, leur force principale étant le bourrage de crâne.

Les gens ont, paraît-il, appris à s'organiser, à tenir compte de l'avis « général », d'accord ; mais à force de trop s'organiser, les choses ne sont pas faites quand il faut qu'elles le soient. J'ai vu ce mauvais travail se généraliser aussi chez certains jardiniers. Ils ont oublié que leur métier suit le soleil, lui obéit, et que c'est le temps qui est le maître, et non la planification. Pourtant, l'exemple de l'Union soviétique, dont, à force de plans quinquennaux, les régions à blé ont fini par ne plus produire grand-chose, est là pour renseigner et effrayer. Après un demi-siècle d'errements, je fais des vœux pour que Gorbatchev réussisse mieux que Khrouchtchev le bouleversement des mauvaises habitudes acquises.

En France, le génie c'est le bordel. Le Français se surpasse à la dernière minute pour sauver la situation. Son talent ne réside pas dans l'administration, qu'il a dû inventer sous Colbert, puis développer sous Napoléon. Le Français n'aime pas s'organiser en grandes masses, mais par petits groupes ou tout seul : c'est comme ça qu'il est heureux, et c'est comme ça que tout peut fonctionner.

Il ne s'agit pas de race mais de géophysique. La configuration d'une région, sa météorologie, sa faune et sa flore et, plus profondes, les forces telluriques de l'écorce terrestre, agissent sur la personnalité de ses habitants et modèlent leurs comportements.

Qu'on ne se méprenne pas à mon sujet : ma formation, malheureusement ou heureusement sérieuse, fait que j'ai depuis toujours tendance à vouloir tout organiser, tout mettre en fiches, en plans, même mes chansons. Dans ma maison, qui marie le loisir et le travail, le sommeil et les bureaux, il y a quantité de plans, d'instructions, de pense-bêtes, de fichiers. Mais je n'ai commencé à vraiment réussir ma vie que lorsque j'ai compris qu'il fallait absolument n'organiser que l'organisable et laisser hasardeux le hasard. Je laisse la porte ouverte à l'inattendu, et surtout, quelquefois, en fin de course, je fais confiance au coup de feu qui permet à chaque membre de l'équipe de se surpasser et de montrer qu'il est génial. Ce qu'il est quand on lui fait confiance.

Notre époque a voulu abolir le hasard ou nous faire croire que nous le tenons, en le mettant en statistiques, encore plus aléatoires que le hasard même. Or le hasard est un morceau de savon qui vous glisse entre les doigts dans une baignoire.

J'ai compris cela en 1966, quand j'ai démarré les

« Bienvenue ». J'avais fait, en tant qu'artiste, beaucoup d'émissions de télévision organisées par d'autres. Souvent, je venais avec ma guitare, on m'installait, on réglait les lumières, on faisait un essai où je chantais plutôt bien, et c'était la première prise. Puis on bougeait le pot de fleurs parce que le mouvement des caméras cachait tel élément de la guitare ou que le cadre de l'image n'était pas exactement ce qui convenait au réalisateur. Au bout de deux heures de ces essais et modifications, avec moi-même recommençant la chanson, lorsqu'enfin tout était parfait et que je me mettais à chanter pour la prise définitive, je chantais très mal, il n'y avait plus d'âme, rien de bon qui sortît de moi. La prise était techniquement parfaite, humainement nulle.

Pour les « Bienvenue », dont j'étais à la fois le producteur, directeur, animateur et l'un des chanteurs, tout était préparé pour pouvoir enregistrer, sans aucune répétition, en une seule, première et dernière prise.

J'ai choisi un remarquable réalisateur, Raoul Sangla, qui savait improviser, dont les images étaient fortes et belles. Il avait un don de l'image qu'aucun autre n'a atteint depuis. Sur un événement se déroulant sous ses yeux, il choisissait le bon plan, une fois que le cameraman — ils étaient trois — l'avait atteint. Il faut ajouter qu'il choisissait fort bien ses hommes, qu'il les connaissait et qu'il existait un lien profond entre eux et lui-même. L'improvisation s'appliquait aussi au décor préfabriqué. Le décorateur Dieulot avait imaginé des cubes superposables, qui pouvaient réaliser quelque décor que ce soit pour quelque groupe humain que le hasard ait réuni.

L'ingénieur de la lumière, André Diot, savait éclairer en laissant les zones d'ombre. Il y avait donc du mystère et de la force, alors qu'à la télévision on préfère tout éclairer pour éliminer le risque d'avoir une mauvaise surprise à l'image (quand les caméras sont mal placées) et pouvoir tout filmer. Le hasard d'une pénombre peut mieux être utilisé que l'uniformité sécurisante d'une lumière permanente, égale en tout point du lieu à filmer. Mais il y faut du talent.

Tout mon boulot avait été d'organiser avec ma secrétaire Caroline Wilson la venue des participants ; la force du système faisait que, même s'il y avait des défections de dernière minute, cela n'avait pas d'importance. D'organiser aussi avec Raoul la technique... pour que tout puisse fonctionner quoi qu'il arrive. D'organiser enfin l'accueil des gens et leur bonne humeur.

J'ai été le premier à imposer que tout le monde puisse boire et manger convenablement, invités et techniciens, en un lieu déterminé et rapidement. J'avais dû lutter contre l'administration qui me disait : « Pour les invités, on peut prévoir quelque chose, mais la technique doit aller, pendant les " breaks ", les interruptions, au bistrot d'en face. » C'était à Courbevoie. J'avais répondu : « Le temps qu'ils aillent dans le bistrot d'en face et qu'ils reviennent, nous allons perdre deux heures. De plus, on ne sera pas " ensemble " pendant le moment convivial du repas. » Le directeur de production Paul Casanova et André Maurice, qui s'est révélé être le liant nécessaire entre nous, ont finalement installé une immense tente dans la cour de l'Ocora à Courbevoie où l'on pouvait boire, manger et se parler.

L'organisation était là pour que tout puisse fonctionner, et le bordel heureux existait pour que tout fonctionne effectivement, y compris quand les choses se présentaient autrement que prévu. Car il n'y avait aucune répétition, et les prises de vues duraient le plus longtemps possible, jusqu'à ce que tous les chargeurs des caméras soient vides.

La règle que j'avais fait imprimer sur tous les murs des bureaux, du bistrot, du studio, bureaux inclus, était, je le répète : « Rien ne doit arrêter la vie. »

Même si le son était momentanément mauvais, même si tel cameraman s'imaginait que son image n'avait pas été bonne, même quand il y avait une panne de deux caméras sur trois, puisque la troisième pouvait continuer toute seule, le tournage n'était pas interrompu. Les conditions du direct étaient réunies, et tout le monde sait qu'en France, patrie du système D, le direct est excellent. On a un sentiment d'irréparable si on rate son image, quand on sait qu'on ne va pas recommencer telle chanson ou tel dialogue : alors on se démerde pour que l'image soit bonne.

Ce système étonnait beaucoup ceux qui sont venus : Marcel Marceau, Louise de Vilmorin, Raymond Devos, Arthur Rubinstein, Louis Aragon et Elsa Triolet qui pourtant en avaient vu d'autres. Il les médusait et les séduisait parce que c'étaient les conditions d'un vrai public, les conditions d'une soirée de copains dont rien ne doit arrêter le déroulement. Il n'y a pas lieu que notre dîner soit interrompu parce qu'il y a un incident quelconque : nous avons faim et soif !

J'avais imaginé des micros suspendus au plafond, masqués par des abat-jour, et les caméras pouvaient virevolter derrière le public, sans qu'on les voie. Les yeux des participants dévoraient celui qui parlait, lequel ne regardait plus l'œil de la caméra, et tout le monde oubliait la télévision. Bref, c'était la vie rayonnante qui régnait, la vie avec ses imperfections et ses éclats.

Tout était prêt pour que l'inattendu ait lieu. Aucune chanson, aucune parole, aucune danse, aucune interview, aucune entrée n'était préparée. Pourtant je suis arrivé en 1970 à tourner cinq émissions par semaine, vingt en un mois. Evidemment, il y avait la sécurité du montage qui consistait à déblayer et resserrer l'ensemble. Minets et minettes, comme on disait à tort à l'époque, étaient mêlés aux comédiens et artistes invités. On regardait l'émission, beaucoup paraît-il, parce qu'il y avait de jolies filles. C'étaient toutes des filles des cours de théâtre comme Marie-Hélène Breillat, ou d'agences de modèles, mais que j'avais sélectionnées une à une avec le réalisateur pour qu'elles puissent exister réellement, vivre l'événement qui se déroulait sous leurs yeux, se cultiver en posant des questions, participer de corps et d'esprit. D'ailleurs, tout le monde était passionné par ce qui se passait en direct et se créait à chaque tournage.

L'image était chaude, belle, inattendue et nécessaire. Je me souviens que Claude Santelli me suggérait de corriger quand même un peu le style, de mieux préparer : « Et quand Louise de Vilmorin dit telle phrase importante, il importe que la caméra soit sur elle et non sur telle personne du public. » Pour moi, l'important était ce qui était dit et ce qui était fait. Naturellement si on avait demandé à Louise de préparer ce qu'elle allait dire, elle aurait peut-être été bonne pendant la répétition..., mais empruntée au tournage. Elle, qui inventait au fur et à mesure ce qu'elle allait raconter, et le public qui découvrait au fur et à mesure ce qu'elle disait, créaient un moment unique qui ne pouvait pas se préfabriquer.

Des années après, même quand « Bienvenue » s'est installée, les invités, les acteurs de cette « commedia dell'arte », me posaient encore la question : « Comment se fait Bienvenue ? » Je répondais : « Vous êtes là pour le vivre. » Ils me faisaient confiance. Ils découvraient l'émission en la faisant. Les artistes ne venaient pas pour publiciser tel événement de leur vie professionnelle, livre, film ou disque. Cela d'ailleurs aurait été inutile, puisque nul ne savait quand l'émission serait diffusée : l'événement en cause aurait alors été démodé. Les artistes venaient pour créer avec nous une bonne émission intemporelle, une émission de vie.

J'invitais tout le monde à boire avant le tournage et nous accouchions les gens, un par un, mes assistantes et moi, Marguerite, Eugénie et d'autres. Des histoires, des thèmes servaient de base de lancement. Et, à partir de cela, d'autres questions, d'autres chansons, d'autres événements se présentaient. Le système a été heureusement repris par beaucoup d'autres émissions, mais avec moins de liberté.

En 1970, quand, le système s'étant perfectionné, j'ai pu filmer, de 17 heures à minuit avec deux heures d'arrêt pour dîner, deux émissions entières en un seul jour avec Michel

Simon, improvisateur génial, il m'a serré dans ses bras en me disant : « Guy, il faudrait que nous fassions un film ensemble. Sacha Guitry a réussi des films en sept jours. Nous pourrons faire un film entier en trois jours. » Je crois qu'il rêvait un peu, mais il était comme un poisson dans l'eau à « Bienvenue ».

En juin 1970, nous avons enregistré vingt émissions en vingt jours. Jacques Audoir, Guy Job et Rémy Grumbach avaient succédé à Raoul Sangla et se relayaient habilement dans ce marathon.

Brassens, qui est un homme plus concerté qu'on ne l'imagine sous ses allures de bohème, avait tenu à ce que je prépare l'émission avec tous ses amis qu'il avait réunis au cours d'un déjeuner chez lui dans son petit hôtel particulier de la rue Santos-Dumont. Heureusement, on a tellement bu durant ce déjeuner qu'on n'a rien pu élaborer. On ne pouvait d'ailleurs rien faire à cet égard puisqu'il ne s'agissait pas de préparer, il s'agissait de « vivre » à la télévision. Le réalisateur Guy Job, qui filmait imperturbablement, a pu depuis travailler avec efficacité dans n'importe quelle circonstance.

La « Bienvenue » à Jean-Pierre Melville, le réalisateur de cinéma dont la perfection de samouraï intransigeant était la règle, fut tournée par son neveu, un débutant nommé Rémy Grumbach. Au départ, il fut effaré par l'absence apparente de fil conducteur. Il ne comprenait pas comment il allait en résulter une heure et demie d'émission en un seul jour. Puis, séduit, Melville se laissa faire avec la souplesse d'un grand professionnel nageant dans des eaux qu'il ne connaissait pas. Après cette rude expérience dont il se souvient avec émotion, Rémy Grumbach apporta son talent à filmer vite et bien tout ce qui peut se passer, à deux jeunes présentateurs qui depuis, eux aussi, sont devenus grands : Michel Drucker puis Patrick Sabatier.

Montand, qui ne chantait plus depuis quelques années qu'il consacrait plutôt à sa carrière cinématographique, se remit brillamment à chanter en 1967, lors d'une « Bienvenue à la bande à Lelouch ». Pour la première fois de sa vie, me dit-il, il accepta d'être accompagné par des musiciens qu'il ne connaissait pas..., et avec qui il n'avait pas eu le temps de répéter. Chacun sait son perfectionnisme extrême. Eh bien, il se libéra totalement et chanta aussi bien que d'habitude : bien sûr, tout le monde connaissait ses grandes chansons par cœur, surtout moi qui le lançais sans cesse, d'un refrain à l'autre, en le relayant parfois dans les paroles des couplets.

Duke Ellington, lui, n'est arrivé qu'à 20 heures, après un retard de l'avion qui l'amenait de Monte-Carlo. Malgré l'interruption du dîner, à minuit nous avions en boîte une émission d'une heure et demie. Avec Duke, nous n'avions rien pu préparer pour la bonne raison que je le rencontrais pour la première fois sur le plateau de « Bienvenue » et qu'on a commencé à tourner une demi-heure après son arrivée.

A la question : « Qu'est-ce que c'est le jazz ? », il a répondu : « C'est la liberté d'expression. » Dans le jazz, il y a une série d'accords et de rythmes qui servent de base et qui organisent la musique. Dans ce cadre, les musiciens improvisent. C'était d'une certaine façon le système de « Bienvenue », où le cadre était posé, où l'environnement technique était au point, et où le libre jeu des conversations, des musiques, des danses, des numéros, des jongleries, etc., pouvait s'installer à son gré, moi-même infléchissant telle direction, telle situation, en maître de maison chaleureux. Duke Ellington a été surpris, ému que j'aie pensé à inviter ses amis jazzmen de Paris. Et lui qui croyait ne venir que pour une interview, lors d'une tournée européenne, s'est mis à jouer du piano, à raconter, à dire des vers, et aussi — chose qu'il n'avait pas faite depuis quarante ans — à faire une « jam » avec les musiciens présents. Finalement, il a même chanté, ce qui, de l'aveu des spécialistes et de son propre aveu, était une première première.

Tout cela, sans aucune répétition, sans aucune préparation. Les Américains présents à l'émission étaient enthousiasmés. Dès 1967, on m'avait d'ailleurs demandé de réaliser « Bienvenue » pour une télévision de New York. J'aime beaucoup New York, où je me sens comme chez moi, mais mes amours et mes chambardements me tenaient alors à Paris. Tant que la France est belle, les Français sont fichtrement casaniers.

En plus de sa popularité, « Bienvenue » était l'émission de variétés la plus économique de la télévision. Et pourtant, c'est l'esprit administratif qui l'a tuée, le même « bloqueur professionnel » qui continuait à sévir.

Après le tournage hyperrapide qui échappait à ses filets, mon « bloqueur professionnel » s'était mis à martyriser mes équipes de montage, toujours par sous-fifre interposé. Il mégotait sur quatre francs cinquante d'heures supplémentaires pour des assistants-monteurs qui se crevaient de nuit, car je montais nuit et jour trois émissions en même temps, avec trois équipes. Ecœuré, je me jurai de ne plus reprendre de série d'émissions tant que de tels comportements administratifs suicidaires se prolongeraient.

La seconde raison qui m'a fait abandonner mes « Bienvenue », c'est que l'image télévision de Guy Béart était devenue plus forte que l'image de l'auteur-compositeur-chanteur. Les « Bienvenue » passaient une fois, quelquefois deux, par mois et, dans la rue comme dans les maisons, on ne me parlait plus que de ça. J'avais beau sortir *La Vérité, Les Couleurs du temps,* c'était la télévision qui bouffait tout.

J'ai compris alors la puissance de la télévision et de son image hypnotique. De plus, comme les émissions étaient filmées quelquefois deux ans avant leur diffusion, quand je revenais avec une « actualité chanson », une nouveauté, elle se mélangeait avec les chansons du passé. Je commençais à faire partie des meubles, et cela ne me plaisait pas. Mon tournage de 1970 a été le dernier, sauf quelques coups épars. J'aurais conservé « Bienvenue » pour faire des émissions spéciales, très fortes, si la télévision n'était pas entrée en déclin à la suite de sa prise de possession par les administratifs tuant la joie de vivre et la compétence des entrepreneurs, des créateurs, des techniciens et des saltimbanques.

Il me revient à la mémoire cette histoire bien connue que mon père me racontait quand j'étais petit. Un Alsacien meurt. Sa vie n'avait pas été exemplaire, et il débarque en enfer où le diable lui dit :

« Comme vous êtes né à la frontière franco-allemande, vous avez le droit de choisir entre l'enfer allemand et l'enfer français.

— Mais qu'est-ce qui se passe dans l'enfer allemand ? interroge l'Alsacien.

— C'est très simple, lui répond le diable. Il y a un énorme chaudron, de l'huile, des bûches et une boîte d'allumettes pour allumer ces bûches. Quand l'huile bout, on vous jette dedans.

— Et l'enfer français ?

— C'est presque la même chose, avec la marmite, l'huile, les allumettes, les bûches.

— Alors, quelle est la différence ? Pourquoi devrais-je choisir tel enfer puisque l'allemand et le français sont semblables ?

Avec un clignement de l'œil, le diable lui répond :

— C'est pareil pour la technique et les instruments ; mais, dans l'enfer français, tantôt il manque le chaudron, tantôt il manque les allumettes, tantôt il manque les bûches, tantôt c'est l'huile qui fait défaut. »

Cette fable est exemplaire. Que de gens ont affirmé que les Allemands ont été finalement vaincus parce qu'ils sont entrés en France et ont occupé Paris. En France, même l'enfer était bordélique.

Aujourd'hui, il y a un immense désespoir administratif. Nous sommes toujours dans un bordel, mais un bordel malheureux.

Le Français aime travailler dans le foutoir. Il s'agit d'organiser ce foutoir pour qu'il continue, et que le Français puisse faire à la dernière heure sa dernière charge des taxis de la Marne. Le Français ne sait pas quoi faire d'une ligne Maginot dont l'esprit est totalement administratif. Il préfère, comme le pensait le général de Gaulle, qu'il y ait des chars et des armées mécanisées pour les lancer justement dans ce foutoir qu'est toujours, en fin de compte, une guerre. Nous vivons aujourd'hui une époque de guerre masquée. Les Français la gagneront, ou mieux encore en seront préservés, s'ils acceptent d'être eux-mêmes et refusent de suivre les modèles importés d'ailleurs. Notre peuple « cartésien » est le moins cartésien du monde. Si nous mettons la logique où il en faut, l'amour et la passion là où ils doivent exister, nous conserverons notre identité et nous ferons de belles choses. Si nous laissons faire notre génie du bordel heureux, en quelques années nous aurons reconquis la première place parmi les nations prospères... et heureuses. Car il y a eu et il y aura toujours des nations prospères et malheureuses.

Le bordel suppose une bonne organisation pour que les filles soient là, pour qu'on puisse boire et rester des heures ensemble, ou faire l'amour. L'ami Boudard en sait quelque chose, tout au moins dans ses romans. Mais l'essentiel de notre pensée doit être occupé à préserver la vie et cette joie que nous avons à vivre dans notre pays varié, harmonieux, en zizanie permanente, chaque région ayant ses usages, ses coutumes, sa langue, avec très peu d'esprit d'équipe sauf pour sauver une situation. L'union sacrée de temps en temps et, le reste du temps, un individualisme total où chaque Française et chaque Français est un être particulier qui demande à être traité de façon particulière.

Lors de mes concerts, les musiciens trop rigoureux sont affolés les premiers jours. L'ordre des chansons n'est jamais le même. C'est à la dernière minute que, selon l'impression générale, le climat que j'ai ressenti en visitant la ville chaque fois que je l'ai pu, j'établis l'ordre que je leur donne sur des bouts de papier qu'ils collent sur leurs pupitres. Et même si cet ordre est donné, en cours de route, je change de chansons.

Chaque public a ses humeurs. Ce qui se passe à Saint-Etienne n'est pas ce qui se passe à Lyon, ni ce qui se passe à Montélimar, au Creusot ou à Lille. Ce qui est valable pour aujourd'hui n'est pas valable pour demain à Bruxelles, Liège ou Louvain, à Montréal, Rimouski ou à Québec. Il y a des ondes qui circulent : certains jours on a envie de rire, d'autres jours on est triste. Ce n'est jamais le même concert, il doit changer selon le jour, la ville et les événements.

C'est pourquoi, d'ailleurs, je suis résolument pour le développement des télévisions régionales.

J'admire les spectacles immuables, vissés une fois pour toutes. Mais en ce qui me concerne, la chanson demande une participation du public, puisque celui-ci doit souvent chanter avec moi : il doit y avoir communion avec ceux qui m'écoutent. Si je fais un ordre de bronze immuable dans les différentes villes de la tournée, cette communion, je ne l'aurai que par hasard. On s'est étonné que je puisse chanter devant une, dix ou vingt personnes, mille ou cent mille, avec une seule guitare comme avec plusieurs musiciens, et que l'effet soit toujours le même : liaison totale entre l'artiste et le public qui fait partie du concert. C'est que je ressens en moi ce public qui, comme moi, entre en récital en douceur, avec des premières chansons qui ne sont pas tonitruantes. On prend contact, on se dit bonjour, graduellement le climat s'installe. Et tout le monde finit par être ensemble.

Le bordel résultant de ce travail improvisé ou improvisateur ne peut exister que parce que les chansons ont été écrites, parce que j'ai travaillé pour qu'elles soient bien écrites, parce que nous avons répété avec les musiciens toutes les chansons une à une et qu'ils les connaissent par cœur, parce que la technique a été répétée aussi tous les jours, à chaque changement de salle, pour qu'il n'y ait pas de problèmes de son. Et même y en aurait-il, et il y en a eu des sonos en panne !, je prends ma guitare et le public fait plus encore attention à ma voix qui pourtant n'est pas d'airain, et tout peut se passer convenablement. Je ne pourrais pas rééditer cela tous les jours parce que cela demande un gros effort supplémentaire. Mais je l'ai fait très souvent, par exemple le jour de l'inauguration d'un grand barrage hydroélectrique au Canada, où c'est justement l'électricité qui est tombée en panne à cause d'un ouragan. On a allumé des bougies, j'ai chanté, le climat s'est réinstallé et la lumière est revenue une heure après.

Quiconque en France a voulu installer des systèmes stricts, des ordres nouveaux contraignant les Français, a causé beaucoup de mal et a fini par être balayé. Mon père disait, moitié sérieux moitié rigolard : « L'ordre, c'est la moitié des choses... et le désordre l'autre moitié. »

La France est le pays des désordres permanents qui créent la vie. En fait, c'est un pays heureux, harmonieux. En parcourant à peine quelques kilomètres, on découvre une variété de paysages qu'aucun autre pays ne peut offrir, une douceur de vivre aux nuances infinies. On sent que, derrière chaque buisson, chaque taillis, un jour ou l'autre, au cours des siècles, des amoureux ont fait l'amour. La France a toujours attiré les visiteurs charmés.

Or, c'est un cul-de-sac. Les envahisseurs se cassent le nez sur la Méditerranée, l'Atlantique ou les Pyrénées et finissent par devenir français. Alors, depuis les Gaulois, nous avons pris l'habitude de dire que tout va mal chez nous... afin de ne pas être envahis. Et, à force de dire toujours que tout va mal pour qu'on nous foute la paix, tout finit par aller mal. Les Romains affirmaient : « Il faut diviser pour régner », et les Gaulois, semble-t-il : « Il faut se diviser pour vivre. »

Finalement, à condition de conserver notre identité profonde qui digère admirablement les identités de gens venus d'ailleurs, puisque notre terre les mélange, les malaxe, en préservant leurs différences, leurs rites et leurs coutumes, on pourra dire à nouveau qu'en France ça va bien, qu'il fait bon y vivre et que tout y finit par des chansons... Si le Moloch international, planificateur des systèmes par l'intermédiaire des machines, ne nous esclavagise pas comme il a commencé à le faire depuis trente ans.

Chaque pays, chaque peuple, chaque région a sa noblesse, sa forme et sa force. Certains sont des pays de forêts, d'autres de mines souterraines, d'autres de mers ou de sources. Un tel est fait de refuges abrupts, tel autre de grands espaces. Certains savent répandre les marchandises par leurs navires. Certains créent, certains exploitent, d'autres enfin consomment.

La France est le pays des sources. Une techno-bureaucratie criminelle a voulu la transformer en un pays de robinets. Et même les sources sont devenues sauces, et les robinets, tout-à-l'égout.

Il y a deux chansons sur lesquelles je travaille déjà depuis une bonne dizaine d'années : c'est vous dire que l'idée ne suffit pas, ni même l'histoire, qu'il faut la conjonction miraculeuse de quelques paroles et quelques notes de musique pour que la chanson aboutisse. En tout cas, les voici racontées.

D'abord, *La Source et le Robinet*. La source jaillit pure et fraîche des profondeurs de la terre et commence à batifoler insouciante dans la nature. Elle peut s'y perdre et s'assécher. Elle peut aussi s'accroître, rencontrer d'autres courants provenant d'autres sources, et former une rivière qui s'écoule plus ample et régulière. La source chante allègrement ; on s'y abreuve à la régalade avec des gargoulettes ou les mains jointes. Mais quand elle devient rivière, elle finit par rencontrer les « Seigneurs du Robinet ».

Devant un grand mur où sont disposés des robinets de toutes sortes, des vannes circulaires grandes ou petites, réfléchissent des messieurs graves, avec des gilets, des règles à calcul, des ordinateurs. Et ces seigneurs disent : « Tiens, ce robinet on va l'ouvrir d'un tour de plus, tel autre on va plutôt le fermer. » Ils règnent sur la réception de l'eau des sources et sa distribution dans le public.

Avec le temps, ces « Seigneurs du Robinet » ont cru qu'ils étaient plus vitaux que les sources, que la distribution était plus importante que la création. Et même ils sont allés jusqu'à croire que le Robinet, cet appel d'eau, créait littéralement la Source ; que l'effet pouvait créer la cause. Nous le voyons déjà dans la célèbre pièce de Jules Romains, *Donogoo*, où, dans un lieu désert, l'argent et la publicité qui circulent, finissent par créer une mine qui n'était qu'utopique : une mine est aussi une source.

Notre monde est ainsi fait. On s'imagine aujourd'hui que la distribution — et la publicité sur la distribution — peuvent produire, et que le contenant est plus important que le contenu. Or il n'en est rien. Et les sources vont s'assécher les unes après les autres.

Cette petite fable est complétée par une autre qui s'intitule « *Le savetier* est *le financier* ».

Vous vous souvenez de la fable de La Fontaine où un savetier tapant sur ses semelles, vendant un à un ses souliers, était heureux. Il envie son robinet, le financier qui gère l'argent provenant de toutes les savates du monde. Ils échangent leurs boulots. Le savetier prend la place du financier, en devient malheureux, puis s'en retourne à son échoppe.

Aujourd'hui, le savetier est celui qui détient non seulement la création des godasses, mais la consommation de tous les produits : c'est lui le Prince, c'est lui le mécène, c'est lui qui commande, c'est lui le public qui finalement gère et finance tout. D'où la masse de paperasses qui débarque sur chaque individu quel qu'il soit, du jardinier au médecin, de la mère de famille au célibataire endurci, du chanteur bohème au directeur d'une maison de disques ou au PDG d'une multinationale. Le savetier que nous sommes tous, non seulement doit créer des souliers, mais en même temps doit gérer en financier. C'est pourquoi tout le monde est malheureux. Le savetier EST le financier

« Et notre robinet, mon bon monsieur, me disent tous les Seigneurs du Robinet, est destiné à faciliter la consommation de votre savetier. » En somme, le savetier aujourd'hui est acculé par les Seigneurs à un rôle de financier. De ce fait, il est esclave des deux fonctions, encore plus esclave qu'avant.

Voilà pourquoi tout le monde est mal à l'aise dans nos sociétés capitalistes, socialistes, pluralistes, en tous les cas tristes. A nouveau, laissons vivre les sources et les savetiers.

Dans les années soixante, les radios continuaient à diffuser les chansons de celui que l'on croyait un homme tranquille, adulé, encore jeune, la trentaine, ayant à son actif beaucoup de succès, *Qu'on est bien, Le Chapeau, Bal chez Temporel, L'Eau vive, Il n'y a plus d'après,* etc., mais qui n'était en réalité qu'un homme isolé, fauché, en un mot, perdu.

Le disque vivait les derniers jours de l'ancien système. Les auteurs et compositeurs composaient la chanson, l'interprète l'enregistrait, puis c'était aux journalistes de vanter la qualité des chansons qu'ils étaient amenés à entendre, aux radios de suivre les goûts de leur public, aux télévisions d'augmenter l'audience des chansons avec les prestations des artistes. La distribution et la vente étaient la conséquence de tout ce travail. Bref, le robinet intervenait, comme cela est naturel, après que l'on eut trouvé la source et qu'elle se soit mise à donner de l'eau. Mais déjà les systèmes de distributions du disque étaient en pleine transformation et devaient.

des années après, influencer les médias, les faire à leur image, bref, les commander. Jusqu'au jour où les médias les ont épousés, formant avec eux un couple infernal.

On n'en était tout de même pas encore arrivé aux slogans que la plupart utilisent aujourd'hui : « Je vends, donc je suis. Je gagne de l'argent, donc le public m'aime puisqu'il me permet d'en gagner. » Le jargon de l'époque était plus hypocrite. Par exemple, il parlait de telle mode éphémère comme étant un phénomène « social ».

Le langage était en train de changer ; certains journalistes y résistaient encore (ils résistent de moins en moins), le règne des sondages n'était pas institutionnalisé voire même sacralisé.

A trente-trois ans, fauché, marginalisé, « un aventurier solitaire de la chanson », écrivait Claude Fléouter dans *Le Monde,* j'entrai dans mon premier vrai combat au cœur de mon métier. Ce combat devait donner l'embryon de la Multirégionale et « Bienvenue ». Mais, surtout, il devait me faire prendre conscience des luttes entre les termites et les loups, entre l'esprit administratif et l'esprit sauvage tout aussi néfastes dans leurs excès.

Entre les termites de la bureaucratie
Et les loups de la liberté sans merci...

Ce sont les deux premiers vers d'une chanson que j'ai commencée il y a des années sans jamais la terminer à ce jour. Elle est toujours actuelle sauf que les loups dévorants de la liberté, les gangsters, ne sont pas seulement à droite, ils sont également à gauche ; et que les termites grignotants de l'égalité bureaucratique ne sont pas uniquement à gauche, ils sont aussi à droite.

Nous le savons tous maintenant. Nous avons pris conscience que l'on ne nous offrait le choix qu'entre l'horreur et la terreur : l'horreur du « système unique » des bœufs quinquennaux et la terreur des « systèmes pluralistes » des veaux d'or batifolants.

Les tenants de la liberté à tout prix prétendent qu'à partir de la liberté acquise en premier, les autres droits ou avantages surviennent naturellement. C'est faux : d'un côté les goulags, les boat-people du Cambodge, l'Iran de Khomeyni, de l'autre, les mafias, les drogues et les armes des pays dits libres, sont là pour en témoigner. Dans des territoires nouveaux, la liberté d'aventuriers de fortune donne des bandits ; dans des territoires anciens, la liberté de groupes longtemps tenus en esclavage donne les massacres pour l'égalité immédiate, par « l'équarrissage pour tous ».

Je suis certain que malgré l'ordre chronologique fixé par le slogan « Liberté, Egalité, Fraternité », l'on doit commencer par la fraternité. Quel que soit le système où l'on vit, qu'il soit de gauche ou de droite, riche, pauvre, ancien, nouveau, la première chose à acquérir, à diffuser, c'est le sens de la fraternité. D'elle, découlera la liberté puis l'égalité.

La fraternité, c'est un esprit toujours bienfaisant qui aide à vivre et à se développer harmonieusement parmi les autres. La liberté est plus discutable : on enseigne que la liberté d'un individu s'arrête où commence la liberté d'un autre individu. La liberté est délicate à apprendre et à pratiquer. L'égalité est encore plus discutable. L'on dit communément qu'il faut donner l'égalité des chances... au départ : c'est déjà une limitation. La fraternité, elle, ne peut avoir de limitation. Récemment des groupements se sont formés pour protéger dans certaines régions nos frères... les crocodiles ou les rhinocéros. C'est très bien. Dieu n'a pas fait autrement dans l'arche de Noé.

Dans mes petites équipes, j'ai toujours veillé à ce qu'il y ait à la fois des horaires pour chacun, d'après les nécessités personnelles et mutuelles, et des assouplissements permanents à ces horaires. Je donnais cet exemple : il y a certains individus qui sont lents à démarrer leur travail, à se mettre en train, et puis, une fois qu'ils y sont, ils débitent régulièrement, lentement, avec une énergie tranquille, pesante, les travaux répétitifs qu'ils ont à faire. A l'extrême, un bœuf peut travailler longtemps, mais à un rythme lent et régulier. A l'autre extrême, un tigre ne fait presque rien que se promener nonchalamment. Mais il mobilise très rapidement ses forces pour se jeter d'une seule détente sur la proie nécessaire à l'alimentation de sa famille.

J'ai voulu faire cohabiter les tigres et les bœufs. Il y a des gens qui doivent travailler dix, quinze heures par jour, d'autres deux heures ou trois. Ces derniers ne seront efficaces que pendant des moments courts, le reste du temps ils ne seront que présence parfois utile, ou simplement figuration.

Dans une émission des Carpentier, où j'avais invité Graeme Allwright dont j'aime le talent, j'avais recréé l'arche de Noé, utopie nécessaire et sans cesse recommencée. On a ri de moi que je tienne à faire venir un âne en chair et en os. J'aime l'âne et je l'ai chanté :

Sur tes pattes
Je dévale
Les sentiers dès le matin
Bougre d'âne
Je suis âne
Nous ne formons qu'un.

Il y a une quinzaine d'années, j'ai eu une conversation du même genre, mais plus technique, avec Jacky Defforey (l'un des dirigeants de Carrefour), pour lui exposer une des variétés du tabouret, le « tabouret du travail ». Je m'explique. Pour qu'un individu soit utile au travail de toute une équipe, il doit pouvoir marcher sur deux pieds et choisir entre les trois pieds du « tabouret du travail », qui sont : la présence, la compétence, le travail.

Si un membre quelconque de l'équipe ne possède qu'une seule de ces qualités, qu'un seul pied, il ne sert à rien. Par exemple, s'il est présent tout le temps mais qu'il n'est ni compétent ni travailleur ; ou bien s'il est très compétent mais n'est jamais présent ni travailleur ; ou encore s'il est extrêmement travailleur mais n'est jamais présent et n'est pas compétent ; dans l'un quelconque de ces trois cas, il est inutile.

Ce n'est que lorsqu'il a deux pieds du tabouret, soit deux pieds pour marcher, qu'il devient efficace pour lui-même et pour l'ensemble.

S'il est présent et travailleur, il pourra acquérir de la compétence en regardant les autres faire et pourra donc être utile : par exemple, un jeune célibataire, toujours présent et actif, dans une équipe théâtrale.

S'il est présent et compétent, même s'il travaille très peu, on pourra le consulter puisqu'il est là, sous la main, pour tel hôtel à choisir en tournée ou tel médecin à consulter. Il pourra donc donner ce qu'il sait faire, même en travaillant très peu : par exemple, un vieil homme fatigué qui a tout vu et peut donner des conseils.

S'il est travailleur et compétent mais qu'il n'est pas là, on pourra le consulter à distance : par exemple, un avocat ou un ami, qui n'est pas à vos côtés, qui n'est pas présent mais qui, comme il est travailleur et compétent, peut être éminemment utile, même téléphoniquement, à distance.

Au-dessus de tous, je place évidemment celle ou celui qui est à la fois présent, compétent et travailleur, qui possède les trois pieds du tabouret, qui fait partie intégrante, complète, de la vie de l'équipe : ce sont les perles rares.

On peut dire qu'un bœuf est présent et travailleur, mais il a besoin d'être mené car il est incompétent. On peut dire qu'un chat n'est ni compétent ni travailleur et que, quand il est présent, il fait ce qu'il veut. Même un chat pourrait être utile, mais j'ai promis de parler des chats dans un autre livre, car il faudrait des pages et des pages à leur sujet. Le chat pour moi est vraiment compétent et présent, mais pas du tout travailleur ; cependant il est très utile à la « vie » d'un groupe humain ou d'une famille. Une fleur est également utile dans un bureau, même si elle ne fait rien. Un grand-père, ou une grand-mère, même immobilisés, ont une présence vitale. Par les compétences oubliées qu'ils diffusent et la mémoire de la famille et de son évolution qu'ils transmettent, la famille pourra se développer harmonieusement sans secrets terribles pour la ronger. Très peu de mes collaborateurs comprenaient comment je pouvais conserver certains membres qui pouvaient sembler inutiles : c'est qu'ils avaient déjà au moins deux pieds du tabouret, lesquels n'étaient décelables que par moi.

En ayant l'air de ne rien faire, le chat va peut-être vous protéger des petits prédateurs, des souris et des rats qui peuvent propager la peste, et cela sans que vous vous en doutiez. J'ai une chatte que j'ai appelée Minus, parce que, toute petite quand je l'ai recueillie, elle ne voulait jamais se laisser caresser et a gardé le poil rêche, souvent hérissé, désagréable. Quand on s'approche d'elle, elle fuit, même de moi qui suis adoré par les chats. Plus âgée, elle est devenue irascible et, d'après certains, elle griffait, allant même jusqu'à vouloir mordre sans raison. J'ai beaucoup réfléchi à la nécessité éventuelle de l'endormir en la tuant par une piqûre, imaginant qu'elle devenait, elle qui avait toujours été bizarre, carrément dangereuse pour tout le monde ; sauf pour moi qu'elle fuyait toujours, mais qui arrivais quelquefois à la caresser. Et puis je ne l'ai pas fait : c'était la meilleure chasseresse parmi mes chats et, la nuit, elle se promenait presque indéfiniment dans les allées et les buissons, ou dans les caves aux recoins incroyables de ma grande maison, à la poursuite des rongeurs. Il n'y avait que moi et mon vieux jardinier de l'époque, qui savions que cette chatte, presque sauvage, fidèle à la maison et qui revenait toujours, était l'un de ses meilleurs défenseurs. Maintenant, elle s'est à nouveau calmée, elle n'attaque plus sans raison, et tout est redevenu harmonieux.

Pour en revenir aux loups et aux termites, j'ai veillé en revanche à ne jamais engager malgré moi l'un des représentants de cette catégorie. Pourquoi ? Tout simplement à cause d'une autre chanson, qu'elle non plus je n'ai pas terminée, et qui dit :

Tu as voulu lutter contre les armées des termites de la plaine.
Alors tu as engagé une bande de termites : ils ont commencé par dévorer les murs de ta maison.
Tu as voulu engager un loup pour combattre les loups de l'hiver : il a commencé par te dévorer toi-même.

Je n'ai jamais voulu avoir à l'intérieur de l'équipe un allié même très puissant, si c'était un salaud. Je plains les avocats qui voient défiler dans leurs bureaux, après la veuve et l'orphelin qu'ils défendent souvent sans rémunération, le massacreur ou le gangster qui vont faire bouillir la marmite : ce faisant ils se détruisent.

« Mais comment ?, me direz-vous. Dans un univers harmonieux et fraternel, le massacreur a pourtant, lui aussi, le droit d'être défendu, le droit de vivre. » Alors, si c'est pour défendre cet idéal, il faudrait le défendre gratuitement. Et nous revenons à la grande question que je me suis toujours posé sur l'abolition ou la préservation de la peine de mort.

Il faut bien que les loups et les termites vivent, mais pas dans nos maisons, dans nos jardins, près de nos enfants.

9.

La gauche en papier, la droite en fer-blanc

Aussi loin que remontent mes souvenirs, je peux affirmer que dans ma famille on ne s'intéressait pas à la politique, on n'en parlait même pas. Il y avait suffisamment de difficultés dans les choses de tous les jours pour trouver le temps de s'occuper de la chose publique. Je me nourrissais, avec mon père, de science et d'idéal ; ou avec ma mère, de cuisine, de couture ; avec les deux et ma sœur, de jeux.

Mon père n'utilisait aucun terme pour se définir, mais je crois qu'il devait être communiste ou socialiste façon XIXe siècle, ou plutôt idéaliste mélangé d'anarchiste façon Elisée Reclus. Il était trop individualiste pour admettre quelque collectivisme que ce soit. Il m'enseignait la générosité et la tolérance à l'égard de tous. Ses idéaux ressemblaient trait pour trait à ceux de certains jeunes d'aujourd'hui quand ils veulent sortir de leur esclavage. Je précise que, dans les années de guerre qui coïncidèrent avec mes années de préadolescence au Liban, il y avait toutes sortes de réfugiés venus de partout et qu'admettre l'autre était une évidence vécue. Même les pauvres mangeaient à leur faim, et les enfants couraient au soleil.

Bien sûr, nous étions viscéralement antinazis, mais, au début, Pétain, Weygand et l'armistice semblaient tout à fait convenables et supportables. Très vite, la figure du général de Gaulle s'est imposée au Liban avant même qu'elle ne s'impose à la métropole française.

Dans le Liban de cette époque, carrefour où se mélangeaient races, religions et nationalités, nous étions aux premières loges pour recevoir les informations de première source. Ainsi, mon père pouvait me transmettre ses certitudes ensoleillées quant à son idéal lumineux sur l'humanité et ses doutes noirs sur le système stalinien. Je n'ai eu aucune difficulté à écrire en 1960 mes chansons qui tapaient indistinctement sur la droite et la gauche et que l'on m'a reprochées. Je « savais » depuis toujours. Nous savions tout du goulag, nous savions tout également des camps de concentration et des solutions finales de M. Hitler. L'Etat d'Israël était — et demeure — une nécessité pour le peuple juif, mais tout le monde devait y vivre en bonne harmonie, Arabes et Juifs.

Si l'on veut simplifier à tout prix, mon père devait être de gauche, ma mère devait être de droite. Mais ces termes n'étaient jamais élucidés ; c'est surtout par les livres qu'il m'a donnés à lire et qu'il m'a commentés, que mon père se manifestait.

Plus tard, quand à l'âge de seize ans je suis monté à Paris en classe de mathématiques supérieures au lycée Henri-IV, je n'ai pas voulu engager la moindre discussion politique. Je me souviens, mais c'est exceptionnel, m'être battu à coups de poing contre un fasciste comme il en a existé beaucoup après la Libération, antisémite de surcroît. Mais la politique ne m'intéressait pas. Le vélo, chevauché sur les routes du Tour de France par les Bartali, Robic, et au lycée par un Girondin matheux nommé Gimalac, me semblait autrement plus passionnant.

Je n'ai jamais fait partie d'aucun groupe, d'aucune cellule, d'aucune faction. Cela me semblait dès mon jeune âge, et puis tout au long de mon adolescence, comme une posture ou même une imposture dépassée. La science était pour moi la question importante, et je dévorais Langevin, Poincaré, Einstein, de Broglie et leurs successeurs. Le paradoxe du temps de Langevin, les chemins de fer après les problèmes de robinets, et même, plus jeune, les « leçons de choses » sur la fabrication de l'huile ou de la bière, m'intéressaient plus que les MRP, rad-soc et autres Ramadier.

On a souvent dit que lorsqu'on est jeune il est logique d'être de gauche, puis dès l'âge de quarante ans, d'être de droite. Pourquoi ? Moi, je n'étais rien, tout simplement. J'ai toujours cru en Dieu, sauf une éclipse d'indifférence mutuelle entre seize et trente ans, et dans l'humanité. Mon père, sans le manifester et pour ne pas m'influencer, devait être athée, mais je n'oserais le jurer. Ma mère avait la foi du charbonnier, sans excès de zèle.

Au Lycée Henri-IV, en classe de mathématiques, je n'ai pas eu l'impression que l'on faisait beaucoup de politique. On en faisait plutôt chez les normaliens de la rue d'Ulm ou chez les khâgneux, dans la classe littéraire préparatoire à Normale Sup. Je peux affirmer que la politique a toujours semblé à un scientifique quelque chose d'un peu ridicule. Je ne parle pas bien entendu des grands combats contre la tyrannie ou la folie des hommes, dont une des grandes figures fut Albert Einstein lui-même. Mais le savant est en quelque sorte protégé. Tout régime a besoin de lui pour faire des découvertes qui permettent de fabriquer des armes nouvelles. Alors que le peintre, l'écrivain, le musicien, eux, ont besoin de mécènes ; et le plus grand mécène aujourd'hui, c'est l'Etat, relayé par le peuple, lui-même manipulé par l'Etat, les médias et les marchands.

Mes premières chansons n'avaient aucune coloration, et je n'arrivais pas à me classer, à me définir, même pour me rendre intéressant : « Qui suis-je, qu'y puis-je ? » Au Quartier Latin, j'avais un ami, Carlo Cuomo — qui devint, je crois, par la suite, un important responsable communiste en Italie. Il essayait en vain de m'entraîner vers des réunions, des débats contradictoires. Entre autres livres, j'avais lu avec un intérêt ennuyé *Le Capital* de Karl Marx, mais ça n'allait pas plus loin.

Une chanson comme *Vieille Misère* était issue d'un sentiment profond et de la certitude que ce sont les misérables qui régénèrent la Terre et non les puissants ; la Terre et l'art aussi. D'une autre façon, quand le poète a écrit : « Les chants désespérés sont les chants les plus beaux », il parle surtout d'amour, mais il témoigne d'une chose évidente : les grandes œuvres ne naissent pas de l'opulence, au contraire, sauf les réflexions riches, profondes et désenchantées comme celles de l'Ecclésiaste.

Au tout début de ma jeune carrière, Canetti voulait me présenter aux francs-maçons, il me disait que c'était important, bon et utile. J'ai refusé également, mon père m'ayant mis en garde contre tous les groupes. Cependant, j'avais plus de sympathie pour les communistes que pour les gens d'extrême droite. Les communistes offrent une famille à ceux qui ont perdu leur vraie famille. J'aimais bien aussi les gens de droite, accrochés à un monarchisme vieillot, mais les rois de France ont fait autant pour la France que la Révolution française elle-même.

Je rencontrais déjà « tout le monde ». Une dizaine d'années après, alors que je n'étais plus un « simple quidam », dans la grande maison de Louveciennes où Pierre Lazareff invitait tout ce qui était nouveau et brillant, j'étais content de frôler les personnalités du cinéma, de la littérature ou encore de la politique : François Mitterrand, Jacques Chaban-Delmas ou Georges Pompidou.

Mais c'est de Georges Pompidou — qui avait été professeur au lycée Henri-IV et que j'avais croisé grâce à mon professeur de français, Raoul Audibert dit « Prosper » — dont je devins plus naturellement l'ami. Or il ne me demanda jamais, au grand jamais, de chanter pour lui, même pendant son élection de 1969, ou pour son parti ; je me demande même s'il en avait un. Nous n'avons jamais discuté politique. D'ailleurs, je ne l'ai jamais entendu parler politique : il ne parlait que de problèmes concrets, petits ou grands.

Alors qu'il était Premier ministre, je me souviens d'une soirée qui s'était prolongée fort tard, où l'on récitait des vers. Il nous quitta ce soir-là, alors que nous n'arrivions pas à décoller, nous assénant avec un grand sourire : « Maintenant, je dois organiser le marché de la viande ! »

Une nuit particulièrement grise de mai 68, grise pour tous, les nantis et les démunis, les étudiants et les ouvriers, les parents et les enfants, les députés de gauche, de droite et du tiers centre, personne n'avait le cœur à rire. Au milieu du maelström, des impasses, des mêlées verbeuses et des essais tourbillonnaires, que les politiciens essayaient de transformer comme au rugby, des amis avaient organisé une petite soirée pour essayer de se détendre. C'est ainsi en France : en plein chambardement, on continue, pépère, à se rencontrer pour manger, boire et se raconter. Ce soir-là, il y avait Claude Pompidou, mais Georges n'était pas venu : il était en pleine discussion à rafistoler avec tout le monde ce qui pouvait l'être, et il paraît que ce n'était pas facile. Vers le dessert, pourtant, il débarqua, le visage de cendre, les traits tirés et, après de brefs saluts, se mit silencieusement à souper.

L'on demanda à Louise de Vilmorin de réciter quelques poèmes, ce qu'elle faisait à merveille même après avoir animé toute la soirée de son esprit, de ses aphorismes, de ses histoires extraordinaires. Pour la forme, Louise se fit prier quelques instants et puis, des titres de poèmes étant lancés des quatre coins de la table, un nom se détacha : Nerval. Louise avala sa salive en rentrant son cou et penchant sa tête, comme elle le faisait toujours avant de commencer un poème :

La connais-tu, Daphné, cette ancienne romance,
Au pied du sycomore ou sous les lauriers blancs,
Cette chanson d'amour qui toujours recommence.

Soudain, elle s'arrêta, hésita, interrogeant du regard les invités, puis, dans un rire, elle avoua : « Celui-là, je ne l'avais pas préparé. »

Il faut dire qu'elle avait fait honneur au vin, sinon sa mémoire n'aurait pas failli, lorsqu'une voix sépulcrale enchaîna du fin fond de la table :

Reconnais-tu le temple au péristyle immense
Et les citrons amers où s'imprimaient tes dents
Et la grotte fatale aux hôtes imprudents
Où du dragon vaincu dort l'antique semence.
Ils reviendront ces dieux que tu pleures toujours
Le temps va ramener l'ordre des anciens jours.

Et la suite, sans aucune hésitation, jusqu'à la fin du sonnet.

C'était la voix de Georges Pompidou, harassé, mort de travail et de soucis, qui récitait des vers une nuit de mai. La France, heureusement, c'est comme ça.

Je fus l'un des premiers à recevoir son *Anthologie de la poésie française*, avec cette dédicace : « A Guy Béart, né poète, cette anthologie. A Guy, modèle de l'amitié, son ami, Georges Pompidou. »

Claude Pompidou avait la politique littéralement en horreur. Elle n'avait jamais eu le désir que son mari devienne Premier ministre, encore moins président de la République, et avouait franchement qu'elle se trouvait mal à l'aise à l'Elysée. Moi-même, toujours hors de toute politique, j'avais de l'admiration pour la pensée et l'action, en apparence parfois contradictoire, du général de Gaulle. Je lui adressai le manuscrit du poème *Etoiles, garde-à-vous,* adressé aux combattants de tous les temps et de tous les espaces. Il me répondit à son accoutumée très joliment, et m'invita, cette année-là, à la soirée des « Arts et Lettres » à l'Elysée

Il recevait la longue cohorte des invités aux côtés de sa femme et d'André Malraux. Curieusement, à mesure que l'on s'approchait de l'endroit où il se tenait, l'éclairage était de plus en plus faible : peut-être voulait-il ménager ses yeux. Certains journalistes furent étonnés qu'il me retînt pendant deux, trois minutes ; c'est que, devant moi qui étais bouche bée et ne savais quoi dire, il récitait par cœur : « Qui suis-je, qu'y puis-je dans ce monde en litige. » Il ne dit pas le texte intégralement, s'arrêtant au couplet :

On m'a dit la famille,
Les dollars les autos,
On m'a dit la faucille,
On m'a dit le marteau.
On m'a dit, on m'a dit, on m'a dit,
Et puis on s'est contredit.

Comme je n'affichais aucune appartenance politique et écrivais plutôt des choses qui avaient du succès, j'étais invité — comme tout artiste — partout, soit pour une fête, soit pour un concert.

Plus tard, nombreux ont été ceux qui, comme Philippe Bouvard et Thierry Le Luron, tous deux hommes de grand talent, ont brocardé cette tolérance qui me faisait être accueilli par tous. A l'époque, nous étions bien loin de la cohabitation et, paraît-il, il y avait des gens qu'il ne fallait pas voir. Je trouvais cela aussi intolérant que le temps peu lointain et qui recommence où il y avait des livres qu'il ne fallait pas lire ou même qu'il fallait brûler. Ma certitude, c'était qu'il fallait voir tout le monde et se comporter bien soi-même, l'essentiel étant ce que l'on dit et ce que l'on fait. Je me souviens de l'interpellation amusée de mon ami Georges Kiejman, l'avocat des grandes causes, qui, au soir de je ne sais quelle victoire électorale de la gauche, me lança vite, par la fenêtre de sa voiture : « Alors, Guy, toujours gaulliste ? » Oui, j'aimais de Gaulle parce qu'il défendait la France, n'étant lui-même ni de gauche ni de droite. Mais je n'avais jamais adhéré au rassemblement gaulliste, pas plus qu'à aucun autre parti. Alors que j'étais allé chanter à la fête de l'Humanité, Pompidou me rapporta ce mot de De Gaulle qui, de sa grosse voix rocailleuse, lui avait dit : « Alors, votre ami chante chez les cocos ? »

Les fêtes de l'Humanité étaient les plus belles, les mieux organisées et les plus chaleureuses que j'ai jamais vécues. A la demande de René Andrieu, j'ai essayé d'intervenir pour que la fête demeure à Vincennes et ne soit pas déplacée à La Courneuve ; c'était sous Giscard, et je n'y ai pas réussi. Sa sœur, Isabelle du Saillant, a cependant beaucoup fait pour la musique classique.

Mon Dieu, comme on m'a reproché de recevoir et fréquenter tout le monde, tout le temps ! L'image était totalement fausse. J'ai été affublé de ce masque à partir de l'âge de trente-six ans, quand j'ai commencé les « Bienvenue ». L'image télévision est puissante, elle peut dépasser et remplacer toute réalité.

En fait, j'ai toujours, d'une façon ou d'une autre, vécu seul avec mes chats, reconstituant ma chambre d'étudiant dans quelque endroit où le destin me mène. J'aime la solitude et m'y régénère sans cesse, j'y puise ma force. Heureux ceux qui savent vivre seuls aujourd'hui ! Ceux qui ne le savent pas sont émiettés, balayés, tordus et n'existent pas vraiment. Je sais peupler ma solitude, elle est habitée. Mais, quand je me lance dans une période de rencontres avec les autres, je fais ça par périodes et à fond. Exemple : j'ai toujours filmé mes « Bienvenue » d'un seul coup : en un mois, vingt émissions qui allaient occuper l'antenne pendant deux ans, au rythme approximatif d'une émission par mois. Lors de l'unique mois de tournage, je suis au studio, effectivement environné d'une foule de gens. Ensuite, pendant deux ans, je vis presque seul, alors que le public voit à la télévision quelqu'un qui apparaît régulièrement immergé au milieu de jolies filles, de copains et de personnalités avec qui il parle, boit, ou chante. Voici pour l'image « Bienvenue ».

L'homme privé est très différent de cette image. Que je me sois trouvé dans de minuscules appartements ou des grandes maisons, je reçois peu à déjeuner ou à dîner, et je vais rarement déjeuner ou dîner « en ville », selon l'expression consacrée.

Pour moi, c'est la solitude intégrale ou bien tout le monde à la fois. D'ailleurs, mes copains me le reprochent : « On aimerait te revoir en tête à tête », disent-ils. Autrefois tous les six mois, puis tous les ans, enfin depuis quelques années pas du tout, toutes ces relations, connaissances et amis que la vie m'a apportés de plus en plus, je les réunissais dans une grande fête. Alors, forcément, il en dérivait des photos et des commentaires : il y a toujours beaucoup de monde chez Béart. Je parle des commentaires parisiens. Le public, lui, n'en a rien à foutre : il écoute mes chansons et sent que c'est dans mes chansons que je dis la vérité et non dans les fausses images qui peuvent être transmises. Parmi ces grandes fêtes, beaucoup se souviennent du Jour de l'An 1980, où le tiers de mes invités s'est retrouvé dans l'eau de la piscine à minuit, les bulles des appareils à jets puissants remplaçant les bulles de champagne. Les invités ne se doutaient pas que, dès le lendemain, j'entrais en solitude et qu'à l'aube je commençais, seul, à écrire *Ses meilleurs amis,* texte que j'ai publié sept ans après ! Une chanson où « ses meilleurs amis » ne se réunissent à nouveau, après bien des malheurs, que... pour « son enterrement ».

En marge, en marge,
Je suis poursuivi car je
Ne veux jamais faire semblant
D'être tout noir d'être tout blanc.

(En marge, 1970).

On m'a toujours traité d'homme de gauche chez les gens de droite et d'homme de droite chez les gens de gauche ; le fait que je n'aie jamais fait partie d'aucun groupe ou parti, depuis mon adolescence jusqu'à maintenant, a toujours paru suspect. A ma décharge, j'ai de grands modèles : Dante qui, à Florence, n'a pas voulu choisir entre les deux partis qui s'y opposaient et qui s'appelaient justement : les « blancs » et les « noirs ». Rejeté par tous, Dante dut finalement s'exiler et ne put regagner sa ville natale... qu'un siècle après sa mort, sous forme de cendres dans une boîte.

Les gens préfèrent quelqu'un de passionné, par exemple Victor Hugo ou, plus près de nous, Montand, qui s'engage dans une direction puis se dégage en s'engageant dans une autre. On gagne plus de popularité à faire partie d'un grand groupe avec son grand orchestre rouge (bleu ou blanc), avec ses meetings et ses fêtes, qu'à rester, comme moi, à l'écart des mouvements, en me contentant d'estimer les hommes et les femmes qui me semblent faire le bien, de quelque parti qu'ils soient. C'est peut-être en train de changer, mais, à ce jour, le Français aimait les opinions tranchées, toutes faites et sans nuances. Même la chanson, *Les Couleurs du temps,* qui est devenue très populaire, n'avait pas à l'époque réussi à éclairer les gens, et pourtant j'y écrivais en clair :

Je suis de toutes les couleurs,
Et surtout de celles qui pleurent.
La couleur que je porte c'est
Surtout celle qu'on veut effacer.

Pour moi, c'est très simple, c'est un problème d'écologie, d'équilibre entre les différentes espèces vivantes. Quand beaucoup de Juifs dispersés et persécutés dans le monde ont décidé, sous l'impulsion de Theodor Herzl, de retourner en Terre promise, ils avaient raison. Ils se sont battus contre une nature aride, abandonnée et l'ont ranimée, fécondée. Ils ont eu cent fois raison de créer l'Etat d'Isrël et de s'y accrocher. Tous les juifs n'étaient pas d'ailleurs de cet avis au temps de Herzl, comme plus tard. Certains pensaient qu'il était préférable de vivre dispersés sur la surface de la terre en s'intégrant aux diverses nations...

Les Arabes ont d'abord vu cette arrivée d'un bon œil : cela allait réveiller le Moyen-Orient et leurs propres pays qui se trouvaient dans un état moyenâgeux. La « couleur » juive devait donc renaître dans la terre de ses ancêtres. Mais certains d'entre eux, les plus « occidentaux », se sont mis à vouloir écarter certains autres dont les Palestiniens. Or la « couleur » palestinienne devait subsister, être préservée et ne pouvait être effacée. De persécutés, quelques enfants d'Israël devenaient persécuteurs.

Mais, dans le chambardement de leur exode, certains Palestiniens, ceux de l'OLP, ont inclus dans leur charte l'élimination totale de l'Etat d'Israël. C'est cette clause qui a rendu depuis toute concertation avec l'OLP impossible, d'autant que quelques-uns de ses membres ou dissidents, plus extrémistes encore, continuaient à exécuter des actes terroristes, massacrant indistinctement dans tous pays hommes, femmes et enfants.

La paix au Moyen-Orient ne pourra revenir dans l'immédiat que par l'existence d'un Etat palestinien à côté d'un Etat israélien, plus tard, par leur fédération avec d'autres Etats voisins. Toute paix séparée avec l'Egypte, avec le Liban, avec le Maroc sera illusoire si la couleur israélienne et la couleur palestinienne ne coexistent pas. Jérusalem sera tenue principalement par les juifs dont c'est le sanctuaire unique, alors que les musulmans ont La Mecque et les chrétiens, Rome. Cela est l'essentiel.

Peut-être faut-il maintenant, après les excès, qu'une ou deux générations s'écoulent avant d'arriver à cette solution, et qu'Israël et Ismaël vivent ensemble. A ce jour, chaque fois que l'un a fait un pas vers l'autre qui allait vers lui, son groupe entier l'a rejeté ou massacré.

Même phénomène en Europe, dans le combat centenaire entre Français et Allemands, qui se devaient de coexister, et ils ne le savent qu'après un siècle de conflits meurtriers. Même histoire avec les catholiques et les protestants en Irlande. Les Indiens d'Amérique n'ont pas été éliminés, ils sont toujours là, heureusement vivants (mais dans quel état quelquefois !), malheureusement à ronger certaines consciences. Les Arméniens n'ont pas été effacés par les Turcs : un jour ils reviendront, au moins en partie, dans leur terre d'origine.

Nous avons assisté, il n'y a pas longtemps, en Corse, à un phénomène de rejet des Français d'Algérie. Les pieds-noirs sont chassés de leur terre. Ils arrivent nombreux, choqués, malheureux, appauvris. Ils s'implantent en pionniers dans diverses régions, y compris la côte, et, avec l'énergie du désespoir, ils créent et se développent. Petit à petit, ils écartent certains autochtones qui dormaient d'un sommeil sans concurrence. Leur réaction d'abord violente les a réveillés pour attaquer, puis faire que la coexistence s'établisse graduellement, surtout par des mariages.

Car la force de la vie, c'est le métissage, le mariage des couleurs, le mariage des religions différentes, des nations ou des idées souvent opposées.

Les Roméo et Juliette sont sacrifiés sur l'autel de l'intolérance, sacrifice qui amène la réconciliation de leurs familles ennemies.

Un jour nos langages
Parleront de fleurs
Et du mariage
Des quatre couleurs…
En attendant Caïn chasse toujours Abel
Nous avons fait de nos mains la tour de Babel.

(La Tour de Babel.)

Ils sont noirs, blancs, jaunes et rouges,
Métis aussi.

(Messies, messies.)

En ce qui me concerne, j'ai vécu de nombreux épisodes d'intolérance. En avril 1974, j'avais été invité à chanter au cours d'une Nuit pour l'Espagne organisée au palais des Sports par mon ami Paco Ibañez et son frère. C'était au temps de Franco. Quand, après avoir été convenablement présenté par Michel Piccoli, au milieu de la chanson *Les Couleurs du temps,* j'arrivai à la phrase : « Je suis de toutes les couleurs », une toute petite partie de l'immense public, se croyant « de gauche », se mit à pousser des cris. Evidemment, j'ai continué et la salle entière, protestant, a chanté avec moi *Les Grands Principes* et d'autres chansons. Beaucoup de spectateurs sont venus me retrouver en coulisses pour excuser les quelques excités qui avaient failli ruiner la soirée. Un petit groupe d'extrémistes peut détruire un grand rassemblement. Cela va des excités coordonnés du match du foot du Heysel, aux quelques provocateurs infiltrés dans une manifestation d'étudiants.

Les plus violents d'entre eux sont très souvent des « enfants de bourgeois » (qui disposent en toute sécurité de leur « ticket de retour » chez papa), encore une chanson contestée lors de sa création en 1976, notamment dans une maison de jeunes à Vichy :

Les enfants de bourgeois
Jouent à, jouent à,
Jouent à la misère.
Ils marchent déguisés
En mendiants distingués :
Ça coûte cher les « jeans » rapiécés.

La vraie misère est ailleurs, comme la vraie révolution. L'intolérance profonde contre une chanson, je l'ai vécue en octobre 1981, avec *Si la France,* cette fois-ci sous François Mitterrand, et malgré lui.

Par une belle journée de soleil de juin 1981, Jacques Attali épousait Elisabeth Prangey qu'il avait rencontrée sept ans auparavant chez moi, au temps où ma maison était un lieu traversé de visites. A la mairie, j'étais le témoin d'Elisabeth, et le témoin de Jacques était François Mitterrand, récemment élu président de la République. J'étais en pleine préparation d'un disque qui devait sortir à la rentrée d'octobre 81, donc en pleine solitude. Je l'ai rompue pour aller au mariage de Jacques et d'Elisabeth, qui fut très joyeux. Parmi mes chansons en travail, il y en avait une qui reprenait mon thème du « mariage des couleurs », mais cette fois-ci en parlant carrément de la gauche et de la droite en France, mots que je n'avais jamais utilisés jusqu'en 1981.

Parmi les phrases anodines que l'on peut prononcer dans ce genre de cérémonies à la fois mondaines et familiales, je dis au nouveau président de la République : « Votre travail maintenant, c'est de marier la France avec elle-même. » De sa voix lente, précise, qui pèse ses mots, François Mitterrand me répondit : « C'est exactement ce que je veux, ce que je dois faire. » Quatre mois après, paraissait mon nouveau disque, avec la chanson *Si la France :*

Si la France se mariait avec elle-même,
Si un jour elle se disait enfin je t'aime,
Elle inventerait la ronde
Qui épouserait le monde,
Si la France s'embrassait
Un jour qui sait.
Pour la rose et le lilas en harmonie,
La main gauche et la main droite enfin unies
Le bleuet près du muguet,
Ce bouquet est jeune et gai
Qui marie toutes les couleurs
En quelques fleurs.
Il faudra bien apprendre à vivre ensemble...

Vivre ensemble ! Je n'ai jamais vu une telle levée de boucliers médiatiques et individuels contre aucune autre de mes chansons.

Car, entre-temps, la gauche triomphante, sûre d'elle et accusatrice, venait de casser la volonté de rassemblement des Français, souhaitée par son chef François Mitterrand : au congrès de Valence, de grands excès verbaux furent proférés dont certains, d'ailleurs, exécutés. Dans les chaînes de radio et de télévision, les nouveaux petits chefs et quelques anciens, qui peut-être souhaitaient préserver leur poste, avaient apparemment changé d'opinion et ne pouvaient plus admettre l'existence d'une droite à côté du « peuple de gauche ». Je me souviens que Jack et Monique Lang avaient trouvé ma chanson « étrange ». Depuis, Jack Lang modifia son avis. Il a été l'un des meilleurs ministres de la Culture que nous ayons jamais eus, bien qu'il se fabrique sans cesse des « soviets » juvéniles et musicaux. Il sut lutter avec opiniâtreté contre les « bloqueurs professionnels » pour faire aboutir projets et lois. Bien sûr, dans le flot de ses bonnes réalisations et succès, il commit aussi quelques erreurs qui pèsent encore aujourd'hui, mais qui lui semblaient nécessaires à la beauté de son image ou pour respecter ses nécessités intérieures.

J'ai l'impression que même le sagace et omniscient Jacques Attali ne trouva pas, au départ, la chanson *Si la France* vraiment opportune, quoiqu'il changeât d'avis, d'autant que son Président — qu'il adore — la trouvait belle et vraie.

De son côté, ladite droite blessée, attaquée, molestée, n'aimait guère *Si la France,* à part quelques exceptions dont Jacques Faizant, un des esprits les plus tolérants qui soient, même quand il exagère par fidélité à ses convictions. Mais un dessin exagère toujours.

Je tentais en vain d'imposer cette chanson aux médias, relais nécessaire pour qu'elle soit immédiatement transmise au public. Au cours du journal télévisé d'Antenne 2 midi en novembre 81, j'eus même à défendre la « droite » que la nouvelle majorité chargeait de tous les péchés, en particulier, ce jour-là, Raymond Barre et Michel Debré, et je chantai en direct *Si la France*.

Peine perdue. Une chape de plomb s'était momentanément abattue sur la France, qui se devait d'être uniquement de gauche. Pourtant, François Mitterrand m'invitait dans certaines soirées médiatiques, par exemple celle concernant les représentants de tous les pays de la francophonie, parmi eux des directeurs de chaînes, et appréciait que je chante *Si la France*. Le disque se cassa la gueule ; plus encore, je me cassai la gueule. Les gens de mon métier ne comprenaient pas que Mitterrand manifeste que ses chanteurs préférés étaient Léo Ferré et Guy Béart. Pompidou, pourtant, ne se gênait pas pour dire que ses préférences allaient vers Jean Ferrat et Guy Béart. La majorité de la gauche socialiste se jeta sur l'admirable Charles Trenet pour en faire son porte-parole en chansons et réunir les congés payés de 36 et les trente-neuf heures de 81.

Mitterrand avait beau annoncer qu'il appelait tous les Français de bonne volonté et tenir ce qu'il avait annoncé, par exemple aider le Centre Pompidou, la gauche ne comprenait pas qu'il fréquentât Guy Béart qui avait été l'ami de Pompidou. La droite intolérante me considérait comme un traître à Georges Pompidou, alors que lui-même, dans un document que je possède, avait clairement dit qu'un jour il gouvernerait avec les socialistes... après les avoir vaincus. Ce petit speech est daté de 1973 ; Georges y parle aussi avec humour de son « cancer hebdomadaire ».

J'avais donc été l'un de ceux qui empêchaient la gauche et la droite de s'opposer convenablement, puis l'un de ceux qui avaient changé d'opinion, retourné sa veste. Or je n'avais pas de veste pour me protéger. Je n'en ai jamais eu, fréquentant des gens de gauche comme de droite, du moment qu'ils faisaient bien, et les critiquant quand je pensais qu'ils faisaient mal. Je ne faisais continûment que tenir ce que j'avais dit et fait depuis toujours, sans en changer une ligne, une virgule ni un geste.

J'espère que, maintenant, la chanson *Si la France* sera comprise. Il y aura fallu sept ans, beaucoup de déchirements et beaucoup d'erreurs, dont certaines sont irréversibles. La jeunesse semble aujourd'hui se foutre de la gauche comme de la droite, mais je ne suis pas sûr qu'elle ne soit pas manipulée, et qu'à nouveau ne naisse le ferment de nouveaux combats franco-français qui nous rendent esclaves des césars étrangers. Autres histoires d'intolérance en perspective.

Rien ne m'a semblé aussi méprisable et pervers que de vouloir embrigader la jeunesse. Mon père m'enseignait ce qu'il croyait, mais il développait en même temps, dès mes premières années, mon esprit critique afin que je puisse apprécier en toute indépendance le pour et le contre de ce qu'il me disait et qui m'impressionnait.

Les enfants assistaient aux discussions des grands, même quand ils n'y comprenaient rien. Mais il y avait une certaine distance : jusqu'à l'âge de treize ans, ils n'intervenaient pas réellement. Les mots d'enfant étaient, comme depuis toujours, à juste titre appréciés mais pas sacralisés. La vérité sort — parfois — de la bouche des enfants, mais à Dieu ne plaise que ce soit eux qui la mettent à exécution.

Aujourd'hui, sous le prétexte faux que les enfants sont informés de tout, des esprits malsains veulent leur faire croire qu'ils savent tout et de plus qu'ils peuvent tout. Ce langage leur est tenu pour mieux les séduire et les embrigader. Très tôt, le serpent leur donne le fruit de l'arbre de la science du bien et du mal, pour en faire ses créatures.

Les dictateurs les plus sanguinaires de notre siècle se sont servis de la jeunesse. Hitler a réuni, vers la fin de son règne, des armées de gosses qui ne juraient que par lui, alors que les adultes, sortis de l'hypnose qu'il provoquait en eux, étaient moins utilisables ou étaient déjà morts. L'ayatollah Khomeyni agit de même. Les enfants vont à la guerre en chantant au nom de l'idéologie nazie, qu'elle soit hitlérienne ou khomeiniste, et se font massacrer avec, sur la poitrine, une petite clé de plastique qui ouvre la porte du paradis d'Allāh.

Le même phénomène a lieu de façon plus charmante, mais tout aussi meurtrière, dans nos sociétés occidentales. Pour mieux vendre, on a fabriqué des créneaux, mot qui indique bien qu'il s'agit d'une guerre moyenâgeuse... avec châteaux forts, donjons, ponts-levis sur le fossé, et créneaux pour harceler l'ennemi à coups de flèches ou d'huile bouillante.

Les créneaux s'appliquent à toutes les catégories d'adultes, mais aussi à tous les âges de l'être humain : le premier âge, le deuxième âge, le troisième, bientôt le quatrième et le cinquième si nécessaire. On fait croire à de vieux retraités qu'ils sont plus heureux à vivre entre eux, à lire les mêmes journaux, faire ensemble les mêmes voyages... C'est pour leur vendre la même camelote qui leur donne l'impression d'une sécurité entre gens qui se comprendraient et auraient des besoins identiques.

Or, les vieux n'aiment pas que les vieux. Ils aiment aussi les gens d'âge mûr, ils aiment beaucoup les enfants et, parmi les vieux, il en est qu'ils n'aiment pas du tout.

Pour les jeunes, c'est pareil. Les jeunes aiment certains jeunes, en détestent d'autres, aiment se retrouver auprès de tel grand-père ou telle grand-mère, auprès de certains vieux et pas d'autres. C'est la même chose en tous les âges et pour tous les âges.

Les seuls qui soient dans un créneau depuis toujours, ce sont les bébés. Les bébés se déplacent difficilement et mangent, à des intervalles plus nombreux que les autres, des choses spécifiques, du lait principalement et des bouillies.

Mais, dès l'âge de deux, trois ans, l'enfant vit et mange avec les grands.

Sous l'impulsion des grands marchands du monde que sont les Américains, depuis un demi-siècle s'accélère le processus de séparation entre les âges, fabriquant des créneaux dans lesquels on vend, on vend, on vend. Des journaux pour les 6-10 ans, qui ne sont pas les mêmes pour les 10-14 ans ni pour les 15-19 ans, 20-25 ans, 26-35, 36-45, 46-55, etc. Les jeunes de 10-14 ans ont ainsi l'impression qu'ils font partie d'un monde à part, avec des règles à part, des musiques à part, des objets à part. Ils sont confinés dans un ghetto où ils se croient momentanément heureux. Comme la publicité, qui est la « rémunération de l'apparence », les touche de plein fouet, ils se groupent souvent en une vraie armée de gosses embrigadés par les princes guerriers et marchands de notre temps. Ils leur servent de fer de lance, de bandes qui s'excluent les unes des autres, corvéables et massacrables à merci, pour pénétrer les autres âges, y compris les âges adultes de leurs parents et le vieil âge de leurs grands-parents.

Mais les Princes Marchands ont fabriqué ainsi une jeunesse bien éphémère. En voulant faire croire que tout le monde peut rester jeune, jamais la jeunesse n'a été aussi périssable. Et l'on nous assène des théories philosophico-sociales sur l'« imaginaire » ou l'« éphémère », alors qu'il ne s'agit que de fric. Bien sûr, cela peut tenir « philosophiquement » : le fric est tout à fait ce qu'il y a de plus éphémère et imaginaire. Bien sûr qu'il y a toujours eu des bandes de jeunes qui se réunissaient ou s'opposaient, mais ce n'était pas systématisé par l'argent. Tout ce qui est systématisé est dangereux.

On n'est plus « jeune » très longtemps aujourd'hui. Dès l'âge de vingt ans, il arrive que l'on se fasse traiter de vieux par des jeunes de quatorze ans. Des mépris et des cloisons s'installent. Et plus les jeunes de 10-14 ans sont flattés et séparés des autres âges, plus ils sont molestés et asservis, tout en étant entretenus dans l'illusion qu'ils sont libres. Cela donne à l'extrême au Brésil ces armées de mendiants, voleurs, drogués et pathétiques, qui déstabilisent le pays. Ils sont tellement beaux dans leur jeunesse, encore susceptibles de se régénérer parce que leurs tissus sont nouveaux et pleins de vie, que tout le monde voudrait les sauver, sauf les leurs qui en ont peur.

En Occident, les jeunes ne se rendent pas compte qu'ils sont littéralement parqués ensemble, comme dans une garderie d'enfants. Beaucoup d'entre eux ne voudraient pas faire semblant d'aimer ce que le groupe est censé aimer, influencé qu'il est par les manipulations des financiers. Mais ceux qui diraient autrement se mettraient en marge. Ils ne veulent pas en souffrir, alors ils font et disent comme les autres.

On en voit beaucoup qui se sont transformés en hommes-sandwichs, et sans se faire payer ! Ils tiennent à porter sur leur dos, leur poitrine ou leurs fesses, des marques qu'ils publicisent, ou bien des slogans, voire même des noms de villes ou d'établissements qu'ils ne verront jamais, par exemple : « *University of Wisconsin* » ! Les chemises et les pantalons sont fabriqués à Aix ou Aubervilliers... Se veulent-ils bétail qui se « marque » lui-même à l'encre, alors que les bœufs sont marqués au fer rouge par les cow-boys ? Se veulent-ils esclaves consentants qui aident leurs maîtres à les rendre encore plus esclaves ? En fait, ils sont drogués par des marchandises aux attraits subtils, à la fois matériels et spirituels, de progrès et de vieux folklore. Il y a, dans cette drogue, un mélange savant de jeune cadre « in » qui veut arriver, et de vieux marchand d'orviétan et d'élixir d'amour « o gué o gué ». Je l'ai chanté dans *Idéologies* en 1978 :

Chaque alcool
S'apprend à l'école
Et tout le monde est drogué
O gué o gué !

Mais ce n'est pas seulement la jeunesse qui est paralysée dans de fausses et trop multiples libertés. Il y a trois ans, je suis allé rendre visite à l'architecte qui avait peaufiné l'extraordinaire maison 1930 où j'ai le bonheur, la douceur et la douleur de vivre depuis 1968, Pierre Otto Bauer. Agé de quatre-vingt-cinq ans, il finissait ses jours dans un château transformé en une maison pour vieux. Je suis venu chanter pour eux à son anniversaire. L'endroit était joli, on mangeait bien. C'était beau et pathétique.

Nous devons conserver nos grands-pères et nos grand-mères dans nos maisons. Ils transmettent par leur seule présence des choses, des vérités, des enseignements, des prudences et des générosités qui seraient indéfiniment perdus si on les parquait à jamais ensemble dans ces mouroirs confortables que l'argent fabrique pour leur malheur et le nôtre.

J'irai plus loin. A part certains agressifs irréductibles et répétitifs, nous devrions garder nos fous à la maison, à nos côtés. En Orient, les fous vivent parmi les gens dits sensés. Qui n'a pas eu dans sa famille un fatigué mental, doux et adorable, qui transmettait des choses très utiles ne serait-ce que par son psychisme plus développé que les autres mais plus torturé, donc plus rayonnant ? Cela est peut-être d'ailleurs en train de se réaliser de façon massive. Comme dans ma récente chanson *Emile s'en fout,* j'ai l'impression qu'à force de créer des barrières et des antagonismes nous devenons tous fous. Désormais, notre monde pourrait devenir un grand hôpital où je me demande si les seuls gens sensés ne seront pas ceux qui sont justement enfermés dans des asiles, comme souvent encore en Union soviétique.

J'ai retrouvé l'intolérance involontaire, l'intolérance par l'entourage, en 1983, à la mairie de Paris, où Jacques Chirac, qui veut également rassembler les Français comme tout homme politique d'envergure, avait invité des artistes, des animateurs de télévision, des journalistes, etc., au cours d'une fête printanière. Il y avait des gens aussi divers d'opinion et de style que Thierry Le Luron, Michel Drucker, Raymond Devos, Francis Lemarque, Michel Legrand, Patachou, Philippe Clay, Pierre Delanoé, moi-même, un monde fou. Tout ce monde y a été de sa chansonnette, son sketch, et, à mon tour, j'ai commencé à chanter *Vive la rose,* une des chansons préférées de Pompidou. C'est du vieux folklore français, une chanson d'amour qui n'a rien de politique ; et même le refrain, si l'on veut à tout pris l'orienter, dit : « Vive la rose... et le lilas. » La couleur préférée de Georges Pompidou était le rouge, et sa fleur préférée, la rose.

Or, un auteur de talent, qui était fin rond, s'est mis à hurler tout au long des couplets que je poursuivais imperturbablement : « Elle est bien malade la rose... », considérant cette chanson comme une provocation. Une journaliste rapporta méchamment l'incident : « Il y avait aussi Guy Béart qui chanta *Vive la rose*. Que venait-il faire ici ? » En France, une chanson très innocente peut provoquer des chahuts et même des conflits. Je rétablis, tant bien que mal, le calme en enchaînant sur *Bal chez Temporel* avec Patachou.

Aujourd'hui, comme je l'admettais naturellement depuis trente ans, les Français se sont enfin mis à comprendre qu'il nous faut avoir à la fois une bonne gauche et une bonne droite... avec, si nécessaire, un bon jeu de jambes. J'avais l'habitude de dire : « Quand je pense, je suis de gauche, et quand j'agis, je suis de droite. » Quand je réfléchis, je m'accoude sur le bras gauche, et ma main gauche se pose sur ma tempe gauche. Quand je prends une décision pour agir, je serre résolument le poing droit et, pour agir, je prends de la main droite l'outil de l'action : crayon, couteau, marteau ou tenailles. Vous en faites autant. Les communistes et les socialistes qui brandissent le bras droit en serrant le poing, seraient-ils tous de droite dans l'action ? Tout conduit à le croire.

La gauche discute, aménage, écrit, fait du papier, c'est la gauche en papier. Elle est très à l'aise dans la critique du présent et les projets de l'avenir.

La droite agit, et quand elle agit mal ou trop doucement puisqu'elle doit agir avec force, dans un monde inerte « mou, doux, flou », c'est la droite en fer-blanc. Tout groupe ou groupuscule de gauche qui arrive au pouvoir se comporte comme la droite, parce qu'il doit prendre des décisions, trancher, faire des omelettes et casser des œufs. En France, quand on ne fait rien, tout le monde gueule ; et quand on fait quelque chose, tout le monde hurle.

Comme un jour on découvrit que la Terre était ronde, qu'à force d'aller à l'est on se retrouvait à l'ouest, on finira bien par se rendre compte que la politique est ronde.

Les gens d'extrême gauche, allant encore plus à gauche, se retrouvent dans l'extrême droite *. Continuant leur chemin toujours à gauche, ils finissent par se retrouver au centre. Or le centre n'est nulle part, puisque la politique est ronde.

Je pourrais même aller jusqu'à dire que ce sont les politiciens qui ont des rondeurs qui sont les plus qualifiés pour nous rassembler, en arrondissant nos angles et nos fins de mois.

D'ailleurs, en France, ce ne sont pas les chefs politiques qui sont les plus dangereux, mais leur entourage direct.

Chaque homme politique, arrivé à un certain degré de puissance, a envie de « rassembler », mais ceux qui le servent, le suivent pas à pas, l'ont aidé à accéder au pouvoir,

---

* Annexe, p. 402.

forment une sorte d'écran voulant écarter tous ceux qui à leurs yeux ne sont pas purs et durs.

Pompidou se foutait éperdument que j'aille chanter pour qui me plaisait, mais, à côté de lui, des amis très chers, très « fidèles » ne l'admettaient pas.

Un jour, dit-on, Chirac a fait demander à Jean Ferrat, sympathisant communiste, de chanter place de la Concorde. Personnellement, je trouve cette idée bonne et sympathique. Je ne sais pas si elle a abouti. Mais l'entourage de Chirac n'admettait pas, par exemple, que moi, un ami de Pompidou, je puisse aussi fréquenter amicalement François Mitterrand, des socialistes, des communistes et des gauchistes.

J'ai voulu créer une « Bienvenue à Charlie Hebdo », au moment où son équipe, récemment formée, était vibrante et encore pure malgré ses excès. Wolinski, qui est un ami de longue date, et Delfeil de Ton étaient d'accord. Certains autres, pas ; et l'émission ne s'est pas faite. Je crois qu'ils craignaient le laminage par la télévision. Depuis, on les a vus partout, mais le document d'une « Bienvenue » à leurs débuts n'existe pas.

La télévision qui, malgré ses défauts, peut abattre des cloisons, a contribué à détruire certains ostracismes. Dans mes émissions « Bienvenue », de 1966 à 1970, on voyait côte à côte des gens de toutes tendances, comme dans le « Grand Anniversaire » et « Noël arc-en-ciel » en décembre 1981 et 1983.

Dans ma « Bienvenue à l'Espérance » de Noël 1970, il y avait un homme politique, Jacques Duclos, venu pour nous raconter ses Noëls pyrénéens lorsque, enfant, il chantait la messe dans une chorale. Cela parut scandaleux à beaucoup. En 1983, les esprits avaient un peu évolué. Il n'empêche que la poignée de main publique, à la télévision, dans « Noël arc-en-ciel », entre Jacques Faizant et Georges Wolinski discutant et s'opposant en copains, a fait sensation ! Etrange.

J'ajouterai que je crois à la gauche, mais pas à la pseudo-gauche éloignée des idéaux de la gauche qui veut gagner immédiatement, à n'importe quel prix, pour nous montrer combien ensuite elle va faire notre bien. Je crois aussi à la droite, non pas à la pseudo-droite qui agit pour le bien suicidaire d'un petit groupe contre l'humanité entière, mais à la droite généreuse, aux grands idéaux, qui dans l'action veut préserver les valeurs individuelles, lesquelles finissent par faire le bien de tous. Il n'y a pas une générosité de gauche ou de droite, il y a la générosité des êtres humains qui donnent parce qu'en donnant ils ont déjà reçu. C'est ce que j'ai tenté d'exprimer dans la chanson *Le Bienfait perdu :*

J'ai donné : c'est pour mon salut.
C'est pour me faire plaisir à moi-même.
J'ai donné, comme ça j'ai reçu.

La générosité vient de tous, des grands et des petits, de la gauche et de la droite, des bleus, des verts, des jaunes, des rouges, des faibles et des puissants, des sages et des fous. « *Le miracle vient de partout* *. »

On pourrait me poser la question : quel est le meilleur système politique ? Ma réponse est simple : chez nous, cela dépend des saisons **.

Pour une nation qui est arrivée à son été, à son état de prospérité ensoleillé et joyeux, le meilleur état, c'est l'anarchie. En automne, c'est une république d'opposition : il faut sans cesse évaluer les craintes que l'on a d'entrer en hiver, s'y préparer, lutter et rester le plus possible dans cet automne qui n'est ni très chaud ni très froid. En hiver, c'est l'Etat de féodalité avec seigneuries, vassaux, bourgades et paysans

* Annexe, p. 392.
** Annexe, p. 404.

protégés. Au printemps, c'est la démocratie de fronde, pour tout renouveler tant bien que mal, après une longue inertie frileuse.

Et en ce moment, me direz-vous? En ce moment, je crois qu'il faut prolonger la formule de Voltaire qui parlait d'un « tyran philosophe », et j'ai souvent dit qu'il fallait un tyran « philosophe, généreux et rotatif ».

Pour être généreux à bon escient, ce monarque périssable devra, bien entendu, s'entourer d'assemblées diverses, de Parlements, écouter la voix de tous pour ne point commettre d'erreur dans ses décisions... qui seront tyranniques, sans appel. Il sera rotatif, parce que tout pouvoir qui dure s'enlise dans les habitudes, fabrique des baronnies, des excès, des scandales, des corruptions. En guise de boutade, j'ai même dit que les présidents de nos démocraties devaient se balader de pays en pays, puisqu'ils avaient acquis les connaissances nécessaires en économie, affaires étrangères et tutti quanti.

Nous aurions vu le président Giscard d'Estaing, après une courte période de chômage technique, redevenir président, en Allemagne par exemple. Nous aurions vu Carter ou Nixon se retrouver présidents dans un grand pays mais moins riche que les Etats-Unis pour mieux comprendre le tiers monde, par exemple en Chine. Evidemment, c'est une boutade, mais elle risque un jour de se concrétiser quand nous aurons réalisé les Etats-Unis d'Europe.

D'aucuns veulent revenir à la monarchie héréditaire, estimant peut-être que nous sommes en hiver: La monarchie a réalisé en France de grandes choses, elle a été très utile et nécessaire, elle a dit ce qu'elle avait à dire, fait ce qu'elle avait à faire, en bien et en mal. Son temps est dépassé.

Mais je pourrais dire la même chose de la République. Il semble que, dans nos temps tourbillonnaires, il faille trouver autre chose. D'où la plaisanterie, pas tellement éloignée de la vérité, du « tyran philosophe, généreux et rotatif ».

10.

Je suis de toutes les couleurs

J'ai vécu des printemps dans mes hivers, des automnes dans mes étés, des vieillesses en pleine jeunesse et des enfances à l'âge mûr. J'ai toujours voulu tout mélanger, les époques, les espaces, considérant souvent le grand comme dérisoire et le petit comme immense, à la fois anachronique et errant.

Anachroniques
Les saltimbanques
Sont là
Salut...
Ouvrez la tente
Qui tenait toute
En u-
ne main...

En 1963, j'avais trente-trois ans et je ne valais plus un clou. Cécile et moi avions divorcé, et j'étais en train de divorcer d'avec ma première époque d'artiste car, paraît-il, nous étions en train d'aller vers une nouvelle ère dans la chanson, où selon les propos d'un jeune chanteur, le twist allait éliminer les chanteurs rive gauche et régner sur le siècle. Chambardement chez Philips, Jacques Canetti paralysé puis écarté. J'avais beau « sortir » *Il n'y a plus d'après* ou *Suez,* que les radios — qui ne se doutaient pas que je n'existais plus — se mettaient à bien diffuser, ma maison de disques ne les distribuait pas, occupée qu'elle était à installer le « nouvel ordre » de la chanson dans le monde.

On peut dire que le jazz et le tango sont des inventions vraiment remarquables de la fin du XIXe siècle. Et qui durent. Pour rire et agir à la fois, je lançais une campagne « tango contre twist », un canular vrai affirmant que c'est le tango qui finirait par demeurer, alors qu'on nous claironnait en France que le rythme du twist allait éliminer, dévorer tous les autres ! Je ne crois pas m'être trompé, mais la « campagne » — qui provoqua de Paris à Buenos Aires un mouvement vite immobilisé — ne fit rire que moi. Cependant, j'avais composé de nouveaux tangos qui, eux, sont restés : *Quand un homme,* texte de Marcel Aymé, *Plus jamais,* poème de Louise de Vilmorin, *On ne pleure pas dans les bras d'Antoine,* que j'ai écrit après une nuit aventureuse de bar en bar avec Antoine, c'est-à-dire, bien sûr, Antoine Blondin.

Je rompis avec Philips qui tenait tous mes disques.

Encore une fois, je devais repartir à zéro. Je plongeai les mains dans le matériel ; j'allai au charbon noir du disque. Tout au fond de moi, j'aurais préféré rester dans mon coin, profiter du soleil quand il est là, de la nuit qui était alors mon océan, faire de la cuisine pour mes amis, écrire des poèmes et retrouver la physique.

Or j'étais de nouveau amoureux. Il n'y a rien de tel qu'une femme pour vous faire bouger, même à distance. Il fallait que je lui montre que je n'étais pas un homme fini. J'ouvrais grande la porte de ma petite maison de Montretout. Il s'agissait de recommencer, mais cette fois-ci seul, sans alliés : je n'en avais pas dans le métier où, je le répète, seul Canetti avait été le pont entre les divers secteurs et moi.

Ma petite famille professionnelle, j'ai commencé à la reconstruire avec Dominique Grange, une jeune femme venue de Lyon, poétesse et chanteuse, son mari Jean Bériac et un trio de toutes les couleurs (de peau et de rythme) à la fois antillais et marin avec Jacques Yvart.

Avec eux, je redémarrais à nos risques et périls, et à nos frais, au théâtre du Vieux-Colombier. Le spectacle mariait tous les protagonistes en première partie, était souple, varié, mélangé, comme plus tard les « Bienvenue ». Il fut joliment accueilli par le public et formidablement par les critiques, qui disaient y trouver un principe nouveau... et un « nouveau Béart ».

Les journalistes m'aimaient bien. Leur pouvoir n'était pas encore supplanté par celui de la distribution, de la vente. Mais les Marchands entendaient déjà faire la loi. On peut dire qu'aujourd'hui ils ont obtenu le pouvoir total, bien qu'ils continuent à faire du charme aux journalistes ou à vouloir se les annexer.

J'ai toujours supporté la critique de ceux qui parlaient en connaissance de cause, même s'ils pouvaient commettre à mon goût certaines erreurs. La critique que j'ai difficilement supportée, et qui est toujours d'ailleurs difficilement supportable pour tous les artistes, qu'ils soient peintres, comédiens, cinéastes, c'est la critique ou l'analyse des gens qui ne connaissent pas le métier, et qui parlent à tort et à travers avec d'autant plus de brio et d'abondance qu'ils sont incompétents. Je ne dis pas qu'un critique culinaire doit forcément être un bon cuisinier, mais il doit avoir fait la cuisine et, un jour, avoir eu envie d'être un excellent cuisinier. Il s'est donc colleté avec les fourneaux, les huiles, les épices, les aromates, les viandes, les légumes, le temps, le feu. Il sait. Et, même si son destin le pousse plutôt à écrire sur la cuisine qu'à cuisiner, il est à niveau pour critiquer, même en tirant à boulets rouges, ce qu'il sait pour l'avoir pratiqué.

Je me souviens, d'ailleurs, qu'un an ou deux après mes débuts, François Truffaut me proposa de tenir une rubrique « chanson » dans les *Cahiers du cinéma*. Je lui avais répondu, en le remerciant, que j'étais moi-même plongé dans l'écriture, que j'avais encore beaucoup à apprendre et qu'il fallait patienter quelques années. Maintenant, je serais tout à fait d'accord, mais que la vie est brève ! Je serais d'accord non seulement parce que j'ai idolâtré certains maîtres que je connais à fond, et Dieu sait si j'ai eu des idoles quand j'étais enfant puis adolescent, mais que j'ai eu envie de brûler ce que j'avais adoré afin de pouvoir m'en dégager et écrire sans influence mes propres lignes sur mes propres nécessités, et que j'ai continué à écouter les ondes et à aimer même ce qui est différent de moi. Naguère, « Bienvenue » a été pour moi une école qui m'a permis de mieux découvrir et apprécier les autres chanteurs. Comme je devais, par fonction, inviter toutes sortes de gens, j'étais pratiquement obligé, puisque je ne peux présenter que ce que j'aime, de trouver ce que j'aimais dans les autres, de les écouter, d'écouter leurs disques, et finalement d'être touché par ce qui pouvait m'être parfois diamétralement opposé. Par la suite, quand je n'avais plus le temps d'écouter, il y avait des oreilles pour m'aider, par exemple celles de Monique Le Marcis, directrice de la programmation à RTL, qui écoute tout ce qui se fait de nouveau, et pouvait déjà me faire un premier tri. Quand j'avais plaisir à inviter des jeunes, ils étaient contents que je connaisse leurs chansons avant même le moment où je leur disais : « Bienvenue. »

Mais revenons à ma dèche de 1963. C'est dans l'infortune qu'on rencontre vraiment les gens et la vie.

Je pouvais écrire en toute vérité :

C'est l'immense douceur, l'insouciance des jours.
Vogue l'eau, vogue l'air et voguent nos amours.
Et vogue tout ceci que je ne comprends pas.
Et vogue ce hasard qui promène nos pas.

Le hasard me promenait partout.

Je vivais surtout la nuit. Un placard à ma porte,

interdisant qu'on me réveille avant midi, en témoigne. Je fréquentais quelques farceurs invétérés, ces « copains », chers à Jules Romains, qui, à l'époque, pouvaient être incarnés sur la rive gauche par Jean-Claude Merle et sa bande. Jean-Claude a littéralement inventé la discothèque qui remplaça les caves de Saint-Germain-des-Prés et, dans son bistrot-discothèque rue Saint-Benoît, j'ai chanté pour la première fois *Il n'y a plus d'après.* Plus tard, rue de Seine, il inventa une nouvelle télévision de rue. Dans un magasin à la grande vitrine, transformé en troquet, il avait installé, vers le trottoir, de puissants projecteurs. Attirés par la lumière indiquant sans doute qu'un événement exceptionnel se déroulait, les passants s'approchaient et nous scrutaient à travers la vitrine. A l'intérieur, dans la pénombre, le « présentateur » Jean-Claude Merle et quelques compagnons buveurs, dont Zacharias, commentaient les acteurs involontaires de la séquence, c'est-à-dire les passants eux-mêmes abondamment éclairés. C'était notre coin de rue qui était le spectacle.

Un des sommets de notre rigolade fut le premier congrès international des Farces et Attrapes, créé à Quincié-en-Beaujolais par quelques compères dont Jean-Claude Merle, Robert Sabatier et, bien sûr, Bernard Pivot. Nous avons vécu trois jours non pas ivres morts mais ivres vivants : il s'agissait de vin et quel vin, le beaujolais. En plein règne gaullien, j'ai composé le *Chant du Pétard.* Plus de vingt ans après, la fanfare municipale le joue encore. Un jour, cet hymne pacifique, à la suite du beaujolais, deviendra national.

Comme je démarrais l'écriture des *Couleurs du Temps* avec *Je suis de toutes les couleurs*, Jean-Claude Merle imagina de peindre les vaches du patelin en bleu, jaune, vert, rouge. Son entreprise n'aurait eu qu'une valeur hautement artistique et symbolique, si un enterrement — tout ce qu'il y a de plus vrai avec curé en tête — ne se trouva arrêté sur la route par les vaches bariolées. Même le défunt devait se tenir les côtes dans son cercueil.

Malgré les années et la gloire, Pivot a conservé le goût de la farce, c'est ce qui donne le piment de ses émissions.

Durant le chambardement des années « twist-yéyé », j'ai eu la chance d'avoir de temps en temps le Québec comme refuge. J'y rechargeais mes accus en sillonnant de part en part la « belle province », jusqu'à la pointe extrême de la Gaspésie. J'y ai écrit *Les Souliers dans la neige.* Depuis longtemps déjà, les Québécois combattaient pour leur indépendance culturelle. Avec eux, dans leur pays jeune, très moderne et très ancien, j'ai beaucoup appris et j'ai beaucoup aimé. O mes amis, ô mes amours ! Comme pour mes enfants et mes chats, un jour il me faudra de nombreuses pages pour raconter mes années dans ce pays lointain, souvent froid, qui m'a donné sa chaleur humaine et réconforté par ses chansons. C'est pourquoi j'ai tenu à ce que ma fille Emmanuelle étudie pendant deux ans dans son climat rude, mais souvent plus réellement pur et généreux que celui de Paris. J'ai conservé au Québec des amis et une famille spirituelle. Je m'y réfugierai peut-être à nouveau, un jour.

Toujours en mes années de chambardement et de renaissance, à Montretout, j'ai pu avoir de longues conversations avec Robert Beauvais, d'autant que Pierre Seghers lui avait demandé d'écrire un livre sur moi dans sa collection « Poètes d'aujourd'hui » qui, à l'époque, était assez raffinée. Il paraît que je m'y ressemble toujours.

Isabelle, mon amie, étudiante en histoire, a retrouvé diverses de mes interviews et j'y ai redécouvert une chose que je savais déjà : il se trouve que je n'ai jamais été trahi, même par des journalistes inconnus.

Il est de bon ton de dire que les autres déforment vos paroles. Il est évident que ceux qui disent à la hâte n'importe quoi pour plaire, en tous leurs âges et au fil des années, finissent par se contredire et préfèrent mettre cela sur le dos des autres. Un journaliste n'a pas envie d'inventer quand on lui donne de la matière, il se contente de travailler cette matière qu'il peut rédiger plus ou moins convenablement. En ce qui me concerne, je n'ai jamais eu de différends à ce sujet avec quelque journaliste que ce soit, même ceux qui parfois n'étaient pas d'accord avec moi et finalement m'ont rejoint. Grâce au temps, tout finit par se mettre en place. Il suffit de ne pas trop se tortiller.

Dès mon plus jeune âge, lecteur acharné de bandes dessinées, de Jules Verne, plus tard de science-fiction, de Guy l'Eclair à l'admirable *Fondation* d'Isaac Asimov, j'étais le voyageur dans le temps que nous sommes tous devenus. J'ai retrouvé dans mes papiers une chanson qui dit :

J'ai fait 14 en 18,
89 en 92,
Midi à quatorze heures
Et 68 en 63.

Effectivement, quand est arrivé mai 68, je l'avais vécu en 1963. Ayant terminé la chanson *Qui suis-je,* j'avais rencontré une jeune femme — toujours les femmes — éprise comme moi d'écologie, pour laquelle j'écrivis *Les Grands Principes et les Grands Sentiments*. La chanson est claire : elle se jetait avec fougue dans telle action généreuse, qu'elle détruisait, une fois aboutie, avec la même fougue, en faisant son contraire. Elle défendait ses positions successivement contradictoires avec des arguments extraordinaires d'avocat habile, en vertu des sentiments passionnés que tout Français, bien qu'il se croie cartésien, admet finalement comme sans réplique. Jeunesse du cœur et du corps.

Moi qui étais naturiste depuis de nombreuses années, je n'avais aucune difficulté à admettre qu'il fallait vivre naturellement en partageant tout, en faisant presque tout soi-même, en essayant de recréer sans cesse les communautés utopiques qui se sont tant développées au XIXe siècle pour finir toutes dans la mort bureaucratique. Mais j'en avais assez des glandeurs à théories qui nous envahissaient et que j'ai décrits plus tard dans *Les Enfants de bourgeois.* Et surtout j'avais besoin d'action. Je sortais d'une grave crise chez Philips. Je voulais créer justement l'outil de l'indépendance dans le disque, cette Auto-production des Artistes du Micro devenue Temporel, et ne pouvais rester loin de Paris dans un farniente méditatif, à mon âge, trente-trois ans. Pourtant, la belle des grands principes et des grands sentiments m'avait « donné » un enfant, que très vite elle a repris. Après quelques allers et retours, je restai définitivement à Paris.

Je me souviendrai toujours de mon dernier coup de téléphone, du Café Scossa, place Victor-Hugo, un coup de téléphone perturbé et sans espoir que j'ai raconté dans *Allô tu m'entends :*

Je suis dans la cabine,
Enfermé dans la cage de verre.
Allô, allô, tu m'entends...

Juste après cet appel, je téléphonai à Marie Laforêt, dont j'aimais la beauté et la voix, pour lui proposer, en duo avec moi, *Viens mon cher Frantz.* Le soir même, elle acceptait et elle, débutante encore, contribua à me relancer. La vie est une chaîne sans fin. Nous sommes restés depuis de grands amis.

C'est à partir de ma petite maison du parc de Montretout à Saint-Cloud que je lançai à la fois le disque contenant *Les Grands Principes* et *Frantz,* qui démarra ma nouvelle petite compagnie indépendante, et les émissions « Bienvenue » qui étaient le type même de la convivialité et du mélange extraordinaire que l'on vécut au Quartier latin en 68. Je me souviens d'une première page dans *France-Soir,* où une photo montrait un piano à la Sorbonne. La page était titrée : « Bienvenue à la Sorbonne ». Beaucoup d'hebdomadaires, dont *l'Express*, ont après plutôt titré sur « Le grand chambardement ».

« Bienvenue » avait quelques règles précises que j'avais énoncées : 1) le mélange des genres : la chanson avec la littérature, la danse, le cinéma, les propos divers suivant les actions ou les images ; 2) le mélange des personnes : l'inconnu à côté de la vedette, le pauvre à côté du riche, l'intellectuel près du manuel, les enfants parmi les grands, le chauffeur de taxi à côté de l'académicien ; 3) l'improvisation permanente : les mots et les gestes se succédant dans un désordre apparent, tandis que moi, le meneur de jeu, je donnais la parole et me la laissais prendre, sans autre règle que celle de voir la vie continuer ; 4) l'unité de lieu : un décor unique, celui du fourmillement humain, cerné de caméras et micros invisibles. Ce qui comptait pour moi, ce n'était pas le décor, c'étaient les regards ; 5) pas de répétitions, pas de plans préconçus ; 6) une technique de bronze qui permettait d'enregistrer tout ce qui se passait sans arrêter le tournage ; 7) le tout tenu par un thème général ou un personnage central environné de satellites, le personnage central étant à ma droite et le thème étant au-dessus de nous tous.

J'ai vu débarquer mai 68 sans surprise : je pensais que ça allait être un sacré coup de trompette pour alerter le monde sur les dangers de la société de consommation, la nécessité de l'écologie, les périls du nucléaire, les méfaits de la division du travail, etc. Beaucoup de ce qui a été dit en mai 68 était exact. Mais les excès inutiles qui affaiblissaient le propos, comme le fait d'admettre trop souvent le « n'importe quoi » qui noyait les choses vraies, m'ont graduellement fait douter.

Et la discrimination gauche-droite m'a déplu, elle, immédiatement.

Au sommet triomphant de la contestation, quand un journal m'a posé la question : « De quel côté êtes-vous ? », j'ai répondu : « Je suis des trois côtés de la barricade », c'est-à-dire le côté gauche, le côté droit et celui qui est au-dessus, c'est-à-dire le ciel ou le temps. Et, alors que les déclarations péremptoires de gens dont on ne pouvait s'imaginer comment ils étaient brusquement devenus des révolutionnaires patentés, se succédaient, j'ajoutai : « Je crains que ceux qui affirment quelque chose aujourd'hui, soient rapidement amenés à se contredire. »

Les ouvriers qui, au bout d'années de combat et de labeur, accédaient enfin à une petite maison, une petite villa « Ça m' suffit », à une bagnole, étaient-ils des gens de droite ou de gauche ? La maison du Bonheur de Le Corbusier à Marseille, immense bâtiment architectural à alvéoles, classée à gauche, était semblable aux tours de la Défense projetées par la pseudo-droite. La tour Eiffel était-elle de droite ou de gauche ? Et les Pyramides ? L'écologie retrouvant des thèmes chers entre autres à Marie-Antoinette, au Petit Trianon, était-elle de gauche ou de droite ? J'avais l'impression que mai 68, en se classant à gauche, voulait accoucher notre monde immédiatement d'une chose pour laquelle il n'était pas mûr. Il venait à temps pour annoncer comme une sentinelle, comme un héraut. Mais, entre la prophétie et sa réalisation, il fallait au moins une génération, une vingtaine d'années. Certains meneurs (remarquables au demeurant, et Geismar par exemple, que j'ai filmé à « Bienvenue » en 1970, avait commencé par être un non-violent) et surtout les médias, avec leur accélération et leur amplification commerciales, ont précipité ce qui devait arriver normalement et aurait dû arriver aujourd'hui ; mais n'arrivera désormais que dans une vingtaine d'années... si tout le monde s'entraide en ce sens.

Chacun voulait être le pionnier d'une idée nouvelle, la

dire avant les autres et avant qu'une autre idée nouvelle ne la remplace. Je vais utiliser un exemple très simple que beaucoup de journaux qui, aujourd'hui, étalent tout immédiatement, ne veulent toujours pas comprendre, mais que, dans leur profondeur, les masses ont compris. Si un homme de trente ans rencontre une fillette de dix, douze ans, jolie, déjà coquette, voire même provocante, il peut commettre une erreur fatale. Au lieu de la laisser s'épanouir pour qu'elle fasse l'amour quelques années après, lorsqu'elle est enfin mûre pour recevoir l'amour physique dont elle montre déjà tous les prémices, il peut immédiatement, pour être le pionnier, passer à l'acte avec elle dès l'âge de douze ans et la traumatiser pour très longtemps.

Mai 68 *disait* certaines choses justes à une fillette qui les comprenait déjà, mais il a voulu les *faire* trop tôt avec elle. Des ouvriers se sont rebellés contre ce viol, et ils ont eu raison. D'ailleurs, beaucoup de ceux qui disaient des choses justes à cette époque, en disent d'aussi justes maintenant et ont l'honnêteté de convenir qu'ils s'étaient trompés. Malheureusement l'enfant a été choqué.

Aujourd'hui, vingt ans après, nous vivons un mai 68 généralisé et tourbillonnaire, particulièrement un mai 68 administratif où les petits juges se racontent sans jugement, les avocats trahissent leurs clients, les agents secrets se dévoilent... La jeunesse a fort à faire, encore plus à faire que la jeunesse de mai 68, et c'est autrement plus difficile. Leurs parents, qui avaient vingt ans en 68, vivaient l'expansion, avaient de bons maîtres, un langage cohérent, une vision claire d'un monde qui était rempli d'espérance. Les jeunes d'aujourd'hui ne vivent plus l'expansion, mais la crise. Ils n'ont pas de bons maîtres et, happés par trop de communication, arrivent difficilement à se fixer sur un objectif, sauf l'argent hypnotique. L'espérance est invalide, non pas d'avoir été aimée mais violée trop jeune. Pourtant, la jeunesse est toujours, physiquement au moins, l'avenir du monde.

Il y a quelques années à peine, j'étais désespéré. La plupart des jeunes, imitant les adultes, se contentaient de petites sécurités. Déjà retraités à l'âge de vingt ans, ils ne voulaient pas changer les couleurs du temps, encore moins le monde. Ils le trouvaient cyniquement bien tel qu'il était, à condition de trouver des méthodes pour barboter convenablement dans le marécage où ils étaient nés, et de l'aménager. Plus d'utopie, plus d'idéal. J'écrivais *La Grève du rêve :*

La grève
Du rêve
Est là.
Sans ronde,
Le monde
Est plat.
La grève
Du rêve,
Des grands idéaux,
Colombes
Qui tombent
De haut.
Sinistre,
Le cuistre
S'étend,
Inonde
Les ondes
Du temps...

Or, une jeunesse qui ne veut pas changer le monde n'est plus la jeunesse. Je me disais pour la première fois : ce monde n'a plus d'avenir parce que la jeunesse ne veut pas le changer. Le rôle de la jeunesse, c'est de dire aux anciens, vieux imbéciles, sages et revenus de tout : « Vous n'avez rien compris. Vous croyez que le monde sera toujours pareil, débile, pourri, meurtrier ; eh bien, nous allons vous montrer qu'il va changer. » Et, ce disant et parfois ce faisant, les jeunes renouvellent l'avenir et régénèrent leur époque, y compris leurs parents qu'ils réveillent.

Aujourd'hui, je suis un peu plus réconforté. Ils se sont un peu réveillés. Ils se sentent plus proches de leurs grands-parents que de leurs parents de 68. La plupart de ceux-ci sont désillusionnés, sans ressort, ou bien transformés en rapaces cyniques, voulant gagner à tout prix, n'ayant que le langage de la réussite, du fric pour le fric, c'est-à-dire toujours le langage de l'apparence des choses et non de leur réalité. Auprès de leurs grands-parents, les jeunes d'aujourd'hui retrouvent des choses très anciennes, qui sont la vraie vie de tous nos jours et parfois l'espérance de nos lendemains.

11.

Comment naît une chanson

Depuis que j'ai commencé à être connu, on m'a souvent posé cette question, dans de très nombreuses interviews, à la radio ou dans les journaux. Moi-même, je dois l'avouer, je me la suis sans cesse posée aussi, tout en faisant des chansons. La période bénie, c'était lorsque j'en écrivais en faisant un autre métier : il n'y avait aucune obligation pour une date déterminée ou un objet déterminé, concert ou disque nouveau. Sitôt que c'est devenu pour moi un métier avec des obligations, la question, que j'avais pourtant résolue par mes chansons réalisées, est devenue pour moi plus préoccupante.

Voici ma réponse. Une chanson naît n'importe quand, n'importe comment, et pourtant on peut se mettre en condition pour en fabriquer à un moment déterminé et d'une façon déterminée. Bref, encore une fois, les deux extrêmes, les deux possibilités opposées : la création immédiate ou la lente maturation.

L'idéal, c'est lorsque quelques mots et quelques notes arrivent « en même temps », comme tombés du ciel. « Le premier vers nous est donné », a dit Paul Valéry. C'est vrai, mais pas toujours, ajouterai-je. La « cellule », mots plus musique, peut m'arriver en voyage, à une terrasse de café, avec des amis, tout seul, alors que je fais autre chose, que je m'occupe de chiffres, que je prends un bain, lis ou ne fais rien. Depuis des années, je note la phrase « paroles et musique ». J'ai comme ça beaucoup de débuts de chansons, dans mes multiples paperasses ou cahiers numérotés, très souvent sur les nappes en papier des bistrots, ou encore dans les tout petits carnets que j'ai en poche, et enfin, la technique se développant, dans des cassettes enregistrées en voiture, en marchant ou même en dormant.

Une chanson que j'ai écrite et terminée presque immédiatement, c'est *Qu'on est bien dans les bras d'une personne du sexe opposé.* J'avais vingt-six ans, et c'était au Port du Salut. J'esquissais quelques pas de danse avec ma joie de vivre retrouvée, après la séparation d'avec Micheline, dans les bras de la patronne, Françoise, qui était une copine. La chanson a été bouclée une heure après.

Même rapidité pour *Il n'y a plus d'après,* à la terrasse de l'Old Navy, boulevard Saint-Germain tout près de la rue du Four. Mais je l'avais en moi depuis longtemps. L'histoire d'amour avec Micheline datait d'il y a huit ans, et nos retrouvailles ratées d'il y a trois mois. Je l'ai écrite en pensant à elle : elle avait déjà marché, couru dans ma mémoire. *Les Grands Principes,* je l'ai commencée à Paris, rue Saint-Benoît un vendredi soir, terminée le lendemain même, chez mon ami Henri Viard, près de Nevers.

Car, à partir d'une « cellule » qui est forte, toute la chanson se construit paroles et musique réunies et se développe normalement, je dirai même sans efforts. Après, on peut la perfectionner, mais elle est déjà tout entière dans les quelques mots initiaux avec les quelques notes de musique qui vont avec.

Cela est donc la première façon d'écrire des chansons. J'ai l'impression que Charles Trenet qui affirme, je crois, les écrire toujours très rapidement, aurait tendance à ne faire que cette catégorie de chansons, qui sont des moments de grâce, des moments musicaux, comme dirait Franz Schubert, l'un de mes compositeurs préférés.

Mais il n'y a pas que cette façon de procéder, façon presque divine, « révélée », si l'on veut utiliser les grands mots pour cette chose petite. La deuxième manière dérive de la musique. Des notes viennent dans ma tête, se développent et donnent une mélodie complète. Cette mélodie doit chercher ses mots qui, avec la musique, formeront le mariage total, les conjoints ne faisant plus qu'un seul être. Or, une très belle musique, qui « marche », comme on dit, dans la tête, qui vous revient sans cesse, dont on ne peut se débarrasser, peut mettre des années à trouver les mots qui lui conviennent. Sur un même thème musical, on peut voir, à travers mes cahiers, des essais de certaines paroles puis d'autres paroles. On peut y voir aussi des musiques qui n'ont jamais été accompagnées de mots, qui sont restées comme une Belle au bois dormant, sans être réveillées par le Prince Charmant des paroles.

Une bonne musique ne suffit pas à faire une bonne chanson. Il faut au moins que la « cellule », les paroles et la musique du refrain, soit implacable, obligatoire.

Cependant, je le répète, si la musique est très bonne, elle vous poursuit sans cesse : en marchant, en mangeant, en voyageant, elle revient et finit donc par « trouver elle-même ses paroles ». Alors que des paroles fortes, bonnes, intéressantes peuvent ne jamais trouver leur musique.

Car nous en venons à la troisième manière de faire une chanson. Il m'arrive d'avoir aussi des idées, des sujets que j'ai envie de traiter, des phrases puis des poèmes entiers, bien cadrés, bien versifiés, bien exposés qui sont terminés. J'en cherche la musique. Dans ce cas-là aussi, il faut qu'elle tombe miraculeusement du ciel, presque d'un seul trait. Et ça peut demander des années.

J'ai souvent dit que la chanson était l'union de l'aveugle et du paralytique. L'aveugle, c'est la musique qui peut avancer, marcher à tâtons dans le noir, dans le rêve, ressentant des ambiances, des climats, des peurs, des joies. Ses yeux sont fermés, mais ses oreilles, sa bouche, ses mains, son nez, grands ouverts.

Le paralytique, ce sont les paroles figées sur le papier. Tant que le paralytique n'a pas trouvé l'aveugle qui marche et pourra le porter, tant que l'aveugle n'a pas trouvé le paralytique qui voie et lui dise où aller, bref, tant que les paroles n'ont pas trouvé leur vraie musique, ou la musique ses vraies paroles, la chanson n'est pas là.

Quand la musique et les paroles sont nées ensemble et se sont développées ensemble, c'est l'idéal, comme un aveugle et un paralytique qui naîtraient et se développeraient ensemble. Il y a un beau livre de science-fiction de Theodore Sturgeon, *Cristal qui songe,* où quelques invalides, bénéficiant chacun d'un seul sens, forment, à plusieurs, un être exceptionnel. Certains paroliers vivent ou cohabitent avec des musiciens, trouvent souvent « ensemble », se complètent très bien, que la musique vienne avant les paroles ou l'inverse.

Je viens d'énoncer quelques « règles », mais il y a sans cesse fort heureusement mille exceptions.

Nous en parlions souvent avec Brassens et nous discutions de tout et de la chanson au temps présent, au passé et à l'avenir ; je m'opposais à lui quand il disait que la musique était plus importante que les paroles, en affirmant qu'elles étaient aussi importantes l'une que l'autre. Je crois que ce n'était que coquetterie de sa part.

Moi-même, qui vis avec moi-même, qui écris à la fois les paroles et la musique, il m'arrive très souvent de terminer une chanson avec tous ses couplets et ses musiques qui se complètent, et de demeurer insatisfait. Après tout ce travail, après toutes ces trouvailles, l'ensemble ne me convient pas, il ne me semble pas « évident ». Il n'y a que ce qui est évident qui est convaincant. Je me sens malheureux.

J'enregistre ma chanson sur une cassette, et je m'écoute comme si j'étais un autre. Puis je vais aller regarder l'autre qui est moi-même : je me dirige vers le miroir du lavabo, je rechante les mêmes couplets. Ils me semblent bien faits, mais ils ne m'emportent pas. En général, je me suis donné comme habitude de me faire des reproches, voire même de m'engueuler. Je dis à mon image dans le miroir : « Mais qu'est-ce que tu as voulu dire au juste ? » Souvent, ma voix répond en disant ce qui correspond à la vérité simple de la chanson : « J'ai voulu dire qu'il faisait beau et que j'avais du chagrin, que l'eau qui ne passait pas trop loin me semblait emporter celle que j'aimais, etc. » Je me réponds : « C'est ça que tu as voulu dire, alors dis-le ! » et j'arrive à terminer ma chanson. Le gueuloir, cher à Flaubert, s'est transformé en auto-gueuloir et même en auto-engueulade.

Une chanson est destinée à aller au public, c'est-à-dire aux autres. Ceux qui écrivent des chansons sont coutumiers d'une sorte de dédoublement de la personnalité. Ainsi que l'a écrit Rimbaud : « Je est un autre », puis Sartre : « L'enfer c'est les autres. » Je ne crois pas que l'enfer ce soit uniquement les autres, puisque les autres c'est aussi soi-même. Aujourd'hui, quand on publie une chanson, elle s'adresse à beaucoup de gens divers, dont les comportements sont tenus, entraînés, codifiés par des systèmes marchands. Alors, beaucoup de ceux qui écrivent des chansons essaient malheureusement de frapper au plus fort sur ce qu'ils imaginent être le plus médiocre dénominateur commun. Descartes a dit « Je », Rimbaud a ajouté « Je est un autre. » Il semblerait que la plupart des créateurs d'aujourd'hui complètent en disant « Je est un autre, et cet autre est un con. »

Sous prétexte d'universalisme ou de popularité, beaucoup rabotent toutes les différences dans un même moule. Je l'ai écrit vers mes débuts, en 1959, pour la préface d'un livre d'André Halimi qui s'appelait : *On connaît la chanson* *. Ma préface se terminait par cette phrase : « Nous arrivons ainsi à un océan de molécules identiques d'où émergent quelques monstres qui nagent sans encombre ou agonisent lentement. »

Trente ans après, nous sommes en plein dans cette époque de « molécules identiques » où les esprits créateurs, au lieu de se distinguer et d'être des exemples que les molécules vont suivre, sont le plus souvent des miroirs qui ne font que réfléchir nos amibes généralisées. Peu de créateurs de chansons ont le courage de donner l'exemple parce qu'ils sont vite marginalisés. Ils sont dans un piège : pour être diffusés par les médias, ils doivent ressembler d'une certaine façon à l'ensemble. S'ils font une œuvre trop singulière, elle n'est pas diffusée et donc n'existe pas. Aujourd'hui, Descartes n'écrirait plus : « Je pense, donc je suis », mais « je passe, donc je suis ». « Je passe », ça veut dire : je passe à la télévision, à la radio, etc. Avec son lapsus de prophète, Descartes rejoint Marcuse.

La plus belle jeune fille, la plus tendre, la plus vraie, pleine de gaieté, d'humour et de connaissances, n'existe pas si elle est enfermée à la maison. Quand elle en sort, elle tombe sur un mari tellement jaloux qu'il l'enferme pour que ses amis ne la lui prennent pas. Les meilleures choses d'aujourd'hui sont dans le cas de cette femme.

Dans le petit livre qu'il m'a consacré en 1965, Beauvais expose ce que je considère comme les quatre pôles d'une chanson.

Premièrement, enchanter l'enfant — la part d'enfance que nous avons conservée en nous —, par le jeu des mots, des sons et des assonances, qui font que nous sommes pris

---

* Annexe, p. 385

dans un tourbillon enchanté, magique. Comme dans « am-stram-gram ».

Ensuite, séduire la femme ou la part de femme que nous avons également en nous, par le timbre, le glissement des mots et des musiques qui nous enveloppent.

Troisièmement, informer, sur un phénomène ou une histoire de notre temps, l'homme ou la part d'homme que les femmes, les enfants comme les hommes ont en eux.

Enfin, au plus haut degré, créer des liens secrets par ce qui n'est pas dit directement par les mots et la musique, par ce qui est dit entre les lignes entre ceux qui savent déjà, qui sont réunis dans une sorte de complot pour que le bien arrive. La plupart des grandes chansons sont des chansons de contrebande, des chansons dont le sens profond devrait être interdit à l'époque où elles sont publiées. En les écoutant, nous clignons de l'œil, ou bien nous sourions d'un air entendu : nous avons reconnu le message codé qui nous est transmis.

J'ai utilisé les mots habituels : « enfant », « femme » et « homme » pour être mieux compris, mais l'être humain, qu'il soit homme, femme ou enfant, comprend toujours des morceaux ou des lambeaux des trois.

Dans l'immédiat, il semble que ce soient les deux premiers points, l'enchantement et la séduction, qui soient les pôles principaux de la plupart des chansons, pas toutes heureusement. Le reste étant devenu secondaire, il s'agit essentiellement d'envelopper l'autre par le chatoiement et la magie des sons. Pour renforcer les sonorités répétitives, la rime est souvent riche, mais la rime est une ânerie quand il n'y a pas poésie. Avec des musiques qui ne correspondent pas à notre langue, les mots sont déformés, prononcés avec un accent différent du nôtre. L'ensemble est lancinant, harcelant, implacable.

Beaucoup de chanteurs à la mode gesticulent et frétillent sur place. Les « dandineurs » et les « dandineuses » gigotent d'un côté à l'autre de notre écran de télévision, qu'ils chantent « Le petit chat est mort » ou « Passe-moi le sel ». En chanson, Descartes écrirait aujourd'hui : « Je danse, donc je suis. » Et Clemenceau s'écrierait : « De quoi s'agitent-ils ? »

La plupart d'entre eux sont d'ailleurs obligés de se trémousser pour faire comme les autres :

Il te faudra danser avec les danseurs,
Ou sinon ils t'écraseront en douceur.
Il faudra te remuer dans tous les sens
Et tournoyer jusqu'à perdre connaissance..
(Tourbillonnaire)

Mon espérance ? Il s'agit d'une période transitoire, où une génération apprend à manipuler la séduction et l'enchantement pour aller vers les quatre pôles réunis, pour aller vers l'essentiel. Mais, en attendant, quel gâchis, quelles destructions de personnalités neuves !

J'utilise moi-même beaucoup de rythmes, de quelque pays qu'ils viennent, beaucoup de sonorités de quelque instrument naturel, électrique ou électronique qu'elles sortent : la vraie chanson peut tout intégrer. Mais si l'objet final n'est que joli et séducteur, je le jette.

Cela dit, il faut rester prudent quand on parle de « vraies » chansons, comme de « vraies » peintures ou de « vraies » musiques. Le mot « vrai » est d'ailleurs dans mon métier rarement utilisé ; on dit une « chanson-chanson », en répétant le mot « chanson ». C'est alors une miniature qui circule comme une eau vive un peu partout, touchant autant le savant et le débardeur, la femme comme l'enfant.

Je suis ravi chaque fois que dans le magma général il arrive qu'une chanson-chanson, quel que soit son rythme et quelle que soit sa désobéissance au système imposé, finit par éclater. Malheureusement, cela ne peut plus arriver qu'à la suite de hasards quasi miraculeux. Le courant des choses porte plutôt vers tout ce qui ne sera pas une chanson-

chanson, ce qui demeurera éphémère et ne chantera pas dans nos mémoires. Cela est tellement général que l'on pourrait faire la même analyse pour presque tous les arts et tous les produits de consommation d'aujourd'hui.

Pour une chanson, tout mon travail, au fil des rajouts, des corrections, des modifications se déroulant souvent pendant plusieurs années, doit conduire à ce que l'efficacité de la chanson demeure avec le temps ; de plus, après tout ce dédale technique, l'émotion doit demeurer préservée ; enfin, on doit pouvoir répéter la chanson indéfiniment avec les mêmes effets sur l'auditeur aux mêmes endroits. C'est pourquoi j'ai écrit, en simplifiant : « Une chanson, c'est une équation plus une émotion. »

Je laisse « dormir », dans mes cahiers, une chanson, une musique, une phrase, et quand elles me reviennent toutes seules à plusieurs reprises, après les mois et les années, je sais que la phrase est forte, la mélodie lancinante, la chanson solide. Pour moi, elle est terminée quand je la connais enfin par cœur, sans effort. Je suis le premier cobaye, celui sur qui je fais des expériences. Puis j'utilise d'autres cobayes consentants, des femmes surtout, des amis, des enfants. Je la leur chante, en chante d'autres, et souvent, au bout de deux ou trois heures de conversation, de boissons, mêlées de chansons, mes « cobayes » me ressortent telle phrase, tel refrain, qui n'a pas quitté leur mémoire. Je me dis alors que ça commence à aller. L'expérience continue sur les musiciens, puis en concert : sans qu'il s'en doute, le dernier cobaye est mon premier public.

On s'est étonné que je fasse autant de chansons à succès, que le public reprenne avec moi aussi facilement mes airs. On a essayé d'examiner s'il y avait un truc. Il n'y en a pas, sauf que chacune de mes chansons reçoit une sorte de mûrissement naturel ou accéléré, de vieillissement même rapide, comme certains vins.

Normalement, ma chanson aurait dû être mûrie au fil des siècles, comme les grandes chansons de France, mais nous n'en avons plus le temps aujourd'hui. La chanson étant publiée sur disque n'a plus la possibilité de se perfectionner toute seule au contact des publics. Alors je dois la mûrir et faire qu'en dix ans ou dix mois, ou dix jours, quelquefois elle ait cent ans. Vous pourriez me dire : elle a cent ans, elle est donc déjà dépassée !

Eh bien non, à ce qu'il semble. Comme je suis, paraît-il, souvent en avance, l'idée que j'ai eue à un certain moment ne commence à pénétrer dans la foule que des années après. Le temps que je la mûrisse, et ma chanson devient « actuelle », quand elle sort enfin après ce temps passé.

Bien sûr, j'échappe ainsi à beaucoup de chansons qui pourraient être amusantes et qui seraient comme un petit clin d'œil à l'actualité périssable, qui diraient et disparaîtraient. Je n'en ai pas le goût. Un événement d'aujourd'hui ne me semble intéressant que s'il a un sens très général, caché derrière la petite anecdote, et pour moi un goût d'éternité. Même si je me trompe, j'ai besoin de ce goût éternel, même dans l'instant. Je crois aussi que, sans se l'avouer, tout le monde est comme ça.

Je vais vous raconter l'histoire de « l'autoroute en bois »...

Sur une autoroute en bois
Trois fillettes allaient au pas,
Elles auto-stoppèrent une
Une voiture de roi...

Cette chanson, je l'ai écrite très vite parce qu'il y eut une conjonction étrange.

D'abord les frères Gall, Jacques et François, m'avaient raconté leur livre sur la forêt amazonienne que l'on tentait de traverser d'une immense autoroute dont la construction était sans cesse envahie par la végétation luxuriante. Et c'était un combat permanent. Je ne sais pas d'ailleurs si cette autoroute est aujourd'hui terminée.

Ensuite, j'avais lu un article sur deux jeunes autostoppeuses qui avaient massacré un automobiliste complaisant près de Lyon.

Enfin, ma pensée était hantée par notre univers où l'hypermoderne coexiste avec le très ancien quand ça va bien, ou lutte avec lui comme dans la forêt amazonienne ou nos villes tentaculaires. Et moi qui essayais de marier les « vieilles chansons de France » avec les « chansons du futur », les idées éternelles avec les moyens modernes d'enregistrement, dont mes concerts s'intitulaient « Chansons d'avant-hier et d'après-demain », j'étais le territoire mûri pour une chanson à l'ancienne et pourtant moderne, un conte de fées de notre temps qui mélangerait la route, la vitesse, le sexe et la mort. Il y avait également le combat, que j'espérais voir disparaître, entre la jeunesse sauvage et l'âge mûr, l'âge mûr tout aussi sauvage sous des dehors souriants et paternalistes. Mais tout cela n'aurait rien donné si je n'avais pas vécu une petite aventure qui m'avait ému...

A la fin de 1973, je rentrais seul d'un concert à Lille. Au sortir de la ville, dans l'embranchement qui mène à l'autoroute vers Paris, trois ombres me firent le signe connu, pouce en haut, de l'auto-stop. Comme d'habitude, je m'arrêtai. Quand j'ai de la place dans ma voiture, j'aime bien aider les gens qui sont sur la chaussée et je n'ai pas changé à ce sujet, quelles que soient les alarmes de notre temps troublé. Sauf ce soir-là, comme vous allez le voir.

Je freine et m'immobilise à leur niveau. Il s'agissait de trois jeunes filles d'environ quinze-vingt ans, court-vêtues et qui, me disaient-elles, voulaient aller à Paris. C'était un vendredi, vers minuit. Je trouvai cela amusant et les embarquai, deux derrière avec les guitares et l'une devant à mes côtés. Je commençai à rouler. Elles me racontèrent qu'elles allaient au bal, qu'aucun automobiliste ne s'était arrêté pour les prendre parce qu'ils avaient peur, qu'elles m'en étaient reconnaissantes, me reconnaissaient et m'invitaient à aller au bal avec elles. Je protestai en leur disant que j'étais très fatigué après mon concert, que j'allais rentrer dormir et non pas me trémousser vers 2 heures du matin, à notre arrivée à Paris.

Leurs yeux luisaient dans les ténèbres de la voiture, éclairés de temps en temps par les phares de ceux qui nous croisaient. La plus jolie, qui était à l'avant, à ma droite, dégageait encore plus son genou, sa main frôlait la mienne par hasard lorsque je touchais le levier de vitesses, son sourire était engageant quoiqu'un peu maléfique. Nous n'avions pas fait trente kilomètres et nous approchions d'une aire de stationnement indiquée par des flèches au bord de l'autoroute, quand l'une d'entre elles, de la banquette arrière, me dit : « Vous ne pourriez pas vous arrêter dans ce parking ? J'ai envie de faire pipi. » Le stationnement était proche d'une rocade qui permettait de revenir à Lille. Cette envie soudaine de satisfaire un besoin naturel, alors qu'elles attendaient depuis, avaient-elles dit, une bonne heure au bord de l'autoroute, m'inquiéta autant que leurs manières trop libres.

« Vous n'avez pas peur d'aller toutes seules vers des toilettes isolées ? »

Le parking était complètement désert à minuit ce vendredi. Ce qui me donna le frisson, c'est quand l'une d'entre elles me répondit : « Nous n'avons peur de rien. » Alors je les ai déposées et, sous le prétexte d'un oubli à Lille, et après un essai infructueux pour les ramener avec moi, je fis demi-tour et soupai seul chez un routier que je connaissais. Je repris à nouveau la route de Paris une heure après.

Je ne sais pas, je ne saurai jamais, si je ne me suis pas enfui bêtement d'une des plus curieuses aventures amoureuses de ma vie avec ces trois demoiselles délurées. Je ne sais pas si, en les suivant, j'aurais été tué et, bien sûr, ne serais plus là pour raconter ma mort. Mais toute une histoire se déroulait, que j'ai transcrite en rentrant seul et la dictant sur mon enregistreur portatif de voiture, la chanson *L'Autoroute en bois*. Elle raconte l'histoire d'un homme mûr qui prend en auto-stop trois jolies fillettes, se fait violer et laisser pour mort.

Et la morale après tout,
C'est que les grands méchants loups
Doivent craindre les bergères.
Y a plus de principes chez nous.

J'ai raconté un fait divers — qui n'a jamais eu lieu —, à ma façon. Je peux dire que ma chanson est une histoire « vécue » puisqu'elle a été vécue dans ma tête, mais je vous garantis qu'elle n'a eu lieu qu'en chanson, aussi fortement que si elle s'était réellement passée.

Depuis toujours, comme les enfants dans am-stram-gram, j'ai aimé jouer avec les mots ou les phrases, inverser les syllabes ou la position des termes et voir ce que cela donnait. Je l'ai fait dans une chanson qui s'appelle *Dans regrettable*, où je décortique l'intérieur du mot « regret », « table », etc. C'est d'ailleurs ce que font la plupart des auteurs de chansons quand ils veulent trouver des clichés nouveaux. Les mots ou les morceaux de phrases, ainsi triturés ou déformés, ont toutes les chances de devenir de nouveaux slogans ou de nouveaux proverbes, parce que l'oreille des foules humaines est habituée au mot précédent et dérape sur le mot nouveau ou la formule nouvelle, pour l'adopter plus facilement. Par exemple, en 1966 à Cajarc, en jouant avec le mot « contestation » dans mes cahiers, j'ai obtenu le mot « concertation » qui peut-être existait à l'époque d'ailleurs, je n'en sais rien. Tout ce que je sais, c'est qu'au fil des années le mot « concertation » s'est imposé et qu'il apparaît à tous comme le complément naturel du mot « contestation ». Pour avancer, il faut à la fois contester et concerter sans cesse. A la même époque, alors que j'écrivais *Le Grand Chambardement* à Cajarc, il faisait très beau. Claude me dit : « Il fait toujours beau à Cajarc », ce qui donna la chanson *Il fait toujours beau quelque part,* locution nouvelle que l'on prend aujourd'hui pour un proverbe du temps passé.

Je ne sais pas si la locution « grand chambardement » était très employée ; on a plutôt parlé du « grand soir ». Mais c'est possible qu'elle ait existé avant que je l'utilise dans une chanson qui s'est totalement répandue et a redonné jeunesse à son titre.

Un autre proverbe d'aujourd'hui : « Le premier qui dit la vérité, il doit être exécuté », n'indique pas que je désire qu'il le soit. Il signale que quiconque, avec une vérité nouvelle va contre un ordre établi, risque d'être marginalisé ou carrément éliminé. L'histoire de cette chanson est curieuse. Je l'ai écrite en un jour. Un dimanche après-midi, je donnais un concert dans une banlieue ouvrière, à Goussainville, en plein air. C'était en 1967. Il n'y avait pas de loges, et j'étais allé simplement pour me changer et me préparer dans une sorte d'hôtel de sixième ordre, un hôtel-bistrot. D'humbles ouvriers de toutes couleurs jouaient au billard ou au baby-foot, sous une lumière misérable.

Dans ma chambre grise, une lampe, un lavabo, un lit miteux et un vieux numéro du journal *l'Equipe* où Anquetil disait la vérité sur le doping chez les coureurs cyclistes Kennedy était mort, Soljenitsyne parlait enfin haut et clair, et moi, j'avais envie de dire la vérité sur la tristesse délabrée, sur la misère de la classe sociale pour qui je venais chanter. Toutes ces idées tourbillonnaient dans ma tête. Nous étions en pleine expansion : nous allions voir qu'en 1968 les ouvriers — consommateurs vivant à crédit — ne voudraient pas se solidariser avec les étudiants. Pourtant, il y avait des choses graves à dire sur ce prolétariat qui continuait à exister dans notre France riche, prospère et heureuse. Personne ne sentait encore, sauf quelques-uns, dont moi certainement, que nous vivions le prélude à de grands chambardements qui se poursuivent encore.

Alors, la phrase : « Le premier qui dit la vérité, il doit être exécuté », m'est venue naturellement, paroles et musique. J'en ai aussitôt cherché les accords avec mes musiciens : Roger Damin à l'accordéon, Alphonse Masselier à la contrebasse et Fernand Garbasi à la guitare. Le concert se déroula sous une pluie fine, les gens piétinant dans la boue, mes musiciens et moi sur une sorte de tréteau en bois que l'on avait installé. Nous tînmes bon sous la pluie, décoiffés, trempés, pour faire plaisir à ce public qui était venu parfois de loin pour m'entendre. Juste après le spectacle, ayant pris froid, je me réfugiai dans ma chambre d'hôtel, j'avalai deux cachets d'aspirine, un bon grog et écrivis d'une traite *La Vérité*.

Quelques mois après, au cours d'un concert pour les cheminots à la Mutualité, je la chantai en public pour la première fois. A la fin du gala, un pot était offert, et tout le monde paraissait content. Mais un homme, rouge d'indignation ou de complexion, s'avança vers moi : « Pourquoi leur chanter de telles choses ? » Il visait les vers : « A Moscou, un poète à l'Union des écrivains. » Je lui répondis : « Pourquoi pas ? Ils savent déjà. Ils savent même mieux que vos dirigeants. » Puis, riant et devisant, nous bûmes un verre ensemble. Il s'agissait, bien sûr, de Georges Séguy.

Pour revenir à la façon de jouer avec les mots, donc avec les idées et enfin avec le plus profond de moi-même, j'ai retrouvé, page après page dans mes cahiers, comment j'ai écrit *Qui suis-je.* Cette chanson, j'ai mis dix ans à la faire. Au début, je partais du fameux « Que sais-je ? » de Montaigne, c'est-à-dire quelles sont les certitudes sur mes connaissances alors qu'en pleine Renaissance il y a tant d'informations multiples ? Le trouble que Montaigne manifeste déjà, et que tout le monde manifeste face au savoir, était plus encore aggravé en moi, puisque je savais que la personnalité de celui qui regarde modifie l'objet regardé.

Il y avait la chanson chantée par Juliette Gréco : *Je suis comme je suis.* Alors, j'ai naturellement écrit : *Je sais comme je suis.* Puis je me suis rendu compte de la domination en moi, de tout ce que j'avais lu, vu ou connu. Et la phrase « Je sais comme je suis », je l'ai retournée : « Je suis comme je sais. » A partir de là, l'écho naturel, actuel, du « Que sais-je » de Montaigne devenait « Qui suis-je ? » Cela a donné la chanson qui porte ce titre et qui se termine par :

Tout au fond de moi je crois, je crois,
Je ne sais plus au juste en quoi.

Quand la chanson a enfin été publiée en 1964, je n'arrivais toujours pas à savoir qui j'étais, mais je savais en quoi je croyais. Maintenant, je crois toujours et, en plus, je sais qui je suis. Je suis quelqu'un qui dit : « Il ne peut plus y avoir d'homme providentiel pour tel groupe humain ou pour telle situation. Il faut que tout le monde sauve tout le monde. »

Je n'ai pas seulement joué avec les mots, mais j'ai aussi joué avec les lettres. En jouant on se dépasse et on trouve parfois des choses profondes, enfouies en nous et qui réapparaissent grâce au jeu.

C'est ainsi que, en 1976, je me suis mis en tête que nous en « arrivions » au monde des « i ». Je ne sais pas si c'est « vrai », mais cela m'aide à comprendre, donc à continuer à me réveiller le matin, faire du café, la cuisine, écrire des chansons, me battre contre les mille conneries de chaque jour. Ce monde des « i », je le vois qui m'environne, et même quand il me blesse il fait « i » et ça me fait rire. J'ai en quelque sorte apprivoisé l'ennemi. Pourquoi « i » ? Parce que les mots qui me viennent le plus facilement dans notre époque extravagante et dangereuse sont des mots qui commencent par « i » : inertie, irréversible, indifférence, imposture, idolâtrie, incertitude, intolérance, idéologie, incohérence, incommunicabilité, inconscience, inquiétude, Israël, Ismaël, imprévisible, etc. Encore une fois, il s'agit d'un jeu, mais je manifeste ainsi que c'est une époque irresponsable, irritante, irascible, idolâtre, ignoble, idiote, ignorante, ignominieuse, illisible, illusoire, imagée, imaginaire, imbécile, immédiate, immobile, immonde, inhospitalière, inique, innommable, irréparable. Bref, j'ai l'impression que cette époque dit « i ». Et un « i » qui grince. Notre époque a peur.

L'on pourrait énumérer qu'elle est aussi idéale, idyllique, illuminante, immense, immortelle, ou même initiée. Mais il m'a paru qu'il y a beaucoup plus de mots en « i » qui font du mal que des mots en « i » qui font du bien, beaucoup plus de mots négatifs que positifs en « i ».

Alors, continuons à jouer avec cela : toujours ces théories pour simplifier, et retrouver des mots simples pour des chansons de la vie.

J'ai l'impression qu'au commencement le monde a fait « a », étonné devant la création nouvelle et dans la joie du paradis terrestre. Puis il a fait « e » pour s'interroger avec Platon, Descartes et compagnie. Et maintenant qu'il est en plein dans des questions insolubles, il a mal et il fait « i ». Voulez-vous chercher avec moi quel pourra être le monde à venir ? Normalement il devrait, après avoir fait « a, e, i », faire d'abord « o ». « O » est-ce l'apocalypse ou, au contraire, la jubilation, la renaissance ? Enfin, beaucoup plus tard, il fera « u » allant vers le violet, vers la sagesse.

Encore une fois, tout cela n'est qu'un jeu, mais on dirait que les mots, les lettres orientent les pensées et permettent de concentrer les idées et de dire si notre monde des « i » existe vraiment, par exemple que l'on doit y assister à une importance plus grande non seulement de l'Islām et d'Israël, mais aussi de l'Italie. Alors, toujours en m'amusant, je pourrais écrire très doctement que l'Italie commençant par un « I », ayant bien intégré son bordel heureux, est peut-être un modèle pour la vie d'aujourd'hui. Ou même que l'Iowa où « i » est suivi par « o », doit être l'Etat de l'avenir. C'est possible, mais ce serait aller trop loin.

Je pense d'ailleurs que chaque être humain a en lui une chanson, sa chanson qu'il pourrait écrire : c'est celle qui sort naturellement de lui, car une vraie chanson est un cri. Quand je n'arrive plus à m'exprimer par les paroles, par les lettres, par les conversations, et que j'ai envie de crier quelque chose à quelqu'un, une phrase à lui dire, un mot d'amour, une colère, alors la chanson jaillit.

Mes chansons ont suivi très exactement l'évolution de ma pensée et de mon corps, comme elles ont suivi celles de mes sentiments. J'étais et je suis, comme nous tous, un enfant de Kafka et d'Hiroshima. Kafka, surtout dans *Le Château*, avait hanté mon adolescence, lui qui indiquait si clairement les pièges subtils qu'allait nous tisser l'Administration. Hiro-shima, c'est la bombe atomique, la mort de toute l'humanité, elle-même renforcée et rendue plus certaine dans les dédales et méandres du Château de Kafka, où aucune solution ne peut être trouvée. C'est pourquoi il n'est pas étonnant qu'une de mes premières chansons ait été *Les Temps étranges*. Boris Vian m'avait déconseillé de la mettre dans mon premier album, pour ne pas « effrayer le public ».

A Amsterdam
Il y a Dieu il y a les dames
J'ai vu les dames de mes yeux
J'ai pas vu Dieu
A Amsterdam.

Cette chanson a « marché », mais il y avait dans le disque, publié en 1976, toutes les chansons qui indiquaient le trouble, l'angoisse, mais aussi la renaissance possible. *Belle Harmonie, Le miracle vient de partout,* et surtout ma chanson clé, *Messies, mais si :*

Que chacun donne sa lumière,
Lumière de jour ou de nuit.

Toutes trois se sont trouvées effacées par le succès d'Amsterdam. Les dames avaient tout pris. J'ai eu beau chanter *Messies, mais si* dans toutes les émissions, c'était trop tôt. Des années après, François Dacla réunit dans un double album mes chansons caractéristiques et étranges sous le titre *D'Apocalypse en messies.* Le titre mis en avant était évidemment *Messies, mais si.* Nouvel insuccès. Comme si une pensée avait besoin de se répandre tout doucement d'abord par quelques-uns, jusqu'à ce qu'elle nous revienne portée par la foule. J'espère que les temps sont venus où cette chanson sera enfin admise. C'est pourquoi j'insiste beaucoup sur elle, et si j'ai écrit ce livre qui raconte les épreuves, les crises d'un être humain qui se cherche dans des chemins dont il ne sait pas où ils le mènent, c'est pour porter ma conviction que nous n'avons plus qu'une alternative : l'apocalypse ou la renaissance. Et la renaissance, uniquement dans un seul cas : que chaque être humain, de quelque couleur qu'il soit, de quelque âge, de quelque force qu'il possède, de quelque pays, nation, peuplade auquel il appartienne, sache qu'il est individuellement nécessaire pour sauver toute l'humanité.

Quand on se bat pour des combats très difficiles, qui n'aboutissent pas, le reste en pâtit. Cette chanson, qui m'est essentielle, m'a empêché de me battre pour d'autres plus faciles, plus légères et qui auraient plus rapidement fonctionné. Cette chanson est mon espérance folle. Un jour, peut-être sera-t-elle chantée par tous. Mais on en est bien loin. Pour le moment, elle fait un certain effet au cours d'un récital ou quand je la chante pour des copains à la maison, des copains que j'appelle « les messies réunis ». Par moments, je me dis même que, si je suis venu sur Terre, c'est uniquement pour cette chanson. Mais si je n'avais eu qu'elle pour vivre, j'aurais été obligé de redevenir ingénieur ou bien de planter des choux. Peut-être que *L'Eau vive* et *Les Couleurs du temps* sont venues uniquement pour la soutenir dans ses premiers pas.

12.

Le rêve et l'hypnose

Le grand XIXe siècle, réalisant la plupart des inventions, créations et idées qui régissent notre temps, a consacré, en même temps le rêve et l'hypnose.

Le cinéma, créé en 1895, c'est le rêve. Quand nous entrons dans une salle de cinéma, que les lumières s'éteignent, que nous nous installons à moitié couchés dans des fauteuils et voyons défiler les images, nous entrons dans le rêve.

Je me souviens que, dans les salles de mon enfance, ce rêve commençait toujours par une brève période d'accommodation, pour que le spectateur puisse sortir de l'état de veille, du soleil, du brouhaha et de l'agitation de la rue, et entrer dans les ténèbres du cinéma, et rêver.

On faisait défiler sur l'écran des lumières rouges, bleues, vertes, jaunes, d'abord éclatantes puis de plus en plus sombres. Et l'œil s'accommodait, du jour de l'extérieur à la nuit de la projection.

Au cinéma, on entre dans le rêve. Or le rêve est créateur. On suit une histoire et l'on en comprend toutes les ellipses, ce qui permet au cinéma d'être rapide dans son propos.

Si je quitte Pierre et Marguerite fâchés, et que je les

retrouve à nouveau bras dessus bras dessous, j'ai compris que Thérèse a calmé Marguerite de sa jalousie en lui expliquant que Pierre ne lui était pas infidèle.

On peut être complètement réveillé par l'inanité du film et quitter la salle. Comme on peut s'arracher au rêve : il a lieu dans le demi-sommeil.

Le cinéma, c'est le rêve qui a occupé la première moitié du XXe siècle. L'hypnose, c'est la télévision qui a investi la seconde moitié du XXe siècle.

Que de fois, même en des circonstances où j'étais très occupé, appuyant par réflexe involontaire sur le bouton d'une télévision, j'ai été subjugué en cours d'émission, non par la beauté des images ou la puissance de l'histoire, mais par le jeu des lumières, des plans se succédant à la vitesse convenable pour me plonger dans l'hypnose.

L'état d'hypnose n'est pas créateur, c'est un état d'esclavage.

Mon Dieu garde-moi des idoles
Dans leurs rouages, leurs images
Qui nous séduisent, nous cajolent
Dans l'esclavage
O Jéhovah.

J'ai écrit la chanson *O Jéhovah* dans une chambre d'hôpital. La télévision est admirablement faite pour des malades. Durant mon séjour, j'en ai été complètement l'esclave. Même pendant ma convalescence, et des mois après, je m'étais tellement habitué à pianoter sur les boutons de la télécommande que je continuais à le faire malgré moi. La première chose que je faisais en parcourant le journal du matin était de savoir ce qu'il y avait à la télévision. Les méthodes de fabrication des émissions de télévision, différentes de celles des films de cinéma, utilisent énormément les techniques de l'hypnose.

On fait défiler, comme au XIXe siècle l'illusionniste

Robert Houdin ou les colonisateurs bonimentant avec des verroteries en Afrique, devant notre œil sidéré, immobile, des jeux d'images, de couleurs et de sons. Le summum de ce travail est appliqué dans les clips.

A leur sujet, on parle de surréalisme, mais il s'agit le plus souvent de misère de l'imagination et de la construction. Les plans sont très brefs et, à ce jour, ils sont en général aussi nuls les uns que les autres. Cependant, ces plans se succèdent tellement vite que, après être entrés dans un plan et au moment où nous sommes sur le point de nous rendre compte qu'il ne vaut rien, qu'il ne dit rien, nous sommes captés par le plan suivant. Ce plan est aussi nul que le précédent, mais, frappant, il est habilement réalisé pour que les couleurs, les mouvements, joints aux pulsations de la musique, retiennent l'attention. Puis, à nouveau, on va se réveiller et constater qu'il est néant, quand arrive le plan d'après, et ainsi de suite. On ne bouge pas, comme un oiseau hypnotisé par le reptile, un oiseau qui pourrait s'envoler à chaque instant, qui pourrait fuir l'étreinte du serpent, mais qui n'arrive pas à le faire et attend toujours autre chose, jusqu'à la mort.

Ces techniques hypnotiques sont aujourd'hui utilisées dans tous les domaines. Par exemple, en politique, où tel homme, ou tel parti, qui vous a plusieurs fois déçu, continue à capter votre attention et votre voix en proposant sans cesse « autre chose ». De même en chanson, quand tel chanteur « caméléon » ne cesse de passer d'un personnage à l'autre. Mais l'utilisation de l'hypnose est à son sommet à la télévision.

Quelle que fût leur passion pour le cinéma, très peu de gens y allaient plus d'une fois par semaine. Et de nos jours, à part quelques cinéphiles n'hésitant pas à voir plusieurs films dans la journée, le pouvoir d'attraction du cinéma n'a jamais été, et de très loin, aussi fort que celui de la télévision. Elle peut débiter, à la série, des heures et des heures d'images, de paroles, de sons ineptes mais tous concoctés, mis en place selon les moyens de l'hypnose pour que le téléspectateur soit accroché quels que soient ses mouvements, même s'il bouge dans son fauteuil, même si, vissé devant le poste, il entend d'autres bruits, d'autres paroles, un repas qui se déroule, des enfants qui pleurent.

Le cinéma, lui-même, s'est mis à intégrer ces techniques dans nombre de films récents, par exemple le style bande dessinée, et sa réalisation s'en est trouvée modifiée. L'efficacité d'un film à vous attraper est encore plus grande quand un film est vu à domicile : l'on peut y avaler un navet sans décoller de son lit.

Il s'agit bien d'esclavage et les Etats s'en sont bien rendu compte, dès les premières images de télévision. Ayant laissé, la plupart du temps, le cinéma échapper à leur tutelle, ils ont jalousement gardé le pouvoir de la télévision en leurs mains, soit directement, soit indirectement.

En Occident, ce sont les marchands qui maintenant ont pris le pouvoir télévisé. Et les Etats deviennent des Etats marchands. Les Américains sont experts en la matière, par exemple pour la préparation de leurs séries ; nous envions leur maîtrise et tentons de les imiter ou même de les copier servilement. Il s'agit d'analyser tous les ingrédients nécessaires pour remplir la fonction hypnotique, devenue la fonction principale de la télévision, qui veut capter et retenir l'attention du téléspectateur inerte, prêt à accepter n'importe quoi dans n'importe quel ordre, jusqu'à s'auto-hypnotiser en jouant de son instrument d'asservissement.

Or, la télévision est un instrument extraordinaire dont la principale fonction est de réunir les publics, au même moment, dans une même vision, une même écoute.

Les arènes, le cirque, le théâtre, les temples, les églises sont construits pour recevoir quantité de personnes dans un même lieu, en communion entre eux, avec les acteurs, avec l'auteur, allant parfois jusqu'à Dieu.

La spécificité bonne de la télévision, c'est le même pouvoir de rassemblement, mais portant sur un nombre beaucoup plus grand de personnes, de régions différentes, et de la terre entière quand il y a mondovision. L'idéal est que l'événement ait lieu en direct, acteurs et spectateurs le vivant ensemble.

Combien de mes amis réalisateurs ont discuté devant moi des différences entre l'image télévision et l'image cinéma. Bien sûr qu'il y a des différences, mais l'essentiel est l'instantanéité d'événements suivis, vécus en des lieux différents, par des personnes différentes.

Les émissions en direct ne peuvent pas créer l'hypnose par des moyens artificiels — on n'a pas eu le temps de les fabriquer — et captent l'attention par la force de l'événement et la façon dont il est restitué par l'art du réalisateur, des cameramen, qui improvisent beaucoup à partir de l'événement, comme il se présente et comme il change tout en se présentant. C'est là la grande voie de la télévision.

Pour le moment, on est loin de cet idéal, pourtant tout à fait réalisable, et le développement du pouvoir hypnotique de la télévision se renforce. « Toute merveille ne dure que trois jours », dit un proverbe bulgare. L'enfant qui joue avec un jouet nouveau s'en lasse en général, mais on ne se lasse pas de la télévision, parce qu'on s'ingénie à vous fabriquer des choses soi-disant nouvelles, des trucs *new, new,* des machins « nounou » toujours nouveaux.

Je ne prétends pas que la télévision ne doive pas également transmettre des films, des séries, des émissions composées, concoctées, qui peuvent être diffusés plusieurs fois et circuler de pays en pays. Ce sont alors des contes, des histoires ou des enseignements, des amusements, voire de franches rigolades, toujours bien montés.

Mais sa grande mission, c'est le direct. Le public le sait et le ressent autant pour une émission de jeux que pour la transmission d'une éruption volcanique. Les grands producteurs et réalisateurs de télévision sont ceux qui savent ouvrir les portes dans lesquelles pourra se glisser l'inattendu que seul le hasard a créé et qui surprend tout le monde — y compris réalisateur, techniciens et participants —, rompant tout plan préconçu, pour finir en direct en événement spectaculaire.

Dans l'horripilante « Nuit des Oscars » américaine, plus horripilante encore que la « Nuit des Césars » française, ce que le public attend, c'est ce qui va sortir du moule, inopiné et imprévisible, tant dans l'attribution des prix que dans le comportement des acteurs. Le solide Georges Cravenne s'est un jour opposé à moi parce que, présentant le prix de la meilleure musique dans la « Nuit des 7 d'Or », je voulais improviser quelques couplets. Cravenne souhaitait un plan de bronze, que tout le monde d'ailleurs enfreignait en direct. Je lui ai obéi parce qu'il était le maître de cette nuit, et, dans toute production, il y a un maître. Mais il semblait ignorer que ce qui fait la qualité des émissions en direct, c'est l'inattendu.

Le pouvoir hypnotique de la télévision fait des ravages en France sur des publics de tous âges. La volonté de ses bons créateurs est d'utiliser ce pouvoir extraordinaire pour intéresser, non seulement pour séduire et enchanter, mais pour transmettre des informations durables, enrichissantes aux petits comme aux grands.

Moi aussi, comme tout le monde, j'ai été hypnotisé par la publicité télévisée. C'est beau, c'est gai, c'est amusant, c'est très bien fait, surtout en France. Et puis je m'en suis détaché, et maintenant ça m'indiffère. Comme il est de bon ton aujourd'hui de dire que ce qui plaît à l'enfance et la jeunesse, c'est ce qui est bon, c'est ce qui est l'avenir, peu de gens se risquent à avouer que la publicité les fatigue. Pourtant, j'étais dès le début disposé à l'apprécier, puisque j'aime beaucoup les affiches et les bandes dessinées. Un homme de chansons essaie aussi de restituer un message en quelques lignes, en quelques traits. Je suis très sensible à la relation entre le dessin humoristique, la chanson et l'affiche.

L'affiche est là, qui s'impose dans les rues comme un décor que l'on peut « regarder » ou non, même s'il vous saute aux yeux. A la télévision, la quintessence du pouvoir hypnotique a été utilisée dans ces brefs moments de publicité où des sommes énormes sont dépensées pour accrocher l'attention, donc hypnotiser au maximum pour pousser à acheter sans cesse. Le slogan généralisé semble même être devenu : « Dépensez plus, gagnez moins », le leitmotiv des endettés permanents, les esclaves d'aujourd'hui.

. De même que certains Russes ont la nostalgie de leurs moujiks, certains Américains ont la nostalgie de leurs esclaves.

Il ne faut pas oublier que la chimère américaine, lancée et magnifiée par les chercheurs d'or, est d'un principe très simple. On annonce urbi et orbi, d'abord par des petits bruits qui se généralisent, puis par voie de presse, qu'un tel a trouvé un filon dans une région perdue. Première question : pour quelle raison dévoile-t-on ce secret qui devrait en rester un pour être rentable au maximum, demeurer dans la confidence de très peu de gens pour qu'ils puissent en profiter seuls ? Or, on le clame. Et des milliers de gens, venus d'Amérique, d'Europe et d'ailleurs, à pied, à cheval, par bateau et en voiture, se mettent à débarquer.

Pourquoi cette publicité ? La réponse est simple : cela fait de la main-d'œuvre pour rien, des hommes qui viennent travailler en se battant souvent entre eux pour occuper le territoire et trouver d'autres mines, d'autres rivières d'or. Car le système est prêt pour tondre tous ces « aventuriers » déjà condamnés : snacks de fortune gérés par de grosses compagnies, installés rapidement, pratiquant des prix prohibitifs, saloons, salles de jeu, bordels, banquiers, tenanciers de toutes sortes, le système est là en marche, utilisant tous les artifices des pôles d'attraction et des clauses juridiques. Il suffit d'ailleurs de revoir à ce sujet les films américains, qui sont excellents et démontent admirablement le système.

Il se trouve cependant que, dans cette multitude, une personne sur dix mille fait réellement fortune, devient réellement millionnaire. Aussitôt, une presse destinée à donner du rêve aux populations s'empare de l'exception solitaire et en fait un héros, un modèle, un nouvel attrape-nigaud. On oublie les 9999 « chercheurs d'or » qui sont souvent devenus des parias. A moins qu'ils ne se soient mariés et ne vivent une médiocrité tranquille, ce qui est alors la bonne face des choses. La chimère américaine est alors en action pour démontrer à tous que tout le monde peut faire fortune. Le même système fonctionne identiquement dans d'autres domaines avec le même combat pour l'argent et le même résultat : la pauvreté ou la mort, dans la plupart des cas. Exceptionnellement, un nouveau nabab qui continue à s'emmerder ou se tuer à faire de l'argent.

La chimère stalinienne a fait pareil et pis pour attirer de nombreux pays dans les filets d'un communisme qui les menait vers la pauvreté, l'absence de liberté et une nouvelle classe privilégiée ou nomenklatura. La chimère stalinienne publie aussi des myriades de slogans, de brochures, bref de publicités idéologiques. Les deux systèmes sont néfastes. Nous nous sommes débarrassés de la chimère stalinienne, il nous reste à nous séparer de la chimère américaine. L'expression « chimère américaine », je l'ai entendue pour la première fois dans la bouche de Jean-Claude Carrière, extraordinaire scénariste, qui a travaillé avec moi sur un grand projet... de série de télévision qui s'appelle *Les Belles Années*. Pour mieux comprendre, il faut faire.

Mais laissons en paix le rêve au cinéma et l'hypnose à la télévision, pour examiner le rêve et l'hypnose en musique.

« La musique, c'est du rêve », disait Victor Hugo. Oui. C'était du rêve avant que les manipulateurs du XXe siècle s'en soient emparés. La musique du XIXe siècle s'est développée si bien que les airs d'opéra, des barcarolles des « Contes d'Hoffmann » aux airs de Verdi et Rossini, comme les thèmes de Beethoven, Mozart, se sont répandus dans le grand public. Prolongée par les chansons ou la musique classique légère, élargie par des poèmes symphoniques, la musique faisait rêver tout le monde.

Maintenant, la pulsation d'un même rythme, l'utilisation de tous les gadgets, la répétition des mots prétentieux et vides de sens, d'autant plus vides qu'on veut qu'ils soient très généraux, qu'ils touchent tout le monde, tout cela conduit à ce que la chanson qui faisait rêver soit devenue la chanson qui hypnotise.

Et quand on a émergé de l'hypnose et rejeté cette chanson qu'on a cru aimer parce qu'elle était matraquée et, par sa nature et la force de sa construction, nous tenait d'un bout à l'autre pendant ses trois minutes, alors on passe à une autre chanson tout aussi dérisoire, qui hypnotise tout autant. D'un plan éphémère à un autre plan éphémère.

Autrefois, il y avait aussi des « scies » dont on ne pouvait se débarrasser.

C'est qu'il a des bottes
Il a des bottes Bastien
Il a des bottes bottes bottes
Il a des bottes Bastien.

On les répétait bêtement, mais en rigolant de sa propre bêtise. Il y avait autant de conneries qu'aujourd'hui, mais on ne les glorifiait pas. On ne serinait pas « Ah les p'tits pois » en en faisant un plat avec des théories absconses, pour justifier que c'était « signifiant quelque part ». Jeunes et vieux se contentaient de se marrer.

Les fabricants (soi-disant créateurs) de disques nous disent aujourd'hui : « Ici, nous avons imité les pulsations du cœur de la mère telles que le bébé les entend quand il est dans son ventre. » Le travail consisterait donc à créer une fausse quiétude où le bébé reste tranquille en écoutant la parodie du cœur de sa mère ! Quoi d'étonnant à ce qu'on ait fabriqué une génération de bébés, comme dans ma chanson *Marie Berdasse* où les hommes sont des bébés... ou des machos. Car à l'extrême opposé — qui se touche — ces sons s'adressent aux machos (des bébés inversés) mâles et femelles. Elle est la transposition de la musique des marches militaires à des soldats — les danseurs —, qui font du surplace au lieu d'avancer vers l'ennemi ou de battre en retraite.

L'intervention « militaire » croissante des batteries et des cuivres, conduit à un gigotement sur place des auditeurs ayant envie de se défouler, faisant en quelque sorte semblant de se battre, ou de marcher, mais sans bouger. Des bébés ou des machos allant à la guerre, hypnotisés par des musiques, quelle image de notre avenir !

Car tout cela conduit à un monde d'esclavage. On dit souvent avec délectation que nous devenons des enfants. Il ne faut pas croire que l'enfant est libre, que l'enfance, c'est uniquement l'insouciance et la découverte permanentes. L'enfance, c'est aussi ce qui est contraint par l'autorité des grands, de ceux qui ont le pouvoir. René Barjavel avait posé la question à une amie voyante, Olinka de Veer : « Qu'est-ce que les astres indiquent pour les humains à venir ? » Et la réponse était : « A 90 %, des esclaves. »

Et moi-même, quand je me suis prêté à être médium, Jacques Mousseau étant à mes côtés ce jour-là, par deux fois, j'ai demandé à celle qui s'annonçait comme la déesse égyptienne Isis : « Qu'est-ce qui se passera dans le monde dans trente ans ? » La première fois, elle a répondu : « Explosion. » La seconde fois, quelques semaines après, comme Isis était d'une humeur folâtre, elle a répondu à la même question : « Boum ! »

A deux reprises aussi, je lui ai posé une deuxième question : « Est-ce que Dieu existe ? » La première fois, la réponse a été : « Dieux » (avec un x). Et la seconde fois, la réponse a été : « Demande-lui ! » Ce qui est vrai et très poétique, j'en conviens.

Mais à la troisième question : « Est-ce qu'il restera des

êtres humains après l'explosion, le boum ? », la réponse, invariable, a été : « Enfants. » Comme s'il ne devait demeurer sur terre que des enfants ou comme si nous étions destinés à redevenir tous des enfants ou des adultes infantiles, débiles, avec des machines plus sophistiquées qu'eux.

13.

La grande manipulation

A mes débuts, vers la fin des années cinquante, c'étaient en gros les jeunes d'alors, de dix-sept à vingt-sept ans, qui achetaient beaucoup de disques. Ils les gardaient longtemps, les échangeaient, les collectionnaient. Des années plus tard, j'ai rencontré ces mêmes acheteurs : à l'âge de quarante, cinquante, soixante ans, ils se souvenaient par cœur des chansons qu'ils avaient aimées dans leur jeunesse.

Mais très vite le commerce hypnotique, c'est-à-dire celui qui veut conditionner le public à acheter même sans raison, s'est rendu compte que les plus de dix-sept ans n'étaient pas des consommateurs de chansons dociles comme des moutons. Ils se laissaient parfois imposer certains titres, mais en général ils rejetaient ceux qu'ils n'aimaient pas vraiment, et le commerce ne pouvait plus fonctionner sur le système inauguré en 1961, avec l'avènement des « twist-yéyé » qui devaient, paraît-il, régner sur la fin du XXe siècle.

Dès cette époque, le public des chansons, cible du commerce international, a vu son âge diminuer. On s'est adressé aux jeunes d'environ treize à vingt-deux ans. Cela a duré quelques années, où l'on a pu conditionner ce public.

Mais plus les jeunes sont manipulés, plus ils deviennent lucides, plus ils vieillissent vite et plus ils se rendent compte de la manipulation. Aujourd'hui, la majeure partie du public pour les disques et cassettes, ce sont les enfants de cinq à douze ans. Ils se laissent parfois influencer par leurs parents, mais la plupart du temps, à l'école, à la télé, entre eux, en écoutant les radios, ils décident d'acheter tel ou tel disque ou amènent leurs parents à l'acheter. Et c'est eux qui les influencent dans des domaines voisins, les spectacles, comme pour divers achats de toutes sortes.

C'est évidemment le public très juvénile que l'on peut le mieux hypnotiser. On peut ainsi lui vendre beaucoup de choses qu'il achète, puis jette et oublie complètement. Parenthèse : pour mieux vendre aux « vieux » et les influencer aussi, on leur fait croire qu'ils doivent rester juvéniles, donc acheter sans cesse du nouveau et, par manque de place ou usure de plus en plus rapide, finir par s'en débarrasser.

C'est vers treize ou quatorze ans que l'on gagne sa liberté mentale et que l'on se bat pour conquérir son indépendance physique et matérielle. Le public de mon jeune temps, lui, ne trouvait sa liberté que vers vingt-deux ans. Y a-t-il eu progrès ? Faut-il accepter de devenir vieux très jeune ? Vieux dans le sens de « cyniquement lucide », pas dans le sens de « sage averti ». Ma réponse est non. L'enfance doit durer le temps normal pour accumuler des enthousiasmes et pour que ceux-ci enrichissent toute notre vie jusqu'à la mort.

Le développement du commerce hypnotique de la chanson fait que ce ne sont plus les « paroles » qui comptent ni même la « musique », c'est ce qu'on appelle le *sound*, le « son ». Les mille ingrédients qui forment les quelques minutes de la chanson — ou de ce qu'on appelle la chanson car ce n'est plus du tout de la chanson — captivent littéralement les esprits, font que, je le répète, l'on subit en esclaves un son déterminé avec des boums implacables, des effets répétitifs, chatoyants, des taches musicales qui clignotent comme des lumières et nous font papilloter l'oreille comme les yeux. Cette manipulation, cette agression sonore obligent à écouter et obéir

Le même système est utilisé dans les concerts composés de ces mêmes chansons, où le travail savant sur l'éclairage crée des effets rotatifs, répétitifs, avec l'envoûtement par les lumières qui se superpose à l'envoûtement par le son.

Dans un tel spectacle, on a passé des heures captivé, grâce, de plus, à toutes sortes de méthodes utilisées pour faire applaudir à un moment donné, allumer des briquets, taper dans les mains, crier ensemble, se croire enchanté. On en sort d'ailleurs enchanté. On se réveille graduellement, et il n'en reste rien : quelques semaines après, on s'est jeté dans d'autres envoûtements aussi passagers que les précédents.

En conséquence, tout le travail des créateurs de chansons d'aujourd'hui consiste en majeure partie à faire des recherches sur les effets hypnotiques. Je ne dis pas que les jeunes auteurs-compositeurs, j'en connais beaucoup qui ont une étoffe excellente, ne pensent pas aux paroles, à la mélodie, à la musique vraie. Mais ils savent que l'essentiel va venir de l'emballage, du conditionnement hypnotique. Et, comme ils veulent vendre pour exister, concluez vous-mêmes. Sans les effets sonores, ils peuvent avoir les meilleures idées du monde, les meilleurs textes du monde, les meilleures mélodies, mais l'œuvre ne « passera » pas car elle ne sera pas diffusée ou distribuée. Les techniciens sont devenus les maîtres d'œuvre. Ce phénomène commence aussi à se produire au cinéma.

Les séances d'enregistrement des disques ne comportent souvent qu'un seul musicien à effets, qui enregistre successivement plusieurs pistes en utilisant les synthétiseurs, quand il est « claviériste » (pianiste aux « synthés »), ou guitariste avec les boîtes à son. J'en connais d'excellents et qui ont su préserver à la fois leur âme et leur technique. Mais même pour eux il s'agit de déformer au maximum le son naturel pour créer le choc de l'étrange, voire de l'effrayant.

Savez-vous, par exemple, qu'aujourd'hui, si dans un

disque de chansons ou musiques dites commerciales, on fait jouer les violons comme ils doivent, comme ils savent le faire, et qu'on les enregistre avec une prise de son fidèle, le disque fait démodé ? Il faut absolument modifier le son ainsi réalisé et même lui superposer celui des violons créés artificiellement sur le synthétiseur. Dans les disques populaires, on ne peut plus utiliser les violonistes en chair et en os. Il est préférable d'utiliser la machine qui imite les violons, jouée par un claviériste !

Eh bien, me direz-vous, cela va faire des économies de musiciens. Pas du tout. Les machines coûtent très cher, les enregistrements multipistes aussi, la superposition et le mixage encore plus. La machine coûte plus cher que les vivants. Beaucoup de musiciens « naturels » ne trouvent plus d'emploi que dans certaines musiques de films où l'on veut justement le son « ancien », qui est celui du concert ou des disques classiques.

Je me suis toujours battu fraternellement avec les ingénieurs du son qui me disaient : « Guy, si tu enregistres la guitare naturellement, le disque fera “ vieux ” : tu es obligé de la déformer. » Je rétorquais : « Si je déforme pour créer un effet d'étrangeté et d'hypnotisme, le disque lui-même sera démodé dans un an puisque les déformations changent, alors que le son naturel de la guitare, lui, ne changera pas. »

Pour mon dernier disque *Demain je recommence,* j'ai commencé par travailler à la maison avec trois musiciens, deux guitaristes et un bassiste, avec des instruments acoustiques ou électriques, jusqu'à ce qu'ils connaissent les chansons par cœur et qu'ils trouvent avec moi l'accompagnement le plus naturel. C'est ensuite que nous avons été en séance, au studio.

Il a fallu convaincre l'ingénieur du son, qui s'apprêtait à déformer pour faire moderne, d'enregistrer une prise de son naturelle ; au prix d'un lavage momentané de la tête et des oreilles de ce bon technicien : je lui avais demandé de participer aux répétitions. Au cours de l'enregistrement, les musiciens, tous excellents et « modernes », m'ont avoue « C'est la première fois depuis trois ans que nous jouons ensemble. Voilà quelques années qu'on nous prend un par un pour jouer avec différents effets sur de multiples pistes, jouer et rejouer seuls. » J'aime les inventions, pas les gadgétisations à l'infini. Que de gadgétisations depuis les merveilleuses inventions de Thomas Edison !

Tout ce qui peut faire qu'un être humain, seul sur ses deux pieds, sans rien dans les mains, existe et puisse s'exprimer, est libération. Une chanson, que l'on peut interpréter toute nue, avec sa voix, sa bouche, en y ajoutant si l'on veut, ses yeux, ses mains avec des gestes, est libération. Une chanson qui peut exister seulement s'il se trouve à côté d'elle une machine quelconque, du tambourin ou de la guitare jusqu'au synthétiseur, est esclavage.

Bien des gens ne partagent pas mon point de vue. Ils disent que notre monde multiple a intégré les machines vendues partout, et que c'est justement parce qu'on a intégré ces machines dans une chanson qu'elle devient aujourd'hui universelle. C'est faux. Les machines, les moyens de communication, les réclames, les amplificateurs sont là pour distribuer, diffuser au mieux dans un univers qui a pris de telles habitudes d'accompagnement. Mais ce qui est dit en chanson, en mélodie est ce qu'un être humain nu, je le répète, peut reproduire. C'est ce qui reste dans la mémoire, sans rien autour. Tout le reste est esclavage. Je préfère une femme pauvre, nue ou vêtue de haillons, dans un taudis, mais belle et saine, à une femme très riche, très bien habillée, dans un mobilier contemporain, mais moche ou malsaine. Pourvu qu'il y ait à manger et à aimer, les chats, qui sont des maîtres à vivre, sont plus heureux dans un taudis que dans un palais.

Finalement, malgré la multiplication des moyens de communication, chaque être humain, qu'il soit dans une famille nombreuse, dans une salle de spectacle pleine, ou tout seul dans sa chambre, est, dans toutes ces situations, complètement seul. Toutes les méthodes de distribution de l'information renforcent même cette solitude où il est envahi par les messages qu'il va accepter ou contre lesquels il va lutter.

Les Américains sont les grands hypnotiseurs commerciaux de ce temps, alors que les Russes en furent les hypnotiseurs idéologiques. Nos cousins d'outre-Atlantique savent porter à son maximum la création de gadgets. Dans un article du *Business Week*, un excellent économiste américain écrivait il y a deux ans : « Nous sommes vraiment les plus grands marchands du monde mais nous ne créons plus. » Il signalait d'ailleurs un danger. Dans la marchandise, imitateur et prolongateur, combatif et inspiré, le Japon est en train de supplanter les Etats-Unis. Pas en chanson encore.

En chanson, les jeunes Français qui veulent créer, qui en ont la possibilité mentale et technique, sont obligés de déformer leur talent pour passer par un système où les Anglo-Saxons excellent. Ils se voient contraints à un mode de travail où ils sont dès le départ vaincus. Je vous jure que lorsque mes amis américains entendent leurs imitateurs français, ils rigolent. Ils rigolent même déjà de la majeure partie de leur propre « pseudo-rock » actuel (je ne parle pas du vrai rock), tellement gadgétisé, déformé, « bidulisé », et qu'ils retrouvent avec effarement dans les pays sous-développés musicalement que nous sommes devenus. Nous avalons tout ce qui vient de chez eux en essayant de fabriquer quelque chose copié sur ce qu'ils nous ont envoyé et qui souvent est déjà démodé chez eux. Les créateurs américains luttent sans cesse contre leurs systèmes qui veulent les asservir eux aussi. Ne les trahissons pas en admettant les déchets qu'ils critiquent chez eux. Aidons-les plutôt, en diffusant de préférence leurs grandes musiques et chansons qui ont été et sont toujours extraordinaires.

N'oublions pas que le jazz, souvent remis en cause chez eux au début du siècle (« La fin de tout », écrivait l'un de leurs éminents critiques), a acquis certaines lettres de créance grâce à la France et la Suisse, avec effet rétroactif aux Etats-Unis. Nous qui aimons l'*espresso* ou le café français, belge ou oriental, ne nous habituons pas au café passe-partout, dit américain, alors que les Américains eux-mêmes deviennent tellement plus raffinés et se libèrent de cette accoutumance. Bref, sauvons nos amis américains dans certains domaines, eux qui nous ont sauvés, et nous sauveront dans d'autres !

Sortir de cette hypnose musicale et même de ce snobisme, entretenus par les médias, n'est pas aussi difficile qu'il y paraît. Car les « jeunes », comme les gens mûrs ou les « vieux », aiment en fait autre chose que ce qu'ils croient ou font semblant d'aimer afin de faire partie du magma général. Une histoire édifiante m'a ouvert les yeux, il y a cinq ans.

Je dînais aux côtés de Louis Nucera chez un de nos bons amis, Jean Ferniot, le lendemain du soir où RTL avait organisé un grand concert sur la pelouse de Longchamp avec les Rolling Stones. Jean Ferniot a la cinquantaine, et les oreilles comme les yeux ouverts sur le monde, non seulement pour en alimenter ses écrits sur la cuisine ou ses romans, mais parce qu'il s'intéresse à tout. Et, dans la conversation à bâtons rompus qui s'établit à l'apéritif, le voici qui nous dit :

— J'adore les Rolling Stones.

— Très bien. Veux-tu siffler ou fredonner un air des Stones ?

Pas du tout embarrassé, il me répond :

— Non. Tu comprends, ce n'est pas une question d'air, c'est une question d'ambiance, de climat musical, d'envoûtement.

— Bien sûr, mais il y a aussi de très bons airs des Rolling Stones.

Et je lui en fredonne deux ou trois. Ce qui me semble bien chez les autres, je l'apprends facilement, et ça me fait plaisir.

Puis j'ai continué de façon un peu perverse :

— Jean, cite-moi un titre, un seul titre des Rolling Stones.

C'est alors que Ferniot a écarquillé les yeux, un peu gêné :

— Je ne m'en souviens pas. Tu sais, j'ai écouté, ça m'a beaucoup plu...

J'ai ajouté :

— Et tu prétends *adorer* les Rolling Stones ? » Je lui ai cité quelques titres qui m'avaient marqué.

Alors, j'ai cherché, sur la modulation de fréquence, une nouvelle radio qui venait de démarrer, Radio Montmartre. A cet ami qui est, je le répète, un homme éclairé, j'ai fait entendre ce qui passait sur cette station : des paso doble, des tangos, des valses, des one-steps, des marches, des sambas, et Jean connaissait tout ça par cœur et vraiment *adorait* tout cela. Tout le monde s'est mis à chanter, et les femmes nous entraînaient à danser. C'est alors que j'ai dit à Jean : « Moi, j'aime bien les Rolling Stones. Pas tout, mais certaines de leurs chansons, que je connais un peu. Les jeunes d'aujourd'hui connaissent bien les titres des Rolling Stones et peuvent les aimer à juste titre. Mais toi, tu n'adores pas les Rolling Stones. » Et, comme cet homme de goût n'a pas peur d'avoir tort, il conclut dans ce grand sourire qui lui fend la bouche et la moustache : « C'est vrai en fait. J'en ai rien à branler, des Rolling Stones ! »

Cette histoire est significative. Aujourd'hui, jeunes ou vieux donnent leur opinion non pas en fonction de leur vérité propre, mais en fonction de l'image qu'ils croient devoir donner d'eux-mêmes aux autres. Alors, pour faire jeune, on dit adorer les choses que les jeunes peuvent tout à fait aimer, ou même adorer, parce qu'ils sont dedans. Les gens disent ce qu'ils croient croire... qu'ils ne croient pas du tout. Ils sont devenus les esclaves d'un système qui les pousse à dire et à faire autrement que ce qu'ils veulent profondément dire ou faire. On ne peut plus donner crédit à certains sondages, bien qu'ils aient l'air impressionnants de précision.

Ce phénomène se remarque autant chez des gens mûrs, éclairés et rayonnants comme Jean Ferniot, que chez des jeunes et même des tout jeunes, conditionnés dès l'âge bébé.

Dis-moi ce que tu aimes vraiment. Ne me dis pas : « Voilà ce que j'aime », uniquement parce que les autres font eux aussi semblant d'aimer cela, et pour faire partie de leur groupe où en fait, comme eux, tu te trouves solitaire, et où tout le monde ment en toute bonne foi. Solitaire, solidaire.

Moi-même, que de fois je suis tombé dans des esclavages ! Quand je me suis mis, par la force des choses, à devenir producteur vers l'âge de trente-trois ans, j'ai dû m'occuper de négociations avec les distributeurs, avec les maisons de disques, avec les gens de la télévision. Je sortais d'un métier d'ingénieur qui était plus précis, plus net. Je me comportais de façon lapidaire, voire abrupte, et rien ne se concluait dans mes pseudo-affaires.

Car j'étais simple et vrai dans mes propos comme dans mes calculs. Je posais clairement les conditions aux créateurs comme aux distributeurs et n'arrivais ni à travailler ni à monter quoi que ce soit.

Je vivais à l'époque avec une jeune Américaine surnommée Poppy et qui, avec humour et tendresse, me dit un jour avec son accent du New Jersey : « Guy, il faut que tu te mettes au cigare et au scotch. » A noter que, jusqu'à l'âge de trente ans, je buvais très peu et ne fumais pas. Je buvais quelquefois un verre de vin à table, de préférence du blanc doux, une bière panachée ou même un pastis à la terrasse d'un café en été, mais jamais de whisky. D'ailleurs, je trouvais cela assez désagréable au goût. Tout jeune, j'avais goûté en secret aux cigarettes, pour voir, et j'avais beaucoup toussé.

Comme j'étais un peu amoureux et que Poppy éclusait pas mal elle-même, je me suis mis à tirer sur de gros cigares et à ingurgiter du whisky, l'alcool des hommes d'action, paraît-il. Très rapidement, parce que je n'avais pas l'habitude de boire, j'acquis ce ton pâteux, flou, arrangeant, qui faisait reconnaître aux autres personnages du show-business que j'étais enfin devenu l'un des leurs. « I belonged to the family. » Les rendez-vous n'avaient plus d'importance, l'heure pas plus que le lieu. Tout s'arrangeait au fur et à mesure, en se faisant une bouffe et en ne s'engageant à rien.

Emissions, productions, tout a fonctionné admirablement. Par la suite, j'ai abandonné le cigare qui me donnait mal à la tête. Restait le whisky.

Ce n'est que très récemment que je me suis dit : « Guy, tu n'aimes pas vraiment le whisky, tu aimes mieux prendre à l'apéritif un verre de vin rouge qui coûte moins cher que le whisky et qui est meilleur. » Et me voici prenant conscience que, pendant plus de vingt ans, j'avais bu quelque chose qui ne me faisait plaisir que parce qu'il cadrait avec le système des autres, avec en plus des cacahouètes, des cajous et autres ingrédients qui en modifiaient le goût pendant que je le buvais. J'ai regretté d'avoir, pendant vingt ans, bu malgré moi ce que je n'aimais pas. Depuis, à l'apéritif, si vous venez chez moi, je vous offrirai du whisky — je suis un homme courtois —, et, si vous aimez ça ou croyez aimer ça, prenez-en, il y en a d'excellents, mais il faut connaître. Vous aurez aussi à choisir entre du vin, un pastis, des jus de fruits ou de l'eau. Et, moi-même, vous me verrez, la plupart du temps, boire du vin. Attention ! Je pourrais aussi prendre un verre de whisky rien que pour me souvenir de mes années scotch ; parce qu'au fond ce n'est pas mauvais, c'est même très bien, mais ce ne sont pas mes racines, ce n'est pas ma vérité, et je le ferais comme je bois de la vodka ou toute autre boisson, comme j'écoute quelquefois des choses qui m'intéressent à peine et comme je goûte quelquefois des mets que je découvre en me demandant : « Guy, est-ce que tu aimes vraiment ? »

Mais on peut détester quelque chose et continuer à en user, parce que des habitudes à la fois superficielles, de gestes, et profondes, cellulaires, ont été prises. Cela est pour moi la définition simple de la drogue.

Je reviens à Poppy et au cigare qu'elle m'avait recommandé et que j'ai, depuis, abandonné. Le cigare m'avait quand même habitué à la fumée du tabac. Alors, je l'ai remplacé par la pipe, dont je suis devenu petit à petit l'un des fervents spécialistes, avec ses attirails divers. J'ai même, en 1975 à Saint-Claude, été intronisé, à la suite d'éminentes personnes, premier fumeur de pipe de France... Quelques années après, vivant une période de tourbillon, je suis littéralement tombé dans le cloaque, les sables mouvants de la cigarette, le tombeau des gens pressés. Alors, j'ai conservé la pipe, que j'aime bien et qui me détend quelquefois... et la cigarette que je déteste. Elle m'irrite la bouche et la gorge, et c'est une menace permanente de cancer. De plus, je n'aime pas sa fumée et je la jette souvent sitôt allumée. Mais je n'arrive que par périodes à me libérer de son emprise. Tandis que la pipe comporte un rituel délicat pour esprits posés, la cigarette est accompagnée de gestes nerveux, réflexes, dès le départ faciles, trop faciles donc dangereux.

Je croyais pourtant avoir de la volonté et je n'ai jamais goûté aux drogues dures, implacables, mais cette drogue imbécile et meurtrière de la cigarette me reprend de temps en temps. Je peux me dire que, grâce à elle et à d'autres choses aussi, je comprends sans les apprécier les drogués, bien que j'éprouve de la répulsion à l'égard de ceux qui incitent à la drogue.

Il y a vingt ans, un patron de maison de disques me disait d'un chanteur qui vendait beaucoup : « C'est un phénomène social. » Pourquoi social ? « Parce que ça se vend et que vendre veut dire que ça touche beaucoup de gens. » Je lui ai répondu : « J'ai un très joli seau en étain qui n'est vendu qu'à peu d'exemplaires, ce n'est donc pas un phénomène social. A l'inverse, les dizaines de milliers de seaux en plastique vendus par les grands magasins sont davantage, d'après vous, des phénomènes sociaux, puisqu'ils touchent beaucoup plus de gens de notre société que les seaux en étain. » Moi, je pense bêtement que la distribution de seaux en plastique, et l'utilisation de seaux de quelque matériau que ce soit, est un phénomène quotidien, commercial, peut-être un peu technique, mais pas « social ». L'invention de la première brouette ou de la première casserole fut quelque chose de plus fondamental. Et même si, un jour, on arrivait à fabriquer des casseroles presque éternelles et ne collant vraiment pas à la viande, ce ne serait pas un phénomène social. Or, toutes ces casseroles qui font beaucoup de bruit en musique et en chansons ont été, chacune d'entre elles, chaque individu comme chaque chanson, traitées de phénomènes sociaux, quitte à être remplacées par autre chose d'aussi bruyant et vide.

Quand le mot « social » n'a plus marché, il a été remplacé par le mot « culturel ». Je serais curieux de voir le mot qui va suivre lorsque « culturel » aura été usé.

Comme tout cela change très vite, en cultivant bien entendu le mensonge pour vendre — et il n'y a rien de tel que le mensonge pour vendre —, les commentateurs de cette pseudo-culture parlent de masque, de simulacre, de vertige et, avec ce jargon redondant, réussissent à masquer leurs dents longues. Car il s'agit simplement d'un événement commercial, de la vente excellente du n'importe quoi à condition que ce n'importe quoi manipule habilement, parfois même joliment, le décibel.

Mais les marchands font feu de tout bois, y compris des mots dont ils dénaturent et banalisent le sens. Après les formules telles que « une révolution dans la machine à laver », ou « une révolution dans les couches-culottes », le mot « révolution » est devenu inutilisable.

Car finalement ce qui m'ébahit et m'horripile le plus dans le trafic du son, ce sont les commentaires philosophico-socio-culturo-bidulo-machin-truc que les esprits profonds, les analystes, les pseudo-historiens participant à ce grand mouvement dit de « culture » en ont fait. Ils se sont servis de tous les prétextes, y compris les prétextes idéologiques, comme emballage convenable pour la vente.

La France n'a jamais dit la « culture musette », ni l'Autriche la « culture valse », ni l'Argentine la « culture tango », ou la Pologne la « culture polka »... Certes, il y a l'existence d'un bain de « culture » dans n'importe quel phénomène, mais ce qu'achète une certaine frange de la population, à un moment donné de sa vie, n'est pas forcément générateur de culture. Ce qui plaît à beaucoup sans faire la fortune de certains, me paraît convenir plus à l'idée que je me fais de la culture.

Qu'à partir d'un simple phénomène de vente, on ait voulu successivement créer des mythes, des morales, des institutions, des religions, des légendes et duper des générations entières de jeunes et même de vieux, qui suivent le courant et veulent être dans le ton, me semble une des baudruches les plus amusantes que notre époque ait à dégonfler.

Car il ne s'agit souvent que de la mise en forme du décibel, de pouvoir transmettre le maximum de bruit, en le rendant supportable par l'excellence du travail de la prise de son, de la gravure à la limite de la saturation, en se servant de la musique des exécutants, qui sont souvent remarquables Quoi d'étonnant à ce que cela touche les jeunes ? C'est fait pour les jeunes. En général, mais il y a des exceptions, l'enfance adore faire du bruit.

Je me souviens qu'en famille, à l'occasion d'une fête, après qu'on eut chacun chanté la « sienne », de chanson, on prenait des verres, des plateaux, des casseroles, on tapait dessus avec des fourchettes, des couteaux, n'importe quoi, tout en chantant à s'égosiller et simultanément chacun sa chanson, ce qui donnait une extraordinaire bouillabaisse. L'ensemble nous plongeait dans la jubilation la plus grande, même moi qui déjà avais peur du bruit. Chacun devait tenir et poursuivre sa chanson, quelle que soit la chanson que l'autre gueulait en même temps. Il y a un disque à faire là-dessus. Je suis sûr qu'il aurait un immense succès... à condition qu'il soit bien fait par des professionnels. Avis aux amateurs, les marchands et leurs esclaves heureux : les musiciens, les techniciens et les artistes.

Le résultat général de la « culture casserole », comme de la « culture plastique », est l'abolition de la mémoire de toute une génération qui croit aimer quelque chose dont elle n'a rien à faire et dont sa mémoire se débarrasse au plus vite, un an après avoir adoré tel style ou telle personne.

Le plus terrible, c'est que, dans les régions de France comme à Paris — qui est composée de régions —, les jeunes créateurs, auteurs et compositeurs se sont mis à vouloir copier le son qui contraint à parler dur avec des consonnes qui frappent et qui très souvent ne correspondent pas au génie même de notre langue. Mais ici il n'y a que demi-mal, car toute création nouvelle commence par l'imitation. Puis ils se sont mis à chanter en français à la manière anglo-saxonne ou plus encore à ponctuer de mots anglais un texte français et enfin carrément à chanter en anglais. Où est passée notre petite chanson ? Je parle de la chanson, ce mariage profond, curieux, intime, entre des paroles et de la musique qui, par l'entremise d'un seul interprète, ont l'air de jaillir de l'âme de tout un peuple.

Qu'est-ce qui nous est arrivé ? Pourquoi cette crise profonde que vit notre monde, qui nous affecte un à un dans beaucoup de domaines : le chômage faussement implacable.

la drogue, le terrorisme, les armes, les guerres et les fanatismes exacerbés ?

On peut l'appréhender de différentes façons. D'une manière générale, il est certain que, les savants s'étant mis à douter profondément depuis 1930, et la science sacro-sainte devenant elle-même fondamentalement incertaine, un demi-siècle après, les masses ont pris conscience d'un doute et d'une insécurité généralisés.

Mais dans la « pratique des choses », notre crise provient du fait que la plupart des gens qui ont la quarantaine aujourd'hui sont légers. Or, c'est l'âge du pouvoir : j'ose espérer qu'à partir de cinquante ans l'être humain a compris que le pouvoir est vain, qu'il amène plus de troubles et de peines que de bonheur. Mais, à quarante ans, on doit prendre le pouvoir : c'est une étape normale pour cet âge des êtres humains.

Pourquoi beaucoup d'hommes de quarante ans, aujourd'hui, sont-ils néfastes ? Parce qu'ils ont le pouvoir, ou le veulent, mais sont tout à fait à côté des nécessités profondes de notre temps. Ils avaient vingt ans autour de 1968. Il ne s'agit pas de mai 68. Je le répète, ce que disait mai 68 était souvent juste mais prématuré. C'est tout simplement la génération de ceux qui avaient vingt ans pendant les années de ce monde en expansion où un club savant devait justement tenter de réduire l'expansion à zéro. Aujourd'hui, nous ne sommes plus dans l'expansion, mais les mêmes sytèmes continuent : la croissance zéro s'appliquait à la richesse, elle s'applique maintenant à l'indigence qui, elle, aurait sacrément besoin de croissance. Voyons ce que ces systèmes hypersophistiqués, avec ordinateurs, commissions, organisations et bureaucraties diverses, finissent par donner.

Il pleut beaucoup : c'est mauvais pour l'agriculture. Le soleil brille : c'est encore plus mauvais pour l'agriculture. La récolte a été mauvaise : c'est fâcheux, et la disette s'installe. La récolte a été très bonne : c'est ennuyeux, les prix baissent, plus moyen de tout vendre, les agriculteurs sont amenés à déverser des tombereaux de produits sur les routes.

Il arrive quand même que, dans tel secteur, ça aille bien. Mais alors, dans tel autre secteur, ça va mal et, avec les réseaux compensatoires généralisés, ça influe sur le secteur où ça va bien, lequel se met à aller mal. Les seules entreprises qui tiennent sont celles qui vivent l'étrange aventure de notre France : la grande copulation entre les gestionnaires congestionnés et les publicitaires du geste, qui enfante les gesticulationnaires.

Les médiateurs, publicistes, grandes gueules et autres, pour donner une bonne image de marque à l'extérieur comme à l'intérieur ; les énarques ou autres administratifs polyvalents, pour se débattre dans les dédales kafkaïens des esprits et des nombres. Les « gesticulationnaires » paradent admirablement dans tout ça. Les opérations financières sont devenues complètement folles. Et, à force de tisser des fils qui se font des nœuds et des filets pour envelopper l'autre, les systèmes se trouvent emprisonnés dans leurs propres réseaux. Pour l'administration militaire, c'est flagrant, par exemple ce filet planétaire qu'est l'I.D.S. où les Américains risquent de se prendre les pieds, comme nous naguère avec la Ligne Maginot.

Quand telle entreprise, qui a malgré tout réussi, finit obligatoirement par capoter, on dit qu'elle a mal géré sa réussite ; mais elle a été le plus souvent engluée par les systèmes.

Le lot de l'individu n'est pas meilleur. Il n'a souvent plus le choix qu'entre le chômage et les travaux forcés. Un tel a un million de dollars : c'est triste — voir *Dallas* — par rapport à son voisin qui en a deux ; à vouloir le dépasser, notre homme va réussir sa crise cardiaque. Martin ne gagne que 5 000 francs par mois : c'est très embêtant. Jérôme en gagne 20 000, oui, mais avec les impôts, les assurances, les sorties, les rentrées, il n'a plus un rond à la fin du mois. L'administration individuelle ou de groupe de notre temps a réussi le miracle négatif que, quelle que soit la porte vers laquelle on se tourne, ça ne peut pas marcher. Le bonheur administratif n'existe pas.

Succès ou échecs, on ne gère finalement que des faillites. Il y a quelque chose de fondamentalement diabolique dans cette état de choses qui touche autant les pays riches que, naturellement, les pays pauvres. C'est un système infernal qui fait que l'équarrissage a lieu pour le désespoir, le système 0, ou le système nul.

Il est admirablement tenu par les nouveaux tenants du pouvoir, les quadragénaires. Eux, il y a vingt ans, avaient des professeurs encore valables. Leurs enfants, qui ont vingt ans, non. Eux, ils ont gardé des habitudes d'hypersécurité, leurs enfants non. Ils ont quarante ans et ils sont brillants, cultivés, habiles, beaux parleurs, quelles que soient leur fonction et leur classe sociale. Mais ils sont totalement inadaptés à notre époque, qui requiert le sacrifice, l'humilité. Même s'ils nous disent qu'ils ont changé, ils refont toujours les mêmes combats d'il y a vingt ans, comme si le monde n'avait pas dramatiquement évolué. C'est pourquoi leurs enfants sont plus à l'aise avec leurs grands-parents, dont certains ont connu les espérances d'avant-guerre, les disettes de la guerre et les restrictions de l'après-guerre.

Ces enfants de vingt ans, pour la plupart merveilleux, je les appelle « les enfants du marécage ». Ils savent se débrouiller dans le marécage de notre époque glauque et y conservent l'optimisme et le courage. Ils se battent — en restant souvent très gentils — parce qu'ils ne savent pas, étant nés dans une eau impure, qu'il y avait autrefois des cours d'eau limpides et qu'il s'agit de les retrouver un jour.

Ils sont nés dans le marécage comme ces bébés du Cambodge que l'on découvrit au milieu des végétaux pestilentiels. On les emmène dare-dare dans l'hôpital le plus proche, on les lave, on les désinfecte, on les vaccine. Les voilà qui meurent : ils étaient habitués au marécage.

Cela me rappelle aussi l'histoire des enfants-loups, connue depuis la plus haute Antiquité et jusqu'au siècle dernier. Le bébé avait grandi parmi les loups, parfois allaité par une louve. Une fois découvert, on avait beau le traiter, lui parler, lui expliquer petit à petit, lui donner de bons aliments, il changeait peu. Par exemple, on le mettait dans une chambre décente, on le retrouvait toujours caché sous le lit.

Parmi tous nos enfants des marécages, il y en a beaucoup qui contribuent à ce que le marécage reste comme il est puisqu'ils y sont habitués. Heureusement, parmi eux, il y a des exceptions — et leur nombre s'accroît jour après jour. Ce sont eux qui nous sortiront de la peur qui nous fait nous réfugier sous le lit, qui nous sauveront des marécages de notre temps.

Dans les métiers de la chanson également, le vrai pouvoir est aux gens de quarante ans. Ils étaient adolescents lors de la première hécatombe dans la chanson française, de la première invasion à moitié réussie des « dadou-ronron » et autres « twisteries ». Et maintenant, quand certains d'entre eux parlent du retour à la chanson française, ils reviennent en arrière vers les *sixties* comme on dit, les années soixante, les années de la première grande intoxication. C'est-à-dire qu'ils entraînent le monde d'aujourd'hui à revivre les premières erreurs, ô combien amplifiées depuis ! Ces chefs de quarante ans nous abreuvent de l'histoire mirifique et « légendaire » des *sixties*, en nous affirmant que c'était génial. Or c'était tout aussi léger qu'eux.

Encore une fois, que l'on ne se méprenne pas. En tant qu'homme de chanson, je dois parler net, par phrases claires, sans faire trop de nuances. Mais il y a parmi les jeunes d'aujourd'hui et d'hier, d'excellents chanteurs, de même que, parmi les gens de quarante ans, il y en a aussi qui pensent et qui font juste au milieu de ces mecs branchés qui ne parlent que de publicité, de points médias, de marketing de look, d'apparence, de *sound* et qui se foutent du contenu Mais ils sont rares. Et l'on fait croire à la jeunesse que son terrain de développement mental, philosophique, musical, est ce que les marchands appellent le rock, qui n'a rien à voir avec le rock que j'ai aimé et que j'aimerai, et tout à voir avec une façon de bourrer le crâne et de vendre n'importe quoi.

Un de mes amis me dit que, en politique, c'est devenu pareil. D'où les clips politiques, d'où l'importance des journalistes « médiatiques », parfois plus importants que ceux qu'ils médiatisent. Tout est vital, et la politique fait partie des choses de la vie ; mais moi, ce qui me bouleverse, c'est ce qui s'est passé en chanson déjà dès ma jeunesse : la chanson est une émanation de l'âme populaire, et ce qui lui arrive est un signe qui témoigne du reste.

Heureusement que la jeunesse a de plus en plus de ressort : c'est elle qui va renverser les tréteaux des bals des vampires, qu'on lui a imposés en lui faisant croire qu'elle les choisissait.

14.

Je n'ai jamais su si j'aimais

D'après Madeleine Renaud et quelques autres, ce que je fais le mieux, ce sont les chansons d'amour. Je ne suis pas d'accord : je crois que j'écris aussi bien les chansons de notre temps, qu'elles parlent d'amour ou d'autre chose. D'autant que j'affirme dans ma chanson *Le rôdeur :*

Je n'ai jamais su si j'aimais
Le saurai-je un jour ou jamais.

En fait, je me suis posé tout le temps des questions sur l'amour, tout en étant je le pense très souvent, trop souvent, amoureux sans savoir ce que je faisais ou ce que je ressentais. Aime-t-on l'autre ou s'aime-t-on soi-même ? Aime-t-on plutôt avant, plutôt pendant ou plutôt après ? « Je n'ai jamais su si j'aimais », cela veut dire : si j'aimais pendant que j'aimais.

Je ne sais pas qui a dit que l'absence éteint les amours faibles et attise les amours fortes. Pour moi, c'est toujours l'absence qui m'a fait ressentir si j'étais amoureux. De nos jours, cela devient difficile d'aimer de la sorte. Les temps actuels offrent sans cesse des pôles nouveaux, multiples, d'intérêt fugitif en remplacement d'un pôle absent ou perdu. Comment faire vivre une absence comme si elle était présence ? Il y a une « histoire technologique » de l'amour à rédiger. On vivait différemment l'amour quand, pour communiquer, on était contraint de s'écrire et de peser ses mots, quand pour savoir si la belle était bien là, il fallait prendre son cheval et y aller. Aujourd'hui, avec le téléphone, la vérification est vite faite. Heureusement, chaque arme a sa parade, et la multiplication des répondeurs téléphoniques fait que maintenant madame ou mademoiselle peut dire : « J'étais là, mais j'avais branché le répondeur pour être tranquille. »

Je peux dire que j'ai vécu des amours normales, si le normal peut exister en amour, jusqu'au jour où je suis devenu vedette et que j'ai dû partir en tournée. Que pense la femme qui attend chez elle son homme dont elle sait qu'à la sortie il remarquera dans la foule qui demande des autographes le joli minois d'une fille esseulée ? Que peut fait l'homme amoureux lorsque, au cours d'un périple qui dure quarante, soixante, cent jours, à minuit il va se détendre dans une boîte avec ses musiciens ? Que peut faire quelqu'un qui bouge comme moi, ou tout simplement un représentant de commerce..., ou tous les couples d'aujourd'hui ?

La femme travaille loin de son domicile conjugal. Elle est mariée et conquérante, beaucoup se pressent pour la conquérir. De son côté, l'homme s'agite, à pied, en voiture, de rue en rue ou dans les bureaux et les couloirs interminables des termitières urbaines. A chaque détour, à chaque ascenseur, c'est la rencontre.

Le fait d'être connu peut sembler multiplier les chances, mais je crois que j'ai rencontré dans ma vie d'ingénieur autant de femmes que dans ma vie de chanteur. En fait, les contacts dépendaient plutôt de mon état personnel et de ma propre disponibilité.

Paradoxalement, en amour j'ai toujours moi-même forgé mes chaînes. Est-ce parce que je m'ingéniais sans cesse, sous le masque d'une allure indifférente, à reformer une petite famille unie comme celle qui m'avait abrité quand j'étais enfant ? Dans toutes les situations que j'ai vécues, j'ai recherché ce qu'on appelait autrefois la communion et qu'on appelle souvent maintenant la convivialité, celle que j'avais en famille et n'ai jamais retrouvée depuis.

C'est peut-être la raison pour laquelle je ne me suis pas fixé. Parce que je n'ai jamais pu retrouver cette cellule familiale, ce paradis perdu dont j'ai l'atroce nostalgie, aux côtés d'une fille d'aujourd'hui :

Où vas-tu fille,
Fille d'aujourd'hui ?
Vers quel vertige
D'éclairs et de bruits ?
Je suis fille d'aujourd'hui :
Tout va vite et moi
Je suis.

Comme un chat, j'adore la maison ; en fait je suis très casanier et ne me suis contraint aux voyages que par nécessité professionnelle. Le simple « voyage autour de ma chambre » — pour citer Xavier de Maistre — me paraît suffisant ; la traversée d'un jardin est pour moi source d'aventures et de découvertes répétées ; la lecture d'un poème m'emporte vers les étoiles ; et surtout le grand voyage de l'amour, qui est un voyage immobile avec quelques frémissements, m'a semblé plus passionnant que n'importe quelle odyssée.

L'enchaînement mutuel maximal, je le réussissais momentanément en amenant les femmes que j'aimais à travailler avec moi, pas toujours à côté de moi, mais au moins sur mes travaux. Elles ne savaient souvent rien faire au départ. Dominique, que j'ai connue alors qu'elle avait dix-neuf ans, devint assistante monteuse puis chef monteuse de mes émissions « Bienvenue ». Marguerite, dix-neuf ans quand elle débarqua de Casablanca, est devenue graduellement responsable de relations publiques. Elle a fini par convoler avec un compositeur américain et fait maintenant de la peinture. Dominique, elle, qui désirait toujours un enfant, en a fait trois à un réalisateur de cinéma. Isabelle, dix-huit ans le jour de notre rencontre, étudiante en histoire, devint en cinq ans mon bras droit intégral avant d'épouser un Allemand et de s'installer en Suisse. Je me souviens de la phrase de Louis Jouvet qui, paraît-il, recommandait aux comédiennes de coucher avec des comédiens : « Au moins, leur disait-il, vous aurez les mêmes horaires. » Il avait sans doute raison.

Le problème de la vie à deux, pour un auteur de chansons, un poète, bref un homme qui travaille avec les mots, c'est qu'il a besoin de silence. Moi qui n'aime pas le bruit, qui ne supporte pas les palabres permanentes, j'ai toujours envié les peintres, par exemple Bernard Buffet : il a épousé une femme qui lui ressemble, Annabel, et Annabel écrit. Qu'elle écrive à la main ou tape à la machine, qu'elle vaque de-ci, de-là en mettant la radio à pleine puissance, je m'imagine que cela ne dérange pas le climat de création de Bernard qui, lui, peint son atmosphère visuelle, son environnement, son silence. Du moment qu'il a à ses côtés des objets qui ont les formes qu'il aime et une femme qui a le visage et la ligne qu'il aime, sa vision n'est pas gênée pour travailler, même si tout cela se mettait à l'extrême à hurler.

Les poètes sont, paraît-il, des masturbatoires surtout parce qu'ils ont besoin d'être seuls, à cause du bruit. Quand je suis habité par une chanson, par une mélodie et par des mots, ils viennent répétitivement dans ma tête jour et nuit. Toute phrase, toute musique autre que la mienne cassent le climat. Je me suis souvent dit que je devrais tomber amoureux d'une femme sourde et muette, sourde pour qu'elle n'écoute pas la radio et moi-même, et muette pour parler le moins possible. J'ai essayé : elles sont comme les autres.

Sitôt que j'en ai eu les moyens, j'ai souhaité dormir à côté de ma compagne dans des lits jumeaux, puis faire chambre à part après l'amour, non seulement pour ne pas être dérangé, mais pour ne pas déranger l'autre. J'écris beaucoup de choses grâce aux rêves. En pleine nuit, j'allume la petite lumière qui est à mon chevet, je note mon rêve et me rendors. Au matin, je regarde la moisson de la nuit. Je peux me réveiller même complètement d'un songe pour réfléchir à ce que j'ai vu ou me promener dans ma chambre. Enfant, je me posais les problèmes de géométrie avant de m'endormir : au réveil, ils étaient résolus.

Une nuit de décembre 1979, je me réveille vers deux heures du matin, au cours d'un rêve très prenant, parce qu'il m'était nécessaire de noter une musique que je rêvais de façon précise. Louise de Vilmorin se trouvait assise au piano de son fameux « salon bleu » à Verrières-le-Buisson. Autour d'elle, des hommes en habit de soirée, accoudés autour du piano ou assis tout près, l'écoutaient jouer. Elle interprétait merveilleusement, simplement, une très jolie mélodie, mais je la voyais jouer comme dans un miroir, c'est-à-dire que la main gauche semblait être la main droite. Je me suis discipliné à m'arrêter au beau milieu d'un rêve quand il m'apporte une idée, un thème, quelque chose. A moitié endormi, j'ai allumé ma lampe de chevet et j'ai noté machinalement sur un bloc disposé à ma gauche, les portées et les notes de musique que j'ai l'habitude de griffonner très vite. Tout en notant dans mon demi-réveil, je me suis réveillé complètement.

Je me suis rendu compte que j'avais revu Louise. Morte depuis peu, elle semblait me transmettre une musique de l'au-delà, elle qui, toute sa vie, lorsqu'on lui demandait ce qu'elle aurait aimé par-dessus tout savoir faire, répondait : « Jouer du piano. » Car, dans la vie, elle n'en jouait pas du tout. Souriant doucement, je lui ai dit : « Eh bien, te voilà comblée. Là-bas tu joues du piano. » Puis je me suis levé et, allumant une à une les lumières des couloirs, je suis descendu et me suis dirigé vers la bibliothèque. J'y ai cherché un dictionnaire des thèmes musicaux, que j'avais acheté quelques années auparavant à New York, pour voir si le thème, que j'entendais pour la première fois, existait déjà. Dans le cas contraire, le thème rêvé pouvait être une création de Louise dans l'autre monde.

Ce dictionnaire permet, en écrivant la musique en do majeur ou en la mineur, c'est-à-dire sans dièse ni bémol à la clef, de retrouver, après une transposition en notation alphabétique, de vérifier l'existence d'un thème, son auteur et le nom du morceau où il est inclus. Quelle ne fut pas ma surprise de découvrir que le thème était de Jean-Baptiste Rameau ! Je vous jure que je ne l'avais jamais entendu, et même n'en avais jamais entendu parler. Au fond, c'était tellement naturel, vraisemblable, d'écouter Louise de Vilmorin jouer du Rameau dans le salon bleu de son petit château de Verrières que, cette nuit-là, je notai cette anecdote, comme une chose étrange mais sans plus.

Le lendemain matin, je téléphonai à Verrières, à André de Vilmorin, le frère de Louise, qui disait si bien les vers de Musset, de Hugo et d'autres. Je lui racontai mon rêve. Un grand silence.

« Est-ce que tu te rends compte ? », me dit André après être resté sans voix. « Louise est morte il y a un an, jour pour jour... »

J'avais oublié la date de sa mort, et la coïncidence était encore plus étrange.

André me demanda si je voulais venir déjeuner avec lui et André Malraux, et leur jouer ce thème ; toutes affaires cessantes, je répondis oui.

A Verrières, Malraux m'accueillit, m'offrit l'apéritif, et me demanda de jouer le thème au piano. Je lui répondis que j'en jouais assez mal, mais qu'il y avait une guitare dans le couloir du premier étage qui menait à la chambre de Louise, près d'un très beau coffre en bois de Coromandel dont je me souvenais. Je me dirigeai tout seul vers la guitare que je trouvai effectivement non pas à côté, mais dans le coffre où elle était restée enfermée depuis un an. Je descendis l'étui contenant la guitare et, quand je l'ouvris devant Malraux et Vilmorin, nous fûmes saisis. Les cordes de la guitare arrachées, étaient tordues comme des cheveux. Il s'était passé une chose que je n'avais jamais vue : le chevalet qui tient les cordes s'était décollé, ce qui donnait à la guitare, avec ses cordes entremêlées comme des cheveux, un aspect fantastique d'outre-tombe. Nous en eûmes des frissons. Alors, je m'évertuai à reconstituer le thème au piano, et la musique s'éleva. L'émotion en devint plus intense. Nous croyions voir Louise de Vilmorin et l'entendre grâce à ce thème qu'elle devait aimer maintenant.

Cette petite histoire, qui n'a aucun sens palpable mais dont les coïncidences troublantes m'enrichissent, est de celles qui me font écrire :

La mort c'est une blague
La même vague nous baigne toujours
Et cet oiseau qui passe
Porte la trace d'étranges amours.

Pour moi, l'oiseau, c'est une hirondelle que j'associe toujours à mes conversations avec mon père, c'est l'hirondelle qui finalement apporte le printemps ou le jour après la « moisson de la nuit ».

Cette histoire, je ne peux pas dire qu'elle est avérée scientifiquement parce que, d'une part, elle s'est passée dans ma seule tête, et que, d'autre part, je ne peux évidemment pas la reproduire à la demande.

L'étude de la science conduit l'esprit à douter beaucoup, et surtout de ses propres expériences, à revérifier de très nombreuses fois des choses qu'il a trouvées ou qu'on lui a exposées. Parce qu'il sait d'expérience, et par l'histoire même de la science, que beaucoup de savants éminents se sont trompés en croyant découvrir quelque chose, soit par une erreur de leurs instruments, soit par leur équation personnelle, leurs propres passions et désirs, leur propre subjectivité quand ils veulent trouver quelque chose, qu'ils attendent, qu'ils appellent ce quelque chose. Alors, on dirait que toutes leurs forces psychiques les conduisent parfois à dénicher ou établir des pseudo-démonstrations, des leurres.

Est scientifique tout ce qui peut être répété par d'autres. Par exemple, le lever du soleil est une certitude scientifique : elle n'est pas vérifiée que par moi, mais depuis des milliers d'années par des milliers, des milliards d'êtres humains. La théorie d'Einstein sur la relativité généralisée n'a été reconnue par l'ensemble du corps scientifique que grâce à une expérience lors d'une éclipse solaire. Au cours de cette éclipse, d'autres savants vérifièrent que, conformément à sa théorie, les rayons venant d'une constellation lointaine étaient légèrement déviés à l'arrivée. C'est quand cela a été enfin établi, en 1919, que la théorie d'Einstein a été universellement reconnue comme exacte. Sinon Newton, avec sa pomme et sa pesanteur, aurait encore tenu bon.

Revenons à ma petite vie domestique et, de jour comme de nuit, aux tourments qu'elle peut donner à ceux qui vivent avec moi. J'adore me faire tout seul le café, tôt le matin. Je dépends de la lune, étant du signe du Cancer. Les nuits de pleine lune, je passe des nuits blanches.

Comment imposer tout cela à une femme qui, plus jeune, a besoin de plus d'heures de sommeil que moi qui me contente de quatre ou cinq heures seulement ? Est-ce la faute des autres, celle des choses ou la mienne, si mes amours n'ont jamais tenu plus de cinq ans ? Certains me disent que c'est une bonne moyenne, mais j'envie les amours qui durent : plus j'avance en âge et plus je voudrais ne pas changer de compagne. Et le changement a lieu quand même, malgré tout, malgré moi, sans cesse.

Comme tout un chacun, j'ai lu beaucoup de livres sur l'amour et « de l'amour », comme dirait Stendhal, histoires d'amour, romans d'amour, physiologies de l'amour, statistiques de l'amour, technologies, techniques et méthodes de l'amour — énormes bouquins genre rapport Kinsey —, opuscules ou poèmes d'amour. Je suis incapable de dire qui est le plus grand poète français de l'amour. Est-ce Ronsard, Lamartine, Racine ou tout simplement Paul Géraldy ? Ce que je dirai, après toutes ces lectures, c'est que l'on peut mourir d'amour ; à l'inverse, que l'amour est l'une des forces de vie, des plus grandes qui soient, et que ce n'est pas seulement en écoutant les chansons de Piaf, mais en les vivant, que l'on se rend compte que « sans amour on n'est rien du tout ».

Tout ce que j'ai écrit, je l'ai écrit pour une femme ; plus tard pour Dieu, ou ce qu'on appelle l' « humanité ». Alors, quand je n'en ai pas une à mes côtés, j'imagine qu'elle est là à m'écouter et que je dois la convaincre que la chanson est belle et l'emporte, chanson d'amour ou autre. Mais aussi la plupart des choses que j'ai faites, autoproduction de disques par exemple, télévisions spéciales, concerts, constructions de toutes sortes, c'était pour prouver quelque chose à une femme qui était là ou qui était loin, ou bien après les crises de mon métier, pour lui montrer que je n'étais pas un *has been*, un homme dépassé.

Car, ayant vécu de grands chambardements dans ma carrière, j'ai été célèbre et démodé plusieurs fois. Au sommet à vingt-sept ans, trente-sept et quarante-sept ans ; *has been* à trente-trois ans, à quarante-trois ans, et à cinquante-trois ans.

La théorie très juvénile qui consiste à dire : « Je vais faire beaucoup d'argent pour être libre et partir avec une femme que j'aimerai tranquillement dans des vacances perpétuelles », ou bien : « Je vais devenir célèbre pour être environné de femmes », est fausse. L'amour se vit au jour le jour, dans la misère, l'anonymat, plus encore que dans la célébrité ou la richesse. Une des époques où j'ai le moins fait l'amour de ma vie, c'est l'époque des « Bienvenue ». J'étais entouré de très jolies filles que j'avais sélectionnées avec le réalisateur mais dont je n'avais pas le temps de m'occuper : il fallait réaliser l'émission, et toute la tête et le corps étaient pris par cette nécessité. De plus, les rapports du producteur que j'étais — bien que je sois demeuré artiste en chantant dans ces émissions — et des figurants comédiens, que j'engageais, que je faisais payer, sont des rapports de force qui ne vont pas, d'après moi, avec l'amour, comme d'ailleurs avec quoi que ce soit de vraiment humain.

J'ai l'habitude de dire à mes équipes, à mes partenaires ou adversaires, pour telle action commune : « Je hais les rapports de force.. J'aime les rapports de compréhension, de compétence et de tendresse. » Si l'on n'est pas compétent, on ne peut pas se comprendre pour faire quoi que ce soit ensemble. Si l'on n'est pas tendre, on le fait mal. Et j'ajoute, si nécessaire, devant les soi-disant « forts », qui deviennent parfois violents, une phrase d'Asimov : « La violence est le refuge de l'incompétence. » En amour, la compétence, c'est l'affinité naturelle.

L'amour idéal est un choix mutuel provoqué par des correspondances mystérieuses. J'ai souvent lu que les amours qui duraient étaient celles qui mettaient du temps à s'épanouir, dont les fiançailles étaient longues. C'est certainement vrai, mais en ce qui me concerne, il s'est toujours passé le contraire. Chaque fois que j'ai une attirance pour une femme, mais que des rapports non amoureux s'installent doucement, finalement je m'habitue, et c'est plutôt l'amitié qui l'emporte. Au contraire, les grandes amours que j'ai vécues, et celles qui ont le plus duré, ont toujours démarré par un coup de foudre, le jour même de la rencontre, suivi d'une étreinte sur-le-champ ou au plus tard dans la semaine qui suivait. Comme on dit dans les chansons : « Elle se donnait à moi. » Je dirais plutôt : « Nous nous donnions l'un à l'autre. » Et puis, les circonstances faisaient que ce coup de foudre, qui n'aurait pu donner qu'un feu de paille, se prolongeait.

Comment ? D'abord par cette attraction physique mystérieuse qui, éloignés, nous aimantait et nous ramenait l'un à l'autre. Ensuite, quand les temps morts — les amoureux sont « seuls au monde » — étaient meublés par l'humour, la douceur, l'échange des points de vue, ou encore la nécessité professionnelle.

Cécile, je l'ai croisée dans le petit escalier de La Colombe en 1957 ; elle avait dix-neuf ans. Elle était accompagnée d'un jeune homme, mais, profitant d'un moment d'inattention, je lui ai donné impérieusement rendez-vous au jardin du Luxembourg, le lendemain dans l'après-midi. J'y allai. Je l'attendis. Elle arriva. Nous avons poursuivi notre conversation... sur la mort, en prenant le thé dans ma chambrette de la rue Jonquoy.

Cinq ans après, nouveau coup de foudre : Geneviève, vers laquelle je me dirigeai sans perdre un instant sitôt que je l'aperçus dans une exposition de peinture. Elle aussi n'était pas seule. Je lui téléphonai le lendemain même et, quelques jours après, ses grands principes et ses grands sentiments débarquaient dans mon petit pavillon de Montretout.

Cinq ans après, Marguerite, je l'ai rencontrée dans une boîte du Quartier latin. Et là, c'est plus simple : la danse rapproche très vite, tout au moins les danses lentes de l'époque, et j'ai écrit pour elle *Les Pas réunis* :

Bonne nuit,
Nos ennuis
S'évanouissent
Lorsque glissent
Nos pas réunis.

Trois ans après, Dominique. Je l'aperçus un dimanche après-midi, au cours d'une émission de télévision où elle était stagiaire alors que je chantais. Après l'émission, je l'emmenai près de mon feu de cheminée.

J'ai toujours beaucoup ri avec les femmes que j'ai aimées : rire des mêmes choses est le signe majeur d'une profonde entente amoureuse.

Avec Dominique, nous avions inventé tout un langage qui ne ressemblait qu'à nous, que j'avais intitulé le « bon langage » ou, plus exactement, exprimé dans la langue inventée, « lé langaggio da bôno ». Il dérivait à la fois de nos conversations avec les chats et avec le personnel portugais charmant que nous avions à l'époque. Par exemple, au petit matin, quand nous devions nous réveiller, c'était à qui allait envoyer l'autre faire du café. Ce grave dilemme, tous les couples l'ont vécu, au moins les dimanches de grasse matinée. Au début, l'un demandait à l'autre : « Tu en as fait du café ? » Et puis, adoucissant son langage : « Ti l'en as fait du café ? » De sorte que, à la fin, le café nous l'avions appelé le « tilan », et nous ne disions plus que : « Ti l'en as fait du tilan ? » Avec ces mots du « langaggio da bôno », l'exigence matinale du partenaire était tout à fait supportable.

Le mot « travail » a quand même gardé une résonance dure. Alors nous l'avons appelé le « trabalÿie », ce qui était beaucoup plus agréable. « Bonjour, petite » a donné « Y bonjôvour patiâtt. » Le « nez », étant la truffe, se disait, bien sûr, « tirilônnfa ». On pouvait également utiliser les noms de famille déformés. Par exemple, « je suis shankar » voulait bien entendu dire « je suis ravi » : tout le monde m'a compris en pensant au fameux cithariste. Pour faire lever l'autre du lit, il fallait une injonction à la fois gutturale, affirmative et quand même tendre. Alors au lieu de dire « debout », ça donnait « diébött » ! Un « bon bain » devenait bien évidemment : « oun bânbonn ». Tout cela est évident pour ceux qui s'aiment.

Un soir, je rentre à la maison vers 23 heures, après trois heures de retard dû à un enregistrement prolongé dans un studio près des bords de Marne. Dominique était très inquiète parce que je ne l'avais pas prévenue, emporté que j'étais par la séance, et me faisait la gueule à mon retour. Alors, je décidai : « Nous partons. » Mais où ? Pourquoi ? « Nous partons. »

Elle me regarda avec ses grands yeux vert noisette, mit un fichu et s'embarqua dans ma voiture. Nous traversâmes tout Paris, de Garches au studio où je me retrouvai une demi-heure après. Au beau milieu de la place du Maréchal-Gallieni, j'enfilai l'avenue du Maréchal-Gallieni prolongée à droite par la rue du Maréchal-Gallieni, bordée à gauche et à droite par la blanchisserie Gallieni, la boucherie Gallieni, d'autres magasins Gallieni, une autre place du même nom, pour terminer enfin par le restaurant Gallieni où je lui dis : « C'est ici que nous allons souper. » Elle avait une faim de loup et elle était morte de rire. J'ai oublié de dire que Dominique s'appelait Dominique Gallieni et qu'elle était l'arrière-petite-fille du maréchal des taxis de la Marne. J'avais traversé tout Paris et sa banlieue à minuit pour la faire rire.

Etudiante en histoire, Isabelle se présenta en 1979, à la fin d'un concert au théâtre d'Orsay au cours duquel Jean-Louis Barrault et Madeleine Renaud récitaient mes poèmes Le surlendemain, elle déboulait à vélomoteur chez moi, après avoir échappé à une agression dans le bois de Boulogne.

Alors que je vivais avec Dominique, j'ai rencontré Anne-Marie sur une plage en Méditerranée. Elle avait quinze ans et était accompagnée par sa mère. Après quelques lettres, elle me retrouva trois ans après aux Vans où je chantais, puis un an après à Cannes, enfin un an après chez moi à Paris. C'est l'exception longue et lente, qui confirme la règle sur l'instantanéité du démarrage de mes amours.

« Il y a toujours des règles absolues et des exceptions permanentes. » Il y eut aussi l'aventure, lente à éclore, avec Micheline. Elle faisait partie du groupe d'étudiants que je fréquentais. Nous avons longuement parlé, nous nous sommes retrouvés plusieurs fois, notamment à une conférence de Ferdinand Lop, au premier étage de la Taverne du Panthéon devenue depuis un Wimpy ou un Mac Donald quelconque. Avant de tomber dans les bras l'un de l'autre, je crois que nous avons attendu six mois. Le temps va plus lentement à vingt ans qu'à quarante.

Le temps s'écoule moins vite quand on ne sait pas. En vacances, dans un lieu inconnu, les premiers jours semblent très longs, très riches, les derniers très brefs.

En roulant en voiture vers une destination que l'on cherche sur un plan, même si l'on roule très vite, la route semble longue. Après plusieurs voyages, quand on connaît le chemin, la route a l'air de se raccourcir.

Quand je revois au cinéma un film pour la deuxième, puis la troisième fois (comme j'ai revu de très nombreuses fois *To Be or Not To Be, Arsenic et Vieilles Dentelles, Goupi Mains rouges*, les quelques chefs-d'œuvre que j'apprécie particulièrement), le film a l'air de se dérouler plus vite, alors qu'il devrait sembler aller plus lentement ; il devrait même m'ennuyer. Mais je le connais, alors je le découvre plus rapidement. Telle scène, je la vois déjà avant qu'elle arrive.

Je pourrais dire d'une façon générale que prévoir, c'est vieillir ; trop prévoir, c'est mourir. Beaucoup de femmes de trente-quarante ans de mes amies, me disent qu'elles n'ont plus envie de rencontrer l'amour : elles affirment qu'elles savent trop à l'avance comment cela va se passer, se continuer... et se terminer. Les rapports parents-enfants ont été vérolés par trop de livres sur la question, qui influencent le comportement des parents : alors que chaque enfant est un cas, et chaque parent aussi.

A force de savoir et de prévoir, il y a des choses naturelles qui s'abrègent ou se cassent.

Nous nous souvenons que nos premières grandes vacances duraient une éternité. Pour un bébé, chaque jour est une année ; à mesure qu'on va dans le chemin de la vie, les années, comportant toujours trois cent soixante-cinq jours et quart, se raccourcissent.

J'entends dire que travailler ensemble sur des projets communs émousse l'amour. Moi, je prétends que non. Les femmes avec qui j'ai eu les plus longues liaisons sont celles avec qui j'ai travaillé. Est-ce parce que je me sentais comme un cultivateur avec sa cultivatrice ? Nous travaillions aux champs, mais les champs étaient des chansons, et le soir on se retrouvait à la soupe commune après l'angélus.

D'ailleurs, travailler avec moi, ce n'est pas être à mes côtés tout le temps. Quand j'écris, je dois être seul ; quand je suis en concert, je suis avec mes musiciens auxquels je m'attache. Lorsque je tournais les « Bienvenue » ou étais en montage, la personne aimée faisant partie de l'équipe, je la voyais autant, mais pas plus que les autres membres de l'équipe, c'est-à-dire le moins possible.

Dois-je cacher le fait que je suis un « jaloux » ? C'est, paraît-il, un méchant défaut ! J'ai tout fait pour affecter une indifférence noble, mais je ne peux pas me débarrasser de ce sentiment réputé fâcheux. Et pourtant, lorsque je m'échappe avec une passante alors que je vis avec une autre, je n'ai pas l'impression d'être infidèle. C'est la femme que j'aime que je sens toujours avec nous.

Bien que je me veuille un homme d'aujourd'hui et que la jalousie soit, paraît-il, un sentiment primaire qui n'est pas « moderne », mon Dieu qu'est-ce qu'il nous fait bouger, qu'est-ce qu'il nous fait courir ! D'ailleurs, c'est l'amour qui toujours nous fait bouger. Même sur place.

J'ai souvent, comme Verlaine, préféré l'impair, le nombre impair. Je crois que j'ai souvent aimé être bigame, tout en n'acceptant pas qu'une femme soit avec deux hommes à la fois. C'est « macho », archaïque, vieux jeu, mais je n'y peux rien.

Je me suis souvent demandé si le XIXe siècle « bête et bourgeois » n'avait pas trouvé la solution pratique pour que la famille dure : il avait sa maîtresse, et elle, son amant. Ou bien il allait au bordel, et elle se tapait le voisin, ou toute autre forme plus amusante du triangle, ou du carré au pentagone chers à Feydeau.

Il y a quelques femmes avec qui on a l'impression de ne faire qu'un, que l'on soit l'un dans l'autre ou que l'on soit éloignés physiquement. Avec les femmes que j'aimais, nous avions des séances de transmissions de pensée, avec Cécile particulièrement, mais aussi avec Dominique.

Rire des mêmes choses ou pleurer devant la même scène, n'est-ce pas aussi faire une seule personne ?

Je suis moitié toi
Tu es moitié moi
L'envers à l'envers
L'endroit à l'endroit...

« Aimer à en mourir », j'ai aussi connu cela. Il y a des séparations qui m'ont dévoré. Je ne parlerai que de celle avec Micheline, parce que Micheline est morte. En trois mois de rupture, j'avais perdu sept kilos, en six mois, douze. Je n'avais plus envie d'aucune autre femme, ni de moi-même. Ce n'est que lorsque j'ai mis mon histoire avec Micheline en chansons, mon désespoir étant cristallisé en quelques couplets parfois comiques, que j'ai pu aller vers un autre amour.

Même dans le noir d'un grand désespoir, je n'ai jamais pensé au suicide. Très bêtement, très sainement, j'ai toujours pensé que se suicider était une trahison ; que si l'on meurt, on ne saura jamais la suite ; que si l'on se suicide, on ne peut plus espérer réparer ses conneries. Et, en tout cas, que se tuer, ce n'est pas bien parce que ça ne donne pas sa chance à l'autre. L'autre ? Celui qui était aussi tué par jeu, de sa propre main, de son propre suicide.

Bref, que c'est un crime, plus grave encore que celui de tuer l'autre. Ma chanson *A côté* se termine par ces mots :

Ce soir je décide
Enfin mon suicide,
Et, pour ne pas me rater,
Je tire à côté.

Cela dit, j'admets le suicide uniquement quand la douleur physique devient intolérable, malgré tout calmant. J'admets aussi l'euthanasie, d'autant plus que certaines méthodes médicales permettent trop de prolonger des souffrances insondables.

Pour revenir à l'amour, je peux dire que les femmes que j'ai aimées, je les ai aussi estimées. J'ai toujours besoin d'aimer et d'estimer en même temps, je ne peux pas aimer le détestable ou le médiocre. Que de fois j'ai entendu dire par des copains parlant des femmes, souvent même des leurs : « Toutes des salopes ! »

Je peux affirmer que quels qu'aient été les aléas de ma vie et même les divorces, jamais, avec aucune des femmes qui ont partagé mes jours et mes nuits ou m'ont épousé conventionnellement, je n'ai eu la moindre saloperie à affronter, ni avant, ni pendant, ni après. Les femmes m'ont toujours fait du bien ou du mal, mais elles m'ont sans cesse défendu, y compris quand nous étions séparés, comme si seul le bien devait surnager du naufrage. Il y en a qui se sont sacrifiées pour moi, après m'avoir quelquefois momentanément détruit.

Je me suis demandé si les femmes, qui en apparence sont toutes de soie et d'enveloppement, ne sont pas en fait les êtres humains les plus excessifs, les plus extrêmes. « Les femmes veulent se sacrifier pour nous, ou nous tuer. » J'aime bien dire cette phrase, à l'emporte-pièce comme tout aphorisme simpliste. Il n'y a pas de juste milieu : nous sauver ou nous détruire. Nous détruire en nous emprisonnant dans leurs filets ou en nous jetant tout simplement à la mer. Elles, qui assurent la continuité de la race humaine, elles qui sont le fondement même de l'humanité, son tissu véritable, alors que l'homme n'est qu'un spermatozoïde errant, elles digèrent ou elles exaltent. Elles aiment passionnément l'aventure, mais l'aventure dans la sécurité. L'homme c'est l'aventure dans l'aventure, ou la sécurité dans la sécurité, et se trouve dans les deux cas perdu.

Une autre formule, dont j'ai essayé en vain de faire une chanson et qui m'a été utile, vraie ou fausse, est la suivante : « Toutes les femmes sont folles et tous les hommes sont cons. » Quand on a compris cela, on peut mener une vie décente. Moi qui fais donc partie de la seconde catégorie, celle des cons, je n'ai peut-être vraiment aimé que la folie des femmes.

Une autre formule qui n'est pas de moi, qui je crois est un proverbe, dit : « La folie mène le monde, la sagesse le préserve. » Je ne crois pas que les hommes soient sages. Les femmes peuvent l'être par moments parce qu'elles ont leur corps à préserver ; leur corps est, je le répète, la matière même de l'humanité. La femme, c'est notre muse qui nous embarque sur les ailes de l'enthousiasme et nous entraîne à agir, joliment, stupidement ou dangereusement, mais à agir en tout cas. Je peux dire que depuis que le monde existe ou que ce malheureux Adam croqua la pomme que lui présentait Eve, tout ce qui a été fait sur Terre par l'homme a été fait pour la femme, les grandes choses comme les petites. Un jupon passe, et voici notre malheureux con qui a le tournis, même s'il est occupé à des tâches dites graves.

La femme est plus tranquille, elle regarde, choisit et décide. Quand elle est jeune, elle aime plutôt être conquise, d'où la prolifération des « machos », épisodiques parce qu'ils se font dérouiller. Plus tard, mais parfois très tôt pour certaines d'entre elles, elle aime protéger, d'où la multiplication des « bébés »... quelquefois âgés de quarante ans.

L'évolution de la femme a fait qu'elle est en ce moment en pleine conquête de son égalité matérielle. C'est pourquoi sous son règne, qu'elle va d'elle-même interrompre dans quelques années, il y a une telle prolifération de bébés et de machos, avec très peu d'hommes dits normaux entre ces deux extrêmes. Parfois le bébé devient macho, ou inversement, pour quelque temps. Je parle surtout de notre monde occidental où la femme passe par les trois stades successifs classiques de la liberté à l'égalité, et de l'égalité peut-être à la fraternité.

Le vieux combat pour la liberté de la femme a vraiment commencé dans les années 1880, au début de la Belle Epoque. La bicyclette lui donnait la liberté de mouvement : la femme est sur le moment plus fatigable que l'homme et et soumise à des règles précises pour la gestion de son corps. Après la bicyclette, l'automobile a achevé cette libération qui parallèlement se manifestait dans tous les domaines. Devant conserver la cellule familiale, la femme était astreinte à des tâches quotidiennes répétitives : l'essor des appareils électroménagers, aspirateur, lave-vaisselle, qui a débuté à la fin du XIXe siècle, a contribué puissamment à sa libération.

On peut dire aussi que pour certaines catégories l'abolition du corset par le couturier Paul Poiret a permis la libération de son corps, libération qui a pu se prolonger ensuite avec le pantalon, les jeans d'aujourd'hui, l'abandon de toute contrainte vestimentaire, sauf quand elle choisit elle-même pour se faire plaisir et faire plaisir à l'autre de porter à nouveau une guêpière et des jarretelles. Mais c'est un libre choix, enfin je l'espère.

Le combat pour l'égalité a commencé surtout après la guerre de 1914-1918, où l'hécatombe, comme la longueur de la bataille immobile des tranchées, a amené la femme occidentale à remplacer l'homme dans beaucoup de tâches dites masculines. Ce combat pour l'égalité, les « Années folles » n'ont pu le faire fructifier que sur quelques personnes privilégiées.

C'est la guerre de 1940, avec la débandade des hommes — français, allemands ou russes —, qui a sonné le glas de la supériorité de la condition masculine sur la condition féminine.

Les femmes sont très fortes en ce moment parce qu'elles sont en plein combat pour l'égalité. Ceux qui luttent pour quelque chose de grand ont également de la force et de l'énergie pour les petites choses de tous les jours. Ce combat pour l'égalité n'est pas terminé, mais vivement qu'il se termine par la victoire féminine, pour que les femmes puissent aller vers le troisième stade, qui sera le plus constructif, celui de la fraternité, à la fois entre elles et avec les hommes.

J'ai parlé de ces trois stades parce que, chaque fois, je les ai vécus aux côtés des femmes que j'ai aimées. Cela prenait plus ou moins de temps mais, d'une certaine façon, avec moi, contre moi, elles luttaient toujours pour leur liberté, puis pour leur égalité, et nous en arrivions enfin toujours à la fraternité. Cela se passait plus vite que pour de grandes masses humaines, puisque nous étions tout simplement en couple. Ce schéma permanent, répétitif, a pris des formes différentes selon les femmes très diverses que j'ai eu le bonheur de rencontrer, mais il était toujours le même.

Je pense qu'ainsi les choses progressent, mais en allant toujours mal, parce qu'il faudrait plutôt que les stades s'établissent de la sorte : d'abord la fraternité, puis la liberté et enfin l'égalité. Dans leur combat, certaines femmes m'ont exalté, m'ont fait fendre les flots. Mais elles ont souvent essayé aussi de m'assoupir, de m'avoir au port, à l'ancre, ou tout simplement serein. Le vent, je l'ai fabriqué pour que le voilier avance ; j'ai combattu avec les femmes qui voulaient calmer le vent.

Jusqu'à trente ans, j'aimais plutôt les brunes aux yeux noirs comme dans la chanson *Gargoulette.* Elles avaient du piment et de l'ail, elles me compliquaient éperdument la vie.

Mes combats de l'âge mûr arrivant, je me suis dit : assez de brunes piquantes, je vais me diriger vers les blondes calmes, les Suédoises, les Germaniques tranquilles, voire même apathiques. A l'usage, je me suis rendu compte qu'elles étaient tout à fait semblables aux brunes et me bouffaient autant de temps, autant d'énergie, peut-être d'ailleurs parce que c'est moi qui le cherchais. Alors j'ai adopté un compromis en me tournant vers les brunes aux yeux bleus et, soyez tranquilles, c'est encore pareil !

En parlant ainsi de moi, je ne crois pas parler de tous les hommes puisque chacun de nous est un cas particulier. Il est vrai que, jeune, je recherchais la femme pour le combat qui, après les orages, engendrait « l'œuvre », et ne désirais physiquement que celles qui étaient hérissées de défenses. J'étais très difficile sur tous les aspects féminins, intellectuels ou physiques, ne désirant pas celle qui se présentait et qui m'avait choisi ouvertement.

Avec le temps, je suis resté intérieurement aussi exigeant, mais l'image de la femme s'étant stylisée en moi, d'une certaine façon elles sont maintenant pour moi toutes les mêmes, grandes, petites, grosses, maigres, brunes, rousses, blondes ; et presque toujours quand l'une d'elles m'a choisi et que les circonstances le permettent, j'accepte, alors qu'auparavant j'aurais fui.

Mon père, qui m'a enseigné aussi la femme à sa façon, me disait : « Quand on est tout jeune, on regarde les yeux, plus tard les seins ; à l'âge mûr, on regarde le corps d'une femme, et puis, dans la vieillesse, ce qui compte, ce sont ses jambes. » Je me demande finalement s'il n'avait pas raison dans cette simplification extrême. Mais ce qui est essentiel pour moi, c'est la présence féminine, cette chaleur, cette énergie constante que les femmes diffusent même à distance, au milieu de l'hiver, sous une apparente fragilité.

Pour mes équipes, je disais et j'écrivais sur les murs que, pour moi, la femme dans les bureaux ou en tournée, c'était toujours l'objet précieux. J'insistais d'autant plus que les femmes ne voulaient plus être traitées comme des objets. Je répétais cette formule : « Les hommes sont des déménageurs, les femmes sont des bijoux. »

L'homme est pour moi la bête corvéable à merci qui peut se taper des cuites successives, des nuits sans dormir, sans en être perturbé sur le coup, car il n'a pas de règles profondes à suivre et à respecter. La femme réagit beaucoup plus intensément aux saisons, aux périodicités de la lune, aux années, par ses règles mêmes, « ses règles jamais régulières », comme le dit ma chanson *La Bureaucrate*. Elle est très sensible aux moindres changements et ne doit pas faire d'efforts soutenus trop longtemps. Elle doit se préserver et être préservée pour demeurer impérissable.

L'homme est momentanément plus fort puisqu'il peut abuser de son corps, mais il le paie cher : il meurt en général plus jeune que la femme qui, tout en se sacrifiant et se donnant à fond, a l'habitude, dès son plus jeune âge, de se ménager. Ménageons les femmes, déménageons les hommes. L'homme peut mourir en très grand nombre. Peu importe : quelques hommes pourront repeupler la planète s'il reste beaucoup de femmes. Mais si les femmes meurent en quantité et que, à l'inverse, il reste beaucoup d'hommes, la renaissance sera infiniment plus longue : une femme ne peut avoir un enfant qu'au maximum tous les ans.

Je tenais ces théories simplistes au sein de mes équipes pour que l'on ménage les femmes qui, elles, en plein combat pour l'égalité, ne voulaient pas être traitées avec ménagement et se rebellaient en disant : « Nous ne sommes pas des femmes-objets ! » Il n'est pas question d'être femme-objet ni homme-sujet, il est question que chaque sexe reçoive les égards et les contraintes que sa nature profonde appelle.

Un jour, j'ai été particulièrement étonné à la télévision quand une assistante est venue à l'entrée pour porter mes valises et mes guitares. Elle me dit : « Je fais tout. » J'ai essayé d'appeler un représentant du sexe opposé, mais en vain. Elle me répondait tranquille : « C'est mon métier. Je veux tout faire de a à z et devenir réalisatrice. » Comme un homme. Moi, je tenais tout au contraire à préserver chaque sexe dans sa nature.

D'ailleurs, si l'homme est plus capable d'excès que la femme, en fin de compte elle est plus endurante L'homme peut rester une ou deux nuits blanches à travailler, il tiendra le coup. Après, il sera abattu ; plus tard, il mourra beaucoup plus jeune que la femme : la durée de vie moyenne des femmes est supérieure à celle des hommes. La femme ne doit pas s'astreindre à ce qu'on appelle, chez les ingénieurs et les architectes, des « charrettes ». Ces charrettes, je les ai vécues de nombreuses fois, d'abord à l'Ecole des Ponts où nous devions remettre nos projets à une date déterminée, puis au bureau d'études, enfin dans mon métier de chanteur où l'on doit chanter un soir à Amsterdam et le lendemain à Nice, après deux mille kilomètres de routes et d'autoroutes, de traversées de villes, de bouchons, sans compter les douanes.

La femme, qui a une mécanique beaucoup plus réglée sur la nature, les heures et le temps, ne doit pas devenir ce déménageur qu'est l'homme. Aujourd'hui, les femmes font des infarctus ; autrefois, elles n'en faisaient presque pas. Chacun doit travailler à son rythme et le préserver au maximum. Même parmi les hommes il y a des natures différentes. Un bœuf est un bœuf qui peut travailler des heures durant, régulièrement. Mais un tigre est un tigre qui ne fait pratiquement rien que se promener, guetter et savoir bondir sur sa proie en une seule détente. Un chat ne doit presque rien faire. J'avais sans cesse au milieu de mes équipes à préserver la nature de chacun. C'est pourquoi je tenais à ce que les femmes aient plutôt des horaires fixes. Avec de la souplesse pour leur permettre l'aventure : toujours l'aventure dans la sécurité. Au contraire, aux hommes, je réservais une grande flexibilité horaire avec quelques points fixes essentiels : l'aventure permanente avec quelques sécurités.

Mais, dans nos temps turbulents, les familles, les couples, les équipes, les compagnies, les mondes sont chambardés. Malgré ma tendance à vouloir installer en quelque sorte le paradis sur Terre ou tout au moins autour de moi, et la volonté même des femmes et des hommes qui travaillaient avec moi, tout contribuait à bouleverser mes plans. C'est pourquoi d'ailleurs je me suis habitué aux tourbillons et aux séismes dans ma vie professionnelle, comme dans ma vie sentimentale, afin de ne pas être trop malheureux.

En attendant le grand chambardement
Tous les ans je m'offre un grand voyage
Tous les deux ans un déménagement
J'emporte mes cliques et mes claques
Et comme Ulysse loin d'Ithaque...

C'est une chanson commencée il y a trente ans et jamais terminée, ou plutôt terminée en fait d'une autre manière par *Le Grand Chambardement* lui-même.

Une autre chanson, celle-ci d'amour et que j'ai publiée, dit le fond de ma pensée :

Et puisqu'en tout cas on est malheureux
Autant que ce soit parce qu'on est amoureux.

J'ai l'impression que j'ai surtout été aimé par les femmes, non pas pour mes qualités diverses ou même mes défauts, mais surtout parce que j'ai essayé d'être bon en toute circonstance. Oui, j'ai bien dit « bon ». Un détail qui n'est pas une justification complète, mais qui est révélateur : bien qu'il m'arrivât de me chamailler avec ma sœur, je n'ai jamais levé la main sur elle, jamais, au grand jamais. De toutes les femmes que j'ai aimées et qui m'ont peut-être aussi aimé, il n'y en a qu'une qui peut dire que je lui ai donné une gifle, la seule gifle de ma vie à une femme, c'est Cécile. Les circonstances en sont assez cocasses.

Nous venions de nous marier et nous étions invités chez Bernard et Annabel Buffet à Château-l'Arc, en Provence quand, à son habitude, de discussions en bouderies, Cécile s'était enfermée dans sa chambre. Je me dirige vers Annabel, qui écrivait tranquillement, face à Bernard Buffet qui peignait dans l'immense salle admirablement décorée et remeublée par eux comme ils le font à chaque fois dans leurs demeures successives. Je dis à Annabel : « Je ne sais vraiment pas ce qu'elle a, je n'ai jamais su ce qu'elle a et je ne saurai jamais ce qu'elle a. Mais elle exagère. » Annabel me dit : « Fous-lui une baffe. » Je lève les yeux au ciel. « Oui, ajoute-t-elle, c'est vraisemblablement ce qu'il lui faut. » Obéissant platement, je la quitte et me dirige vers notre chambre.

Il paraît que Cécile est arrivée près d'Annabel, la joue rouge, en marmonnant au milieu de ses sanglots : « Je ne sais pas ce qui lui a pris, il m'a fichu une gifle. » Et tout a fini dans un éclat de rire général.

Je n'avais mis aucune conviction dans ma gifle ; alors, elle n'a eu aucun caractère constructif sauf que j'ai écrit sur-le-champ la chanson :

Non je ne sais pas battre les femmes
Battez-les vous-même si vous voulez
Battez-les battez-les (bis)
D'autres vont les consoler...

Je me trompe. J'ai dû donner une deuxième gifle à une femme, et c'est la seule que j'aie donnée à l'une de mes filles. Elle avait quinze ans, était en pension et passait les fins de semaine à Garches, chez moi. Je ne sais plus à la suite de quelle circonstance elle m'avait affublé d'un mot plutôt volumineux. Cette fois-ci, la gifle est partie sans aucune préméditation, de bon cœur. Je crois qu'elle a atteint son but puisque ma fille s'est momentanément calmée... mais son effet n'a été que de courte durée.

Deux gifles familiales dans toute une vie, c'est je crois une non-violence assez rare, mais c'est aussi le signe que je préfère convaincre avec les mots ou le silence, plutôt qu'avec la force. On ne frappe pas chez nous. Mon père ne nous a jamais frappés, ni ma sœur ni moi. Quand j'avais quinze ans, ma mère m'a donné une gifle, la seule qu'elle ait distribuée à ses enfants, et je ne sais toujours pas pourquoi. Je suis certain que si les femmes m'ont été fidèles, tout au moins dans leur affection et leur estime, c'est parce que je me suis toujours joliment comporté avec elles.

Si d'ailleurs elles m'aimaient et demeuraient à mes côtés, c'est peut-être parce qu'elles sentaient que je pouvais être bon avec d'autres femmes qu'elles : c'était ça le seul élément menaçant, l'élément « concurrentiel » qui pouvait jouer. Pour moi, la plus grande punition, c'est l'indifférence. Les coups, les jérémiades, les réprimandes, tout cela me semble voué à l'échec.

C'est aussi ma mère, cette femme humble et simple, qui m'a dit, vers l'âge de cinq ans, une phrase qui m'a marqué : « Ne laisse pas le mal sortir de ta bouche. Tu as le pouvoir de tuer avec les mots. Tourne-les pour faire vivre. » Si je voulais la transposer aujourd'hui, je dirais plutôt avec mon langage de ce jour : « Ne laisse pas le mal franchir le seuil de tes lèvres. » C'est peut-être plus « poétique », mais j'ai tenu à citer la première phrase, qui était la sienne. Le pouvoir de tuer ? En famille, notre langage était comme ça, excessif, peut-être pour mieux dire, avec force et conviction. D'ailleurs, une vieille légende traînait chez les miens, que je n'ai jamais pu vérifier. Elle est extravagante. Il paraît qu'un de mes arrière-arrière-grands-pères avait le pouvoir de tuer par le regard et que, lorsqu'il sortait dans la rue, il devait porter des lunettes fumées ! Je ne me souviens même plus du prénom de cet aïeul dont l'histoire est, je l'espère, fictive, mais on me l'a tellement de fois racontée qu'elle est restée en moi.

Comme, très nerveux, j'ai tendance à me mettre dans des colères extrêmement violentes mais qui ne durent qu'une minute et la page est tournée, je me suis dressé naïvement à adoucir de plus en plus mon regard, à le rendre le moins aigu possible (j'espère que cela vous fait sourire), et, surtout, suivant le conseil de ma mère, à tourner mes paroles pour que le mal ne sorte pas de ma bouche. J'en ai fait une chanson :

Les mots font mal les mots...
Ceux de la colère, ceux de la tempête,
Ne s'envoleront pas dans le vent.
Ils vont chercher le cœur, le ventre, et la tête,
Les mots sont bien des êtres vivants.

J'ai la terreur des émissions de télévision ou de radio où les gens s'envoient des vannes pour le grand amusement du public et d'ailleurs le leur propre, parce que tout cela n'est au fond qu'un jeu. Pour moi, c'est plus qu'un jeu. Les mots, même s'ils sont sortis en jouant, finissent par circuler et, quand ils sont graves, brûlent les fleurs de nos cœurs et vont parfois même jusqu'à incendier la forêt de nos corps.

Quand je suis sorti de l'hôpital et suis revenu à la vie de mon métier, après des mois d'éloignement, j'étais surpris du ton insolent, rapidement agressif et destructeur que notre époque de « battants », de « gagneurs » immédiats et périssables avait choisi d'utiliser dans les médias. Pour un oui ou pour un non, j'ai vu les gens aller à la castagne comme s'il s'agissait d'un combat permanent. Comme je devais me battre et que j'avais bien indiqué la couleur « *Demain je recommence* », j'ai vite répondu avec la même force. La douceur n'était plus de mise, alors qu'elle est au fond tellement plus forte. J'espère qu'après ce livre qui m'a replongé dans la sérénité, je n'aurai pas à reprendre le fouet des mots durs qui me fait autant mal à moi, quand je l'utilise, qu'à celui ou celle vers qui je le fais claquer.

Est-ce le fait des circonstances ou de ma nature ? J'ai toujours eu tendance à aller vers des femmes ou à vivre avec des femmes plus jeunes ou même beaucoup plus jeunes que moi.

Quand j'étais étudiant, mes amies avaient mon âge. Entre trente et cinquante ans, j'ai surtout connu des femmes qui avaient dix, vingt ou trente ans de moins que moi.

J'ai toujours envié Brassens, Montand et d'autres artistes qui ont vécu souvent avec des femmes plus âgées qu'eux : d'une certaine façon, ces compagnes mûres les protégeaient, leur épargnaient les mille petits soucis quotidiens, notamment ceux de la tenue d'une maison, qui sont souvent plus accaparants que ceux relatifs à la carrière.

De plus, Piaf par exemple protégea, conseilla, dirigea ou abrita la carrière de quelques-uns, et Montand, en passant de Piaf à Signoret, reçut une double formation qui ne put qu'amplifier son beau talent.

Quand j'ai connu Brassens, il était avec la Jeanne, plus âgée que lui, et déjà en partie avec une autre femme admirable venue d'Europe centrale et qu'il appelait Pupschen, c'est-à-dire « petite poupée », avec qui il termina ses jours. Et c'est Patachou qui l'a « démarré » dans le métier.

Au contraire, j'ai dû souvent protéger ou même former de toutes jeunes femmes à peine sorties du berceau familial qu'elles rejetaient en allant vers moi. J'avais plaisir à leur enseigner la cuisine et, pour beaucoup d'entre elles, un métier que souvent j'apprenais, comme les métiers du spectacle que je ne connaissais pas... tout en le leur apprenant !

Ainsi, pour Marguerite ou Isabelle qui devinrent très habiles dans le disque ou la télévision ; pour Dominique que, dès l'âge de dix-neuf ans, j'avais mise sur le montage des « Bienvenue » et qui, au fil des années, devint chef monteuse de cinéma et appliqua mes méthodes pour simplifier les montages des films souvent très ambitieux qu'elle dirigea toute seule par la suite.

A Cécile, que je connus quand j'avais vingt-sept ans et épousai à l'âge de vingt-neuf, malgré la bohème de ces années qu'étaient mes tout débuts dans la chanson, j'ai dû transmettre un maximum de choses, vraies ou fausses, bonnes ou mauvaises. Je ne suis pas infaillible. J'appliquais à cette époque des méthodes, règles et façons d'agir que j'avais apprises de mon père, puis de mon métier d'ingénieur, dans mon nouveau métier réputé bordélique, la chanson. Alors les notes, les plans, la gestion d'une paire de chaussettes jusqu'à celle d'un concert à Saint-Amand-les-Eaux, tout cela défilait en vrac.

Par la suite, elles m'ont toutes dit que je leur avais appris les choses, l'amour, la mort, c'est-à-dire la vie. Bien que ce fût ma grande époque de doute, qui a duré jusqu'en 1967 et qui enfanta *Qui suis-je, qu'y puis-je, en ce monde en litige,* époque où tout vacillait en moi, toutes les certitudes acquises de l'enfance, de l'école, des gens ou des livres, je rédigeais de petits opuscules, toujours manuscrits (je n'avais pas les moyens d'avoir une secrétaire), que je résumais sous le titre « Comment faire ». Cela allait de « Comment faire une omelette au fromage » à « Comment être heureux », « Comment téléphoner », en passant par « Comment détecter une panne » ou « Comment faire pour qu'un plombier arrive ».

C'est de cette époque que date le début de mes notes

épinglées sur les murs ou collées sur les tables ou résumées dans des cahiers d'écolier. Quand je vis venir l'époque maoïste, avec les journaux muraux, les dazibaos, je n'étais pas surpris. Il y avait longtemps que je faisais cela tout naturellement. J'avais écrit « Comment faire » sur les pages de droite du cahier, réservant l'autre page pour des commentaires à venir... Quand les années « hippy » sont arrivées, je me suis mis à écrire sur les pages de gauche : « Comment ne rien faire ». Il y a des gens qui ne savent pas ne rien faire. C'étaient exactement les mêmes règles, avec un mot ou deux inversés.

Il y avait de sacrés moments de gaieté avec les jeunes femmes qui faisaient ou ne faisaient rien à mes côtés. D'ailleurs, elles m'ont été extrêmement utiles pour que j'apprenne les choses en faisant semblant de les enseigner et m'ont peut-être apporté plus que ce que les femmes plus âgées que moi auraient pu me donner. Avec elles, je n'ai jamais été dans la sécurité, ce que j'appelle les « pantoufles de fer », et la vie foisonnante régnait, sans barrières.

De longues années après notre séparation, ayant, par je ne sais quel miracle, conservé avec elles des relations excellentes, des souvenirs communs qui nous attendrissaient toujours, chaque fois que j'avais un coup dur (et Dieu sait si j'en ai eu) et que je le recevais seul (et Dieu sait si la solitude a été ma principale compagne), mes « ex » revenaient toujours m'aider et me sauver. Avec leur côté messianique et sacrificiel, elles l'ont beaucoup plus fait que les hommes qui ont travaillé à mes côtés. Eux aussi revenaient à chaque urgence. Par exemple, Jean-Pierre Primo, le jeune homme de vingt ans qui débuta comme technicien chez moi et, plus tard, devint le directeur technique des salles de l'Agora d'Evry ; ou le jeune homme de dix-neuf ans, Pascal Berhault, d'abord comptable chez moi et qui est maintenant président-directeur général d'une compagnie de matériel de cinéma.

Avais-je justement, fortuitement, choisi des bons Samaritains ? Ou bien, comme je le pense, chaque être humain a-t-il en lui cette tendance à sauver les autres, qui s'amplifiait par moi, pour moi, tendance exacerbée en France, ce merveilleux foutoir où tout le monde doit se démerder en permanence ? Toujours est-il que j'ai reçu d'elles plus tard, dix, vingt ou trente ans après, autant — si ce n'est plus — que ce que l'on peut croire que je leur avais donné. J'ai toujours donné et j'ai été payé en retour. Deux fois : sur-le-champ, parce qu'en donnant on reçoit, et puis longtemps après, de façon très effective.

J'ai d'ailleurs l'impression de recevoir tout le temps quelque chose de quelqu'un, qu'il soit bête ou intelligent, fort ou faible, sage ou fou. C'est pourquoi j'ai écrit :

Le miracle vient de partout,
Il vient du sage, il vient du fou.
Il vient des amis oubliés,
Il vient des enfants réveillés,
Il vient des ennemis jaloux,
Le miracle vient de partout.

Même les ennemis que j'ai dû affronter, et il y en a eu quelques-uns, m'ont apporté quelque chose en croyant momentanément me faire du mal ou tout simplement s'opposer à moi. Très peu de gens ont le sentiment de faire du mal : ils croient toujours faire le bien, même quand ils font le mal.

Venant des femmes, j'ai eu récemment trois divines surprises. J'ai subi à six mois d'intervalle deux opérations lourdes. A la première, je n'ai prévenu personne, sauf Jacqueline, mon ex-secrétaire, rangée des machines à écrire, qui avait travaillé quinze ans chez moi naguère ; et Isabelle qui, même bien mariée, revenait régulièrement me donner un coup de main. Ni mes amis, ni mes proches, ni mes enfants, ni des journalistes amis ou autres, ni le public bien sûr, n'avaient été alertés.

Ma première femme, Cécile, l'a appris fortuitement, par Gilberte Goscinny quelques semaines après l'intervention.

Elle m'a envoyé un télégramme : « Si tu veux, je viens. » Laissant momentanément ses trois enfants, elle débarqua de Marseille pour m'assister pendant ma convalescence dans ma grande maison vide, ou plus exactement peuplée de chats. Pourtant, à huit cents kilomètres de Paris, elle avait elle-même une maison lourde à tenir, avec des enfants et des circonstances personnelles très difficiles : comme il est vrai que tout arrive en même temps !

Lors de la deuxième épreuve, plus dramatique que la première, et qui survint en urgence, elle arriva le jour de l'intervention, ayant prévu un lit d'accompagnement dans ma chambre d'hôpital. C'est ici que l'histoire devient comique. Mon ex-secrétaire, Jacqueline, pourtant mariée, deux enfants, et, je le précise, n'ayant eu avec moi que des relations professionnelles, téléphona à l'hôpital le jour de mon opération et apprit qu'il était prévu un lit d'accompagnement dans ma chambre. Elle crut que ce lit lui était naturellement destiné et prépara rapidement, aidée de son mari, une petite valise avec le nécessaire (dont un pyjama de son mari !) pour passer deux ou trois jours à mes côtés après mon opération. Quand elle débarqua à l'hôpital, Cécile était déjà là, ayant pris l'avion le jour même à Marseille et elles s'amusèrent ensemble de ce quiproquo.

Mais c'est maintenant que l'histoire se corse. Quinze jours après l'opération, je rentrai à la maison et décryptai sur le répondeur un coup de téléphone. Marguerite, qui avait vécu avec moi en 1967 et 1968, avait appelé de New York. Elle avait appris par mon ami Georges Hilleret que j'avais des ennuis de santé, et son message disait : « Guy, je ne sais pas où tu es, je prends l'avion et j'arrive dans la semaine. » Marguerite, je le rappelle, s'était mariée avec un chanteur américain qu'elle aimait et dont elle avait deux enfants. Tout en devenant un peintre de renom, elle devait tenir leur maison de Greenwich Village à New York. En téléphonant à mon répondeur, dans son affolement, elle avait oublié de me donner son numéro aux Etats-Unis, et j'ai dû téléphoner à

Georges, récupérer ses coordonnées et l'appeler immédiatement pour lui dire de ne pas abandonner sa petite famille, que j'allais bien, qu'elle pouvait venir tranquillement plus tard, pour le plaisir de me retrouver et de revoir Paris, mais qu'il n'y avait aucune urgence.

Ce goût de sauver une situation dramatique, je l'ai rencontré plus souvent chez les femmes que chez les hommes, parce qu'elles savent mieux que nous ce qu'est un accouchement, ce qu'est un enfant qui a brusquement 40 de fièvre. Mais, peu ou prou, je l'ai rencontré partout et en tout être humain. Particulièrement en France, pays des taxis de la Marne, mais aussi à Tōkyō lorsque, en 1982, j'ai chanté devant l'empereur du Japon, sa famille et des chefs d'entreprise français, des peintres, des sculpteurs, qui étaient allés là-bas à l'occasion du voyage présidentiel et d'une semaine franco-japonaise.

La grande conversation que j'ai eue avec l'empereur Hirohito, qui régnait depuis près de soixante ans, savant, spécialiste mondial des plantes et de la biologie de l'océan, considéré comme un dieu vivant dans son pays, tournait autour d'évidences. Le Japon — pays de séismes, petit archipel balayé par le vent, les tempêtes et les tremblements de terre, sans ressources naturelles, jaloux de la Chine millénaire, immense et nourricière — était un pays dont les habitants devaient se sauver les uns les autres, en toutes circonstances, et surtout lors des coups durs. Après avoir été longtemps isolés, les Japonais ont regardé le monde. Puis ils ont su intégrer le spirituel et le matériel et, de ce fait, dans l'état de chambardement de notre fin de XXe siècle, ils sont à la pointe du monde. J'exposai à l'Empereur la nécessité des Messies Réunis, alors que le prince Hitachi, son fils, puis sa fille nous avaient rejoints dans ce petit aparté qui se tenait dans un des salons de l'ambassade de France à Tōkyō.

Il faut dire que l'improvisation de mon mini-récital avait amené les Français qui étaient là à sauver, eux aussi, la situation. Le chef du protocole français, M. Rougagnou, avait apporté le petit tabouret sur lequel je devais poser mon pied pour jouer de la guitare. Un micro, trouvé à la dernière minute, avait été flanqué devant moi et, pour me soutenir, tous les Français chantaient mes chansons en chœur sans aucune préparation, y compris François Mitterrand. Hirohito se mit aussi à chanter *L'Eau vive* qui est très connue au Japon. Il entonna avec moi, avec plus d'assurance, la vieille chanson folklorique japonaise *Sakoura* que j'avais apprise deux heures avant en conversant avec un étudiant japonais.

Le protocole très strict du vieil Empereur avait prévu à peine quelques minutes de chanson et, à l'ambassade, on m'avait rappelé à quel point les Japonais sont précis et minutés. Il n'empêche. Hirohito ne faisant pas mine de vouloir partir, chanson après chanson, le mini-concert se poursuivit une demi-heure. Le président de la République autant que l'ambassadeur de France, Xavier de La Chevalerie, en étaient étonnés et ravis. D'autant que mes chansons se prolongèrent par ma conversation sur des thèmes à peine chauds à l'époque, mais brûlants aujourd'hui.

Les Japonais envahissant le monde avec leurs produits, il fallait leur rappeler que s'ils devenaient les plus riches, les plus forts, ils finiraient bien par succomber un jour, et nul ne peut se sauver s'il ne sauve les autres : le tiers monde, mais aussi l'Europe et la France, qui ne pouvaient se laisser envahir sans rien faire.

Un siècle auparavant, lors de l'ère Meiji, le Japon s'était laissé envahir par les techniques occidentales pour mieux les imiter, pour aujourd'hui les dominer et devenir les grands maîtres de l'électronique, des circuits intégrés, de la vente, de la création et de bien d'autres choses encore. Les Japonais, même après Hiroshima, ont admis les Américains, les ont intégrés, digérés, pour ensuite les battre, dans leur propre pays, sur le terrain économique et technique qui est le terrain de la guerre nouvelle.

L'Américain regarde surtout vers demain, vers le nouveau, en particulier l'Américain de Californie. En face de lui, de l'autre côté du Pacifique, le Japonais regarde autant vers hier que vers demain, autant le vieux que le nouveau, ce qui lui donne une force plus grande. Il veut tout sauver. Ses structures familiales et d'entreprise s'y prêtent bien. Maintenant, le monde entier doit être sauvé par toutes les nations, comme le Japon a été sauvé par tous les Japonais. *Si la France* et *Messies mais si,* que j'avais chantées à Tōkyō, ne faisaient que dire cela en d'autres mots. Je pense, ce jour-là, avoir été entendu, compris, mais pas du tout suivi... sauf peut-être par François Mitterrand qui savait déjà.

Les trois règles qui reviennent le plus sur mes murs depuis vingt ans m'ont été dictées par les plantes de mon jardin qui poussent et me poussent sans cesse :

1° préserver l'ancien ;

2° empêcher l'ancien d'étouffer le nouveau ;

3° empêcher le nouveau de dévorer l'ancien.

Un pays qui balaie tout ce qui est ancien pour laisser la place à tout ce qui est nouveau est un pays mort. Un art qui veut abolir son passé, sa mémoire, est un art mort. La « table rase » chère, même en musique, aux théoriciens de la fin du XIXe siècle est une fiction meurtrière. Un pays, qui laisse la paperasse ancienne des règlements, des juridismes et des corporations proliférer, est un pays qui s'étouffe et rend l'âme.

Les femmes comprennent mieux que les hommes ce monde où l'on doit sauver l'autre quelle que soit la circonstance. Je ne dis pas du tout qu'elles soient plus altruistes que les hommes. Elles seraient même plus égoïstes, parce qu'elles doivent protéger leur ventre et sauver le bébé qu'elles portent ou qu'elles vont porter un jour, et qui perpétue la race humaine. Mais étant souvent plus que nous immobilisées à la maison par cette fonction vitale, elles ont tout appris. La tenue d'une maison enseigne beaucoup, comme le champ à la cultivatrice. Même quand elles ne travaillaient pas et voyaient l'homme rentrer de sa corvée, elles étaient leurs confidentes, leurs inspiratrices, leurs conseillères.

En quelque sorte, bien que l'homme soit plus voyageur, plus errant, les femmes sont plus que lui au courant de tout. Elles sont un réceptacle de la communication. Oublions le bébé qu'elles portent ou vont porter. Une secrétaire, du fait qu'elle tape tous les papiers relatifs à la petite entreprise, est au courant de tout ce qui se passe. De plus, le directeur, tout en dictant une lettre, lui confie ses états d'âme comme s'il était sur le divan d'un psychanalyste. Je crois que, dans un avenir proche, la femme, en respectant sa nature profonde, demeurera heureusement plus immobile que l'homme, en travaillant la plupart du temps à partir de sa maison aux terminaux d'ordinateurs individuels. La cotte protectrice dont elle a besoin face aux intempéries lui permettra ainsi d'assurer sa survie et celle de la cellule familiale, tout en travaillant de façon très précieuse pour son entreprise et les siens avec le téléphone, la télévision, le four à micro-ondes et l'ordinateur.

Je parle d'immobilité mais, contradiction apparente, j'ai toujours tenu à travailler avec des femmes qui savaient conduire, ou bien j'ai contribué à ce qu'elles apprennent à conduire, aient leur voiture particulière : il était vital qu'elles soient aussi en contact avec la réalité vécue, non seulement par le son ou les images à distance et par les rapports écrits, mais par leur mouvement autonome. Dans mes notes et consignes, j'ai toujours marqué : « Il faut téléphoner, écrire, retéléphoner... et y aller. » Même si mes collaboratrices étaient mères de famille, je tenais à ce qu'elles viennent de temps en temps avec moi en tournée ou en studio pour regarder l'exécution de ce qu'elles avaient préparé par téléphone, se rendre compte que tout se passe différemment en direct, qu'il faut, après avoir tout prévu, une souplesse totale, que le plan sur le papier n'est pas l'exécution ou, comme dirait Korzybski, que « la carte n'est pas le territoire ».

Une vieille sentence hindoue affirme : « La femme est sauvée par l'homme, et l'homme est sauvé par Dieu. » Je crois souvent qu'ils se sauvent tous les trois.

Dieu, combien de livres divers j'ai dû ingurgiter sur les techniques de l'acte amoureux, depuis l'extraordinaire *Ce que tout jeune homme devrait savoir*, si connu des familles bien-pensantes, jusqu'aux innombrables revues et traités qui ont proliféré depuis vingt ans. J'affirme qu'il n'y a aucune technique majeure, que j'ai beaucoup plus appris des femmes et de moi-même que de tout ce que j'ai lu, et que l'essentiel est d'avoir une affinité profonde avec l'autre, même s'il (ou elle) est de passage. L'important, c'est d'aimer, même quand c'est éphémère. Et toutes les mises en condition sont dérisoires. Il y a quelque chose de mystérieux dans l'affinité de deux êtres. Tout ce que l'on peut apprendre, c'est à se connaître soi-même pour conduire l'autre, sans avoir l'air d'y toucher, vers ses chemins privilégiés, y compris ses chemins mentaux, pour pouvoir enfin être emporté par d'autres ailes sur d'autres territoires. Il y a quelques années, j'ai commencé une chanson que je n'ai jamais terminée :

Ceux qui font l'amour
Comme on dit bonjour
Sans y attacher d'importance,
Se sont réunis
En un bal de nuit
Dans un château de Provence.

Je sais que l'on peut dire bonjour en faisant sonner le mot « bon », mais en général c'est dit de façon banale, ça n'a plus de sens profond, même quand c'est Yves Mourousi qui l'affirme.

Quand il m'est arrivé de « faire » beaucoup l'amour et

successivement, avec des personnes différentes, dans certaines rares époques de ma vie, chaque amour devait être essentiel, vital, unique. En termes prosaïques, quelle que soit la quantité, la qualité devait exister. Même dans les situations qui appellent le moins le sentiment de l'amour, par exemple au bordel.

Jeune, je n'avais jamais été dans ces lieux où, paraît-il, nos pères et nos grands-pères faisaient leur apprentissage d'« homme ». De plus, naïvement ou bêtement, je trouvais que ce n'était pas nécessaire pour moi puisque les meilleures choses ne coûtent rien : le soleil, l'eau, un regard, le chant des oiseaux, l'amour. Payer pour avoir le plaisir amoureux, comme d'ailleurs payer pour n'importe quoi, me semblait enlever à l'intensité de ce plaisir. Bref, je n'avais jamais été au bordel, lorsque, en tournée,

> *A Amsterdam*
> *Il y a Dieu, il y a les dames,*
> *J'ai vu les dames de mes yeux...*

Avec un ami hollandais, nous nous sommes promenés dans les ruelles, nous avons regardé les vitrines où les dames sont dévêtues, nous avons erré dans quelques bars où les seins nus des serveuses et des barmaids sont la règle, et je lui ai dit : « Allons au bordel. » Il n'y avait jamais été, bien qu'il eût mon âge, quarante-six ans, et qu'il vécût à Amsterdam depuis des années. Tout au moins, c'est ce qu'il m'a affirmé.

Nous dénichons une adresse. Je me souviens seulement qu'elle rimait avec Satan. Nous frappons à une porte de bois, cossue et discrète. Une dame d'une quarantaine d'années, élégamment vêtue, nous accueille. Nous transmettons le mot de passe donné par la personne qui nous avait indiqué l'adresse. Elle nous fait monter au premier étage, dans une sorte de bar-salle de danse.

C'était un lieu à la fois intime et spacieux, décoré avec un raffinement et un goût hors pair, chatoyant et moderne, comme de science-fiction. Il y avait des hommes et des femmes de tous âges, attablés ou accoudés au bar, buvant et devisant, plongés dans une musique d'aujourd'hui diffusée avec discrétion. Les lumières étaient bonnes, suffisamment claires. Il n'y avait aucun mystère fabriqué, aucun chiqué, cela ne ressemblait à aucun des bordels que vous avez pu voir dans les films de cinéma ou les documentaires. Ça parlait dans toutes les langues, et j'avais plutôt l'impression de me trouver dans un de ces bars de l'espace, de Mars, de Vénus ou du cosmos, dont les aventuriers de science-fiction sont friands, particulièrement les endroits décrits par Lcigh Brackett dans son livre *Les Portes de l'infini,* ou Catherine Moore dans *L'Aventurier de l'espace.*

Le barman nous donna le choix entre un excellent champagne et du Chivas. La chose la plus étonnante, étant donné que l'argent règne après tout dans ce genre de lieu, était le fait — et le concierge de l'hôtel qui nous avait donné l'adresse nous avait prévenus — que l'on ne payait pas ses consommations, l'on était en quelque sorte invité. Mais si l'on « montait » avec l'une des ravissantes demoiselles qui se trouvaient au bar, alors ça coûtait cher, très cher. Cependant, on pouvait repartir en ayant parlé, hésité, consommé de multiples boissons et finalement refusé de « consommer l'acte », sans débourser un florin.

Je n'ai aucune expérience, mais je me demande si ce bordel n'est pas unique en son genre, ou même s'il existe toujours. Certains clients fumaient du tabac ou parfois autre chose, mais à part ça on ne voyait brûler aucune herbe. Pourtant, les parfums étaient très pénétrants, quoique sans excès ; j'ai cru distinguer celui du jasmin principalement. Bref, il n'y avait aucune de ces panoplies aphrodisiaques qui, paraît-il, sont utilisées pour provoquer des climats sexuels, érotiques, excitants.

Et tout se passait comme dans un monde « normal », de plus de très bon genre, lorsque, tout naturellement, une dame déjà complètement nue, n'ayant fait aucun strip-tease, arriva et se mit à danser au rythme de la musique, puis tout aussi naturellement vint s'accouder au bar. Etant naturiste, je me trouvais parfaitement à l'aise. A l'une des tables, une jolie Eurasienne m'attira ; j'engageai la conversation avec elle en anglais. Elle était arrivée de Sumatra deux mois auparavant ; son père était hollandais et sa mère chinoise.

Elle me plaisait beaucoup, et l'attraction immédiate semblait réciproque bien que, dans ce genre d'histoire, l'homme ait toujours tendance à vouloir raconter qu'il est séducteur alors qu'il ne s'agit en fait que d'une transaction commerciale. Mais l'amour prend toujours des chemins subtils. Au bout de quelques minutes, je lui proposai de monter au deuxième étage et, naturellement, elle accepta. Avant de monter, je dois préciser qu'un monsieur très bien — genre cadre arrivé — m'intercepta à l'angle du bar pour que je paie à l'avance. Je me souviens qu'il s'agissait d'une somme assez rondelette, bien que je ne connaisse pas les tarifs en cours dans les maisons et les rues chaudes du monde, et que c'était, je le répète, ma première expérience.

J'étais allé très vite à engager la conversation avec la belle, parce que je sortais d'un concert à Amsterdam, qu'il était déjà une heure et que je devais repartir tôt le matin pour Groningen. Très vite aussi à me décider, parce que lorsqu'il y a attirance mon choix est immédiat. Mais voici que dans la chambre nous restâmes ensemble plus de trois heures. C'est vous dire que l'attraction mutuelle qui apparut dans nos gestes d'amour (que, bien entendu, je ne vais pas vous décrire) était plus forte que ma hâte à vouloir repartir. La chambre était simple, spacieuse, avec un grand lit et une table de chevet sur laquelle était posé un petit vase contenant une rose, sans les miroirs ni aucun des artifices dont des générations d'utilisateurs et de littérateurs ont fait leurs délices.

Au milieu de l'après-midi, à la répétition, à Groningen, qui se trouve à une centaine de kilomètres d'Amsterdam, j'eus la surprise de voir la dame débarquer et s'installer au premier rang de la salle vide pour m'écouter. Le soir, nouvelle surprise, elle assista au concert. Après le concert, avec les étudiants, au cours d'une petite réception qu'ils donnaient pour moi, j'ai terminé la chanson, *A Amsterdam,* que j'avais démarrée en roulant entre la capitale et Groningen. Un des étudiants s'était mis au piano et improvisait en m'accompagnant alors que je tenais la guitare.

La dame de beauté nous suivit de ville en ville, en Belgique, au Luxembourg puis en Suisse. Après quinze jours, je devais rentrer à Paris où m'attendait à la maison ma compagne d'alors. Tous les jours, dans les hôtels, la patronne du bordel d'Amsterdam téléphonait à sa pensionnaire pour lui demander de revenir. Elle m'exhortait à la convaincre. J'avais dit la vérité à mon amour de passage : une femme à laquelle je tenais m'attendait. Elle n'en avait cure, mais c'est elle-même qui, à la fin de la tournée, me dit adieu.

Elle voulait rentrer à Amsterdam, alors qu'après quelques jours nous étions à l'évidence encore plus attachés l'un à l'autre. Je lui proposai de rentrer avec moi à Paris et de la présenter à des photographes de mode. Elle était très belle avec ses pommettes hautes, sa bouche joliment fendue, un peu cruelle, ses grands yeux noisette très écartés, en amande, et sa peau naturellement fine et bronzée. Elle avait vingt ans et qui sait quelle carrière éblouissante elle aurait faite, d'abord dans les agences de modèles dont mes émissions de télévision « Bienvenue » se servaient couramment. Si elle était venue à Paris, qui sait ce qu'elle serait devenue, vedette, femme de milliardaire ou d'acteur connu. Mais elle me dit qu'elle avait eu envie de goûter une aventure bien à elle et puis de rentrer à Amsterdam où, dans cette maison de la rue qui rimait avec Satan, elle se sentait bien, et qu'elle serait heureuse de me revoir un jour ou l'autre. Toujours, comme pour la plupart des femmes, l'aventure dans la sécurité.

Je ne l'ai plus jamais revue et j'ai été embarqué par la tournée qui continuait en France. Cette fille propre, honnête, doit avoir maintenant des enfants et vivre une vie moins aventureuse avec peut-être l'un des dirigeants néerlandais d'une multinationale. Je la reverrai, vingt ans après, à l'un de mes concerts, comme j'ai revu toutes les femmes auxquelles j'ai été attaché, même brièvement.

J'ai raconté cette histoire somme toute assez banale parce qu'elle a contribué à m'enseigner que la fonction ne crée pas l'individu, et qu'on peut rencontrer des êtres humains, humains dans le sens le plus large du terme, en tous lieux, en tous temps.

Par la suite, à Los Angeles, déjeunant avec quelques amis au fameux restaurant Ma Maison, tenu par Patrick Terrail, j'ai pu discuter avec d'autres femmes qui faisaient, à leur façon, le même métier. Des Américaines. A leurs yeux, elles étaient des « professionnelles ». Elles considéraient les femmes mariées américaines comme faisant le même métier qu'elles..., mais en « amateurs ». Elles me démontraient leur point de vue très clairement, en me citant des exemples précis de femmes qui se donnaient à leur mari des années durant sans amour, ou à leurs amants pour des raisons « sociales » ou pour toute autre considération, sans se faire payer, ce qui n'était ni malin ni logique selon ces call-girls. Evidemment, la chronique est défrayée par des scandales bourgeois, à Paris comme en province, où l'on voit des dames « très bien » se comporter de façon encore plus étrange que des prostituées professionnelles, allant jusqu'à fréquenter des maisons de rendez-vous sans se faire payer. Mais bien sûr qu'il ne faut pas généraliser. Et je raconte ces singularités sans faire l'apologie du plus vieux métier du monde, puisque j'ai, moi-même, une réticence à payer pour de l'amour ou à utiliser le pouvoir que donne la célébrité ou la fonction directoriale pour aimer quelqu'un presque malgré lui.

C'est ainsi que je n'ai jamais voulu coucher avec des

femmes que j'engageais pour travailler, même si elles étaient belles, pour ne pas user du prestige du patron, et que mes expériences à l'étranger de l'amour tarifé ont été, comme vous le voyez, très sommaires.

L'argent, comme fléau de la balance, m'a toujours fait peur. Il est normal que des voyageurs, des marins, des hommes de toutes sortes, n'ayant pas le temps ou s'étant habitué à ce commerce, puissent couramment recourir au plaisir tarifé ; et même qu'ils y trouvent des joies et des suppléments d'infini que des vies dans l'ordre apparent des choses ne leur apporteraient pas. De façon semblable, j'ai admis les mœurs amoureuses de quiconque, pourvu qu'elles fassent plus de bien que de mal.

Une de mes premières chansons, *Qu'on est bien dans les bras d'une personne du sexe opposé* — interdite pendant des mois à la radio à cause du mot « sexe », lequel à l'époque était considéré comme inutilisable en chanson ! —, comportait ce couplet :

Certains jouent quand même
Les atouts de même couleur,
Libre à eux moi j'aime
Les valets sur les dames,
Les trèfles sur les cœurs.

Dans le métier de la chanson et du spectacle, il y a, plus encore que dans d'autres métiers, des homosexuels. C'est compréhensible, parce que c'est un métier de solitaires et de gens en marge où les homosexuels, quelle que soit la libération des mœurs, se sentent plus à l'aise, plus franchement déclarés et admis que dans d'autres milieux où ils doivent souvent se cacher. Parmi les homosexuels, j'ai rencontré la même proportion de mecs solides ou faibles, bons ou néfastes que parmi les hétérosexuels.

Par nature, environnement, ou par le concours de circonstances, je n'ai jamais, ni jeune ni mûr ni plus vieux, été amené à désirer le même sexe que moi et je n'en tire ni contentement ni regret. Sauf une seule fois, en regardant une émission de télévision où j'ai vu de jeunes castrats chanter merveilleusement. Beaucoup de grands hommes de l'humanité ont été homosexuels, et tout le monde les admire. Mais encore une fois, ce n'est pas mon coup ni mon goût personnel.

En revanche, bien que très tolérant, ce que je n'aime pas, en toute chose d'ailleurs, c'est la provocation. Ceux qui vivent en marge, dans quelque marge que ce soit, y compris dans l'homosexualité, à l'encontre des coutumes établies dans la plupart des pays d'aujourd'hui, sont d'une certaine façon nécessaires à la société qui a besoin de toutes ses différences, mais il n'y a pas lieu d'en faire un plat. C'est tout naturel.

Et surtout, pourquoi vouloir faire des prosélytes ? L'enfance est très impressionnable. Que des enfants, par nature, par conformation, naissent et se développent plutôt homosexuels, encore une fois, c'est naturel. Ils pourront suivre leurs penchants sans qu'on exagère les contraintes autour d'eux, leur douleur ou même leur désespoir. Mais les vieux beaux, qui veulent entraîner avec des artifices, et par le pouvoir ou l'argent, des enfants ou des adolescents dans un comportement qui n'est pas naturellement le leur, me répugnent. Tout comme un vieux beau qui veut amener une fille trop jeune à faire l'amour avec lui, alors que c'est encore trop tôt pour elle. Ou comme ces dealers, ces revendeurs qui habituent graduellement la jeunesse à la drogue, laquelle fait inéluctablement son malheur. Ou comme ces habitudes de vie, y compris les habitudes musicales, contraires à la nature profonde de tel peuple et que l'on introduit pour l'intoxiquer et faire de l'argent. Encore une fois, tout doit contribuer à ce que chaque être humain trouve sa vérité et la vive, sans les déformations ou les formations néfastes.

« Chassez le naturel, il revient au galop. » Non, le naturel, dans notre époque troublée, ne revient pas. Il faut sans cesse penser à le préserver, car beaucoup d'imprégnations sont malheureusement irréversibles dans notre « terre qui perd la boule », qui a le tournis et ne sais plus où elle en est.

15.

Les devoirs de Dieu

Ecoute, mon fils,
Les paroles de ton père,
Et n'oublie pas
Les rites de ta mère.

(Proverbes 1-8.)

Si votre paradis n'est pas ornemental
(Hôtel-Dieu, 1967.)

Je ne me suis jamais drogué et pourtant, comme on dit dans le jargon psychédélique, j'ai « vu » Dieu. Il m'est arrivé de boire du vin, et quelquefois en quantité, mais le vin aide plutôt à créer, sans détruire en général les facultés de création. Un proverbe grec ne dit-il pas : « Quiconque n'a jamais bu de vin ne sera jamais poète » ? Mais le vin n'aide pas à trouver Dieu, pas plus que les champignons. Ce serait plutôt l'eau.

Comme tous les enfants du monde à la découverte des êtres et des choses, tout petit, je me suis déjà interrogé sur Dieu. Mon premier souvenir à ce sujet, c'est un dialogue que j'ai eu avec mon père. Je devais avoir trois ou quatre ans,je n'ose l'affirmer, mais le souvenir m'a marqué et il m'est revenu de nombreuses fois au fil des années.

Nous étions dans l'espèce de couloir-salon de notre petit appartement, au deuxième d'un immeuble à cinq étages, et je regardais un pan de ciel à travers la fenêtre fermée.

« Papa, qu'est-ce qu'il y a au-dessus des nuages ?

— Il y a le ciel.

— Et plus haut au-dessus du ciel ?

— Il y a les étoiles.

— Et plus loin après les étoiles ? »

Il y eut un long silence et mon père a répondu :

« Il y a Dieu. »

Et je me souviens que, à ce moment-là, une hirondelle a troué le ciel du trait noir et fulgurant de son vol et que j'ai perdu connaissance. C'est sans doute pour cela que l'image de l'hirondelle s'est imposée à moi quand j'ai ouvert ce livre par la mort de mon père.

Si j'ai perdu connaissance, c'est que j'essayais tout enfant de comprendre en quelque sorte ce qu'est l'infini, et la dernière réponse, « Dieu », m'avait entraîné dans le vertige.

L'infini, je l'ai réalisé très vite. Je me souviens d'être resté hypnotisé devant la couverture des cahiers de l'époque, dont le dessin comportait un écolier avec un chapeau aux larges bords, qui tenait dans sa main droite dressée un cahier semblable à celui que je regardais, lequel cahier dans sa couverture contenait bien entendu le même écolier, mais en plus petit, qui, la main dressée, tenait un autre cahier encore plus petit, et ainsi de suite. Je m'interrogeais sur le nombre extraordinaire de petits écoliers qui devaient continuer, de plus en plus petits, à se dessiner identiquement et obligatoirement jusqu'à des profondeurs incalculables…

Je méditais également en été devant un mur presque blanc en face de notre petite maison à la montagne, mur de pierres liées par un liseré de bitume noir, qui créait une sorte de quadrillage irrégulier et répétitif. En balançant ma tête de droite à gauche devant cette paroi, je finissais par tomber dans une douce somnolence méditative qui permettait à des couleurs et des images de défiler en spirale dans ma vision intérieure.

On n'imagine pas ce que font les enfants quand ils sont seuls.

Certaines nuits, dans ma chambre à coucher noire, l'espace obscur me semblait peuplé de myriades d'étoiles minuscules ; non seulement l'air ambiant, mais aussi ma main que je dressais face à mes yeux et qui rayonnait elle-même littéralement de milliards de petites lumières phosphorescentes de toutes les couleurs.

Il faut dire que j'étais un enfant particulièrement nerveux qui, tout en étant très doux de comportement, était sans raison visible sujet à des crises : tous mes membres et ma mâchoire inférieure étaient alors soumis à des tremblements que j'arrivais difficilement à contenir, sauf en recevant un coup que je me portais ou que l'on me portait, à ma demande, avec ma chaussure !

J'ai dit que mon père était le ciel, un ciel ordonné, avec ses étoiles qui bougeaient d'une façon qu'il m'expliquait rationnellement ; c'était un idéaliste rationnel. Ma mère, elle, instinctive et irrationnelle, était beaucoup plus proche des forces obscures de la terre, des forêts. D'où leurs discussions permanentes où elle pouvait tranquillement affirmer le contraire de ce qu'elle avait dit elle-même un instant auparavant, en y croyant tout autant, ce qui mettait mon père dans des colères extrêmes.

Ayant, à la demande de mon père, couru rationnellement de médecin en médecin, je me souviens que, en cachette de lui, je devais avoir six ou sept ans, elle m'emmena un jour dans la montagne. Après l'arrêt de l'autobus bringuebalant, poussif, vétuste, qui semblait rendre l'âme à chaque côte, je me souviens confusément que nous avons traversé un village à pied, puis des sentiers dans une forêt. A mesure que nous approchions, je ressentais une quiétude et une bonté réchauffante qui calmaient ma fatigue et mon énervement. Nous étions arrivés, et là ma mémoire flanche, était-ce devant une grotte, ou plutôt une cahute, une cabane couverte de branchages mais ténébreuse également comme une grotte ? Je n'ose rien affirmer. Tout ce dont je me souviens, c'est qu'il y avait un vieil homme avec une barbe blanche piquetée de gris, qui dressa un feu de bois dans une sorte de récipient en métal posé sur la terre battue. Il y jeta des morceaux de cailloux cristallins et blancs, peut-être de l'alun, qui se mirent à grésiller, brûler et donner enfin deux yeux dans le feu, que je regardais, fasciné. Il y ajouta d'autres poudres blanches, du sel peut-être, qui crépitaient, en proférant des paroles que je ne me rappelle pas. Il me semble que j'étais à la fois effrayé et calme lorsque, me saisissant d'une main, il sortit d'un panier un serpent blanc, de l'autre. Il se dégageait du vieillard beaucoup de bonté tranquille, et je ne reculai pas.

En me remémorant cette histoire aujourd'hui, je me demande si je ne l'ai pas rêvée bien qu'elle soit gravée dans ma mémoire. Mes crises nerveuses disparurent et ne réapparurent que très rarement depuis, quand je le souhaitais moi-même. Je n'ai pas l'impression que c'était un rêve, parce que mes rêves recommencent, reviennent identiques, et ce rêve ne m'est jamais revenu.

J'ai montré comment la douceur du cocon familial me convenait parfaitement, et je ne crois pas que j'aie la moindre raison, comme c'est la mode depuis quelque temps, de lui faire porter la responsabilité de ma grande fragilité nerveuse. D'une part, c'était dans ma nature, et d'autre part, je me posais trop de questions qui n'étaient pas de mon âge. Cela a duré toute ma vie où j'ai été littéralement contraint, par nécessité interne, à la solitude, à la méditation épisodique et aux idées farfelues, ridicules ou merveilleuses, petites ou grandes, qui traversent alors l'esprit en désordre. Celui-ci en saisit une au vol pour l'approfondir et se trouve souvent enveloppé dans un tourbillon qui le noie.

Parmi ces questions, il y avait bien entendu la question sur Dieu. J'ai été élevé dans la croyance en Dieu. Je pense que mon père était athée, peut-être a-t-il changé sur le tard, il n'empêche qu'il m'a tenu, enfant, dans l'existence de Dieu. Mais il me mettait en garde contre les simagrées hypocrites des croyances, affectées pour quelque raison que ce soit.

J'aime les rites qui sont souvent préalables aux religions et remontent à l'homme préhistorique. J'aime aussi les petites prières solitaires.

Si, lorsque je mange une orange, je remercie la nature de m'avoir donné cette orange, je participe au monde des orangers, des arbres fruitiers et à la terre entière. Et je la digère mieux. L'orange se confond mieux en moi, elle me fera plus de bien, elle me nourrira mieux. Quand on mange, on fait disparaître quelque chose qui continue à exister en soi. Si lorsque, avant de manger un morceau de pain, je remercie le ciel de m'en avoir donné comme aux pigeons sur les places, le pain se met à faire partie non seulement de moi mais du ciel, de la terre, et de tous ceux qui mangent du pain à un moment donné. La prière est une façon de mieux s'intégrer aux choses qui vous aident à vivre, et même, de façon tout à fait prosaïque, de mieux consommer. Je préfère une prière à Dieu à un remerciement à telle publicité lessivière ou sur les sphagetti. On a voulu remplacer la nature et le Dieu des êtres humains, des animaux, des plantes et des êtres vivants par les dieux de la pub. Le rituel de cette prière se passe désormais devant les clips.

D'une manière générale, quand on mange en regardant la télévision, on se fait du mal ; tous les médecins naturels ou non, croyants ou non, vous le diront. « Fais ce que tu fais ». Mon vice de solitaire a toujours été de lire en mangeant, ce qui est également néfaste, mais moins que la télévision. Les rites du repas s'accommodent mieux de la conversation (qui est une communion avec les autres) ou, quand on est seul, de l'écoute radio.

J'aime les rites, mais j'ai la terreur de quelque religion que ce soit, qui a toujours été pour moi la bureaucratisation d'une foi, avec sa hiérarchie, ses paperasses éternellement discutées, sa prétendue infaillibilité. Sa prise de pouvoir temporelle et spirituelle sur l'esprit et le corps s'effectue grâce à l'utilisation rationnelle d'une foi, d'une croyance qui, elle, est souvent bonne en soi parce qu'elle aide à vivre et à survivre.

Je ne veux pas dire qu'il faille supprimer les religions. Non, elles doivent continuer à vivre ; et ceux qui sont nés au sein d'elles, y demeurer pour les perfectionner en les rendant à leur destinée première qui est de transmettre des rites permettant de mieux s'intégrer à la nature et à Dieu. Ceux qui changent de religion et se convertissent à une autre, qu'ils s'appellent Maurice Béjart devenant musulman, ou Elisabeth Taylor, juive, me paraissent curieux. Faut-il penser que les rituels de la danse à la Béjart (j'en suis l'un des admirateurs) ou ceux du cinéma à la Taylor s'accommodent bien l'une des lois de Moïse, l'autre des préceptes de Mahomet ? En approfondissant les rites et les mots de la religion dans laquelle on est né, on peut aller vers l'idéal et justement rapprocher les religions et les confondre.

Mon Dieu confonds les religions
Bureaucraties de ta croyance
Qui ensanglantent nos régions
De leurs vengeances.

Car il faut les confondre, c'est-à-dire à la fois les démasquer et les marier. Les rapprocher et, en même temps, s'opposer à celles qui vont vers l'intolérance et continuent les massacres.

J'ai vécu des moments d'exaltation profonde dans des églises, des temples, synanogues ou mosquées, vides. Il y a près de un an, j'ai assisté à une messe dite pour mon ami Raymond Cordier, grand animateur de l'art contemporain, grand voyageur, grande gueule et homme merveilleux. Par testament, bien qu'il fût catholique, il avait demandé que l'on dise une messe pour lui selon le rite orthodoxe, et ses enfants avaient organisé cette messe dans une église orthodoxe, celle de Saint-Julien-le-Pauvre. La beauté des thèmes, des gestes, des mouvements et des mots, les chants, la simplicité, la douce profusion des lumières avaient fait que tous ceux qui étaient présents, athées ou croyants de diverses religions, s'étaient sentis réunis, et que nous pensions tous à Raymond, aux autres humains, à Dieu.

A l'inverse, j'ai été dans certaines églises catholiques où, que la messe soit dite en latin ou en français, je n'ai senti que désincarnation. Cela dit, en latin c'était mieux. Dans les synagogues de la diaspora, les mélanges superposés des différents rites, accents ou présentations, provoquant souvent une cacophonie bruyante, m'ont littéralement assommé, sauf dans les instants de ferveur silencieuse. J'aime l'harmonie quand il y a bruit et, le reste du temps, le silence. Les chœurs, chorales ou musiciens professionnels peuvent aider, mais ne sont que des rajouts. Les seuls moments profonds n'ont lieu que lorsque l'assemblée chante ou dit la même prière avec les mêmes mots, rythme et mélodie, d'une seule voix.

J'ai la certitude que les diverses religions ont fait leur temps, même si elles veulent recommencer à nous posséder. Elles ont été bénéfiques à leurs débuts, tant qu'elles installaient une foi, une croyance en l'adaptant aux rites et aux nécessités climatiques, géographiques de chaque région. Ensuite, elles ont provoqué des massacres, des intolérances, des fanatismes, des guerres de nation à nation et de religion à religion. Il n'y a rien à faire. Regardez autour de vous. Qu'on soit ou qu'on ait été pratiquant ou non, tôt ou tard les religions séparent les enfants rieurs, joueurs, de toutes les couleurs. Aujourd'hui, on parle de leur renaissance. Je le déplore quand cette renaissance, qu'elle soit juive, chrétienne, musulmane ou autre, choisit d'amplifier ses clauses les plus rigides. C'est un infernal retour en arrière. Les esprits, ayant peur dans la vallée, se réfugient à nouveau dans les cavernes des fanatismes religieux, en croyant ainsi se maintenir dans l'immobilité chaude, croupie mais réconfortante des millénaires.

Pour ce qui me concerne, avec ma tendance incorrigible à vouloir aller au « fond des choses » ou plus encore regarder le « fin fond des choses », je me suis inventé des rituels temporaires à partir des simples actes de la vie. Je peux dire que j'ai prié quotidiennement toute ma vie, parce que, tout simplement, ayant plaisir à dialoguer avec les animaux, les chats particulièrement, avec les choses, une lettre de mon père ou une vision, les végétaux, les arbres, j'ai parlé naturellement avec les étoiles et quelquefois avec Dieu. Je discute avec lui, je lui demande certaines choses. J'ai l'impression que lui aussi me répond et me regarde aujourd'hui quand j'écris ceci. Le dialogue peut être tranquille * ou exalté, voire même fou, comme les moments où je perdais connaissance face à ce fameux « fin fond des choses ».

La même inclination profonde m'a poussé à aller plus loin dans toutes les matières qu'on nous enseignait à l'école et avant qu'il soit temps de les apprendre. A quatorze ans, en classe de brevet, dans des traités touffus ou des articles de vulgarisation, je commençais à étudier, tant bien que mal, la relativité. Cette fameuse théorie unitaire du monde, qui me réconfortait, a été considérée comme dépassée en 1930 par la physique aléatoire fondée sur le principe d'incertitude ; après la certitude temporaire de la relativité généralisée, l'incertitude des quanta, temporaire aussi.

J'aimais disséquer et j'aimais coller. Le même « fin fond » me faisait fabriquer des colles dites « arabiques » à

* *Bonsoir mon Dieu que j'aime et que je connais bien.*
Protégez-moi dans mon berceau et en dehors de mon berceau.
Faites-vous connaître à mon papa et à ma maman,
Protégez-les ainsi que Mamia, Pépèrika et tous ceux que j'aime.
Faites que je sois un petit enfant bien sage et bien portant.
Merci de m'avoir envoyé sur la terre, bonsoir mon Dieu que j'aime.

Prière écrite pour ma fille Eve en décembre 1960.

partir des suintements des arbres. Et, comme tous les enfants, je crois, je voulais chaque fois voir comment une chose pouvait marcher autrement, démontant les jouets, les cassant d'ailleurs à force de les démonter. Mon père me disait souvent : « Guy, tu prends le contre-pied de la nature. Laisse faire une chose qui va comme elle va. »

Souvent, ce que l'on dit aux autres, c'est pour se le dire à soi-même. Mon père devait également se parler à lui-même en me parlant, parce qu'il ne pouvait pas se résigner, lui non plus, à l'ordre des choses, étant profondément un idéaliste révolutionnaire. Je crois que, dans mes jeux, mes recherches, je ne faisais que suivre son exemple, son enseignement... qu'il tentait vite d'arrêter en voyant le résultat catastrophique qu'il pouvait provoquer. Toute recherche d'une essence des choses, toute interrogation sur soi, au fond de soi ou à côté de soi, sur soi-même, dans la nature, au milieu des autres ou contemplant seul son nombril, est une recherche de Dieu. J'ai commencé par le trouver en action dans la Bible.

Ayant appris à lire et à écrire très jeune, je me suis vite plongé dans les livres au-dessus de mon âge, me tapant la Bible dans le texte, l'Ancien Testament, puis le Nouveau. Aujourd'hui encore, et bien que j'aie lu la Bible plusieurs fois, je suis resté un lecteur assidu de cet ouvrage étrange et merveilleux, avec ses combats meurtriers et insensés (je vous recommande Juges-23), et ses poèmes sereins, enchantés et désenchantés comme dans l'Ecclésiaste.

Chaque fois que je me pose des questions, j'ouvre une Bible à couverture noire, que j'ai conservée de mon jeune âge, à la page que le hasard désigne, pour voir si entre les lignes il y a une réponse à mes tourments. Les périodes de combat de ma vie me font toujours me diriger vers les psaumes de David : David, cet homme à qui, j'aimais de manière enfantine à le croire, je ressemblais. C'était le prénom de mon père. A la fois paysan et musicien, David jouait de la harpe pour calmer les nerfs de son beau-père, le roi Saül. Guerrier mais poète, rassembleur et créateur d'un temple dont il dessina tous les plans et que Dieu lui interdit de construire parce que, dit-Il, David avait les mains pleines de sang. Seul Salomon, son fils, qui avait les mains de la blancheur des colombes, pouvait recevoir la mission de construire ce temple. Heureusement, je ne suis pas guerrier, il n'y a pas une goutte de sang sur mes mains puisque je déteste tuer ; même lorsque j'écrase un moustique ou une guêpe — j'en ai la terreur —, je me sens un peu coupable et je ressens une sorte d'écœurement mêlé de pitié.

Dans les périodes de non-combat ou de calme, de volonté de paix, de pardon, de réconciliation, je me porte tout naturellement vers Jésus. Mon père m'avait enseigné Jésus, surtout en me lisant des passages de la célèbre biographie qu'Ernest Renan lui a consacrée. Pour mon père comme pour moi, Jésus est l'être humain le plus exceptionnel, qui est arrivé au degré de perfection le plus élevé possible à ce jour pour l'homme. Mais il n'est pas Dieu !

Vers l'âge de quarante ans, après ma période de doute généralisé qui est bien résumée dans ma chanson *Qui suis-je, qu'y puis-je dans ce monde en litige,* je me suis fait une théorie du monde, encore un système ! Car bien que j'aie collé allégrement sur les murs *A bas les systèmes — Vive les je t'aime*, j'en fabrique au fur et à mesure pour les détruire par des dérogations qui s'accumulent. J'ai l'impression que l'humanité a traversé quatre périodes pour aller du stade de « bébé » au stade d' « adulte », et même au stade de Dieu ou, plus exactement, du petit maître, du petit dieu de la Terre dont Jésus est le premier modèle.

Qu'on ne s'attende pas à des théories complexes de ma part. J'ai beau avoir beaucoup lu, jusqu'à des traités trapus ou abscons, je demeure un homme de chanson, et j'aime que les choses soient restituées simplement, que chacun puisse comprendre et puisse rajouter des choses de lui-même.

Toute vie d'un homme doit tendre à remplacer son père... Et, au commencement, il y avait Dieu le Père. L'être humain était un « bébé » qui vivait au paradis terrestre, la Terre qui, dans les petites régions où les premiers humains ont pu se développer, était un paradis. Le bébé prend ce qu'il a à sa portée. Il ne tue pas, il ne dérange pas l'équilibre des grandes choses et des vivants ; il est naturellement écolo. L'homme-bébé vivait de cueillette sans faire de mal à personne. Il mangeait des fruits, des racines, des graines, il ne cultivait pas ; plus tard, il se mit à pêcher des poissons. Certains traités disent aujourd'hui que le « paradis terrestre » a existé en Syrie, peut-être dans la région d'Alep. Moi, je crois qu'il a existé par petites enclaves, partout, mais peu importe. Certains de ces « bébés préhistoriques » pouvaient être très intelligents, aussi intelligents que l'homme d'aujourd'hui, parfois même plus sages. Ils pouvaient vivre très vieux. Ils s'appuyaient sur la nature, création de Dieu, qui pourvoyait à tout. Les petits groupes humains ne dérangeaient en rien les autres groupes d'animaux, ni les végétaux. Certains de ces « bébés » étaient peut-être dévorés par les bêtes féroces, mais ils se sont multipliés. Il y avait une sorte d'harmonie, d'écologie vraie et vécue, l'homme ne dépendant que des saisons et des grands chambardements du Ciel et de la Terre. L'être humain n'avait pas acquis cette force, à la fois bonne et maligne, qui lui fait dominer presque tout, sauf les éléments, et qui lui fait perturber grandement les autres vies sur Terre. Certaines tribus isolées, les Bushmen du Kalahari par exemple (à leur sujet il faut voir ou revoir l'cxcellent film romancé *Les Dieux sont tombés sur la tête*), ont vécu le stade « paradis » que notre civilisation a détruit vite fait. Ce stade a duré très longtemps jusqu'à ce que ces « bébés » deviennent des « enfants ». C'est la sortie du paradis terrestre.

Cette sortie est-elle provoquée ? Correspond-elle à l'invention du feu permettant de cuire des animaux et de les manger ? Est-ce la création des premières armes, pointes de silex ou autres, ou est-ce l'âge du fer ? Il est écrit que Caïn était forgeron alors qu'Abel était cultivateur. Mais Adam, qu'était-il à part feignant ? Est-ce l'ensemble de ces âges qui se trouve ainsi réuni dans ce raccourci biblique du paradis qui en fait a duré des centaines de milliers d'années ?

Toujours est-il, que les « bébés » de Dieu étaient devenus des enfants à problèmes, querelleurs, joyeux, musiciens, fous, sages, organisés, désorganisés. Sortant de l'âge « bébé », ils s'étaient mis orgueilleusement à parler et à parler de plus en plus, d'où les premiers avertissements du Père avec la destruction de la tour de Babel.

Ils ont mis pierre sur pierre entre terre et ciel
Ils ont construit de leurs mains la tour de Babel

(Tour de Babel, 1969.)

Curieuse histoire que l'histoire de cette tour. Dieu que de tours j'ai vues en France et dans le monde ! Tours de la Défense à partir de ma terrasse de Garches, cette Défense où je me perds toujours ; tours de Notre-Dame, délicatement ciselées par des générations de compagnons, sévères et imposantes par-devant, mais qui semblent vouloir caresser le ciel bleu d'un Paris de guinguettes et d'étudiants, tendres et chaleureuses par-derrière ; tour Eiffel que j'aime parce que sa mission principale est de communiquer des messages ; tours de Tōkyō, anachroniques et comme incongrues ; gratte-ciel empilés de New York, cohérents dans leur orgueil de fourmilières opérationnelles pour une reine monstrueuse, et gratte-ciel de Los Angeles qui, quelle que soit leur beauté, semblent ridicules dans ce « paradis » au bord de la mer.

Sur la plage de Malibu, près de Los Angeles, j'ai discuté avec des architectes américains de l'utilité des tours, des gratte-ciel, au moins de leur efficacité pour le travail de nombreuses personnes réunies dans un même objectif. « Efficacité médiocre, nulle, me repondirent-ils. Au-delà de cinq étages, il a été démontré que toute construction humaine n'est plus valable, même pour un objectif d'efficacité commerciale ou technique. »

L'agglutination de beaucoup de personnes dans un seul

édifice vertical avec tous les risques que cela comporte, comme l'incendie et les ascenseurs, la pollution, toutes les nécessités supplémentaires qu'elles provoquent pour l'entretien, le transport, l'alimentation de ceux qui y travaillent font qu'au moins un tiers du gratte-ciel est occupé à servir les deux tiers restants, si ce n'est la moitié du gratte-ciel. Des petites maisons de cinq étages éparpillées sont beaucoup plus efficaces pour le travail, l'économie... et, en prime, la vie. Les gratte-ciel ne semblent être en fait qu'un symbole d'orgueil, un énorme phallus brandi dans le ciel, tel magnat voulant en avoir un pour montrer qu'il est plus puissant que tel autre, plus grand par son gratte-ciel, son phallus, que son concurrent. Bref, une ville s'étendant en surface est plus forte, fonctionne mieux, à tous points de vue, qu'une ville qui s'étire en hauteur. Bien sûr que l'on pourrait parler de l'exiguïté de Manhattan et du prix élevé de son terrain pour justifier son accumulation de tours. Mais, sans entrer dans les détails, ce dernier argument paraissait inexact à mes architectes, et la ville aurait aussi très bien pu se développer en surface.

Cela dit, il y a la règle et les exceptions, et j'aime beaucoup New York dont les gratte-ciel me séduisent. A Paris, les polémiques sur les tours de la Défense ne sont pas terminées.

Quiconque s'oppose aux gratte-ciel est taxé d'archaïsme, de retour au passé, alors que les études architecturales, techniques, voire même scientifiques, montrent que ces tours orgueilleuses et tentaculaires, ces « collines d'acier », comme je le dis dans l'une de mes chansons de science-fiction, d'acier et de béton, sont moins efficaces que des immeubles petits et disséminés qui peuvent relier hommes et femmes plus aisément. Chaque fois qu'il y a une panne, jeunes et vieux ont la possibilité d'aller à pied. Encore une fois, tout système qui abolit la liberté de l'homme « nu », solitaire, sur ses deux pieds, qui le rend esclave d'une machine quelconque, est un système néfaste.

Les pays de la liberté peuvent devenir les pays de l'esclavage, consenti librement comme tout esclavage bien machiné.

Depuis la pomme d'Eve, l'évolution de l'humanité est marquée par une série de défis des hommes à Dieu qui les punit... pour ensuite leur pardonner et les laisser faire. L'humanité accède alors à un stade supérieur, lorsqu'enfin elle a digéré l'infraction précédente pour en faire du bien. Nous semblons avoir pris la phrase « Dieu créa l'homme à son image » au sens littéral et vouloir lui ressembler de plus en plus par la connaissance, la force et la puissance, puis le bien. Car, à part quelques cas pathologiques, tous les humains se veulent ou sont bons, individuellement ou en groupe. Nous voulons ressembler en tout à Dieu, d'abord malgré lui puis avec sa pitié, enfin avec son amour, son accord et sa bénédiction.

Nos sciences étaient « anthropomorphes » (à la forme de l'homme), elles sont devenues graduellement « théomorphes » (à la forme de Dieu). Et c'est la même chose. Sauf que Dieu sera toujours mystérieux, toujours plus loin et plus haut, et qu'en science, après chaque découverte fondamentale, l'on sait que d'autres découvertes fondamentales seront à faire. L'orgueil et l'erreur du XIXe siècle, malgré ses inventions merveilleuses, ont été de croire que la science saurait tout et, avec la technique, pourrait tout.

La terreur du XXe siècle, c'est que l'homme devienne plutôt à l'image du Diable, que les jeux du hasard divinisé règnent sur tout, que le désordre, qui est la moitié des choses, en devienne la totalité. Einstein dépassé, moqué par les jeunes savants, protestait : « Dieu ne joue pas aux dés. » Peut-être un peu, mais pas tout le temps.

Tous mes efforts pour les petites et les grandes choses, cette nécessité permanente que j'ai d'organisation et d'improvisation ont existé pour que le hasard vital, nécessaire, conduise finalement à mon bien et à celui de tous. Rude combat.

Je reviens à la tour de Babel. L'histoire est claire et, à la fois, étrange. Dieu n'est pas content de cette construction où pourtant des hommes *qui ont tous la même langue*, les mêmes mots travaillent ensemble en coordination sur un même projet. On ne dit pas pourquoi Il n'en est pas content. Peut-être qu'Il ne supporte pas cet orgueil de vouloir que cette tour puisse « atteindre les cieux », l'approcher. En tout cas, Dieu, d'un seul coup, invente les différentes langues de la Terre, pour amener la confusion entre ceux qui travaillent. Le résultat est étonnant. Se pourrait-il que Dieu ne veuille pas que les êtres humains aient la même langue et qu'ils puissent communiquer facilement entre eux? Parce qu'ils pourraient de ce fait vouloir défier Dieu, parce qu'ils pourraient vouloir égaler Dieu? Parce que la civilisation urbaine est néfaste et qu'il est préférable que les hommes vivent avec la nature, dans la nature, pour mieux la comprendre, s'y fondre et peupler la terre entière?

« Et c'est de là que l'Eternel a dispersé les hommes sur toute la surface de la terre. » Je pense que surtout Il ne voulait pas qu'un groupe d'humains fort et organisé « se fasse un nom » et domine tous les autres : cela se passait à l'époque de la création de l'écriture avec les premières tablettes d'argile, et de la première accumulation d'éléments nouveaux, des briques et des lettres, pour créer n'importe quelle construction.

Depuis la tour de Babel, les langages des humains sont différents, mais aujourd'hui un seul pays veut imposer sa langue, l'anglais, aux autres langues des régions du monde. Et cela n'est pas sain, parce que c'est à la fois une manifestation d'orgueil et une entreprise de domination qui se substitue à la prééminence de Dieu, c'est-à-dire de l'ensemble de l'humanité. La tentative de l'espéranto était ô combien plus valable parce qu'elle offrait une deuxième langue nouvelle, inventée, et non la langue d'un seul pays se répandant et imprégnant les autres langues. L'espéranto continue, et j'espère qu'il réussira pleinement.

De plus, avec l'imprégnation par la technique des mêmes mots : *in, off, push, forward,* etc., qui gèrent nos machines de quelque pays qu'elles viennent, l'unification des langages prétend vouloir passer par la transmission mondiale des images : l'image, plus que le verbe, serait un facteur de compréhension totale entre les peuples ! Or c'est au contraire, avec les images, une nouvelle « babélisation », une nouvelle confusion qui se produit, comme si Dieu avait décidé à nouveau de détruire la pseudo-cohésion des humains de notre planète.

En fait, l'histoire de la tour de Babel n'est pas aussi extravagante qu'il y paraît. Au temps de Babel, Dieu a détruit la communication entre les humains en multipliant les langages, pour empêcher qu'un groupe humain ne domine. Il y a vingt ans, lorsque je voyageais beaucoup dans le monde, je remarquais que, dans les métropoles, trois choses étaient toujours semblables : les aéroports, les hôtels Hilton et les couloirs de la télévision. Aujourd'hui, plus de la moitié des objets, des sons, des images se ressemblent trait pour trait. L'uniformisation est en marche, tenue par les forces de l'argent. Nous sommes, sur Terre, loin des Etats-Unis du Monde. Mais nous sommes en pleine tour de Babel hertzienne.

Les hommes ont toujours essayé de s'unir. Quand ? Face à une catastrophe ou après une grande guerre. Le tsar Nicolas II tenta les premiers essais de limitation des armements et créa la première Conférence internationale de la Paix, à La Haye en 1899. Puis, face aux échecs, le cœur de ce Pharaon se durcit. Après 1914-1918, il y eut la Société des Nations, sabotée dans divers pays ; en France, malgré Aristide Briand, par les puissances d'argent sous Poincaré ; aux Etats-Unis, malgré les efforts acharnés du président

Wilson, par le Congrès américain. Depuis 1939-1945, il y a l'ONU qui va cahin-caha.

Pourquoi ces difficultés ou ces ratages ? Parce que ces essais d'union furent tentés dans les après-guerres et pour des pays emmurés depuis des siècles dans leurs nationalismes et territoires. Parce que la charrue se trouvait pesamment installée avant les bœufs.

La charrue avant les bœufs
Ainsi ça les encourage
La charrue avant les bœufs
Font les beaux terrains bourbeux.

(Les proverbes d'aujourd'hui.)

Nous voici devant une charrue, qui est la communication, et des bœufs, qui sont les satellites. La Terre est vieille, mais l'espace heureusement est jeune pour les Terriens. Il est encore possible d'internationaliser les satellites, en les tenant par une assemblée des peuples, réunie *pour* un but commun, la communication, et non *contre* quelque chose, la guerre. Pour une fois, nous aurons mis les bœufs avant la charrue. Sinon, surviendra une catastrophe de la communication. Nous en constatons les signes avant-coureurs physiques dans toutes « Ces fusées, Par l'espace refusées », comme l'écrivait Jean Cocteau.

La Tour s'autodétruit par la babélisation chaque fois qu'elle devient instrument unitaire de domination, notamment avec la même langue et les mêmes images. Les Satellites Unis de la Communication, en rassemblant les diversités, seraient la source, le suc, pour le renouvellement du monde dans les temps à venir.

En ce moment, les images fabriquent une extraordinaire indifférence. A force de voir les gens tués dans des reportages véridiques, ou des fictions transmettant des souffrances infinies, du sang, des larmes, chaque individu solitaire face à sa télévision n'est plus ému par les douleurs de ceux qui lui sont proches, dans une rue de son quartier. Derrière des déclarations hypocrites, de solidarité avec ceux qui souffrent de telle catastrophe, déclarations surtout faites pour améliorer sa propre image, chacun a perdu en fait sa faculté de s'émouvoir. Les images surmultipliées nous plongent dans un tournis mental, nous empêchent même de nous occuper de notre travail quotidien, de notre vie, de celle de nos parents, amis ou voisins, de regarder le soleil, ou les étoiles par une nuit sans nuages. Le nez fixé sur des images transmises par des machines, nous assistons donc à une nouvelle babélisation où les images seraient gérées par le Diable qui, délégué par Dieu, serait devenu le grand Intendant de la Terre et ferait joujou avec nous comme dans la pathétique histoire de Job le Juste :

Mon Dieu, ne laisse pas Satan
Nous éprouver. Son règne dure,
Celui que Job connut au temps
De sa torture,
O Jéhovah.

Mon Dieu, garde-moi des idoles,
Dans leurs rouages, leurs images
Qui nous séduisent, nous cajolent
Dans l'esclavage,
O Jéhovah.

Vous voyez que j'exprime une revendication devant Dieu, en Lui demandant de ne plus laisser le Diable faire joujou avec nous.

En gros, Job c'est quelqu'un comme vous et moi : il ne fait « rien que du bien » et il ne lui arriva « rien que des malheurs ».

Dans la vision traditionnelle de Dieu, Dieu a tous les droits, Il n'a aucun devoir et tout ce qu'Il fait est bien. Il peut laisser Satan martyriser Job pour vérifier si Job reste juste et marche droit. Et Satan peut continuer à agir de la même façon avec tous les êtres humains, bref, installer l'enfer sur Terre.

Beaucoup ont perdu leur croyance en Dieu après les génocides de notre xxe siècle « moderne » qu'il est difficile d'admettre avec résignation en se disant : « Dieu a toujours raison. » Pourtant je ne perds pas l'espérance ni la foi. Je crois que Dieu nous fait comprendre graduellement certaines choses : à mesure que nous ne considérerons pas avoir seulement des droits, mais aussi des devoirs par rapport à la Terre, par rapport aux plantes, aux animaux et aux humains, Dieu Lui-même manifestera qu'Il a également des devoirs.

Les « devoirs de l'homme » ont été transcrits et répétés dès les premiers âges, alors qu'il a fallu des siècles pour rédiger les « droits de l'homme ». Il est temps de parler des « devoirs de Dieu », alors que ses droits infinis ont été, indéfiniment et de multiples façons, exposés.

Les devoirs de Dieu, cela semble bizarre et, en d'autres temps, on m'aurait brûlé pour avoir prononcé cette seule phrase. Or, la Bible nous montre bien que Dieu a avancé avec nous dans la voie des devoirs, et cela dès le début. Après avoir créé un homme seul, Il dit : « Il n'est pas bon que l'homme soit seul », et Il crée la femme. Après qu'Il eut décidé de détruire par le déluge ceux qui vivent sur la terre sèche et en avoir sauvé quelques-uns dans une arche, « Dieu se repent » et par son arc-en-ciel décide de créer une alliance avec les humains, dans laquelle Il promet de ne plus jamais annihiler totalement les Terriens. Puis, nous le voyons graduellement se mettre à aimer les humains : au fur et à mesure, les prophètes en témoignent.

Or, maintenant, c'est nous les petits seigneurs de la Terre, qui nous trouvons dans la position de Dieu lors du déluge et qui pouvons détruire la Terre.

C'est nous qui nous arrogeons beaucoup de droits et peu de devoirs, qui devons prendre conscience de nos devoirs pour que notre temps ne débouche pas sur l'apocalypse mais sur la renaissance.

Par exemple, à notre petite échelle, nous, les auteurs de chansons, possédons des « droits d'auteurs », mais nous devons les accompagner de « devoirs d'auteurs », créer vraiment des mélodies et des paroles qui ne soient pas une bouillie sonore menée par le hasard. D'une manière générale, nous devons tous apprendre à vivre réellement « ensemble » par notre comportement, plutôt que par l'identité des techniques et des machines (qui sont les briques d'aujourd'hui) ou par l'identité des images et du langage. Alors, le Diable aura perdu la partie et nous foutra la paix. Et Dieu, qui d'après certains a « caché sa face » depuis des siècles, ne s'occupe plus des humains en les laissant se débrouiller, sera à nouveau parmi nous, en nous et avec nous.

Dieu était tout simplement sévère. Puis Il s'est mis à aimer les humains. Va-t-Il les estimer ? Si nous lui en donnons les raisons, Il pourra se dire : « Mon Dieu, moi aussi, j'ai des devoirs. »

De même, le romancier, inspiré par une idée tombée du ciel, venue des profondeurs de son âme et de son corps, ou provoquée par ses rencontres et sa vision du monde, « crée » des personnages. Mais ceux-ci lui imposent à leur tour leurs nécessités, et un bon écrivain les laisse créer avec lui le roman. Dieu est un bon créateur et Il a fait pareil.

D'abord, Il a mis ses bébés, devenus enfants curieux de tout, à la porte du Paradis pour qu'ils se débrouillent seuls. Ensuite vint le premier grand avertissement, où Dieu montrait qu'Il pouvait exterminer Ses enfants par le Déluge ; puis d'autres semonces, par exemple à l'égard de Sodome et Gomorrhe brûlées par le feu du ciel. Mais les « enfants » continuaient de plus belle avec cette insouciance enfantine merveilleuse que nous connaissons.

Pourtant Dieu s'était montré particulièrement terrible et expéditif. Une femme se retourne pour regarder brûler Sodome ? Transformée en statue de sel ! Cette adorable Eve croque une pomme ? Dehors !

Après la période « bébé », la race humaine a vécu sa période « enfant » quand Dieu le Père s'exprime par l'intermédiaire de Moïse. En gros, Moïse transmet : « Fais ce qu'ordonne Papa-Dieu et tu seras récompensé, mais si tu ne fais pas comme Papa le prescrit, tu seras puni. Papa voit tout, sait tout. Il distribuera la récompense ou la punition selon que tu agis comme Il a dit ou non, que tu t'opposes à Lui ou non. Et, mieux encore, pour te faciliter la tâche, Il se met à ta portée, Il résume sa pensée dans dix commandements que tu peux récapituler en comptant sur les dix doigts de ta main. » Avant Moïse, on comptait par douze, ce qui était plus divin, mais plus difficile à appréhender. Des bébés, ça peut être avide, mais c'est sans défense et ça ne fait pas de mal. Des enfants, ça court, ça tue, bref, ça commence à devenir dangereux, « alors fais comme dit Papa et tout ira bien ».

Papa prend alors un visage assez terrible : Dieu le Père est devenu le Dieu des Armées pour pouvoir conduire Ses enfants à la victoire quand ils se sont bien comportés. Il dialogue en permanence par l'intermédiaire de ses prophètes pour bien suivre le travail, alors qu'Il ne l'avait pas beaucoup suivi pendant que l'enfant était bébé.

Cette période d'enfance a longtemps duré, quand est arrivé l'un des enfants qui a dit : « Je suis devenu comme Papa, je Lui ressemble, faites comme moi. Je suis l'un de vous et vous transmets un secret : en fait, Dieu qui a pris des allures dures, sans appel, afin de se faire obéir, Dieu nous aime maintenant. Et nous sommes mûrs, vous êtes mûrs comme moi pour enfin être adultes et pouvoir agir convenablement comme Dieu le souhaite, à sa place, sur cette Terre, en vous traitant bien les uns les autres et en la traitant bien. » Précédé graduellement par d'autres prophètes, dont Hillel, ce langage est pleinement exprimé par Jésus. D'où cette ambiguïté : fils de Dieu et en même temps Dieu, né de personne, du Saint-Esprit et fils de l'homme... Renan, ayant commencé son premier exposé de professeur au Collège de

France par cette phrase : « Jésus, cet homme admirable », fut viré du jour au lendemain.

Jésus annonce l'accession de la race humaine au stade où elle doit dominer la Terre et faire de grandes choses, soit pour le bien, soit malheureusement pour le mal. De la Terre entière cette fois-ci et non seulement du petit groupe humain d'autrefois. Je me répète : les hommes furent les bébés de Dieu puis les enfants et les adolescents de Dieu, pour devenir, à l'image de Dieu, des grands.

Moïse parle aux enfants d'Israël comme on parle à des enfants, mais Jésus leur parle comme à des adultes. Il leur dit, en substance : ce n'est pas par une obéissance littérale, par la crainte de Dieu, des mots et des préceptes de la Bible, que l'homme doit agir, mais par amour de l'autre. Il donne la liberté d'agir sans crainte ni idées préconçues, lui-même étant le modèle de l'adulte.

A mes yeux, son langage était incomplet, et devait être incomplet. C'est pourquoi nous avons traversé deux mille ans et affronté une fin du monde préparée de nos mains. Occupé par l'essentiel, c'est-à-dire Dieu, Jésus n'a pas voulu s'occuper de César, c'est-à-dire de l'Etat. Voici pourquoi l'Etat, sans Dieu, a momentanément gagné.

Aujourd'hui que nous sommes devenus, chacun de nous, de toutes les races, de toutes les couleurs, de tous les âges, de tous les pays, les seigneurs de la Terre, pour la première fois dans l'histoire de l'humanité, comme Dieu, nous pouvons détruire la Terre, la détruire non seulement par l'énergie nucléaire, mais par les modifications graves, irréversibles de la nature que nos actions industrielles et scientifiques entraînent.

Cette première force de destruction est complétée par une deuxième force, celle de création. Les développements de la biologie et de la génétique font que, à l'instar de Dieu, nous allons pouvoir créer des espèces nouvelles, créer la vie.

Cela est un progrès mais, en même temps, un danger pour la Terre entière et nous-mêmes.

Cependant ces deux forces, destruction-création, ne seraient que d'espérance, et la Terre ne risquerait pas d'être détruite si une troisième force n'était pas en train de se mettre en place, celle de l'évasion. Tant que l'on peut tout détruire et tout créer, les forces se stabilisent pour que l'humanité ne se suicide pas. Elle doit faire avec la Terre comme elle va, même de travers : les verrous de sécurité sont posés. Mais voici que, sous la pression des forces de guerre, les fusées se développent, et surtout les satellites artificiels. Littéralement, le « royaume du ciel », mais un ciel bien matériel cette fois-ci, va nous appartenir. Alors, un homme soi-disant « pur et dur » pourra dire : « La Terre est pourrie, qu'elle crève ! Nous, les élites, nous les bons, les meilleurs, nous allons nous multiplier dans les étoiles. »

Et ce triangle destruction-création-évasion, qui est l'apanage d'un dieu, fait que cette fois-ci c'est nous qui pourrions amener l'apocalypse sur Terre, ce déluge dont Dieu, une fois pour toutes, a affirmé à Noé qu'il ne l'enverra plus jamais. C'est pourquoi c'est à nous, maintenant, les humains, « adultes et comme divins », de sauver la Terre, d'être les messies de notre berceau familial

Pour savoir si les esprits étaient conscients de ce qui était pour moi une évidence dès 1965, j'ai écrit la chanson *Messies, mais si :* « Chaque homme ici est le Messie. » Je l'ai publiée en 1976, mais j'ai dû l'imposer aux radios, aux télés, aux médias, la chantant à chaque occasion qui m'était offerte. Alors qu'elle touchait les gens en concert, elle n'est pas devenue, selon le jargon de notre métier, un « tube », comme la chanson *A Amsterdam* parue dans le même album, ou mes quarante autres « standards ». Elle est restée dans l'ombre pour le plus grand nombre.

La course au fric, à la guerre, aux idoles (« dans leurs

rouages leurs images ») a continué de plus belle. Je croyais affirmer une certitude que tous allaient partager parce qu'ils l'avaient déjà en eux, grands et petits, incultes et savants. Je l'ai chantée à nouveau dans les émissions de Noël comme le « Grand Anniversaire », en 1981, où je réunissais sur un plateau, autour de l'anniversaire de naissance de Jésus le Juif, des gens de toutes les couleurs et de toutes les religions, et même des athées généreux. Je l'ai réitérée des années après, en 1983 lors de l'émission « Noël arc-en-ciel », en vain.

J'ai même, moitié sérieux moitié pour rire, moi qui suis à l'écart de tous les groupes... créé un groupe, « Les Messies réunis », composé de tous ceux qui savent qu'ils ne peuvent se sauver tout seuls sans en même temps sauver les autres. Un groupe très spécial, sans réunions, ni fichiers, ni statuts, ni communiqués, ni cotisations. En font partie en France déjà un millier de personnes qui ne reçoivent évidemment aucune directive puisqu'elles font bien, d'elles-mêmes.

J'ai exposé les mêmes convictions, les mêmes idées, les mêmes terreurs et les mêmes espérances dans de nombreux articles. J'ai appliqué les mêmes méthodes, où tout le monde aide tout le monde pour sauver la situation, à la maison, dans les familles, dans mes équipes, en tournée, pour le disque, à la télévision. « Bienvenue » ne réussissait que grâce aux « Messies réunis ». Cette sacro-sainte division du travail était améliorée par le principe suivant : chacun a sa fonction dont il est responsable, mais, en cas de coup dur, c'est-à-dire dans tous les cas, tout le monde, même occupant d'autres fonctions, doit venir lui donner un coup de main *. Cela entraîne qu'il se mette au courant de ce qui se fait par les autres afin de pouvoir vite être efficace. Ainsi, j'ai pu tenir, malgré tous les chambardements, une immense baraque à Garches pendant vingt ans. « Les Messies réunis », sur un

---

* Voir annexe, p. 409.

appel au secours, viennent m'aider, sachant que, moi-même, je mets la main à la pâte pour répondre à leurs urgences.

Le miracle vient de partout,
Il vient de l'appel au secours
Du téléphone au petit jour
Avec enfin quelqu'un au bout.

Les religions, monothéistes ou polythéistes, veulent toutes améliorer l'être humain. Mais dans le monothéisme, Dieu agit directement sur chaque homme, tout individu étant l'égal de l'autre, pauvre ou riche, grand ou petit. Dans les religions polythéistes, il y a une sorte de division du travail où chaque dieu a sa fonction. Cette division a recommencé quand la pensée de Jésus a été adaptée, modifiée, détournée. Dans la religion institutionnalisée chrétienne, qui est fille de la religion juive, mais qui devait s'intégrer aux populations polythéistes, on a par exemple fabriqué une série de petits dieux, les saints que l'on implore, entre autres Christophe pour les voyageurs et aujourd'hui les automobilistes, Albert pour les scientifiques, Bernard pour les alpinistes, Cécile et Grégoire pour les musiciens, Gabriel pour les ambassadeurs et même récemment sainte Claire pour la télévision. Jusqu'où irons-nous ? Par une continuelle manipulation, on a transformé, adapté, les dieux païens en des idoles devant lesquelles on plante des bougies et que l'on prie, qui sont là, représentées. Dieu n'a pas besoin de représentation, il est en nous et son deuxième commandement ordonne : « Tu ne feras pas d'image taillée. »

Même de Jésus, on a surtout imposé, à part l'adorable bébé dans la crèche, l'image d'un jeune homme frêle, pâle et crucifié avec du sang sur le visage, alors qu'il était avant tout, et toute sa vie le prouve, un homme de santé, de grand air et de vie. Cette image de mort a contribué à la diffusion de la nouvelle religion, avec l'acceptation et même la recherche du martyre, des flagellations, des supplices, des cilices. La Bible recommande que tout soit permis quand le but est de préserver la vie. Il est quand même effrayant que l'enseignement de Jésus, modifié, ait contribué à crucifier son peuple d'origine, Israël, pendant plusieurs siècles.

Le grand « crime contre l'humanité » inventé par notre temps, c'est *l'intolérance gérée par la bureaucratie.* Chacun de nous porte en soi quelques intolérances personnelles. Mais quand la bureaucratie s'en mêle, les réunit et les planifie, elle peut amener beaucoup de garçons tranquilles à se comporter comme des bêtes féroces. Elle a enfanté la monstruosité absolue, unique dans l'histoire des massacres : les camps d'extermination nazis, la « Shoah » admirablement décrite au cinéma par Claude Lanzmann.

Nous devons, encore et encore, la rappeler pour l'imprimer dans nos mémoires et veiller qu'à l'avenir elle ne se reproduise plus. Je l'ai exprimé simplement, à ma façon :

Le radar d'Oradour
Tourne tourne tourne encore,
Le radar d'Oradour
Tourne tournera toujours.

Cependant, j'espère que viendra le jour où il ne sera plus nécessaire d'insister, redire, faire connaître par tous les moyens. Car ce serait gratter à fond et sans cesse rouvrir la plaie, l'empêcher à jamais de se cicatriser ; avec, comme conséquence, à Dieu ne plaise, de la faire renaître indéfiniment, de persécution en persécution.

La Sortie d'Egypte est célébrée tous les ans par la Pâque juive, depuis trois millénaires et demi. Cette sortie est une fête de joie, la commémoration du grand combat contre l'esclavage, pour la liberté de tout un peuple. Un combat qui est un exemple pour d'autres peuples, d'autres groupes humains qui accèdent à la liberté. Ce n'est pas la commémoration triste d'un esclavage.

La religion juive et ses commentaires, discutés sans cesse ou appliqués par les juifs, est une perpétuelle remise en condition profonde, essentiellement en vue de la liberté et de l'égalité, avec Dieu au-dessus de tout cela. Ce sont des cris d'esclaves libres dans leur cœur, de proscrits et d'opprimés magnifiques qui, entre eux et plongés parmi les autres, clament contre l'injustice, pour la liberté, pour l'égalité.

Mais c'est la fraternité qui est le maître mot de notre temps, trois mille cinq cents années après la Sortie d'Egypte ; la fraternité, avec ses compagnons qui sont l'oubli des offenses et le pardon. Pour que l'esclavage et l'inégalité ne recommencent pas de génération en génération, nous irons d'abord vers la fraternité dont les commémorations sont des fêtes de joie.

Je ne dis qu'un mot des avatars de la religion musulmane qui, démarrant au temps de la jeune expansion arabe par une tolérance qui permettait d'intégrer divers peuples et leurs rites, finit de nos jours dans certaines de ses branches par un fanatisme meurtrier, toujours au nom de Dieu, au nom d'Allāh.

Mon Dieu garde-moi de ces fous
Qui t'invoquent en simulacre
Qui font de toi le dieu des loups
Et des massacres.

Comment des chrétiens ont-ils pu massacrer d'autres chrétiens, protestants, catholiques, orthodoxes ? Comment des musulmans sunnites ou chī'ites ont-ils pu se combattre, massacrer des chrétiens et des juifs et entraîner dans l'horreur le Liban du lait, du miel et de l'harmonie ?

Avoir réussi à transformer la force de vie d'un Jésus en l'épée des croisés en forme de croix, s'opposant au cimeterre des Sarrasins en forme de croissant de lune, symbole de paix de l'islam, pour entraîner des guerres exterminatrices pendant des siècles, est une des aberrations d'un combat prétendument poursuivi, des deux côtés, au nom du Christ, au nom d'Allāh.

La prolifération des sectes religieuses est un malheur. Et pourtant elles ont souvent les mêmes rites plus ou moins déformés qui correspondent aux saisons, aux nécessités de la vie. Mais le zèle de leurs néophytes amène souvent une intolérance, d'autant plus perverse qu'elle est masquée par des dehors très doux.

Mes enfants ont été élevés dans des religions différentes. Celles de leurs mères. Je leur recommande de n'en garder que les rites qui sont beaux et permettent la réunion, la communion, et les principes essentiels : la certitude que le bien doit triompher, la croyance en quelque chose d'éternel qui s'appelle justement l'Eternel, que l'on ne peut ni nommer ni représenter, qui se manifeste toujours dans toute forme de vie, qui peut être porté, transmis par des myriades incalculables d'événements, d'êtres, de choses vivantes ou inanimées.

Je pense que si la tradition juive (et d'autres traditions d'ailleurs, mais c'est elle qui l'a magnifiée) annonce l'arrivée d'un messie unique, et si, à chaque fois qu'un messie possible se profilait à différentes périodes (le plus extraordinaire et marquant étant Jésus, mais il y en a eu d'autres), les circonstances faisaient toujours qu'il était écarté, rejeté, c'est qu'en fait cette espérance messianique est un leurre créatif : il faut que chaque femme qui porte un bébé puisse se dire : « Ce sera peut-être un jour le sauveur. » Et qu'il n'y en ait jamais un seul, pour qu'un jour toutes les femmes rêvant de porter des messies, pour leur famille mais graduellement pour le monde entier, nous devenions, tous êtres humains sur terre, des sauveurs.

Jésus est le prolongement de Moïse, mais il y a de sacrées différences. Jésus a totalement accepté sa mission, sans aucune hésitation, sauf vers la fin. Il se l'est peut-être donnée à lui-même ; il est né dedans. Moïse, lui, avait tenté de refuser en disant qu'il en était incapable, qu'il était bègue, etc. Personnage curieux, hébreu certainement, mais dont on pourrait douter qu'il ne soit pas à moitié égyptien. En tout cas, il a joué de cette ambiguïté à partir de la légende du berceau recueilli par la fille du pharaon, pour être accepté à la fois à la cour du pharaon, plus tard parmi ses frères, et pour avoir à nouveau ses entrées au jour et à l'heure qui lui plaisaient chez le pharaon.

Moïse discute ferme et longuement avec ce César d'alors, et finit par gagner la libération de son peuple. Jésus ne discute même pas avec le « Césaricule », le proconsul Ponce Pilate. Alors que Jésus s'adresse de préférence au spirituel, Moïse, lui, parle également du spirituel et du matériel : il établit des règles destinées à changer l'être humain de l'intérieur et de l'extérieur.

Il se rend tellement compte que son peuple a besoin d'un changement profond, radical que, l'ayant amené dans le désert, il le fait errer quarante ans avant d'aller dans la Terre promise afin que, par le changement de génération, les nouveaux aient oublié les luxes de l'ancienne Egypte. Quarante ans dans un désert que l'on peut traverser à pied en une semaine ! Comme, des siècles après, Mao Ze Dong, Moïse aussi c'est la « table rase » du passé.

Mais Jésus, lui, ne fait pas la politique de la table rase ou de la terre brûlée. Il dit que l'être peut changer en douceur, qu'il faut étendre le message du peuple élu à toute l'humanité, admettre les différences, les fautes même, bref, la vie. Je le répète, Moïse traite son peuple en enfant qu'on doit préserver, alors que Jésus donne l'exemple d'un adulte qui peut tout savoir et indique à tous qu'ils peuvent devenir adultes.

Notre temps va prolonger Abraham, Moïse, Pythagore, Jésus, Descartes, et intégrer le spirituel et le matériel. Ainsi, nous serons tous les sauveurs de notre humanité en péril.

16.

César et Jésus

Jésus a dû s'arrêter en chemin à l'endroit convenable et prédestiné. Qu'il n'ait pas voulu s'occuper de César, c'est-à-dire de l'organisation matérielle des hommes, est compréhensible. Il s'agissait de revenir d'un seul élan en adultes au paradis terrestre que doit redevenir la Terre. Ce jeune homme hyper-intelligent, érudit et savant ne voulait s'occuper que du spirituel, c'est-à-dire de l'essentiel. Il répond fort bien à celui qui lui tend la pièce de monnaie. Rappelons, en gros, l'histoire.

Certains Pharisiens voulaient faire passer Jésus pour l'un de ceux qui luttaient contre l'impôt collecté par les Romains, afin de pouvoir le livrer aux occupants sous une inculpation mesquine, en tant que nouveau rebelle à la domination romaine, bref le piéger. Le piéger ou se l'annexer, car les Pharisiens, loin de l'image qu'on a voulu donner d'eux, étaient très éloignés de l'aristocratie sadducéenne et dévoués aux pauvres, comme Jésus : leur fausse image s'est facilement répandue parce que le mot « pharisien » sonne de la même façon que le mot « philistin » qui, bibliquement, répand la terreur.

« Montrez-moi la monnaie qui sert à payer l'impôt, leur demande Jésus pour démonter leur feinte.

Les Pharisiens lui présentent un denier.

— Cette effigie et cette inscription, de qui sont-elles ? demande Jésus.

— De César. »

Alors, Jésus conclut :

« Rendez donc à César ce qui est à César et à Dieu ce qui est à Dieu. »

Or Dieu contient César. Mais comment voulez-vous que ce jeune homme mystique, venu des vertes collines de Galilée, puisse se rendre compte de la puissance de César, qui lui semble ô combien dérisoire et qu'il croit balayer d'un mot ? Tout jeune, il a discuté avec des rabbins éminents et les a battus ou convaincus. Plus tard, à l'âge mûr, arrivé à Jérusalem la métropole, où la présence de César, de son administration et de son armée, est plus pesante, il sent déjà confusément quelque chose qui matériellement le concerne peu. Mais quand il brandit un fouet, c'est contre les marchands du temple et non contre les soldats romains ou les percepteurs des tributs pour Rome. Est-ce pour préserver sa survie avec ses disciples, pour ne point passer pour un séditieux, ce dont on l'a accusé à tort ? Ou bien, sur des questions purement locales, pour commencer par convaincre ses frères les juifs et, dans un second temps, se battre contre l'administration centrale ; ou encore entraîner avec lui les occupants romains ? C'est possible. Déjà, il admettait quiconque dans le « royaume de Dieu » : les « gentils », c'est-à-dire les païens, compris. Il commençait à faire éclater le peuple « élu » en toute l'humanité et non seulement en quelques Enfants d'Israël.

Vers l'âge de trente-trois ans, cet homme toujours calme, maître de soi, d'une douceur à la force extraordinaire, arrive pour la première fois de sa vie à Jérusalem et se rend compte d'une puissance romaine qu'il ne pouvait imaginer dans des bourgades comme Nazareth ou Capharnaüm.

Devant ses compatriotes, il convainc ou vainc facilement. A Jérusalem, pour la première fois de sa vie, le voici qui s'énerve, se met en colère et prend un fouet. Contre qui ? Contre des marchands dérisoires qui pratiquent dans l'enceinte même du Temple. Or Jésus, qui lutte pour l'essentiel, contre l'apparence et l'hypocrisie des choses, qui ne veut pas parler d'argent, se doit d'ignorer les commerces de la marchandise. Que ce commerce ait lieu dans l'enceinte du temple ou ailleurs, cela devrait lui être égal puisque ce qui l'intéresse c'est ce qui se passe dans les cœurs. Que ces petits marchands avides, cupides, travaillent dans les souks ou près du tabernacle, la différence est évidemment importante, mais pas aux yeux d'un Jésus. Ceux qui règnent sur le monde de la marchandise à cette époque, ce sont les Romains. C'est contre eux qu'il devrait se battre et non contre ces malheureux et mesquins boutiquiers qui vendent à la sauvette des babioles aux touristes venus à Jérusalem des quatre coins du pays pour la fête de la Pâque juive.

Tant qu'il luttait ou discutait avec ou contre ses compatriotes, Jésus était étincelant de mots ; mais quand il est enfin amené dans le palais de la puissance romaine, celui du proconsul, il ne dit plus rien, il ne se défend même pas. Il se comporte comme un jeune poète de nos régions qui s'est battu pour se faire éditer. Il monte à Paris, continue à se battre et, devenu un auteur à succès, injurie l'éditeur. Sa gloire locale le conduit en fin de compte dans la tour de quatre-vingts étages où se trouve installé le siège de la maison mère américaine avec ses huissiers, ses télex, ses ordinateurs, ses machines à écrire qui cliquettent. Notre jeune auteur sent brusquement la vraie puissance marchande qui mène tout cela, et il s'en trouve comme écrasé.

C'est là, au cœur du pouvoir marchand et militaire, et non chez les colporteurs du Temple, que Jésus aurait dû porter son combat. Or, il se tait.

Peut-être sait-il à l'avance que ses disciples et les disciples de ses disciples vont petit à petit se répandre et remplacer finalement, au bout de quelques siècles, la puissance romaine, à telle enseigne que le latin deviendra la langue mère de la religion créée en son nom, comme la langue anglaise de nos jours chez nos marchands hypnotiseurs : dans l'église de Bethléem, l'année dernière, un chœur composé d'une multiplicité de races et de patries a chanté à Noël une prière... en anglais !

Peut-être que Jésus ne voulait montrer que la douceur de son message face à des étrangers, cette douceur qui allait désagréger la force romaine. Peut-être a-t-il eu raison de se comporter ainsi, peut-être que c'était une étape nécessaire avec deux mille ans douloureux, et que ses gestes étaient dictés par Dieu. Mais prévoyait-il que l'Administration, que l'Etat, que César pourraient, comme cela se passe aujourd'hui, amener le monde au seuil de la guerre et d'une fin du monde ? Administration des armées, administration de l'argent, administration des goulags, administration des camps, administration de la faim ? Faut-il rendre tout cela à César ? Le César romain qui, à l'époque, ne gérait que les corps gère maintenant les esprits et les âmes. C'est lui qui a gagné. Est-ce pour qu'enfin nous arrivions à notre ère qui doit intégrer le spirituel et le matériel, sans rien négliger, et amener le bien dans ces deux domaines ? Je le crois.

On prétend que Ponce Pilate, qui historiquement a été le plus féroce des proconsuls en Judée, prend la douceur de Jésus en sympathie. C'est peu probable. Ce dont je suis sûr, c'est que l'on nous ment pieusement en affirmant que sa femme a également défendu Jésus, songe et mensonge d'incitation créés par la suite, lorsqu'enfin les femmes romaines se convertissent au christianisme et y entraînent leur mari. On a, comme d'habitude, arrangé l'Histoire pour qu'elle ait lieu comme on le souhaite. Mais il a fallu en tout cas la machination de quelques grands prêtres et l'implacable administration romaine pour que Jésus, qui se comportait comme l'agneau à l'abattoir, soit crucifié.

Il avait rendu à César ce qui appartenait à César. Son corps. Il n'est plus question de le faire aujourd'hui.

Car, je le répète, quand Jésus est à Jérusalem face aux

pharisiens, aux rabbins, dont certains sont justes et bons et d'autres enferrés dans une pseudo-stricte et souvent fausse interprétation de la Bible, il leur répond avec une suprême habileté pour déjouer leurs pièges ; mais son habileté lui fait commettre l'erreur, peut-être voulue par Dieu, d'exclure le « matériel ». Il leur répond parfois aussi avec une grande violence puisqu'il les exclut du royaume de Dieu.

Tous les Evangiles, où Jésus parle de lui-même comme étant fils de Dieu ou fils de l'homme, et qui remplacent sans cesse, au fil des propos, Dieu par l'Homme, sont bien l'affirmation que Jésus ne dit pas qu'il est Dieu. Mais que l'homme est une émanation de Dieu, à son image, que l'homme est comme Dieu pour notre Terre, et qu'il doit prendre la situation en main et non pas laisser Dieu seul avoir la responsabilité de notre destin.

Jésus est le premier à l'indiquer clairement : il est le premier fils de Dieu qui va devenir adulte et ressembler à Papa.

Mais tous les humains devront aussi le devenir pour que la Terre soit sauvée. « Chaque homme ici est le Messie. » Et quand Jésus convie au festin de noces tous ceux qu'il trouve sur sa route, il parle de l'humanité tout entière. En cela, son langage est très « moderne ». Chaque être de quelque race que ce soit, couleur ou religion, est « élu » pour sauver l'humanité. Liberté, égalité, oui, mais d'abord allons vers la fraternité. Les puissants, les grands ne sont pas ceux qui mènent la danse, ni tel peuple élu ni telle race supérieure.

Jésus néglige le pouvoir matériel, lui préférant le pouvoir spirituel. Déjà immense, le pouvoir matériel du temps ne touchait pas aux âmes, laissait chaque peuple se comporter selon ses rites, à condition de payer les impôts exigés par Rome. Ce pouvoir n'avait pas encore atteint les extrêmes qui, à partir de ses propos, réels ou déformés, et de la façon dont la religion chrétienne s'est répandue dans l'univers romain, ont fini par mener le monde jusqu'à nos jours ; mener, en cette fin du xxe siècle, d'une façon plus abusive encore, plus systématique qu'aux temps précédents, par l'intermédiaire de ses grands marchands matérialistes ou idéologues. Avec des machines, des idoles encore plus dévouées à leurs ordres que les êtres humains, les molochs nous entraînent dans des tourbillons, un grand chambardement et peut-être une fin du monde.

Cette fin du monde, Jésus la voyait très proche, presque immédiate. Mais qu'est-ce que deux mille ans face à l'éternité ? Un clignement de l'œil. L'apocalypse pourrait avoir lieu maintenant, si le matériel continue à tout dominer et si la fraternité n'a pas tout conquis.

Mais cette erreur temporelle que commet Jésus sautant une étape, c'est l'erreur que nous avons tous envie de commettre et à laquelle j'ai moi-même succombé : ne pas m'occuper des détails financiers, ne pas m'occuper de la vente et des marchands. Bien sûr, les connaître, les fréquenter fraternellement, les comprendre, étudier des budgets, mais ne point toucher au « sale argent » avec mes doigts, donner la primauté à la création, au pouvoir spirituel, à la production et ne point vouloir me mêler de la vente. Cela aussi était orgueil et j'ai dû le changer en moi.

C'est vers l'âge de trente-trois ans que j'ai commencé à prendre conscience de la puissance du César de mon métier, c'est-à-dire la puissance de la distribution, et c'est à cinquante-sept ans maintenant que je suis contraint de plonger vraiment dans le « matériel », dans mon petit métier, à mon échelle, par la force des circonstances, de la période grave que traverse la France pour la création française, où toute la distribution est tenue par des sociétés « romaines » qui se doivent de négliger les créations locales.

J'ai raconté comment ma mère qui était plus terre à terre que mon père, dans le sens pratique du terme, savait marchander avec les commerçants, relever une erreur d'un ton pointu ou charmeur. Enfant, j'avais honte de cela. Maintenant, je crois que ce qu'elle m'a transmis sans le savoir, c'est de pouvoir gérer aussi le quotidien dans la période de crise matérielle autant que spirituelle que nous vivons.

Il faut que ceux qui ont l'esprit, la création, s'occupent de la vente. Et les vendeurs, eux-mêmes, deviendront des créateurs, comme ils le désirent d'ailleurs et le sont au fond la plupart du temps. Aujourd'hui, ils se croient créateurs uniquement en vendant et magnifient la pseudo-gestion et les médias. Ils sont surtout gesticulationnaires. Pour la vente, l'apparence est plus importante que la réalité. Marcus, un scénariste américain de mes amis, me disait que pour « vendre » un projet il valait mieux annoncer ses grandes possibilités marchandes que de le transmettre intégralement. Il concluait par ce dicton américain : « L'odeur du bifteck grillé est plus vendeuse que le bifteck lui-même. » L'odeur, le grésillement sur le gril ou dans la poêle, c'est ça qui donne de l'appétit. En ce moment, la forme est plus importante que le fond, le contenu que le contenant, le flacon que le vin.

En physique moderne, où il y a balancement permanent entre la forme que l'on veut donner à la matière et le fond, c'est-à-dire l'esprit même des forces internes, il existe quelque chose d'irréductible que certains savants appellent l'« esprit des électrons », et qui finalement prédomine.

Dans une université américaine, il y a quelques années, on a voulu déterminer si « l'hypothèse Dieu » aidait la science, ou bien si elle n'avait aucune importance par rapport à la science, ou même si elle était opposée à l'esprit scientifique. Je ne suis pas entré dans le détail de leurs recherches et de leurs travaux, et n'ai rien vérifié, mais le résultat est le suivant : si l'on croit que Dieu existe, le progrès de la science est aidé dans une proportion de quelques pour cent en faveur de cette hypothèse !

Cela pourrait avoir l'air d'une plaisanterie, mais il est évident que croire en Dieu ou en quelque chose, un idéal ou le progrès de l'humanité par exemple — qui est une façon de croire en Dieu —, cela donne une direction qui permet d'avancer et donc, parfois, d'améliorer les choses. Sinon on tourne en rond. Descartes, dans son *Discours de la méthode*, explique sa démarche en disant comment il l'a trouvée après avoir erré comme un enfant perdu dans les ténèbres de la forêt. Il a choisi une seule direction pour pouvoir sortir de la forêt alors que, s'il en avait essayé et étudié plusieurs, il n'en serait jamais sorti. Son trouble est évident. Il a analysé la douzaine de méthodes possibles déjà indiquées par Raymond Lulle, alchimiste, philosophe et théologien du Moyen Age, pour en choisir une.

Comme Jésus, Descartes ne s'opposait pas à Dieu. Mais, semblable et à l'inverse absolu de Jésus, dont il est le successeur dans le temps, il disait prudemment que sa méthode ne régissait que le « matériel ». Il escomptait bien intégrer plus tard le spirituel, comme Pythagore qui, après avoir été initié à Memphis, croyait fonder une école religieuse, alors qu'il inventait de nouveaux chemins pour la science.

Par la force des choses ou du destin, j'ai été amené à affronter sans cesse César. A Paris, New York, Los Angeles, Romorantin ou Moscou. Mais, alors que je discute d'un pourcentage minime sur tel disque ou de 4 millions de dollars sur ma future série télévisée « Les Belles Années », les gens sont étonnés que je reste calme, le regard bleu-vert, comme si je considérais l'infini. Et pourtant je dis les mots des commerçants, je traite les thèmes des marchands, qui sont souvent plus idéalistes qu'on le croit. Et nous nous comprenons.

La vérité, c'est que des images millénaires défilent devant mes yeux. Je me souviens de la phrase de Jésus sur le denier, j'ai l'impression de prolonger des générations d'hommes qui ont été écrasés parce qu'ils ont pensé seulement au spirituel et n'ont pas voulu toucher au matériel. Et ce matériel, qui finit parfois par me passionner parce que, lorsqu'on fait quelque chose, on ne peut que l'aimer sinon on ne le fait pas, me fatigue quand même. Par nature, je suis plongé dans le rêve ; par nature et par fonction, je n'aime que la création ; j'ai l'impression de me disperser quand je dois, et je sais que je le dois, m'occuper du reste.

Je ne parle pas de la cuisine qui, au contraire, est pour moi une tâche exaltante ; je ne parle pas des mille et un petits riens qui font la vie d'une maison, le bricolage, ou le ménage pour enlever la poussière des objets et des esprits. Mais je me dis que la pire des crasses, c'est la crasse mentale et qu'il vaut mieux vivre dans la crasse physique et avoir l'esprit pur que d'avoir l'esprit sale, vérolé, plein de poussière et vivre dans une chambre parfaitement propre et bien tenue. L'esprit m'a toujours semblé, de cent coudées, de cent mille coudées même, supérieur à la forme. Quiconque s'occupe plus de la forme que de l'esprit va vers l'idolâtrie, fabrique des apparences. Quiconque n'aime que la forme n'aime pas Dieu.

Pourtant, en ce qui concerne mes chansons, après des années de maturation des paroles et de la mélodie qui en sont le fond même, je m'applique pendant des mois à leur donner une forme musicale, une orchestration convenable. Mais c'est en plongeant les musiciens dans l'esprit de cette chanson, en les sortant de leurs prestations habituelles où ils travaillent comme des fonctionnaires, et en les amenant à vivre mes chansons, en les jouant et rejouant, que je parviens avec leur talent à respecter la forme sans trahir ou dénaturer le fond.

Eux qui, en apparence, se sont occupés de la forme ont travaillé en fait sur l'esprit. Vis-à-vis du public, c'est pareil. Je tiens à donner des concerts très dépouillés pour que, devant cent ou cent mille personnes, avec ma seule guitare, je sois comme si j'étais devant deux ou trois personnes au bord de l'eau à leur chanter une romance. Et je tiens à ce que la scène *soit* la salle. Quand la salle se met à chanter, elle participe au spectacle qui n'est plus un spectacle, qui est une réunion d'amis, et c'est le public lui-même qui crée ma chanson alors que je la crée devant lui.

17.

La constante d'emmerdement

J'ai remarqué que chaque être humain avait, à une certaine phase de sa vie, une quantité journalière d'emmerdements qu'il devait éliminer quelque part. Je m'explique. De même que nous avons dans le sang par hérédité, ou par habitudes de vie, d'alimentation, une certaine quantité de globules rouges, globules blancs, urée, cholestérol, etc, que les laboratoires savent analyser et qui sont constants à telle période de notre vie, qui augmentent ou diminuent avec l'âge ou selon les maladies, j'affirme que nous possédons chacun une quantité constante par jour, déterminée, de malaises, complications, dont nous devons nous décharger coûte que coûte sur quelqu'un ou quelque chose.

Cette quantité, que j'appelle la « Constante d'emmerdement » ou plus simplement la C.E., peut être très forte à certains moments où nous sommes naturellement perturbés, et diminuer à d'autres, où nous sommes plus tranquilles. Elle est très élevée chez les grands emmerdeurs qui compliquent tout, faible chez les petits emmerdeurs au caractère naturellement enjoué qui prennent la vie du bon côté. Elle peut fluctuer selon les vicissitudes de l'existence, changer aussi selon le temps, les orages, l'environnement humain ou naturel, mais elle est là. Et cette constante d'emmerdement, nous devons la manifester, l'évacuer, la sortir coûte que coûte, sinon elle finit par nous miner de l'intérieur. Dans ces conditions, il vaut mieux la dépenser sur de grands projets, de grands idéaux, des combats importants de la vie. Sinon, la nécessité de se débarrasser tous les jours de cette quantité fixe fait que nous l'appliquerons à des choses vraiment sans importance en nous énervant autant, en nous emmerdant littéralement sur des détails non essentiels.

Bienheureux sont ceux qui ont un grand projet en tête, ils pourront justement se débarrasser de leurs C.E. sur quelque chose qui en vaut la peine. Quand je me bats pour écrire de belles chansons, ou pour un amour, ou pour aider quelqu'un, je me débarrasse facilement de ma C.E., et ma journée s'en trouve même enrichie. Aider les autres, s'emmerder pour les autres est une bonne technique qui fait du bien.

Mais quand, par malheur, je n'ai rien d'important à faire, je me vois très bien persécuter un de mes proches en lui disant par exemple : « Tel cendrier, j'ai demandé vingt fois qu'il se trouve plutôt sur la table de la bibliothèque au lieu de se trouver sur la table de la salle à manger. » Ou bien : « Comment se fait-il que la salade soit plus salée aujourd'hui qu'elle ne l'était hier ? » Ou : « Pourquoi cette porte est-elle ouverte ? Elle doit *toujours* être fermée... ! » Ou encore : « Quelle musique horripilante sur cette radio ! » Alors qu'il suffirait tout simplement de tourner le bouton. Quand je me bats pour un beau projet, je ne pense même plus à ces bricoles qui m'emmerderaient prodigieusement et dans lesquelles je serais contraint de déverser ma C.E. en temps normal.

J'ai fait cette découverte fondamentale, je dis bien « fondamentale », sur les rapports humains, il y a une vingtaine d'années. C'est pourquoi mes familiers ont commencé à s'inquiéter quand j'ai pris l'habitude, dès le matin, pour être d'une humeur de charme toute la journée, de déverser ma C.E. sur le mur nord. Je sortais du lit et j'engueulais carrément le mur nord de ma chambre. Je continue à le faire d'ailleurs de temps en temps, maintenant que mon activité reprend. L'abreuvant copieusement d'injures, je lui reproche presque tout : le mauvais temps, l'instabilité des gens, notre époque effroyable, tout ce qu'on m'a fait, qu'on ne m'a pas fait, qu'on me fera ou ne me fera pas. Après quoi, lorsque j'en arrive à rencontrer les autres, il me reste très peu de C.E. à développer sur eux : j'ai pratiquement dépensé toute ma constante contre le mur.

J'ai eu la chance de tomber gravement malade récemment ; je dis la « chance » parce que j'en suis sorti et que finalement ça m'a fait du bien. Cette maladie, qui entamait donc mon intégrité physique m'a permis d'éliminer beaucoup de scories, de choses inutiles dans ma tête, qui m'exaspéraient avant elle (je n'ai jamais été malade à ce jour, à part la double pneumonie de mon enfance), ou de parvenir à une plus grande élévation par rapport aux petits aléas du quotidien.

Car j'ai souvent été emmerdant dans le quotidien sous le prétexte — vrai — que chaque grain de poussière témoigne de la montagne, chaque goutte d'eau témoigne de la mer, chaque être humain de l'humanité tout entière.

Et l'eau d'une larme
Et tout l'océan.
Qui gronde.

J'étais charmant à l'hôpital et, paraît-il, je l'ai été encore pendant ma convalescence, ne m'attaquant qu'à l'essentiel, et d'une humeur de chérubin sur toutes les autres choses qui n'avaient aucune importance face à la mort. Mais je sens que je commence à guérir et, à nouveau, ma constante d'emmerdement que j'ai développée puis gaspillée sur ma maladie, n'ayant plus d'aliments à ronger en ce sens, se met à s'appliquer sur les mille et un détails qui composent nos journées. C'est peut-être bon signe : ma santé se rétablit. Mais si je n'y fais pas attention, à moins de me remettre à crier contre le mur nord — et ça me fait mal au ventre de gueuler —, je vais recommencer à emmerder tout le monde.

On pourrait parler aussi de « constante de joie ». Si la joie qu'on possède en soi ne peut pas se déverser sur quelque chose ou quelqu'un, on souffre autant que lorsque les peines profondes n'arrivent pas à s'exprimer. Heureusement, la « constante de joie » peut se développer plus que celle d'emmerdement.

J'ai joué aux échecs et je me souviens que le champion « hypermoderne » Nimzowitch disait que, dans un tournoi d'échecs, la victoire appartient à celui qui se réjouit intensément des minuscules avantages positionnels qu'il a pu obtenir.

Je pense que dans la vie c'est pareil. Qui sait se réjouir d'un tout léger mieux, en avoir les yeux et les lèvres écarquillés de bonheur, possède la force nécessaire pour affronter les grands combats. Quand je vais bien, un rien me suffit : « Tiens, le café est très bon ce matin », et me voilà enchanté. Ou bien : « A nouveau, un rayon de soleil. » Ou : « La photocopieuse remarche. » Ou encore : « Sissou va mieux. »

Je pourrais proposer une définition simple du bonheur. Le bonheur est à celui qui a des petits désirs qu'il peut satisfaire et un grand projet qui le fait rêver. Si nos sociétés, dites modernes, sont malheureuses, c'est que, pour vendre sans cesse, elles créent des désirs en fin de compte jamais satisfaits. Ce sont des sociétés d'inassouvis permanents. Vivre de peu, au soleil, est un bonheur que les Orientaux possédaient malgré la misère de leur consommation. La raison majeure de la régression au passé de l'Iran sous Khomeyni, est l'installation par le shāh, dans des contrées moyenâgeuses, de systèmes et de machines modernes, à l'occidentale, donc créatrices de besoins.

A plus petite échelle, l'artiste doit se réjouir de tout. Son métier demande une énergie sans cesse à recharger pour recommencer comme si l'on était vierge, rechanter en tournée pour la centième fois devant le public, en donnant l'impression de chanter pour la première fois. L'artiste obtient cette virginité grâce à des trucs, en se réjouissant de telle réaction nouvelle sur un mot, un rire, trouvant des petits riens toujours nouveaux pour s'émouvoir. Tout cela, je ne l'ai su que sur le tard. Quand je passais à la télévision, hors « Bienvenue » où l'harmonie devait régner, et que tel détail ne fonctionnait pas, le tabouret, les lumières, combien je m'énervais intérieurement — et que cela donnait des résultats désagréables ! Parce que le public de la télévision ne veut pas savoir ce qui se passe autour : il voit un bonhomme en gros plan, avec des yeux qui le regardent, et s'il sent un bonheur, il est enchanté. Mais s'il perçoit le moindre agacement, surtout à cause de quelque chose qu'il n'a pas vu, qui se passe hors du champ de la caméra et que l'artiste transmet, le public le reçoit en pleine figure.

Il est vrai que la constante d'emmerdement tombe la plupart du temps sur la personne à qui elle n'est pas destinée. Combien de femmes mariées ont vu leur mari rentrer à la maison de mauvaise humeur pour des raisons de travail, en rejetant tout sur elle qui n'avait rien fait de mal. Elle leur servait de réceptacle pour leur constante d'emmerdement, moins que pour l'amour et la constante de joie, qui sont essentiels. Maintenant que les femmes travaillent, c'est parfois la même chose, mais dans l'autre sens. Juste retour des choses.

Comme il se débarrasse de ses angoisses dans la création, l'artiste dispose de grandes aptitudes à recommencer sans cesse, à renaître. Notre monde en tourbillon est négatif pour le moment, car chacun sent qu'il peut déjà créer et fait souvent ce qui lui plaît mais avec des erreurs fatales. Il deviendra positif ; et nous allons vers une renaissance avec beaucoup de travaux créatifs où nous déverserons notre constante d'emmerdements, dans la joie.

18.

La mort, c'est une blague

Peut-être que le temps est bien venu d'écrire. Peut-être que je vais finir par où j'ai commencé, par le Livre. Depuis dix, quinze ans, sur mes affiches murales, est marqué en grand : « L'espérance nouvelle », ou « La nouvelle espérance ». Je la glissais dans mes chansons, je n'ai fait ce livre que pour la dire.

Mais cette espérance, même folle, je l'avais perdue ces dernières années. Je me plais à dire que c'est parce que je l'ai perdue que je suis tombé malade ; cette espérance je l'ai retrouvée à l'hôpital ; c'est pour l'avoir retrouvée que j'en suis sorti. Je vivrai tant que je la conserverai, et mourrai doucement alors, par l'usure mécanique des organes, et non par leur dérèglement qui provoqua, d'après moi, le cancer.

Dans ma jeunesse, j'ai beaucoup étudié la physique, ses lois et ses mystères, et les exceptions à ses lois. J'ai vu que la sacro-sainte physique comportait en elle-même, parmi l'une de ses lois, le principe d'incertitude, comme un noyau dur, tout petit mais indestructible, au milieu de toutes ses certitudes momentanées.

Ce principe est très simple à expliquer. Plus on veut définir avec précision la position et la vitesse de la toute petite particule qu'est l'électron, et plus on doit l'éclairer fortement avec des rayons de lumière. Mais, plus on l'éclaire et plus les petits éléments de lumière, les photons bombardent notre particule élémentaire, et la font changer de position et de vitesse. A partir d'un certain degré, plus on veut y voir clair, plus on doit éclairer de rayons, et plus on modifie la situation : donc plus on y voit faux.

Ce principe de physique, nous le vérifions tous les jours dans la vie courante à l'échelle macroscopique, selon le jargon habituel, c'est-à-dire à grande échelle. Un exemple : plus on veut voir clair dans un amour qui se disloque, plus on l'éclaire, plus on parle avec cet amour, et plus la plupart du temps la dislocation continue, et même s'accélère. A telle enseigne que les vrais amoureux savent « qu'elle s'en va » ou « qu'il s'en va », *parce qu*'elle s'en va ou qu'il s'en va, et qu'il n'y a rien à comprendre. « Ah, se dit-on, si j'avais dit ceci ou si j'avais fait cela, si nous nous étions rencontrés à ce rendez-vous repris après la séparation, si cela avait fonctionné... » Les « si » n'ont pas de sens. Les êtres se séparent. Se comprendre c'est réellement s'embrasser ; trop se comprendre, c'est se repousser. Car, d'une manière générale, trop se connaître l'un l'autre tue la passion de l'amour, le transforme en un train-train mécanisé prévisible, plus tendre, mais qui n'éveille pas le désir.

J'ai voulu comprendre,
J'aurais dû te prendre.
L'autre t'emporta
Et la vie s'en va.

Savoir permet de prévoir, trop prévoir détruit. Tout ce qui est trop bien réglé meurt.

La psychiatrie, quand elle veut trop élucider ses secrets, peut détruire un individu. En ce cas, la lumière de l'analyse psychiatrique a trop éclairé jusqu'à rendre un être humain, qui fonctionnait tant bien que mal, complètement déboussolé.

Autre exemple : quand on étudie trop un enfant que l'on veut comprendre, à partir d'un certain regard, il vous échappe complètement. Et il se doit de vous échapper, d'abord parce qu'avec le temps qui passe il se développe, ensuite parce que, se sentant éclairé, mis au jour, il se défend de mieux en mieux pour préserver ses ombres. En conclusion, plus on élucide un enfant, plus on risque de le voir vous glisser entre les doigts, encore plus mystérieux qu'avant.

Autre exemple : plus on passe du temps à étudier un dossier pour aller vers une action quelconque, et plus la situation change. Le dossier doit changer lui-même, et son étude recommence. Ma phobie permanente des pseudo-gestionnaires administratifs et bureaucratiques vient du fait que, au lieu de laisser un bon projet nouveau se développer, avoir sa vie propre, avec ses erreurs qu'il corrige en avançant, ils passent leur temps à le disséquer et, après l'avoir éclairé, à vouloir le conforter par d'autres appuis pour lui faire du bien. En lui faisant du bien, ils lui font du mal. C'est pourquoi la France a la réputation de tuer beaucoup de ses projets d'inventeurs ou de se les voir piqués, démarqués, reproduits à l'étranger avant que ses propres pionniers ne les réalisent en France. Que de combats menés avec opiniâtreté, a dû vivre Ferdinand de Lesseps pour arriver à creuser son canal de Suez !

C'est le signe des pays vieux de ne point admettre la force de la jeunesse quand elle est forte, et ses nouvelles idées et ses nouvelles créations. Nous pourrions être des millions de gens mûrs ou vieux, à savoir quoi dire et quoi faire ; si la jeunesse ne peut ou ne veut pas prendre le relais, en essayant aussi de nous renouveler, c'est foutu. J'en ai assez des « témoins de notre temps » qui créent des choses médiocres pour « témoigner » sur la médiocrité générale. J'aime plutôt les « changeurs de notre temps ».

C'est l'espérance folle
Qui nous console

De tomber du nid
Et qui demain prépare
Pour nos guitares
D'autres harmonies.

Il y a quelques années, la jeunesse du monde, comme tombée du nid des anciennes certitudes, perdait sa juvénilité et devenait frileusement une jeune vieillesse. Cela me désespérait.

De plus, j'avais perdu l'espérance en moi-même et en la France. Me battant depuis 1978 pour un grand projet musical et historique de cinéma et de télévision, j'étais en butte aux multiples avanies, aux interminables mises au point contractuelles des services administratifs d'une chaîne de télévision. Chaque fois qu'une solution était bonne et applicable, ils perdaient des mois à l'analyser. Quand, enfin, ils l'avaient analysée, la situation avait changé. Les artistes, acteurs principaux, metteurs en scène, techniciens qui se passionnaient à y travailler n'étaient plus là, occupés à d'autres projets, parfois alimentaires. Entre-temps, les idées développées pour mener à bien ce projet très ambitieux étaient utilisées sur des projets secondaires par d'autres. Alors, je proposais une nouvelle solution qui amenait aussitôt de nouvelles études, de nouvelles mises au point et de nouvelles destructions.

Car, à force d'analyser un corps vivant, de le disséquer — et un nouveau projet est un corps vivant —, d'examiner ses ambiguïtés, ses mystères, pour des raisons tout à fait valables, administratives, on finit par le tuer. C'est alors que l'administratif est au sommet de sa mission : il a sous les yeux un corps mort. Seuls les cadavres ne bougent pas : on peut alors les analyser, les disséquer, les découper à loisir et avoir enfin une étude précise véritable.

A l'extrême, on peut dire que l'administration ne supporte que la mort. Si la France continue dans le système qui abolit l'aventure, elle sera uniquement composée de mandarins, de vieux, de vieux vieux et de vieux jeunes, et ne saura plus gérer que des faillites, des échecs ou des asservissements. La gestion sera alors excellente. Nous serons devenus une nation consommatrice parfaite, mais improductive.

J'ai fait par deux fois le tour du monde pour conforter mon grand projet qui est français et international. J'en ai profité pour analyser les mentalités de plusieurs pays, de leurs peuples, de leurs comportements face au nouveau. En tout cas, cela m'a été très utile personnellement. Mais, ayant perdu l'espérance, j'écrivais *La Grève du rêve,* en 1981. Car je voyais cette grève venir à grands pas. C'est elle qui a fait succomber le premier gouvernement de gauche avec les bloqueurs professionnels de l'administration, puis le deuxième, dit de gauche, avec ses propres parapluies grands ouverts. C'est elle aussi qui a fait succomber le troisième gouvernement, dit de droite.

Mais c'est la grève du rêve qui a surtout fait succomber la jeunesse pendant les dernières années où elle était amorphe, soucieuse uniquement de sécurité. On n'entendait parler que de ça, et ça continue.

Un jeune homme de trente ans, marié, un enfant, se met à gâcher son temps à remplir des paperasses pour une assurance-vie au cas où il mourrait, afin que sa femme et son gosse puissent continuer à vivre décemment après sa mort éventuelle ! Au lieu de se colleter avec ces paperasses qui le poursuivront en s'accumulant année après année, il ferait mieux de se battre pour la vie, faire l'amour à sa femme, passer du temps à parler à son enfant, à lui enseigner les êtres et les choses. Et, même s'il ne laisse aucune fortune à son enfant, celui-ci saura se battre dans la vie, plus tard, grâce à cet enseignement, grâce aux moments passés avec son père et sa mère, qui ne les auraient pas perdus à des remplissages administratifs. Je suis contre la multiplication des assurances et des sécurités. J'ai publié, en 1981 aussi, *Les Parapluies :* à force d'ouvrir les parapluies, on ne voit plus du tout quand il fait beau.

Dans *La vie va* (1976), je m'écriais :

J'ai passé ma vie à des théories
Et la vie va, la vie va,
Des années entières auprès de lumières
Qui ne brillaient pas et la vie s'en va.

J'avais l'impression que les « lumières » étaient faiblardes. Comme ce Club de Rome qui accoucha de courbes aberrantes d'après études, ordinateurs et personnalités éminentes, affirmant que nous étions dans un monde en expansion et qu'il fallait établir la « croissance zéro » pour que tout le monde soit heureux. Cette théorie était rapidement d'ailleurs mise en pièces par la crise du pétrole...

Il me semblait que cette époque ne voulait plus entendre parler du hasard de la vie et qu'elle était déjà morte. Et c'est pourquoi je commençai moi-même à mourir.

Les idéologies de gauche se cassaient la gueule, enlevant l'espérance de beaucoup. Elles se cassaient la gueule parce qu'elles installaient, non seulement en Union soviétique, mais en Occident, le collectivisme de gauche avec son souci égalitariste permanent qui tuait les énergies. Et puis, après que l'on s'en soit débarrassé en parlant uniquement de « stalinisme » alors que c'est inhérent au souci égalitaire, au rabotage, à l'équarrissage de gauche, j'ai vu se développer un collectivisme encore plus pervers, plus malfaisant : le « collectivisme de droite ». Ce collectivisme, fondé sur l'argent, règne aujourd'hui à l'Ouest comme à l'Est, et nous devons aussi le maîtriser après avoir maîtrisé (si peu) le collectivisme de gauche. Le collectivisme de droite est fondé sur la vente des objets, des produits et des êtres humains considérés comme produits. Un être humain est le produit d'un environnement, disait la gauche. Un être humain est le produit d'un conditionnement, dit la droite. C'est pareil.

Plus on vend et plus on a raison puisque le plus grand nombre l'a acheté.

Je me fous du grand nombre quand le grand nombre déconne.

A partir de cela, tout devient objet : les idées, les esprits, les corps, les individus. Quiconque n'a pas de sondage fort auprès de l'opinion n'existe pas. Le collectivisme de droite, répandu, transporté dans le monde par les Princes Marchands, est une très vieille chose contre laquelle des combats ont déjà existé, et existeront toujours. La Bible dit : « Au commencement était le Verbe. » Et les marchands : « Au commencement étaient les épices », origine même du commerce international.

Je me souviens d'un merveilleux film de King Vidor, *Le Rebelle (The Fountainhead),* où un jeune architecte essaie d'amener des formes nouvelles dans l'architecture des années trente. Il s'agit d'une vie romancée du célèbre architecte américain Frank Lloyd Wright, incarné par Gary Cooper. On voit ses opposants le détruire en affirmant que le public réclame telle architecture surannée, tarabiscotée, que le public a toujours raison, et que donc il a tort de vouloir faire quelque chose de nouveau, pour ce qu'il prétend être le bien ultime de ce public... qui le rejette. Des campagnes de presse sont montées contre lui. Ne voulant pas céder, notre architecte abandonne son métier et se réfugie comme ouvrier dans une carrière de pierres... Intransigeant, il finira par gagner. Les Etats-Unis ont la force et la noblesse de savoir se critiquer...

Ce n'est pas ce qui se vend le plus facilement, et ce qui est demandé le plus par le public, qui doit forcément se généraliser et se perpétuer.

Je me suis interrogé, comme nous tous, sur le sens du mot « politique ». Pour simplifier, la politique est la manière d'amener un individu, un groupement ou un peuple, à faire ce qui est le mieux pour son bien, dont il ne se rend souvent pas compte.

Je n'ai su être ni politique ni diplomate. Avec mes proches, mes enfants, ceux qui ont travaillé pour moi, le public, j'ai estimé qu'il était de mon devoir de dire la vérité, même si elle pouvait être blessante : la vérité pour le bien de telle personne, sa famille, son groupe ou son équipe, et le mien propre qui en fait partie.

J'ai dit la vérité et j'ai souvent été exécuté, car une vérité trop tôt dite n'est pas une vérité politique : c'est alors une lumière trop violente et trop prématurée. La politique, qui est un art, une science et une manière, consiste à savoir dire les mots qu'il faut à un moment donné pour infléchir les gens dans la direction la meilleure pour leur avenir proche, puis lointain. L' « au jour le jour » ne suffit pas. Si l'on pousse à faire des choses mauvaises en disant : « C'est momentané, on verra après », sauf lorsqu'il est question de survie, elles finissent par pourrir et désagréger l'ensemble.

Je rappelle que d'après la Bible, on n'a le droit d'enfreindre les règles sacro-saintes que pour préserver la vie.

Ainsi le chirurgien qui m'a opéré in extremis en un jour de juin 1986 est un juif traditionaliste. Pourtant, il m'a opéré un samedi à l'hôpital alors que, dans la religion juive, on ne doit pas travailler ce jour-là.

A mes enfants, j'ai dit avec précision, et parfois violence, la vérité qui les concernait dans des moments cruciaux de leur vie. Bien qu'ils m'en aient voulu sur l'instant, j'ai la joie de constater qu'ils m'ont finalement écouté tôt ou tard. Mais, quand je ne savais pas quelle était la vérité, je me taisais, ou bien j'en parlais avec eux pour essayer de la trouver ensemble.

La force et le handicap, c'est toujours le temps. Avec un enfant, comme avec les enfants que sont les grandes personnes, il faut avoir le temps de parler, d'expliquer, de revenir sans cesse sur une question. Et, encore une fois, la raison n'est pas la raison, et ce qui est vrai n'est pas ce qui est établi, même scientifiquement, ou à partir d'exemples précédents. Et l'histoire que je leur racontais, pour bien montrer qu'en leur parlant et les écoutant les enfants m'apprennent des choses et que je dois donc modifier mon opinion ou même ma décision à leur sujet, c'est-à-dire à notre sujet commun, est la suivante :

Un jour, Einstein voyageait en Afrique où il rendait visite au docteur Schweitzer. Un ami l'embarque dans un petit avion pour aller faire un tour dans une région encore inexplorée. L'avion tombe en panne après trois cents kilomètres de vol, se pose et ne veut pas repartir. Einstein et ses compagnons sont en pleine brousse et décident de rejoindre leur point de départ à pied. Ils consultent les étoiles, les cartes, leur boussole et s'apprêtent à se diriger vers le nord qui, d'après leurs calculs, était la bonne direction à prendre.

Au matin, issu de la jungle proche, un petit enfant noir d'une tribu perdue, qui avait vu tomber l'avion, s'approche d'eux et remarque qu'ils s'apprêtent à aller résolument vers le nord. De la main, il leur fait signe que non.

Einstein et ses compagnons s'arrêtent, essaient de discuter avec l'enfant noir, qui ne comprend ni l'allemand, ni le français, ni l'anglais, ni l'un des dialectes africains que le pilote baragouine. Après quelques minutes, le pilote interpelle Einstein qui regardait, toujours patiemment, l'enfant leur indiquer par gestes qu'il fallait se diriger vers le sud :

« Voyons, Albert ! Il est certain que nous devons aller vers le nord. Cet enfant n'y connaît rien. »

Le voici qui refait ses calculs et redémontre à Einstein ce que le savant avait déjà compris, qu'effectivement leur camp se trouvait au nord. Finalement, Albert Einstein prend la décision. Il saisit la main que l'enfant noir aux yeux brillants lui tendait, et notre petite caravane se met à les suivre à la queue leu leu, tandis que le pilote bougonne de colère :

« Comment ! Vous, un grand savant, vous ne faites pas

confiance à nos instruments. à nos mesures, et vous suivez cet enfant ? »

Celui-ci les conduisit d'abord vers le sud, puis, à travers les chemins de brousse, dans un sentier qui obliquait légèrement vers l'ouest. Après les péripéties de la traversée d'un cours d'eau, il s'arrêta et leur indiqua enfin de sa main tendue la direction du nord. En ajoutant, toujours avec des mots incompréhensibles et quelques gestes, qu'il fallait, ensuite, aller un peu vers l'est.

Nos égarés retrouvèrent le camp de cette façon.

A l'arrivée, ils apprirent que, s'ils étaient allés directement vers le nord, à partir du lieu où ils avaient atterri après leur panne, la rivière qu'ils auraient traversée contenait des crocodiles, après quoi il y avait des sables mouvants et, plus loin, des collines très abruptes : ils ne seraient jamais rentrés vivants.

Cette histoire, je l'ai totalement inventée, je l'ai créée pour mes deux filles, Eve et Emmanuelle, qui m'accompagnaient au Sénégal en décembre 1975. C'est en traversant le fleuve Gambie dans un bac près de Ziguinchor, pour aller en Casamance, que j'achetai à un marchand ambulant la statuette en bois d'ébène qui se trouve face à ma cheminée. Elle représente un vieillard grand et maigre, avec une canne, qui avance la main posée sur la tête d'un enfant. Cela ne se voit pas très bien sur la sculpture usée par le temps, mais l'enfant a les yeux grands ouverts, et le vieillard est aveugle. La sagesse et la raison sont parfois aveugles parce que l'avenir est un inconnu que les enfants voient souvent mieux que les grands. La lumière des anciens est une vieille lumière qui est très utile et profonde, mais qui déforme beaucoup de choses quand elle éclaire en avant.

L'enfance ressent mieux certains secrets. D'ailleurs, dans les commentaires de la Bible, il est dit que si nous avons cette fossette qui traverse notre lèvre supérieure verticalement en son milieu, c'est que dans le ventre de notre mère nous savions énormément de secrets ; mais que, au moment de notre naïssance, Dieu appuie son doigt sur notre bouche pour que nous ne les disions pas et les gardions enfouis en nous. Les enfants retrouvent certaines de ces vérités et, avec l'âge, quand on retombe en enfance, on les retrouve aussi parfois.

La lumière est nécessaire, mais trop de lumière tue.

J'aime certains journalistes parce que leur rôle, leur métier, leur mission, est d'éclairer les affaires ténébreuses. Mais nous retrouvons ici le principe d'incertitude. Trop de lumière déforme les choses, et la situation n'est plus comme avant. On l'a vu avec l'affaire Grégory. Trop de lumière jetée sur les individus en font des pseudo-étoiles, des stars. Ensuite, on ne sait plus où est la vérité. Trop de lumière sur des détails de sa vie détruit telle personne, pourtant bonne à beaucoup d'égards. C'est pourquoi je n'ai dû révéler ma maladie qu'à la deuxième opération. C'est pourquoi également je n'ai exposé que le plus tard possible certains de mes enfants aux feux de l'actualité.

Dans la « mini-heure de vérité » qu'ont réalisée pour rire à mes côtés, François-Henri de Virieu et Alain Duhamel, à la question : « Est-ce qu'il faut faire la lumière sur tout ? », après avoir dit ma passion de la vérité et de la lumière, j'ai répondu : « Non. »

J'ai commencé à parler de la vie, de la perte de l'espérance et du dérèglement des lois physiques, et j'y reviens. Pour moi, la vie naît quand il y a simultanément plusieurs exceptions à plusieurs lois physiques. Je m'explique. Toute loi a ses exceptions. Il y a des exceptions rarissimes. Par exemple, je ne peux pas d'un seul coup léviter, me soulever du sol de quelques centimètres, sous vos yeux. Mais cela pourrait arriver, exceptionnellement. En principe, on ne peut pas faire bouger la bille de la roulette avec sa force psychique ; en tout cas pas très souvent, sinon ceux qui disposeraient de cette force seraient milliardaires ou maîtres du monde. Mais cela peut arriver, quoique la probabilité en soit très faible. Toutes les lois physiques établies ont des petites zones d'ombre où des exceptions peuvent se glisser, dont quelques-unes sont d'ailleurs répertoriées.

Eh bien, d'après moi, la vie surgit quand, dans les situations où l'on sait qu'elle peut naître et dont plusieurs ont déjà été étudiées, par hasard, beaucoup de lois physiques connues sont enfreintes en même temps, ne serait-ce que pendant un millionième de seconde. C'est comme cela qu'il y a des milliards d'années la vie a pu naître. Dans les laboratoires d'aujourd'hui, on s'attaque depuis quelque temps à ce problème. On n'a pas pu encore créer la vie parce que, quels que soient les ingrédients essentiels réunis, hydrogène, oxygène, azote, carbone, température, lumière, il n'y a pas eu de tentatives en nombre suffisant pour que le hasard joue. Car il faut à la fois la conjonction d'un environnement et des hasards exceptionnels. Ici, la chimie rejoint l'alchimie.

La maladie n'échappe pas à cette loi de la vie. D'une manière générale, tout corps humain comporte des cellules qui ont tendance à devenir cancéreuses. Tant que le psychisme est bon, si elles se mettent à proliférer, elles sont détruites. Et puis, tout à coup, quelque chose se dérègle dans le psychisme, qui est autant présent dans le cerveau que dans la moelle épinière et jusqu'au plus profond de nos cellules. Dans ce cas-là, qui est une exception à la mécanique bien huilée de notre corps, certaines cellules se mettent à se développer. Cela a lieu par exemple quand nous sommes ulcérés par des événements graves, et que nous n'arrivons pas à retrouver l'optimisme de notre corps déréglé.

Je ne dis pas qu'il n'y ait pas de terrains mieux préparés que d'autres à ces malfaçons. Par exemple, je me suis toujours dit qu'un jour ou l'autre j'aurais un cancer, parce qu'en courant lors d'une visite de chantier quand j'étais à l'Ecole des Ponts et Chaussées, je suis tombé sur la route encore goudronnée, au sortir de ce qui devait être plus tard le tunnel de l'autoroute de l'Ouest. Dans la paume de ma main gauche sont toujours incrustées des traces noires de goudron. J'avais vingt et un ans. Le goudron est cancérigène, c'est une cause mécanique de cancer. Je n'ai pas pu extirper ces traces de goudron, malgré la désinfection. Il aurait fallu ouvrir la main et gratter l'intérieur complètement, ce qui n'a pas été fait. Depuis ce jour, le goudron fait partie intégrante de ma main gauche. Mais si je n'avais pas perdu l'espérance, mon corps, après trente années de vie avec ce goudron, aurait peut-être continué à lutter victorieusement.

Pour les maladies entraînant un dérèglement général, je crois beaucoup plus aux causes psychiques qu'aux causes physiques. Si on vous coupe un bras, le psychisme ne le fera pas repousser (en général), mais il pourra beaucoup aider à une greffe.

En ce qui me concerne, j'ai appris à commander mon esprit pour exercer une pression en n'importe quel point de mon corps. Cela me fait des massages sans avoir besoin d'une main extérieure. Il n'empêche que, lorsque je ne suis pas en bon état, je suis souvent soulagé par les mains des autres. Les kinésithérapeutes savent tous, je l'espère, qu'un bon massage n'est valable que si le psychisme du masseur est en intégration avec ses mains comme avec le corps et l'esprit du patient.

Quand j'avais de la fièvre, ma mère glissait sous mon oreiller une bible et un couteau tranchant.

Cette femme simple, très simple, m'a dit une phrase qui est l'une des plus profondes que j'aie jamais entendues, une phrase qui pourrait être répétée par la plupart des gens qui vivent notre époque de grande confusion.

Sur le lit où elle se mourait à l'Hôtel-Dieu, alors que, depuis deux jours, elle ne pouvait plus parler, saisie par la fièvre et l'hémiplégie qui bloquait ses lèvres, elle a saisi ma main, l'a embrassée et l'a posée avec la sienne sur ma tête longuement, comme si elle me bénissait en me faisant me bénir moi-même. Et elle, qui ne parlait plus depuis quelques jours, prononça clairement ces mots : « Ma vie, je ne l'ai pas digérée. » C'était son dernier soupir.

Combien de gens peuvent dire aujourd'hui qu'ils vivent une vie qu'ils n'ont pas digérée, qu'elle leur est restée sur l'estomac, qu'ils ne comprennent pas pourquoi ils ont été à droite, à gauche, pour qui, pour quoi ? Dans *La vie va,* j'écris :

Ma vie même légère
Je ne la digère
La digère pas,
Et la vie s'en va.

Depuis, à chaque instant, tous les jours, j'ai voulu digérer ma vie.

Il faut jubiler sa vie pour que la vie vous porte. Quand on me dit : « Comment ça va ? » je réponds habituellement : « Je me supporte bien. » Même si je vais mal, j'ai besoin tous les jours d'une petite espérance, de l'attente de quelque chose : une petite bonne nouvelle, un coup de téléphone de quelqu'un, un dîner sympa, bref, un détail heureux pour que ma journée ait un sens.

J'ai besoin toutes les semaines d'une plus grande espérance, d'un projet attendu, un départ, un voyage, un achat amusant ou utile, un retour. J'ai besoin pour tous les mois d'une espérance encore plus grande pour que le mois ait un sens, et pour chaque année aussi.

Alors, pourquoi ne voulez-vous pas que pour toute ma vie je n'aie pas besoin aussi d'un grand Projet, pour justement continuer à vivre tous les jours, toutes les semaines, tous les mois, toutes les années ? Une vie qui n'aurait pas de sens est pour moi une vie qui n'existe pas, qui s'envole en fumée. J'ai d'ailleurs fait une chansonnette, très légère, où évidemment je remplace toutes ces espérances par le mot passe-partout « amour », l'amour d'une femme, d'un ami, des autres, de tous. Et cette chanson, je ne l'ai jamais publiée. Elle n'est qu'une des centaines de chansons que j'ai faites et que je garde comme ça dans mes tiroirs parce que, d'une certaine façon, j'ai dit cela autrement :

Toi qui dis n'aimer jamais,
Es-tu de flamme ou de fumée ?
Toi qui dis n'aimer jamais
Disparais.

Et je prétends que chaque être humain qui continue à vivre, qu'il le sache ou non, a une croyance, une foi, un idéal, un sens caché en lui, qu'il essaie parfois de cerner, de retrouver. Mais, emporté par le tourbillon des petites ou grandes choses quotidiennes, par le tournis que donnent les événements, les rencontres, la multiplicité de ce monde en chambardement, il n'arrive pas à se concentrer sur cette vérité qu'il possède en lui. Pourtant il l'a, et, s'il ne l'avait pas, je pense que, même en étant de chair, d'os et de sang, bien vivant, il disparaîtrait en fumée.

Certains, pendant les vacances, par une nuit d'été profonde avec des étoiles, au cours de conversations un peu plus sages et intimes que d'ordinaire, ou plongés dans un poème, retrouvent cette vérité cachée. Mais, dès le lendemain, les cris, les mouvements, la poursuite de l'argent, les mille et un foutoirs qui accompagnent nos jours les distraient de cette chose essentielle. Cependant, ils l'ont conservée en profondeur. Est-ce que l'un d'entre vous n'a jamais eu l'impression à un moment donné d'avoir saisi au vol un sens profond ? Mais, happé par un coup de téléphone, une nécessité urgente, même de détail, il s'est dit avec regret : « Flûte ! J'ai oublié ce que j'ai trouvé. » Il l'a oublié mais il l'a gardé en lui. Et, moi, je l'ai bien trouvé, et cette espérance folle m'a permis de continuer, de dire et répéter qui je suis. Car je sais enfin qui je suis. Et les autres le savent aussi qui vivent, à mes côtés, autant les actions de tous les jours pour lesquelles je tiens à ce que les êtres soient vraiment ensemble, quoi qu'ils fassent et quoi qu'ils soient, différents et unis comme les cinq doigts d'une main, que les grandes actions et même le sauvetage de notre planète ! Et lorsque, comme vous tous, je suis contraint à résoudre les petites bêtises de la vie de tous les jours, j'essaie de m'imaginer qu'elles sont essentielles, puisqu'elles aussi me renforcent dans la certitude que nous devons les résoudre tous ensemble.

C'est pourquoi j'ai très souvent emmerdé tout le monde, proches ou personnes lointaines, au cours de la réalisation d'une petite émission de radio, d'une course à Paris, d'un problème de tuyaux dans le jardin ou de l'achat d'un beaujolais convenable. Je les ai emmerdés pour que ce beaujolais soit le meilleur, celui que tout le monde va aimer. Il fallait que les énergies de tous ceux qui s'intéressaient ou devaient s'occuper de cet achat soient réunies. C'étaient en quelque sorte les exercices quotidiens à pratiquer pour garder en moi, indéfiniment, la réalisation, même petite et dérisoire, de cette vérité :

Chaque homme ici est le Messie
Et chaque femme et chaque mère
Au ventre plat et arrondi
C'est sûr et certain qu'elle espère
De porter le Messie.

Alors, je demande pardon à tous ceux de mon métier, gens de télévision, dc disques ou de radio, artistes, artisans ou directeurs de salle, comme à mes proches, femmes, enfants, parents, et à ceux travaillant avec moi et qui, de ce fait, font partie de ma famille, pour les complications que ma volonté de réunir tout un monde vigilant, conscient, pour la réalisation d'un objectif même petit, a pu leur causer comme perplexités, effarements, énervements, qu'ils estimaient, j'en suis sûr, inutiles.

Bien sûr, j'ai pu paraître ridicule avec certaines chansons réunies dans un double album « D'apocalypse en messies ». On attendait de moi, après les chansons gaies de mes débuts, des joies de vivre sans problèmes. Mais, y compris dans *Le matin je m'éveille en chantant,* publiée en 1962, qui a l'air complètement insouciante, j'écris à la fin :

Jamais je ne m'intéresse
A la bombe vengeresse
Qui un jour fera tout sauter
On ne nous soigne jamais assez.

Dans toutes mes chansons, même intégralement gaies, il y a la conscience d'un grand péril à surmonter. Il est là depuis le début, depuis *Les Temps étranges,* terminée en 1956.

Je me demande si je ne me suis pas senti plus heureux quand je me suis réfugié à l'hôpital que lorsque je vivais ces dernières années dans un chambardement permanent au cœur de ma tendre, belle et grande maison.

Quoi faire ? me suis-je dit. La solution, pour le moment, est de vivre à la fois dans la solitude méditative et dans l'action. Ne pas cesser de se battre contre l'hypnotisme et l'esclavage, en ne lisant pas toujours les mêmes journaux, en ne regardant pas toujours les mêmes émissions bien ciblées, en ne mangeant pas toujours les mêmes mets publicisés, en ne faisant pas toujours les mêmes choses, bref en luttant contre l'uniformisation de notre vie manipulée par l'argent. Vivre ensemble, mais différemment, et tous âges mélangés

Tout s'est coalisé pour uniformiser. Quand les radios libres, locales, régionales ont été créées, chacun pensait qu'enfin nous allions écouter des chansons différentes selon les goûts de tel ou tel individu et que nous allions avoir une variété extraordinaire. Or, à part quelques exceptions, la plupart de ces radios, dites libres, se sont mises à diffuser les mêmes chansons importées, les mêmes musiques qui ont installé une sorte de tam-tam permanent dans les têtes. Aujourd'hui, le combat est terrible. Les gens du pouvoir — du pouvoir momentané — ont aussi des pensées profondes. Ils voudraient faire le bien mais ils ne le peuvent pas, parce que le « look », l'apparence, a atteint un tel degré extravagant de prédominance qu'ils sont obligés de tricher, de mentir, de faire semblant.

Rien n'est aussi pernicieux que le goût immodéré pour quoi que ce soit. Depuis quelques dizaines d'années, on a voulu nous inculquer le goût immodéré de la jeunesse. Ce qui nous donne, entre autres, des vieux beaux qui s'amusent à singer les jeunes. La jeunesse, c'est l'avenir du monde, quand elle défend un idéal qui doit nous régénérer. La vieillesse, quand elle a conservé cet idéal, est jeune. La jeunesse, quand elle l'a perdu, est vieille.

L'humanité s'est toujours demandé s'il existait une vie après la mort. Des livres, des témoignages, des traités, des religions se sont fondés sur cette question maintes fois débattue. Je me demande plus simplement si, pour certains, il n'existe même pas une vie *avant* la mort. Beaucoup traversent aujourd'hui toute leur vie comme s'ils n'étaient que des minéraux ou des robots, en mouvement mais inertes intérieurement. Alors y a-t-il une vie avant la mort ? Oui, il y en a une pour ceux qui ont une vie après la mort c'est-à-dire les vivants éternels. Ceux qui s'imaginent que la vie est périssable et que, quand ils sont morts, tout est fini n'ont pas de vie réelle durant leur vie, n'ont pas de vie avant la mort.

Quand on a perdu toute espérance, on est sans vie même avant de mourir. C'est l'enfer sur Terre.

Dès 1967, j'ai cru malgré tout à la Renaissance de notre monde multiforme, foisonnant, imprévisible, malgré les systèmes bureaucratiques qui avaient pu réaliser l'Holocauste, et se prolongeaient sous des formes diverses. Le cœur triste souvent, je chantais l'espérance, mais je continuais à chanter l'Apocalypse, comme si une force interne m'obligeait à l'annoncer quand même.

La poursuite incessante, interminable, du bonheur technologique est une tragi-comédie.

Nous ressemblons à un chat qui tourne en rond, ou plutôt en spirale, à la poursuite de sa queue. Alors qu'il tourne, la queue, qui ne veut pas être rattrapée, s'écarte du centre et s'allonge. Alors, le chat tout entier se dilate, sans que jamais sa queue soit attrapée par sa gueule. Situation vraiment inconfortable.

Nous sommes en retard de quelques années, sur un bonheur technologique qui n'existe pas, se cherche lui-même... et qui n'aura lieu que dans quelques années. Ce « chat en spirale » est une image qui me hante.

Tout mon disque « Futur Fiction Fantastique », préfacé par Neil Armstrong, A.E. Van Vogt et Poul Anderson, n'était que fin du monde. Pour essayer de voir clair en moi, j'ai commencé à écrire une chanson que j'intitulai : *Jonas ou la Prophétie inutile.*

Les spécialistes affirment qu'on a inventé le personnage de Jonas vers l'époque de Cyrus comme une fiction pour l'enseignement des humains. Peu importe ! Pour moi, il a existé et il existe. Voici son histoire, racontée à ma façon.

Ninive, la grande cité antique, vivait dans une prospérité corrompue et malfaisante. Dieu s'adresse à Jonas et lui demande de transmettre à ses habitants un message . dans quarante jours, ils vont être détruits. Une première évidence s'impose : pour que des pécheurs invétérés accordent crédit à ces prédictions, il faut que Dieu ait bien choisi, que Jonas soit quelqu'un de très éminent, connu, digne de foi, parlant peu, un homme savant et sage.

Jonas répond à Dieu : « Pourquoi moi ? Même si j'y crois, je ne me sens pas le cœur de communiquer cette terrible nouvelle. » Jonas refuse donc, mais Dieu insiste. Alors Jonas s'enfuit pour que Dieu ne pense plus à lui et choisisse un autre délégué. On raconte qu'il embarqua à Jaffa. Si nous regardons la carte, nous voyons que Ninive, un des grands centres commerciaux et artistiques de ce temps, est en Assyrie, au milieu des terres, à égale distance de quatre mers, la mer Noire, la mer Caspienne, l'océan Indien et la mer Méditerranée, dont l'un des ports est Jaffa.

Donc, Jonas prend un bateau pour aller, dit-on, jusqu'à Tarsis, peut-être une ville en Espagne, c'est-à-dire au bout du monde pour cet homme de l'Antiquité. La tempête s'élève, soudaine, imprévisible, comme un fait de Dieu. La légende raconte que les marins se dirent : « L'un de nous ou de nos passagers est poursuivi par une malédiction et nous devons nous en débarrasser ». Ils tirent au sort, le sort tombe sur Jonas. Mais Jonas, c'est, encore une fois, quelqu'un de très connu, qui inspire crainte et respect. Ils n'osent le jeter immédiatement à la mer bien qu'il leur affirme tranquillement que c'est à lui que Dieu en veut. Les commentaires indiquent que les marins font un essai : ils suspendent Jonas par des cordes et, chaque fois qu'ils le plongent dans la mer, les vagues se calment, la mer redevient lisse, et la tempête s'arrête. Mais, quand ils le retirent de l'eau, les vagues se remettent à nouveau à devenir montagnes.

C'est pourquoi ils décident, à contrecœur, de le jeter purement et simplement à l'eau.

Et là, un gros poisson, qui sait une baleine, vient à passer et gobe notre Jonas. Dieu le laisse mariner dans le ventre de la baleine trois jours et trois nuits pour qu'il réfléchisse, que son opiniâtre refus s'amollisse et qu'il comprenne qu'on ne peut pas échapper à la volonté de Dieu.

Dans cette réclusion méditative, Jonas finit par abdiquer son opposition à la mission divine. La baleine le rejette sur la rive, et Jonas doit traverser terres et déserts, soit mille kilomètres à vol d'oiseau, jusqu'à Ninive.

Il parcourt la ville, en prophétisant selon l'ordre de Dieu : « Vous avez trop péché. Dans quarante jours vous serez détruits. » Jonas ne profère jamais de menaces inutiles, et le voici qui parle de façon violente. C'est pourquoi, sur-le-champ, tout le monde se repent, se vêt de sacs, se couvre de cendres, se met à jeûner et à prier pour sauver son âme avant la destruction.

Les quarante jours passent. La catastrophe prophétisée n'arrive pas !

Alors, Jonas se plaint amèrement à Dieu : « Tu t'es servi de moi, tu m'as contraint à dire, inutilement. Les gens m'ont cru et maintenant ce que j'ai transmis n'arrive pas. Tu m'as fait passer pour un imbécile. Que n'as-tu fait tes commissions toi-même ? Je n'ai plus aucun crédit, je suis déshonoré. » Dieu ne répond pas. Finie la communication. Jonas s'en va bouder seul dans le désert : la nuit, il fait très froid, le jour, il fait extrêmement chaud.

Heureusement, créée à toute vitesse par Dieu, mais Jonas ne le sait pas, une plante, un ricin, surgit du sol et ses branches le protègent des rayons ardents du soleil. Jonas le Sage tente de retrouver la tranquillité dans la solitude, mais non, Dieu ne le laisse pas en paix. Il suscite maintenant un ver qui ronge l'arbre, lequel dépérit. Le malheureux Jonas, privé de l'ombre protectrice, est attaqué par les rayons du soleil, avec de plus un vent brûlant que Dieu fait souffler. Alors Jonas n'en peut plus. Il s'adresse à nouveau à Dieu : « Non seulement tu m'as fait perdre tout crédit auprès des hommes, mais tu détruis ma seule protection alors que je ne demande plus rien à personne et souhaite mourir en paix. »

Rompant son silence, Dieu répond : « Tu veux que j'aie pitié d'une plante que j'ai fait naître en une nuit, tu veux que j'aie pitié de toi qui souhaites maintenant la mort, par orgueil..., et tu veux que je n'aie pas pitié de Ninive, la grand-ville, dans laquelle il y a cent mille créatures humaines perdues, éplorées, mais aussi un grand nombre d'animaux qui ne connaissent ni le bien ni le mal. »

Le sens de cette histoire étrange est qu'il ne faut pas avoir peur de se tromper, de prédire l'apocalypse, pourvu que le monde soit sauvé. Il faut annoncer la catastrophe pour qu'arrive son contraire, car cette prophétie « inutile » peut amener les hommes à changer. A cette nouvelle, des gens insensés, qui ne savaient plus, comme dit la Bible, « distinguer leur droite de leur gauche », vont peut-être se conduire en hommes de bien. Cette histoire enseigne aussi que l'idéal de l'Ancien Testament n'est pas consacré uniquement à certains humains mais à toute l'humanité, comme aux animaux, aux végétaux, bref à tous les êtres vivants et, pourquoi pas, aux minéraux aussi.

Aujourd'hui que tout est dit, prédit, annoncé par des catastrophes déjà planétaires et exposées aux regards de tous ; aujourd'hui qu'un malaise de l'avenir comme du présent est partout profondément ressenti ; aujourd'hui que l'apocalypse est en marche, avec, sur des rails implacables dans le ciel et sur la terre, des chariots de fer et de feu que rien ne semble pouvoir arrêter ; aujourd'hui que Ninive va être détruite, elle va recommencer.

19.

Le septième anneau de l'arbre

Je suis né dans un arbre,
Et l'arbre on l'a coupé. (Qui suis-je ?)

Fallait trouver l'arbre
J'ai cherché le marbre. (La vie va.)

Arbre ne massacre pas tes bourgeons...
Arbre tu écoutes les craquements. (Arbre *.)

J'aime la douceur, avec des changements progressifs presque imperceptibles qui, petit à petit, modifient complètement ma vie et celle des autres. Pourtant, j'ai dû vivre des changements brutaux, qui m'ont bouleversé de fond en comble, qui se sont préparés, annoncés pendant des années, pour éclater enfin d'un seul coup.

Pour moi, c'était toujours une grande souffrance et une grande joie, comme l'est une naissance où la femme enfante dans les douleurs au milieu de l'allégresse générale et de la sienne propre. Et j'ai finalement traversé mes sept chambardements (je les ai comptés) avec sérénité parce que j'ai regardé vivre les arbres.

---

* Annexe, p. 388.

En hiver, ils dorment figés sous leur écorce dure. Leur vie ralentie continue, surtout dans les racines profondes mieux protégées du froid, où la sève circule, alors qu'elle a plus de difficulté dans le tronc, puis dans les branches.

Viennent alors les craquements. Dans le tronc de l'arbre que l'on peut voir en coupe, de nouvelles cellules tentent d'échapper à l'étreinte de l'écorce protectrice. Les premières sont étouffées, mais d'autres recommencent, et de plus en plus. L'arbre prudent s'est défendu tant qu'il a pu contre ce chambardement qui, finalement, est plus fort que lui et a lieu. C'est le bois de printemps qui donne un cerne, un anneau.

De l'écorce craquelée jaillissent de nouvelles pousses, et, dans le tronc, de nouvelles épaisseurs qui vont l'agrandir. Arrive le développement luxuriant de l'été, où l'arbre est ouvert à tous les vents doux, où il s'épanouit sans souci : le soleil est là.

Puis les feuilles vertes commencent à jaunir, et l'arbre réfléchit sur son sort. Il essaie peut-être de conserver ses feuilles pour être protégé pendant l'hiver qu'il sent venir. Mais c'est plus fort que lui et que son tronc puissant. Les feuilles sont fragiles, elles tombent.

Je parle ici de l'un de mes deux peupliers (ma maison s'appelant « Les Deux Peupliers ») que je regarde de ma fenêtre. Je ne parle pas de Fernand, le cèdre, dont les feuilles sont persistantes, qui a une évolution analogue, mais en apparence moins dramatique puisque les feuilles continuent, tant bien que mal, d'exister.

Un autre hiver revient. L'écorce se durcit, l'arbre dépouillé, amaigri, s'enferme dans sa solitude. Il me parle moins, il médite. Il envoie peut-être des signaux vers d'autres frères lointains, mais surtout il conserve et ramasse toutes ses forces pour se défendre contre le vent et les morsures du froid qui peuvent le foudroyer.

Recommencent les craquements et l'espérance craintive du printemps, que l'arbre combat le plus longtemps possible dans le souci de rester tranquille, même figé, pour se laisser emporter à nouveau par lui.

Ce n'est pas parce que
L'automne et l'hiver viendront
Qu'il faut avoir peur de l'été.
Ce n'est pas parce que
L'automne et l'hiver viendront
Qu'il faut arrêter le printemps.

J'ai regardé les changements progressifs de l'arbre, et les chambardements provoqués tous les ans par les quatre saisons. Mais j'ai vu naître aussi un amour. Je l'ai vu se développer, s'épanouir, craindre et espérer ; comme j'ai vu mes proches, les familles, les idées, les grandes théories de l'âme et du corps, les sciences, les équipes, les compagnies, les pays, les grands mouvements, les déclins, les renaissances et moi-même évoluer, se rejeter, se comprendre, s'embrasser enfin ; et recommencer, après les crises et les nœuds étouffants.

Un nœud, c'est un moment dans la vie d'un individu, ou d'un groupe, ou d'un peuple, où il est bouleversé à la fois humainement, techniquement et économiquement. Toujours ce fameux tabouret.

Par exemple, une femme perd son amour, ou son mari, ou les siens ; elle perd en même temps la maison où elle avait l'habitude de vivre ou son cmploi ; ct, toujours en même temps, elle a de gros problèmes d'argent. Sous cette pression totale, survient en elle un chambardement complet qui peut en faire une nouvelle femme, encore plus forte et rayonnante qu'avant. Elle passe dans un nouvel anneau qui, tout en englobant tout ce qu'elle a vécu, la rend toute neuve.

Le monde aussi s'est renouvelé six fois, et maintenant nous allons vers la septième. Cela est écrit dans nos mémoires, sur et dans le tronc des arbres, ou même sur des nappes en papier.

J'aime les nappes en papier des bistrots et je sais que tous les auteurs de chansons les aiment. Maculées de traces de moutarde ou de l'huile des frites, que de débuts de chansons elles portent, d'idées, de notes ou de messages d'amour. Il m'est arrivé aussi d'être servi sur des nappes blanches au tissu immaculé. Je me souviens d'un soir de décembre 1967 chez Lasserre.

C'était André Malraux, accompagné de Louise de Vilmorin, qui m'invitait. Alors que j'ai longuement fréquenté Aragon et Elsa, je connaissais peu Malraux. Je l'avais déjà croisé un soir de 1963, année où je vivais une dèche momentanée, au cours d'un dîner petit mais extraordinaire. Petit, parce que Louise de Vilmorin avait réuni peu d'invités : André Malraux, Maurice Chevalier et Salvador Dali accompagné d'Amanda Lear. Extraordinaire, parce que j'ai vu trois monuments, trois « grandes gueules », jouer une partie étrange. Le « génial » Salvador Dali semblait curieusement intimidé par Malraux et parla très peu, ce qui, étant donné sa faconde habituelle, était surprenant. Le brillant Malraux s'exprima plus longuement, mais, à son tour, il semblait impressionné par Maurice Chevalier qui, très à l'aise, racontant et plaisantant sans cesse, tint le haut du pavé. Cette hiérarchie de la parlote provenait peut-être d'une question d'âge.

Inutile de vous dire que le jeune Béart ne dit presque rien. Amanda Lear, également, cependant elle avait trouvé le moyen de s'exprimer avec une éloquence sans réplique : c'était la mode inoubliable et merveilleuse de la minijupe, et elle (ou il) en portait une, mini-mini, qui ne descendait pas plus bas que sa blanche culotte.

Ce dîner s'est passé chez Louise. Chez Lasserre, j'étais venu accompagné de Marguerite, ma compagne et collaboratrice d'alors, belle brune aux yeux bleus, qui portait une robe plus sage qu'Amanda mais avec des déchirures, des trous volontairement découpés partout. Sous la verrière, à la table toujours réservée à Malraux, j'ai dégusté les plats délicieux de Lasserre et fins comme son livre d'or. Il y a un livre à écrire — à moins qu'il n'existe déjà — sur les livres d'or des restaurants, y compris celui de La Colombe où j'ai débuté. Une histoire de Paris pourrait se raconter simplement par ses restaurants.

J'étais heureux de rencontrer à nouveau Malraux, cette fois-ci dans un dîner intime, pour discuter avec lui de ma conception des révolutions successives de l'Humanité ! Je l'avais déjà soumise à une dizaine de personnes, dont un vieux copain physicien à Saclay et un autre, historien. Mais il m'intéressait d'avoir l'avis d'un écrivain aux connaissances multiples, qui avait beaucoup vu, rencontré, réfléchi. Les « littéraires » peuvent appréhender certaines réalités globales mieux que les spécialistes. Il n'y avait pas de nappe sur laquelle je pouvais écrire ou dessiner. C'est sur les feuilles d'un papier luxueux, apportées par le maître d'hôtel stylé, que j'ai dessiné et écrit tout en parlant *. Au début, Malraux me fit la grâce de m'écouter attentivement. Je crois qu'il était intéressé par le fait que j'étais à la fois un peu artiste et un peu scientifique, et que, comme lui qui transmettait sa culture ou ses opinions en phrases fulgurantes, de mon côté, j'essayais en chansons de dire très simplement, très banalement, ce qui pourrait sembler complexe. Une chanson doit tout dire avec les mots de tous les jours. Plus elle est simple, plus elle est forte. Il n'y a que ce qui est évident qui est convaincant.

Je ne vais pas vous exposer en long et en large le « septième anneau », mais son essentiel, tel qu'il est dessiné.

En gros, les grands chambardements du monde qui amènent un nouvel état de stabilité, ce qu'on appelle « les grandes révolutions », sont en fin de compte tantôt « spiritualistes », tantôt « matérialistes ».

---

* Annexe, p. 412.

Matérialistes, elles amènent un grand confort physique, matériel, aux peuples, aux masses et aux individus, mais créent, selon l'expression d'Ernest Renan, un grand désert moral. Ce désert moral finit par désenchanter tout le monde : plus d'idéal, plus de rêve, rien que du confort qui devient, avec le temps et en se compliquant, superflu, turpitude et décadence.

Dans ce monde matérialiste, survient alors un nouveau grand chambardement, cette fois-ci par une révolution « spiritualiste ». Elle apporte le supplément d'âme, d'infini, d'émerveillement souriant (lèvres entrouvertes, yeux brillants, joies de l'âme) qui donnent aussi sa plénitude au corps. Mais le spirituel, en s'installant, finit par détruire le confort matériel et amène une grande misère physique... laquelle entraîne une prochaine révolution, cette fois-ci matérialiste.

Les révolutions matérialistes et spiritualistes se succèdent comme des anneaux successifs enveloppant les grandes masses humaines. J'en compte six jusqu'à nos jours, que l'on peut concentrer pour simplifier autour de quelques grands noms.

1) Adam ou la création de l'homme : spiritualiste ; 2) la révolution du néolithique passant par l'écriture et les tablettes d'argile jusqu'à Hammourabi (de 4000 à 2000 av. J.-C.) : matérialiste ; 3) Moïse et ses dix lois (vers 1300 av. J.-C.) : spiritualiste ; 4) Pythagore et le miracle grec (vers 600 av. J.-C.) : matérialiste ; 5) Jésus (vers l'an 0) : spiritualiste ; 6) Descartes (vers 1600) : matérialiste.

Et maintenant devrait arriver le septième anneau, une révolution, d'abord spiritualiste, qui se résume tout simplement pour moi en « Chaque être humain doit se comporter comme un Messie » mais cette révolution deviendra vite, en même temps, cette fois-ci, matérialiste.

Etait-ce l'excellence des vins ? Malraux, qui m'avait écouté développer tout cela, se mit à parler brillamment et d'abondance. Il semblait d'accord sur presque tout. Quant à la dernière — la prochaine — révolution, il en a retenu surtout le caractère « spiritualiste ». Cela la faisait cadrer encore plus précisément avec mon « système », mais, d'après moi, elle serait alors vouée à l'échec. Il faut que cette révolution préserve les deux nécessités et soit double, à la fois spiritualiste et matérialiste, pour la première fois dans l'histoire de l'Humanité.

D'ailleurs, chacun des personnages sur lesquels j'avais sommairement concentré telle révolution « matérialiste » ou « spiritualiste » se voulait double. Un Hammourabi était aussi un homme de foi à la façon d'Abraham ; un Moïse ou un Akhenaton transmettaient à profusion des lois « matérielles ». Pythagore, dont la masse des humains ne se souvient que grâce au fameux théorème du carré de l'hypothénuse, était surtout un grand initié et croyait fonder une école religieuse. Or il a révolutionné le monde matérialiste, avec comme successeurs lointains un conquérant, Alexandre le Grand, et un empire, l'Empire romain.

Jésus seul a été, de façon limpide et unitaire, spiritualiste. Descartes, dont la foule a surtout retenu « Je pense, donc je suis », se voulait aussi religieux d'esprit ; mais il a, à son tour, suscité la Révolution française, avec son conquérant, Napoléon, et un empire, l'Empire russo-américain.

J'avais montré comment j'entendais, pour simplifier l'exposé, concentrer mon explication sur l'univers de « l'homme blanc », mais qu'il y avait des correspondances étranges dans tous les pays, non seulement en Inde, mais jusqu'en Chine et jusqu'au Mexique, comme si la marche de l'Humanité se faisait d'un seul pas, majorité des hommes réunis, même à l'époque où les distances paraissaient infranchissables.

J'ai précisé que comme toute certitude, celle-ci n'existait en moi que parce qu'elle m'aidait à coordonner les idées et les groupes et me permettait de créer. Aucun système n'est valable en soi. Il n'est valable que s'il contient le passé, génère des œuvres, réunit des individus et leur permet d'aller ensemble de l'avant et non en arrière. On pourrait même affirmer que n'importe quelle spéculation simplificatrice est bonne si elle permet de progresser vers le Bien, et qu'elle est malsaine quand elle détruit l'Humanité.

Quand Malraux me demanda si je discutais de tout cela avec Georges Pompidou, je lui ai avoué que je ne lui en avais jamais parlé : Georges semblait à l'époque bien plus préoccupé du concret et du pratique que des grandes théories. Je n'ai pu lui en parler que dans une brève période de calme à Carnac en août 1968, dans sa résidence d'été en Bretagne. Nous avons également évoqué les raisons qui semblaient indiquer pour notre monde une nouvelle renaissance. Ecarté du pouvoir malgré la sagesse avec laquelle il avait traité les événements de mai 68, Georges Pompidou avait pris, dans son exil, encore plus de profondeur. En son âme, je le sentais déjà président de la République, lui qui n'avait jamais souhaité l'être, mais simplement demeurer le second du général de Gaulle qu'il admirait tant.

Avant cette période dramatique, il se contentait de jouer à me poser des questions très simples, par exemple : « Qu'est-ce que c'est que les mathématiques ? » (à Carnac en 1966). Il le savait, bien sûr, mais voulait jauger la réponse simple d'un homme de chansons qui avait fait des maths. Je lui ai répondu face au troupeau de moutons que Georges et Claude élevaient à Cajarc : « Quand on compte les moutons, c'est assez facile, tant qu'il n'y en a que un à cinq, de le faire sur une main. De cinq à dix, sur deux mains, en retenant quelques doigts. Pour en compter vingt, il est également possible d'abaisser deux fois ces deux mains. Mais, à partir de cent (et leur troupeau était grand), il faut trouver un nouveau moyen, le boulier par exemple, pour indiquer le nombre de façon rapide et simple. » En développant cela, génération après génération, on en arrive au calcul matriciel sans lequel Einstein, malgré son intuition, n'aurait pu expliquer aux autres la théorie de la relativité généralisée.

En gros, les mathématiques, ce sont tout bêtement des manières simples pour que les humains se communiquent les uns aux autres, de plus en plus vite, des nombres de plus en plus nombreux ou complexes, en les englobant dans des signes et des systèmes simplificateurs. Rien de plus, mais rien de moins.

Georges s'estima satisfait de ma définition. N'oublions pas qu'il était grand économiste, ce que je n'ai jamais été, de même que je ne comprends rien ni à la Bourse ni aux finances. Quoique littéraire de formation, Georges connaissait très bien les nombres. Comme Marcel Pagnol a écrit très joliment sur les sciences avec souvent plus de vérité et de bon sens que les savants, nombre de littéraires ont les idées plus claires sur les mathématiques et la physique que les savants patentés.

J'ai raconté cette histoire simplette, parce qu'il m'est arrivé, de façon semblable, d'expliquer les mathématiques à de petits enfants, à des écoliers ou même à des grandes personnes. Et ils comprenaient, enfin. Je suis effaré lorsque j'entends comment certains — professeurs compris — découragent des maths en les enveloppant d'un mystère pédant et jargonnant, comme s'il s'agissait du saint tabernacle. L'initiation divine ni le don ne sont nécessaires pour utiliser convenablement ce langage simplificateur. A la limite, c'est de l'épicerie : vous voulez un quart de beurre et le payer au juste prix. On a massacré l'esprit en France en imposant très tôt les mathématiques nouvelles, dites « modernes ». Elles sont passionnantes, mais à transmettre par petites touches, en parallèle avec la géométrie et les calculs à l'ancienne qui nous maintiennent au contact de la nature et des objets. C'est comme si l'on enseignait la théorie structuraliste de la cuisine avant de montrer comment on cuisine quelques plats ; c'est comme si l'on enseignait le jeu d'échecs à un enfant avant de l'introduire dans les rapports humains. Encore une fois, on a voulu faire table rase du passé. Dans notre saison du monde, qui est un printemps foisonnant, généreux et maléfique avec quelques branches d'espérance, j'ai la terreur de la table rase.

Le résultat : de mauvais professeurs et de mauvais élèves barbotant ensemble dans une bouillie désincarnée. L'outil mathématique a été cassé dans l'esprit de beaucoup. Il se rétablira avec les gens simples qui utilisent leurs mains et les choses autant que leur tête.

J'ai rencontré aussi, jeunes ou vieux, avant ou après mes concerts, au bistrot, dans la rue, comme dans leurs lettres émouvantes et fortes, les gens dits « ordinaires ». J'ai vu qu'ils s'intéressaient beaucoup et de préférence aux choses extraordinaires. Les gens « simples » se passionnent aussi pour les choses difficiles ou même compliquées ; ils les vivent tous les jours d'ailleurs, dans les villes monstrueuses comme dans les campagnes envahies. Les émissions de télévision à thème, qui montrent l'univers et les humains, sont très suivies ; que les marchands, aux séries télévisées stéréotypées, ne l'oublient jamais ! Les gens ordinaires et simples lisent aussi des traités et même des grimoires.

Chaque être humain a sa propre vision du monde, exprimée ou non. Elle l'aide à vivre. Pierre Tchernia m'a parlé d'un aimable retraité qui, passé la soixantaine, avait décidé de ne se nourrir que de chocolat et ne boire que du vin d'Alsace. Il s'était mis aussi à écrire « son » Histoire du Monde, bien sûr en partant des origines, et projetait de la terminer pour son centenaire.

Il en était arrivé au XVIIe siècle, quand il mourut à l'âge de quatre-vingt-dix-neuf ans et demi. Nous ne connaîtrons jamais la fin de l'Histoire.

Pour ma part, j'ai voulu, dans ces pages de certitudes familières, évoquer ce « Septième Anneau » parce qu'il est en moi et m'inspira, aussi, tant de chansons simplettes et populaires.

Les meilleures lignes que j'ai écrites, c'est près de l'eau, et non en me plongeant dans les grimoires depuis longtemps noyés dans ma mémoire.

Une touffe d'herbe, une flaque d'eau
Les hommes sont des lourdauds
Qui pataugent dans l'Eternité
Avec leurs souliers crottés.

Tout le monde m'a apporté quelque chose, mais les gens dits « simples », plus encore que les complexes, les trapus et les touffus. Les grands, les vrais, sont des gens très simples. Je me souviens des phrases d'Albert Einstein ou de Jean Rostand, des paroles de mon père, des actes quotidiens de ma mère, des pleurs et des rires de ma sœur. J'ai marché et parlé avec les jardiniers, avec une image lointaine ou avec un arbre. J'ai dialogué avec le silence :

Laisse faire le silence
Laisse faire nos lèvres fermées.

Bébés, nous avons vécu, dans le silence du ventre de notre maman, une aventure extraordinaire : toute l'évolution de l'être humain depuis les premières cellules vivantes. Mais notre naissance même est une histoire encore plus extraordinaire. Avouez qu'il faut beaucoup, beaucoup d'exceptions, bien que nous soyons habitués déjà à ce phénomène de la naissance, pour qu'un homme et une femme se rencontrent et qu'un enfant puisse naître.

De la même façon, le monde a avancé par étapes et chambardements successifs, par une réunion d'extravagances qui se sont parfois cristallisées.

La vie est le sommet de l'extravagance. Il est extrêmement imprévu que vous avez acheté ce livre et que vous soyez en train de lire cette page. Il est également extravagant qu'à un moment donné, un jour de mai 1987, j'aie décidé cette extravagance d'écrire ces lignes. Il est extravagant que vous tourniez de votre main cette page pour aller à la page suivante, et que tout à l'heure vous vous mettiez peut-être à vous gratter le nez, dubitatif ou simplement atteint d'une démangeaison soudaine.

La seule chose qui est catégoriquement coordonnée et ne comporte pas d'exception, c'est la mort physique. Une fois qu'on est mort, les règles immuables se remettent en marche tranquillement, avec une évolution purement mécanique du corps humain. Au contraire, tant qu'il est vivant, il n'est qu'une succession de hasards miraculeux qui peuvent prolonger la vie ou provoquer la mort, par perte de l'esprit profond qui est l'espérance.

Cette espérance, je l'ai retrouvée. Car, malgré nos systèmes en folie et en leur sein même, j'ai vu, de mes yeux vu, surgir de plus en plus de gens extraordinaires, des gens simples, des héros et des héroïnes de la vie quotidienne, qui font bien ce qu'ils font et qui veillent sans cesse à aider les autres. C'est d'eux que je reçois, comme un cadeau, ma nouvelle espérance, mon espérance folle.

Juillet 1987

Annexes

PIONNIER PERMANENT

En parcourant le livre de Guy Béart, je me suis aperçu à quel point il avait eu une vision prémonitoire dans nombre de domaines. Des écrivains et des journalistes avaient déjà signalé son sens de l'anticipation dans ses chansons comme dans ses interviews, utilisant même les termes de « prophète du grand chambardement » ou de « ménestrel de l'âge atomique ». Je me suis amusé à retrouver au cours des vingt-cinq dernières années ses éclairs lucides et clairvoyants sur les thèmes qui nous sont familiers aujourd'hui mais qui ne l'étaient pas à l'époque.

André Coutin.

Fin des idéologies

1963 : « On m'a dit la famille, les dollars, les autos,
On m'a dit la faucille, on m'a dit le marteau.
On m'a dit, on m'a dit, on m'a dit
Et puis on s'est contredit. »

Société de consommation

1963 : « Je refuse la civilisation du prêt à jeter. »

Retour au spirituel

1965 : « Ma solution ? Chacun est le Messie. Chacun doit sauver le monde. Il y faudra une ou plusieurs décennies. »

1968 : « Je sais que ce qui est arrivé en mai était prévisible, et je sais que le trouble des esprits durera. Aujourd'hui, nous avons trop de richesses... L'homme ne peut plus s'embrasser. Mais cela ne se résout pas en quelques formules. Pour moi, ni Mao ni Marcuse n'apportent la solution. Il faut que naissent des hommes nouveaux, les théories et le monde suivront. Pour l'instant il apparaît que l'homme a besoin de plus de spiritualisme ; dans quarante ans il aura peut-être au contraire besoin de plus de matérialisme, c'est ainsi. Toujours est-il que les troubles devraient nous ramener à des notions simples : le pain, le vin, l'amitié, la parole donnée... »

1970 : « Chaque homme est un messie et nous sommes quatre milliards. »

1978 : « Il faut passer de l'homme providentiel, du sauveur unique, à la prise de responsabilité par chacun. »

Un âge marchand

1966 : « Nous entrons dans l'âge des princes marchands... Ce sera peut-être un âge très court, mais il faut y passer, il faut qu'il passe... »

L'engagement et la contradiction des intellectuels

1966 : « La chanson engagée c'est la voie d'or. J'y viendrai peut-être à cinquante ans... ou jamais. Elle réclame une grande maturité. Je crois que l'on s'engage trop rapidement et trop légèrement sur des problèmes graves. Et puis à quoi bon donner mon avis quand les gens en changent tout le temps ?... Je suis un homme, c'est ma manière de m'engager. »

Mai 1968

« Aujourd'hui la barricade n'a pas deux côtés mais trois. Il y a tant de choses à défendre des trois côtés de la barricade... Le troisième côté, on le découvrira plus tard. »

« Je crains qu'actuellement les gens qui disent ou font quelque chose, soient très rapidement obligés de se contredire. »

« J'aime les périodes de fronde, quand le monde foisonne. C'est nécessaire pour réveiller les hommes et c'est la preuve que le monde est en devenir, que le printemps approche. J'aime les réveils... Dire la vérité, c'est accepter d'en souffrir. »

La gauche et la droite

1967 : « Le monde est double, à la fois d'intention et d'action, à la fois de gauche et de droite. Pour moi, la droite, c'est les murs de ma maison, les pierres de mon jardin, tout ce qui existe. La gauche, c'est tout ce qui n'existe pas encore et dont nous rêvons. »

Pluralisme des cultures

1970 : « 1° préserver l'ancien ; 2° empêcher l'ancien d'étouffer le nouveau ; 3° empêcher le nouveau de dévorer l'ancien. »

Solidarité ? Fraternité !

1973 : « Je suis de toutes les couleurs et surtout de celles qui pleurent. »

1977 : « Nous sommes dans un gigantesque capharnaüm et les efforts de ceux qui essaient de se sauver en sauvant les autres vont vers les opprimés. »

Dire la vérité aux Français

1976 : « Pour empêcher les Français de se suicider, il faut les menacer de mort. Mieux vaut prédire l'apocalypse pour qu'elle n'arrive pas ! »

La grève du rêve

1976 : « C'est grave la grève du rêve. Ce n'est pas parce que certaines idées dans leur formulation — étant donné le monde comme il va mal — n'ont pas réussi, qu'il faut répéter, hurler qu'il n'y a plus d'idées. Je vais essayer de transmettre, malgré tout, l'idéal que m'a transmis mon père. »

La révolution tranquille

1976 : « J'aime que les choses changent et que les choses bougent, mais dans la non-violence et la tolérance. »

Tourbillonnaire

1976 : « La jeunesse tourbillonnaire est très lucide. C'est d'elle que dépend le sauvetage. »

1977 : « J'ai peur pour l'avenir des jeunes. Ils seront, s'ils n'y prennent garde, à 95 % les victimes de la formidable force d'inertie de l'ère technologique. C'est-à-dire des esclaves. Ce sera peut-être, d'une certaine façon, un esclavage heureux. »

Anticollectivisme de gauche ou de droite

1974 : « Et l'eau d'une larme et tout l'océan qui gronde. » « Une larme, c'est très important, mais tout l'océan aussi. Le collectivisme est contre l'individu. Mais on ne peut pas défendre uniquement l'individu. Il faut défendre et l'individu, et la société, simultanément. »

LES SOURCES DU LIVRE

Le livre de l'Espérance

« Le livre, c'est pour être certain que les choses les plus importantes soient entendues. Ce ne sera pas un ouvrage de ragots mais d'anecdotes, de petites histoires courtes racontées un peu à la façon du poète persan Saadi. Celui-ci, au retour de longs voyages, installé dans son jardin de roses écrivit cent contes philosophiques qui figurent comme les meilleurs témoignages de son époque. » (1979.)

Je vais écrire un bouquin. J'ai mille pages de notes entassées auxquelles je ne voulais pas donner forme. Je vais le faire. Et j'ai déjà tout prêts quelques portraits de « personnages rouages » de notre temps : la secrétaire parfaite, le bloqueur professionnel et quelques autres, à paraître chez qui me les demandera. Profitons du nouveau régime. Sous l'ancien, il était de bon ton de faire ses vilenies en douce, on a la chance sous le nouveau de pouvoir en parler, puisqu'il est permis désormais de les commettre au grand jour. » (1982.)

La chanson de l'Espérance

— *Comment vous est venue l'idée d'écrire* L'Esperance folle *?*

— Je me trouvais au volant de ma voiture dans le Midi. Le temps était froid, mais beau. Un rayon de soleil a traversé le pare-brise. J'ai pensé à mon père qui était toujours plein d'espérance et je me suis mis à pleurer. La musique est venue toute seule ! Lorsque je chante cette « Espérance folle », l'émotion me prend à la gorge... (1972.)

— *Si l'on voulait vous résumer, vous êtes un homme d'espoir ?*

— J'ai parlé d'apocalypse, de chambardement, de fin du monde — et j'ai parlé d'espérance — je dois vous avouer que je suis partagé entre la Terreur et l'Espérance — La Terreur c'est la bombe atomique, et l'Esperance c'est ma confiance en l'homme. (1976.)

Ingénieur...

— *Avant la chanson vous étiez ingénieur. Croyez-vous que votre vie eût pu être différente ?*

— Non... J'ai le même corps, le même cœur. On est soi lorsqu'on se retrouve seul face aux étoiles, face à la mer et là, le métier ne compte pas.

J'ai été formé par mon père, alors... J'aurais pu être cordonnier, comme mon grand-père, ou employé de bureau, j'aurais toujours regardé les papillons de la même façon... (1970.)

Un homme d'aujourd'hui

— *On n'a pas l'impression que vous êtes un homme très engagé tout en étant un homme engagé.*

— Oui, parce que je suis simplement un homme d'aujourd'hui. Je suis plongé dans la vie d'aujourd'hui, je lis énormément, je rencontre beaucoup de gens, j'ai des échos de partout, et j'en témoigne... Je rencontre toujours les gens que je connais ou non en leur parlant toujours les yeux dans les yeux. (1972.)

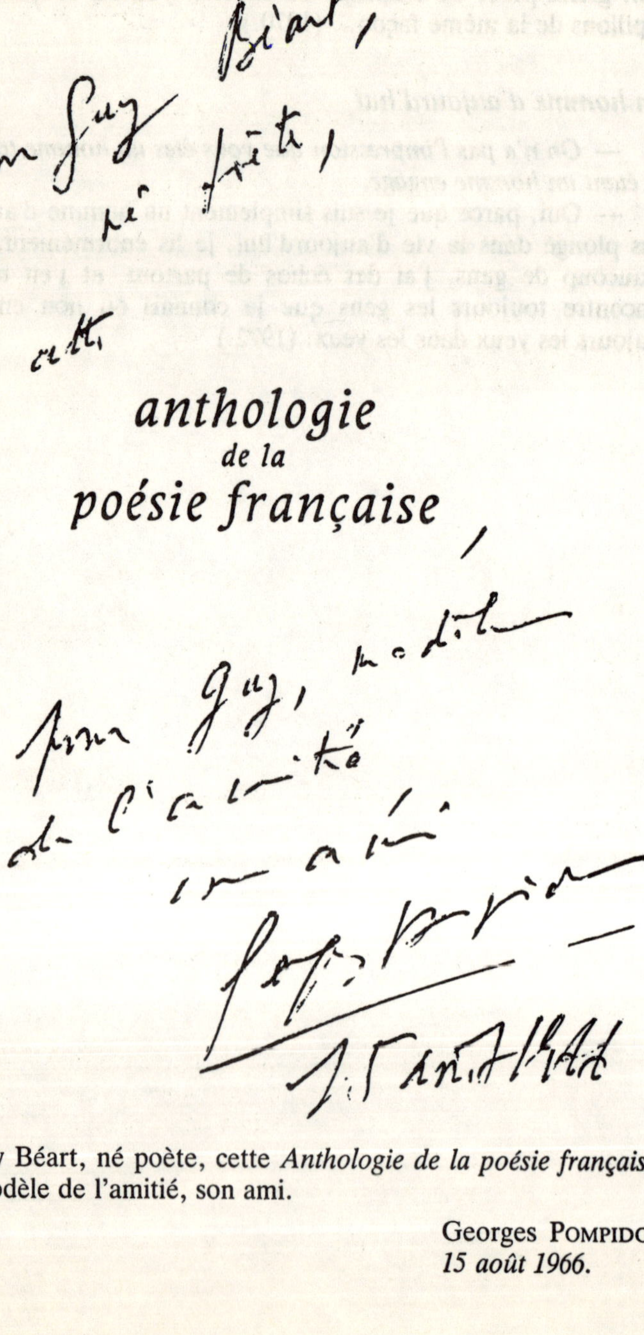

Pour Guy Béart, né poète, cette *Anthologie de la poésie française*, pour Guy, modèle de l'amitié, son ami.

Georges POMPIDOU
15 août 1966.

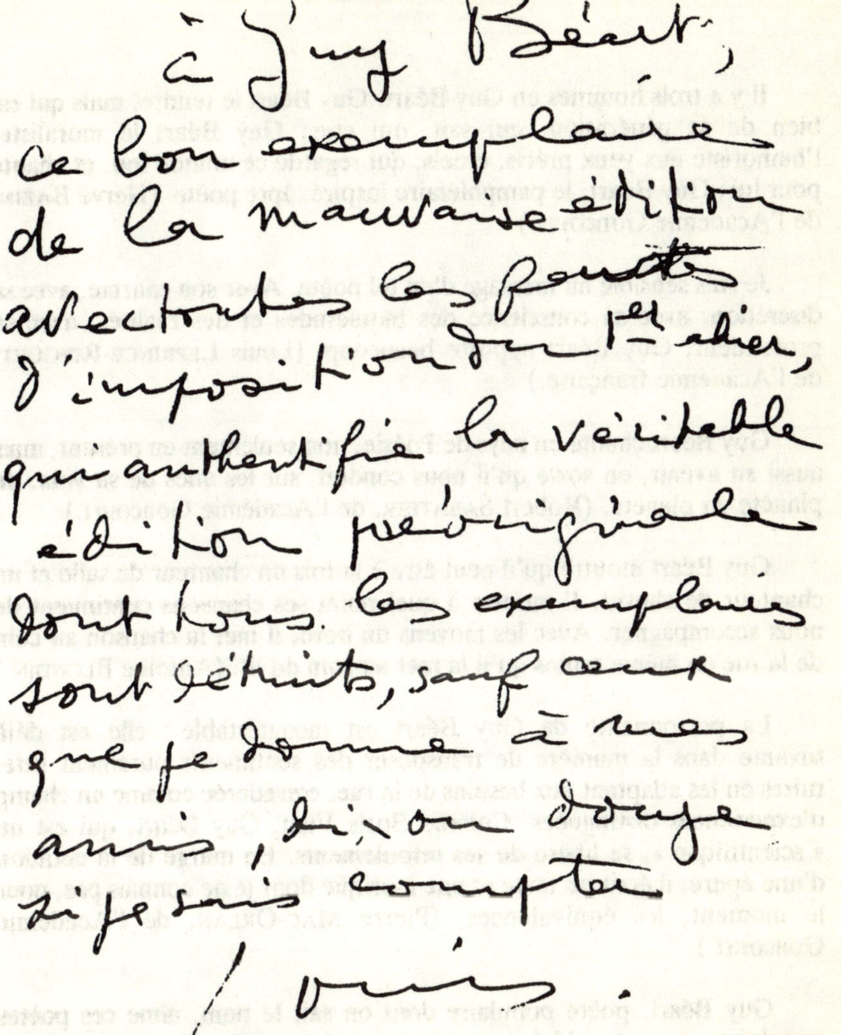

A Guy Béart, ce bon exemplaire de la mauvaise édition avec toutes les fautes d'imposition du 1er cahier, qui authentifie la véritable édition préoriginale dont tous les exemplaires sont détruits, sauf *ceux que je donne à mes amis, dix ou douze, si je sais compter*.

Louis.

(ARAGON, *Les Aventures de Télémaque*.)

AU LIVRE D'OR

Il y a trois hommes en Guy Béart. Guy Béart le tendre, mais qui est bien de sa génération, qui sait, qui crie ; Guy Béart le moraliste, l'humoriste aux yeux précis, cruels, qui regarde ce monde fou, et chante pour lui ; Guy Béart, le pamphlétaire inspiré, âpre poète. (Hervé BAZIN, de l'Académie Goncourt.)

Je suis sensible au message d'un tel poète. Avec son charme, avec sa discrétion, avec sa conscience des inquiétudes et des réalités, avec sa profondeur, Guy Béart apporte beaucoup. (Louis LEPRINCE-RINGUET, de l'Académie française.)

Guy Béart chante en pays de Poésie, non seulement en présent, mais aussi en avenir, en sorte qu'il nous conduit, sur les ailes de sa voix, de planète en planète. (Robert SABATIER, de l'Académie Goncourt.)

Guy Béart montre qu'il peut être à la fois un chanteur de salle et un chanteur de chevet. Il montre à quel point ses chansons continuent de nous accompagner. Avec les moyens du bord, il met la chanson au coin de la rue en même temps qu'il la met au coin du lit. (Antoine BLONDIN.)

La personnalité de Guy Béart est incontestable : elle est déjà savante dans la manière de transposer des sentiments purement littéraires en les adaptant aux besoins de la rue, considérée comme un champ d'expériences distinguées. Comme Boris Vian, Guy Béart, qui est un « scientifique », se libère de ses refoulements. En marge de la cotation d'une épure, il écrit un texte et une musique dont je ne connais pas, pour le moment, les équivalences. (Pierre MAC-ORLAN, de l'Académie Goncourt.)

Guy Béart, poète populaire dont on sait le nom, aime ces poètes populaires qui ont oublié de signer leurs chansons, mais qu'on n'oublie jamais, les inconnus rayonnants qui ont fait éclore des fleurs toujours vivaces. Il les aime. Ils le lui rendent sûrement · il est des leurs. (Claude ROY.)

Dans mon discours de réception à l'Académie française, j'ai eu l'occasion de citer Guy Béart. C'est assez rare de citer un chanteur dans un discours académique. J'ai une affinité envers un poète qui a connu et qui a goûté cette forme de vie qui est profondément moderne et humaine qui est la vie de l'ingénieur ou du technicien, du scientifique, de l'homme qui travaille dans une usine, dans une grande cité industrielle. Un scientifique à peine égaré, dit Guy Béart, et c'est vrai. Je suis sensible au message d'un tel poète. Avec son charme, avec sa discrétion, avec sa conscience des inquiétudes et des réalités, avec sa profondeur, Guy Béart apporte beaucoup. (Louis LEPRINCE-RINGUET, de l'Académie française.)

Guy Béart est le poète des harmonies, le musicien de poésie, qui à la fois nous charme et révèle les laideurs et misères de l'esprit de notre temps. (Jean-Jacques GAUTIER.)

On retrouve toujours Guy Béart dans les choses qu'il fait lui-même et les choses qu'il ne fait pas lui-même. Il est tellement plein de folklore qu'il continue peut-être, et que lui aussi on l'entendra dans 200 ans : ce sera signé Guy Béart. (Elsa TRIOLET.)

Guy Béart est un dynamiteur de charme. (Yvan AUDOUARD.)

Guy Béart s'apparente aux poètes de la Renaissance. Humanistes et libertaires, ils savaient se faire légers sans rien perdre de leur profondeur pour pénétrer partout, les lieux et les cœurs. (Jean-Louis BARRAULT.)

CLASSIQUES DE GUY BÉART

Bal chez Temporel, 1956.
Poste restante, 1956.
Qu'on est bien, 1957.
Il y a plus d'un an, 1957.
Chandernagor, 1957.
Le Chapeau, 1957.
Le Quidam, 1957.
L'Eau vive, 1958.
Vous, 1959.
Le matin je m'éveille en chantant, 1961.
Le Printemps sans amour, 1961.
Il n'y a plus d'après, 1962.
Suez, 1963.
Les Grands Principes, 1964.
Les Souliers, 1964
Allô, tu m'entends ? 1965.
Qui suis-je ? 1965.
Il fait toujours beau quelque part, 1966.
La vérité, 1967.
Couleurs, vous êtes des larmes, 1967.
Rotatives, 1967.
Les enfants sur la lune, 1967.
Hôtel-Dieu, 1967.
Le Grand Chambardement, 1968.
Chahut bahut, 1968.
L'Espérance folle, 1970.
Les Couleurs du temps, 1974.
A Amsterdam, 1976.
Messies messies, 1976.
La Danse du temps, 1978.
Porte-bonheur, 1982.

1. Les textes et documents ci-après sont de Guy BÉART et édités par les Editions Espace.

ON CONNAIT LA CHANSON

La chanson est une petite chose très ancienne qui risque aujourd'hui de prendre une place majeure. Cette place, elle la doit à sa « dimension » qui est à l'échelle des besoins actuels : très ramassée, en forme de coup de poing, de slogan un peu allongé, c'est une pilule d'art que l'on déguste, de gré ou de force, entre deux urgences. Aucune construction artistique n'est mieux adaptée qu'elle aux moyens de diffusion et de prospection du public qui sont et seront de plus en plus obligatoirement utilisés.

De ce fait, elle a été bien vite la proie de chercheurs d'or, visionnaires, aventuriers ou bandits, qui sont partis, barbus, vers ce nouvel Eldorado, paradoxalement vierge. Il naît ainsi une nouvelle aristocratie qui n'est encore qu'un ramassis de ruffians parmi lesquels de grands capitaines aux visions larges, des marchands de fournitures aux appétits féroces, et d'obscurs artisans de talent.

Dans certains pays, l'accélération a vite provoqué la préfabrication concertée de la chanson, œuvre d'une douzaine de collaborateurs, usinant une chanson comme on met au point un objet en plastique destiné à satisfaire les goûts les plus généraux, les plus terre à terre.

En France, il y a les « aventures individuelles » qui parfois marchent et tiennent à contre-courant. Les créateurs originaux sont d'ailleurs souvent soutenus par ceux-là mêmes qui drainent la masse, et se trouvent finalement annexés par eux en toute tranquillité ; ou bien ils luttent quelque temps contre ce qui n'est malheureusement, ou heureusement peut-être, que la « force des choses ».

Les besoins sans cesse augmentant font que le bon triomphe également à côté du mauvais. Et le mauvais n'est pas si méchant que ça : il lui plaît de soutenir le bon qui, parmi tant d'or, lui procure ses lettres de noblesse.

Toute volonté brandie fermement et continuellement obtient ainsi gain de cause, bien que cette victoire, qu'elle doit mériter chaque jour à nouveau, ne gêne pas un instant le magma courant.

Tout particularisme, tout paradoxe apparent, a droit de cité dans nos temps modernes. Nous arrivons ainsi à un océan de molécules identiques d'où émergent quelques monstres qui nagent sans encombre ou agonisent lentement.

Préface de Guy Béart
au livre d'André Halimi
On connaît la chanson, 1959.

HÔTEL-DIEU

Pour une femme morte dans votre Hôpital
Je réclame Dieu votre grâce
Si votre paradis n'est pas ornemental
Gardez-lui sa petite place

La voix au téléphone oubliait la pitié
Alors j'ai couru dans la ville
Elle ne bougeait plus déjà d'une moitié
L'autre est maintenant immobile

Bien qu'elle fût noyée à demi par la nuit
Sa parole était violence
Elle m'a dit : appelle ce docteur et lui
Il a fait venir l'ambulance

O temps cent fois présent du progrès merveilleux
Quand la vie et la mort vont vite
Où va ce chariot qui court dans l'Hôtel-Dieu
L'hôtel où personne n'habite ?

D'une main qui pleurait de l'encre sur la mort
Il fallut remplir quelques fiches
Moi je pris le métro l'hôpital prit son corps
Ni lui ni elle n'étaient riches

Je revins chaque fois dans les moments permis
J'apportais quelques friandises
Elle me grimaçait un sourire à demi
De l'eau tombait sur sa chemise

Elle ne bougeait plus alors elle a pris froid
On avait ouvert la fenêtre
Une infirmière neutre aux gestes maladroits
En son Hôtel, Dieu n'est pas maître

La mère m'embrassa sur la main me bénit
(Et moi je ne pouvais rien dire)
En marmonnant allons c'est fini c'est fini
Toujours dans un semi-sourire

ANNEXES

Cette femme a péché cette femme a menti
    Elle a pensé des choses vaines
Elle a couru souffert élevé deux petits
    Si l'autre vie est incertaine

Et si vous êtes là et si vous êtes mûr
    Que sa course soit terminée !
On l'a mise à Pantin dans un coin près du mur
    Derrière on voit des cheminées

ARBRE
(Laisse vivre)

Arbre, ne massacre pas tes bourgeons
Arbre, ne massacre pas tes bourgeons
    Oublie un peu ta force
    Déchire ton écorce
Avant d'aller à la mort nous changeons

Arbre, tu pousses des bras vers le ciel
Arbre, tu pousses des bras vers le ciel
Les mains ouvertes grandes
De tes rameaux se tendent
A moins que les casse en mars une grêle

Arbre, à minuit j'entends : cocorico
Arbre, à minuit j'entends : cocorico
    Il est trop tôt encore
    Pour la nouvelle aurore
Mais n'étrangle pas le cou de l'écho

    Laisse vivre
    Mon hirondelle ivre
    Elle ne fait pas encor
    Le printemps

Arbre, le sol est encore endormi
Arbre, le sol est encore endormi
    Elle est froide la roche
    Rien n'est encore proche
Mais sous la glace un pétale est promis

Arbre, l'été ne viendra qu'en son temps
Arbre, l'été ne viendra qu'en son temps
    Sur tes doigts se hasardent
    Les pousses d'avant-garde
Mais surtout ne les refroidis pas tant

Arbre, n'aie pas peur ainsi du soleil
Arbre, n'aie pas peur ainsi du soleil
    Tes branches se souviennent
    Des saisons anciennes
Et de l'éternel retour du réveil

Laisse vivre
Mon hirondelle ivre
Elle ne fait pas encor
Le printemps

Arbre, tu écoutes les craquements
Arbre, tu écoutes les craquements
Sous ta peau écarlate
Des bruits secrets éclatent
C'est la vie qui brûle éternellement

Arbre, tu en es au septième anneau
Arbre, tu en es au septième anneau
Soulève le couvercle
De ce septième cercle
Picoré déjà par quelques moineaux

Arbre, te voilà désorienté
Arbre, te voilà désorienté
Mais que rien n'assassine
Tes profondes racines
Qui préparent notre prochain été

Laisse vivre
Mon hirondelle ivre
Celle qui fera un jour
Le printemps

Inédit.

CHAGRIN DE GOSSE

Elle avait douze ans et moi neuf
Je sortais à peine de l'œuf
Douze et neuf ça fait vingt et un
Le bel âge c'est certain

Son papa jouait du banjo
Elle faisait sans dire un mot
Des claquettes sur ses souliers
J'en étais émerveillé

Chagrin de gosse
Vite passé
Où est la gomme
A effacer
Sur le vieux chiffon du tableau
Les larmes coulent comme l'eau

Puisqu'on se cachait c'est normal
Je sentais bien que c'était mal
Nos manières inattendues
Comme un gâteau défendu

Un matin ma tante Emilie
Nous dénicha dessous le lit
Alors on l'a mise en pension
Epilogue des passions

Chagrin de gosse
Vite passé
Où est la gomme
A effacer
Sur le vieux chiffon du tableau
Les larmes coulent comme l'eau

J'en pleurai un mois et puis deux
Un jour un cousin généreux
Pour consoler le petit veuf
M'offrit un stylo tout neuf

Alors avec la plume en fer
J'écrivis que j'avais souffert
L'encre se mêlait à mes pleurs
Faisant de jolies couleurs

Même aujourd'hui je me rappelle
Nous jouions au seau à la pelle
Depuis j'ai des peines de grand
Et je reste indifférent

LE MIRACLE VIENT DE PARTOUT

Le miracle vient de partout
Le miracle vient de partout
   De partout

Il vient du sage il vient du fou

Il vient des enfants réveillés
Il vient des amis oubliés
Il vient des ennemis jaloux

Le miracle vient de partout

Il vient à pied avec des gants
A cheval sur un ouragan
En voiture ou sur les genoux

Il vient de l'appel au secours
Du téléphone au petit jour
Avec enfin quelqu'un au bout

Le miracle vient de partout

Il vient d'un seul homme et de tous

Il vient des fourmis dans l'effort
Il vient du tigre qui s'endort
Il vient du singe qui s'en fout

Le miracle vient de partout

Des flèches qui ratent leur cible
De ceux qui voulaient l'impossible
Et qui l'atteignent tout à coup

Du soleil qui naît ou s'éteint
Et dans le matin incertain
Du chien que j'ai pris pour un loup

Le miracle vient de partout

Et des mots durs et des mots doux

De ceux qui grimpent la montagne
De ceux qui battent la campagne
De la voix brisant les verrous

Le miracle vient de partout

ANNEXES

Du bruit infernal des enfants
Du silence effaré des grands
De la révolte des joujoux

Il vient quelquefois sans venir
Il vient aussi du souvenir
Et du futur qui fait le fou

Le miracle vient de partout

Il vient de toi de moi de nous

Il vient du profond de tes yeux
Du message oublié des cieux
De la voyance des hiboux

Le miracle vient de partout

De ceux qui sont là qui m'écoutent
De ceux aussi perdus en route
Et que je ressens avec nous
Il vient de la chanson qui naît
Et moi qui l'écoute étonné
Puisqu'elle vient surtout de vous

Le miracle vient de partout

TOTOLE

1. A l'hôpital une femme
Perd le souffle dans son lit.
La bouteille d'oxygène
Hier n'a pas été remplie ;
L'infirmièr' qui est mariolle
A branché l'ventilateur.
T'en fais pas Totole
T'en fais pas Docteur
Mais la malade en est morte
Sans pudeur.

Au jour J, ce grand barrage
On devra l'inaugurer.
De ciment plus d'arrivage,
Comment faire, on est pressés.
L'bétonneur qu'est à la coule
Met du sable et des cailloux.
T'en fais pas Totole
T'en fais pas grand fou
Ça f'ra des cadavres en foule
Bien d'chez nous

Vous êtes de sacrés veinards
Pépères demmerdes
Mariolles et peinards.

2. Ne te casse pas la tête
Si le téléphon' va mal
J't'enverrai une estafette
Comme autrefois, à cheval.
Le dépanneur n'a pas d'jambes
Il viendra en pèr' peinard.
T'en fais pas Totole
T'en fais pas papa
Entre-temps la maison flambe
Par hasard

Tout ça n'a pas d'importance,
Le monde on va pas l'changer
Tout c'qu'on veut, c'est les vacances
Et partir le cœur léger.
Alors on s'en va pépère
Sur l'autoroute en travaux.
T'en fais pas Totole
T'en fais pas Toto
Et l'on se r'trouve chez saint Pierre
En morceaux.

Vous êtes de sacrés veinards
Pépères demmerdes
Mariolles et peinards.

3. Et tantôt le tuyau saute,
Chacun s'ouvre un parapluie
L'patron lui-même est des nôtres
C'est pas moi et c'est pas lui.
Chacun se renvoie la faute
Et personne n'est mouillé.
T'en fais pas Totole
T'en fais pas Bébé
En attendant le déluge
Sans pitié.

C'est la terre toute moite,
Des copains et des truqueurs,
Qui se tient sagement coite
Et se renvoie l'ascenseur.
Aujourd'hui qu'il est en panne
Je m'y planque sans façon,
T'en fais pas Totole ;
T'en fais pas Tonton
Pour y écrire en cabane
Ma chanson.

L'HOMME A LA GUITARE

L'homme à la guitare
(Tare tare tare)
Tardivement m'a berné :
Sus à l'encorné.
Né

Sous une moustache
(Tache tache tache tache),
Tâcha de masquer Sacha
Sous Sancho Pança.
Sa

Paume qui transpire
(Pire pire pire)
Pirata purs et gogos,
Noyant vrai dans faux.
Faut,

Se dit-il, faut vivre
(Ivre ivre ivre ivre),
Ivraie ou blé mur ployant
Sous fléau d'argent.
Gens-

-Foutre de naguère
(Guère guère guère),
Guéris, vont changer de camp,
Ceux qu'il nommait « cons ».
Quand

Leurs mains applaudissent
(Disse disse disse disse),
Dix et cent puis un million
Gagne la chanson.
Son

Ame qui voyage
(Age age age)
A gémi tant autrefois
Que pourtant sa voix
Vois

Tu restes incassable
(Sable sable sable sable),
Sablier ou montre en or,
Vient l'heure de mort.
Or

L'homme à la guitare
(Tare tare tare)
Tarabusté de baisers,
Fut canonisé.
Zé !

Ecrit en 1956. A ce jour, inédit.

L'AUTOROUTE EN BOIS

1. Sur une autoroute en bois
Trois fillettes allaient au pas
Elles auto-stoppèrent une
Grosse voiture de roi

Celui qui était dedans
Leur sourit à belles dents
Elles étaient toutes jeunes
Et lui était chargé d'ans

Légères et court-vêtues
Elles grimpèrent dans le bahut
Sans peur trois petites bergères
Revenaient seules d'un bal perdu

2. L'homme roulait comme un fou
Elles lui chantèrent tout doux
Un refrain d'enfant qui par-
lait de nuit de forêt de loup

Soudain l'une d'elles lui dit
Je me sens tout étourdie
Sortons de cette autoroute
Par ce panneau interdit

Les voici dans les buissons
Soudain mourut leur chanson
Dans la nuit de lune pleine
Qui vous donne le frisson

3. Tandis que l'homme veillait
L'une fit un croche-pied
La deuxième un coup de pierre
La troisième l'attrapait

Loin de l'autoroute en bois
Elles vous le mirent en croix
Tandis qu'il criait de crainte
Les filles criaient de joie

Et puis lentes lentement
Elles ôtent ses vêtements
Voici le temps implacable
Des tours des tours des tourments

4. L'une frôle ses cheveux
L'autre ses lèvres en feu
La troisième alors s'acharne
Sur son ventre si soyeux

Et sur le loup sans défense
Ce fut le diable et sa danse
Et la noce de ces gosses
Qui pour un soir se fiancent

Quand le rythme va croissant
Et quand le lait devient sang
Vous raconter tout mesdames
Ce serait embarrassant

5. Et puis au petit matin
Dans la rosée et le thym
Il tomba tête première
Sur une herbe de satin

Alors repues et légères
Les petites fées s'en allèrent
Par les sentiers de l'enfance
En chantant « Il pleut bergère »

Et la morale après tout
C'est que les grands méchants loups
Doivent craindre les bergères
Y a plus de principes chez nous

LE GROUPE

1. J'étais naïf j'allais mon chemin
Quand un ami m'a pris par la main
Pour me sauver de moi il m'a mis
Dans le groupe groupe groupe *(bis)*
J'étais content je faisais comme eux
On complotait tous à qui mieux mieux
Ah ce qu'on était heureux en groupe
Groupe groupe

2. Quand un passant m'a dit : Halte-là
Ce petit groupe n'est qu'un éclat
N'est qu'un groupuscule qui est compris
Dans un groupe groupe groupe *(bis)*
Qui le contient et qui est plus grand
Il vaudrait mieux rentrer dans le rang
Convaincu je rejoignis son groupe
Groupe groupe

3. Mais un penseur qui vint à penser
M'apprend que nous étions dépassés
Pour le présent comme l'avenir
C'est son groupe groupe groupe *(bis)*
Qui se dessine à notre horizon
Je me mets vite à son diapason
Ah ce qu'on sera heureux en groupe
Groupe groupe

4. De mutuelle en association
Et d'amicale en congrégation
De famille en ruche l'on s'allie
Entre groupes groupes groupes *(bis)*
Et d'alliance en fédération
De comité en coalition
Nous serions bientôt le plus grand groupe
Groupe groupe

5 Lorsqu'un ancien me dit : Pas d'accord
Ils sont fragil's ces grands dinosaures
Venez vite avec nous : Viv' les p'tits
Les p'tits groupes groupes groupes *(bis)*
Il est certain qu'les minorités
Sont aujourd'hui les plus écoutées
Essayons de fair' le plus p'tit groupe
Groupe groupe

6. Pour m'achever un barbu me clame
Qu'il est temps de penser à mon âme
En m'inscrivant pour le Paradis
Sacré groupe groupe groupe *(bis)*
Mais un Hercule me dit encor
Que l'âme n'était rien sans le corps
Ah que c'est bon l'exercice en groupe
Groupe groupe

7. Enfin je crus que la vérité
C'est d'aller seul afin d'ausculter
Pour le bien du monde son nombril
Loin des groupes groupes groupes *(bis)*
Sans carte sans numéro sans listes
En braves individualistes
Qu'on est fier de vivre seul sans groupe
Groupe groupe

8. Mais j'aim'rais bien trouver cette fois
Des compagnons qui sont comme moi
De grands solitaires garantis
Anti-groupes groupes groupes *(bis)*
J'unirais ces compagnons perdus
Pour la défens' de l'individu
Tiens v'là le grand groupe des sans groupe *(bis)*
Groupe groupe

1970

TOURBILLONNAIRE

Tourbillonnaire, tourbillonnaire
Deux pas en avant et quatre pas en arrière
Tourbillonnaire, tourbillonnaire
Deux pas en avant et quatre pas en arrière

1. Si tu veux reculer tu avanceras
Si tu veux avancer tu reculeras
Celui qui s'enfuit est déjà dans la boîte
Qui va plus à gauche se retrouve à droite

Si tu ne veux pas te faire de la bile
Et si tu choisis de rester immobile
Tu t'enfonceras et c'est là le danger
Même sans raison il te faudra bouger

Ça tourne tourne tourne
Tourne en rond

Tourbillonnaire, tourbillonnaire
Deux pas en avant et quatre pas en arrière
Tourbillonnaire, tourbillonnaire
Tu devras grouiller, grouiller dans la fourmilière

2. Il te faudra danser avec les danseurs
Ou sinon ils t'écraseront en douceur
Il faudra te remuer dans tous les sens
Et tournoyer jusqu'à perdre connaissance

Si tu fais le bien ça peut donner le mal
Si tu fais le fou tu paraîtras normal
Tu as beau changer tout revient comme avant
Tu es dans les sables les sables mouvants

Ça tourne tourne tourne
Tourne en rond

Tourbillonnaire, tourbillonnaire
Deux pas en avant et quatre pas en arrière
Tourbillonnaire, tourbillonnaire
Tu es d'accord alors tu diras le contraire

3. Tu as changé quarante fois d'opinion
Et moi je dois t'éplucher comme un oignon
Pour dénicher ce que tu as dans le cœur
Je l'ai trouvé alors me voici en pleurs

Nous avons bougé à en devenir fous
Quand je t'aimais tu ne m'aimais pas du tout
J'ai fait la navette pour ne pas souffrir
J'ai toujours très mal mais ça me fait plaisir

Ça tourne tourne tourne
Tourne en rond

Tourbillonnaire, tourbillonnaire
Deux pas en avant et quatre pas en arrière
Tourbillonnaire, tourbillonnaire
Tu dois changer d'amour d'ami de partenaire

4. Depuis j'ai vécu dans le chambardement
J'ai changé de peau changé de logement
J'ai changé d'emploi de bureau de travail
A part de tourner il n'y a rien qui m'aille

Ma vie elle s'est passée en dents de scie
Et j'ai fini même par l'aimer ainsi
Si je trouve un jour le nid pour m'abriter
Peut-être bien que je le ferai sauter

Ça tourne tourne tourne
Tourne en rond

Tourbillonnaire, tourbillonnaire
Deux pas en avant et quatre pas en arrière
Tourbillonnaire, tourbillonnaire
Si tu pars tu reviendras de toute manière
Tourbillonnaire, tourbillonnaire
Un coup pour rire, un coup pour se mettre en colère
Tourbillonnaire, tourbillonnaire
Ton ami d'aujourd'hui sera ton adversaire
Tourbillonnaire, tourbillonnaire
Entre le vrai et le faux y a plus de frontière
Tourbillonnaire, tourbillonnaire
Nous allons danser, danser sur la poudrière

LES QUATRE SAISONS DE L'ÉTÉ

En quelle saison sommes-nous ?

L'automne, obsédé par la crainte d'un hiver sans cesse revenant, l'automne avec ses interrogations devant une nature encore verdoyante et déjà menacée, l'automne est toujours de gauche.

L'hiver blanc, pur et glacé est de droite. Préservons, maintenons. Chaudes les maisons, les cabanes, chauds les châteaux nous attendent. Que ceux qui sont ensemble se serrent les uns contre les autres. Ne bougeons pas. L'écorce des arbres est dure, malgré les prématurés du printemps et les craquements vite étouffés.

Le printemps, lui, est jeune et contestataire. Les bourgeons éclatent. Changeons tout, à la face du monde, en plein air, dans des tentes fragiles. A quoi servent ces longues racines tordues, agrippées au profond de la terre froide ?

Quant à l'été, il est résolument anarchiste, tant qu'il dure. L'été, c'est la vie triomphante, luxuriante, multiforme qui se propage en un combat permanent, sans cesse gagné par tous, quand le soleil est là pour dispenser sans compter son énergie...

Et l'automne qui revient est de gauche.

Que la gauche est proche de la droite, sa voisine en saison !

Que l'automne est proche de l'hiver et la jeunesse de l'anarchie !

Les deux blocs de l'unique empire russo-américain défendent les quatre saisons à la fois. Avec une ligne en URSS pour un hiver qui étouffe les bourgeons mais fait les âmes fortes dans la souffrance ; et une tendance aux USA pour l'été amollissant, parasitaire, mais joyeux.

Aujourd'hui, en ces temps étranges de saisons et de climats perturbés, nul ne peut dire, quand l'été est là, s'il n'est pas un hiver déguisé.

Juillet 1975.

PHYSIOLOGIE ET COMPORTEMENT DU BLOQUEUR PROFESSIONNEL

LE BLOQUEUR PROFESSIONNEL

1) Bloque tout, en tout cas. Il multiplie en permanence les arguments contraires de tous ordres et, sous prétexte qu'il se dit « l'avocat du diable », il est tout simplement le diable.

2) Tout ce qui a lieu, a lieu donc toujours malgré lui ; et parce que la Direction l'a voulu, dit, redit et reredit vigoureusement ; et que tout, y compris l'infime détail, est repassé par Elle.

3) Alors :

a) Le Bloqueur Professionnel le bloque quand même, puisqu'en plus : « Ça va avoir lieu et qu'il ne l'a pas voulu. »

b) De surcroît, et bien qu'il en ait le titre, il affirme ne pas en être responsable, puisqu'il ne l'a pas voulu : « Adressez-vous à Untel qui l'a voulu », dit-il. Il ne s'en occupe plus, tout en bloquant.

4) Conséquences. Comme il n'en est pas responsable :

a) Tout doit repasser par des décisions permanentes à la Direction, laquelle se trouve encombrée de broutilles à trancher.

b) S'il y a une erreur quelconque au cours du déroulement de ce qui doit avoir lieu, le Bloqueur peut confier en toute conscience : « Je vous l'avais bien dit ; je vous avais prévenu qu'il y aurait un os », etc.

5) Or, comme ceux qui doivent réaliser la chose passent les 9/10e de leur temps à débloquer ce qu'a bloqué le Bloqueur, et qui est du domaine mineur, ils font alors des erreurs dans les domaines majeurs. C'est alors que le Bloqueur répète : « Je savais bien qu'il ne fallait pas le faire. »

NB. Le Bloqueur bloque toujours : avant un projet, pendant sa réalisation, et parfois même après. Il est programmé psychologiquement pour bloquer.

6) Mais si une chose quelconque réussit, bien entendu malgré lui, il se l'approprie aussitôt. Car il cache sous une allure bonasse un tempérament hyperjaloux et autoritaire. Ce qui l'intéresse, c'est le pouvoir personnel obtenu par blocage, et non la réussite d'une opération, ou de la Direction, ou de la Base. Mais il donne l'impression de sécurité à la Direction parce qu'il dit « non » et affectionne un ton rogue, d'apparence sérieuse, émaillé de termes du jargon professionnel et humanisé par de grosses plaisanteries, s'il joue les vieux baroudeurs de

terrain. Si, au contraire, il a choisi la tenue gilet des Grands Commis Maison, le ton est hypercourtois, timide, et les rares plaisanteries, fines.

Utilité suprême du Bloqueur Professionnel

Le Bloqueur Professionnel peut être extrêmement utile à la Direction, laquelle doit le brancher sur les projets d'affaires DONT ELLE NE VEUT À AUCUN PRIX. Là, il peut faire des miracles en laissant libre jeu à son tempérament. Mais aussi, il peut parfois détecter un bon projet... qu'il faudra faire réaliser par un autre que le Bloqueur lequel, tels certains sangliers, pourra dévorer son propre rejeton.

Remarque

Le Bloqueur Professionnel ne s'intéresse bien entendu qu'à la Direction, mais la Base ne le déteste pas, tout en l'ignorant. D'une part, le Bloqueur lui fout une paix prolétarienne royale, obsédé qu'il est à bloquer les responsables ; et, d'autre part, n'aboutissent finalement que des projets ternes, stéréotypés, que la Base médiocrisée, robotisée par tous moyens, ne ressent aucune fatigue à réaliser.

Fréquentation et rapports humains

Plus on est « copain » avec le Bloqueur, plus on lui explique, éclaircit professionnellement et amicalement une question, plus on lui transmet des notes et rapports... et plus il bloque. La stratégie permanente de tous les concepteurs ou réalisateurs de projets consiste donc, quand ils ont ENFIN compris le comportement du Bloqueur, à essayer de ne jamais le voir, à ne rien lui transmettre. C'est justement la raison pour laquelle le Bloqueur passe un temps considérable à « dénicher des lièvres », des « enfants dans le dos », et non à veiller à ce qu'il a parfois prévu lui-même.

Extrême

Dans certains cas, le Bloqueur peut réduire à la faillite, voire même au déshonneur, celui qui a réussi un grand projet, en démontrant que, s'il en fut ainsi, c'est en enfreignant telle ou telle sacro-sainte règle. Honte et malheur à toi qui conduisis ton œuvre au succès ! Si tu ne donnes pas l'illusion de faire participer le Bloqueur, in cauda le Bloqueur s'en souviendra et s'acharnera sur toi : 5, 10 ans après coup sur ce projet même, et en tout cas 10, 20 ans après sur toute autre œuvre que tu essaieras de mener à bien.

Conclusion

En fin de compte, c'est n'importe quoi, que n'a pas voulu non plus le Bloqueur, qui arrive toujours. Sauf si la Direction, alertée, intervient encore et encore, ligotée qu'Elle est par l'apparente vigilance du Bloqueur.

Question et fin

Emberlificoté dans ses propres pièges, le Bloqueur finit par tout faire stagner et ne voir déboucher que des projets inopinés, à la mauvaise date, vidés de toute substance.

Le but inconscient du Bloqueur ne serait-il pas de tout diriger par inertie y compris la Direction et la Base ? Et ce, pour le mal de tous, y compris de lui-même ?

La fin du Bloqueur Professionnel, débloquant à pleins tubes, est alors un des spectacles les plus courus de la jungle administrative.

7 août 1978.

AFFICHES MURALES

La chanson

est devenue

un

ART MAJEUR

(dans ce sens
sorti de
l'enfance
et l'adolescence)

18 août 84

DANS 'L'"IDEAL".

TOUT LE MONDE

S'OCCUPE DE TOUT

et aide tout le monde

mais

CHACUN est un CENTRE

CENTRE

RESPONSABLE - RÉVEILLEUR

CHEF - ANIMATEUR

CHEVILLE OUVRIERE

d'UN SECTEUR

et se fait aider par TOUT le monde

Le POUVOIR
(le triomphe de Machiavel)
mensonge par ambiguïtés successives
suivi du terrorisme
du fait accompli.

CHAQUE HOMME
(ou femme ou enfant)
EST DEVENU LE PRINCE

CHAQUE INDIVIDU
EST DEVENU
UNE ADMINISTRATION

Le Modèle
de LA MACHINE
appliqué
aux êtres humains
est une
SALOPERIE

LES SEPT ANNEAUX

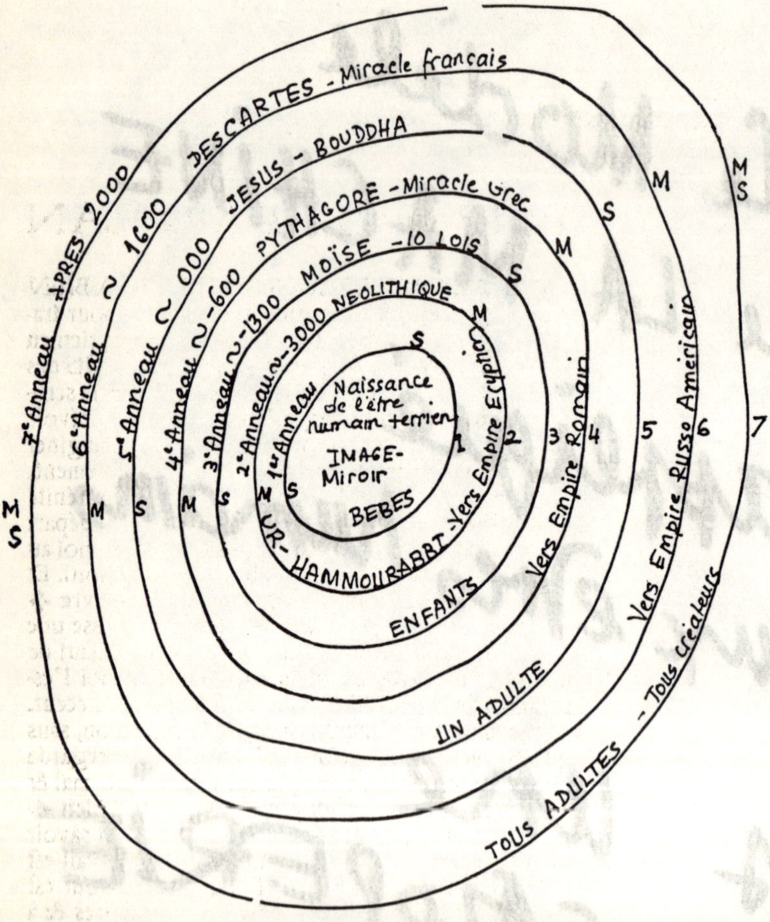

S = anneaux spiritualistes des Terriens
M = anneaux matérialistes des Terriens

A Guy
cette prière d'un
anonyme Messie,
pour que, par ses chansons,
il continue à aider humblement
ses frères humains à vivre -
Fraternellement
Jacq. Bonnadier
21 Mai 80

PRIÈRE DE L'ARTISAN

APPRENDS-MOI SEIGNEUR, A BIEN user du temps que tu me donnes pour travailler & à bien l'employer sans rien en perdre. Apprends-moi à tirer profit des erreurs passées sans tomber dans le scrupule qui ronge. Apprends-moi à prévoir le plan sans me tourmenter, à imaginer l'œuvre sans me désoler si elle jaillit autrement. Apprends-moi à unir la hâte & la lenteur, la sérénité & la ferveur, le zèle & la paix. Aide-moi au départ de l'ouvrage, là où je suis le plus faible. Aide-moi au cœur du labeur à tenir serré le fil de l'attention. Et surtout comble Toi-même les vides de mon œuvre ❖ Seigneur, dans tout labeur de mes mains laisse une grâce de Toi pour parler aux autres & un défaut de moi pour me parler à moi-même. Garde en moi l'espérance de la perfection, sans quoi je perdrais cœur. Garde-moi dans l'impuissance de la perfection, sans quoi je me perdrais d'orgueil. Purifie mon regard : quand je fais mal, il n'est pas sûr que ce soit mal & quand je fais bien, il n'est pas sûr que ce soit bien ❖ Seigneur, ne me laisse jamais oublier que tout savoir est vain sauf là où il y a travail. Et que tout travail est vide sauf là où il y a amour. Et que tout amour est creux qui ne me lie à moi-même & aux autres & à Toi ❖ Seigneur, enseigne-moi à prier avec mes mains, mes bras & toutes mes forces. Rappelle-moi que l'ouvrage de ma main t'appartient & qu'il m'appartient de te le rendre en le donnant. Que si je fais par goût du profit, comme un fruit oublié je pourrirai à l'automne. Que si je fais pour plaire aux autres, comme la fleur de l'herbe je fanerai au soir. Mais si je fais pour l'amour du bien, je demeurerai dans le bien. Et le temps de faire bien & à ta gloire, c'est tout de suite ❖ Amen

Table des matières

Achevé d'imprimer en décembre 1987
sur les presses CAMERON
dans les ateliers de la S.E.P.C.
à Saint-Amand-Montrond (Cher)
pour le compte des Éditions Robert Laffont
6, place Saint-Sulpice, 75279 Paris Cedex 06